藏学文论专辑

图像与文本：西藏艺术展示的多民族文化交流

熊文彬 ◎ 著

西藏人民出版社

图书在版编目(CIP)数据

图像与文本 ：西藏艺术展示的多民族文化交流 / 熊文彬著. －－ 拉萨 ：西藏人民出版社,2022.9

(藏学文论专辑)

ISBN 978－7－223－07156－7

Ⅰ. ①图… Ⅱ. ①熊… Ⅲ. ①汉族－民族文化－文化交流－藏族 Ⅳ. ①K281.1②K281.4

中国版本图书馆 CIP 数据核字(2022)第 084479 号

图像与文本:西藏艺术展示的多民族文化交流

著　　者	熊文彬
组稿编辑	冯　良　李海平
责任编辑	张世文
封面设计	格　次
出版发行	西藏人民出版社(拉萨市林廓北路 20 号)
印　　刷	西藏山水印务技术有限公司
开　　本	787×960　　1/16
印　　张	20.375
字　　数	356 千
版　　次	2023 年 4 月第 1 版
印　　次	2023 年 4 月第 1 次印刷
印　　数	01－1,000
书　　号	ISBN 978－7－223－07156－7
定　　价	60.00 元

目　　录

从版画看西夏佛教艺术对元代内地藏传佛教艺术的影响

众所周知,中央政府在宫廷内开展的藏传佛教艺术创作在藏传佛教艺术发展史中占有极其重要的地位。其重要性不仅体现在从元代开始在西藏藏传佛教艺术的基础上陆续形成了宫廷藏传佛教艺术流派,更为重要的是宫廷藏传佛教艺术流派的形成同时其和随后西藏本土和宫廷的藏传佛教艺术创作产生了广泛而有深远的影响,二者共同繁荣了历史上的藏传佛教艺术创作。宫廷藏传佛教艺术的正式形成得益于元代藏传佛教及其艺术自唐代以来第二次大规模地向内地传播。尽管传统上学术界认为,此次大规模顺利的传播主要得益于西藏归入祖国版图,元朝中央政府推崇以萨迦派为首的藏传佛教和中央政府在西藏大规模全面的施政,西藏地方和中央政府之间在政治、经济、宗教和文化等各个方面的联系得到了史无前例的加强。但实际上,除此之外,西夏在其中发挥了重要的作用。这一点,在过去多被学术界忽略,只是到近年来才开始受到学术界的重视,如中央民族大学著名藏学专家王尧教授,中国藏学研究中心著名藏学专家陈庆英研究员,中国社会科学院民族研究所的史金波和谢继胜研究员等人相继撰文对这一问题进行了有益的讨论,勾勒出了藏传佛教在西夏传播的基本史实,弄庆了西夏佛教对元代佛教影响的大致面貌。① 从而为西夏藏传佛教艺术对元代内

---

①请详细参见王尧:《元廷所传西藏秘法考叙》,载《学术集林》卷三,上海远东出版社,1995年,陈庆英:《元朝帝师八思巴》,中国藏学出版社,1992年。《西夏及元代藏传佛教经典的汉译本——简论〈大乘要道密集〉(〈萨迦道果新编〉)》,《西藏大学学报》2000年第2期,谢继胜:《西夏藏传绘画,黑水城出土西夏唐卡研究》,河北教育出版社,2002年。

地乃至西藏藏传佛教艺术创作影响的研究提供了重要的基础。本文在此重点以版画为例,试图对元代以来形成的宫廷藏传佛教艺术流派和西夏藏传佛教艺术之间的关系进行一次尝试性的梳理,并以此抛砖引玉,共同推动这一领域研究的纵深发展。

一、西夏藏传佛教艺术出现的背景

西夏在地理上位于西藏和中原内地的中间,是吐蕃以来西藏从西北通向中原的必经之路。在西夏建国前,吐蕃与西夏就有密切的政治、经济和文化联系。在族源上,藏文文献称西夏为 Mi-nyag,即弥药氏。并且据《照亮君民姓氏之明灯》、《汉藏史集》和《拉达克王统记》等藏文史料,弥药为藏族传说中的先民塞、穆、董、东四大姓氏中董氏的一个分支,①与《旧唐书》和《册府元龟》等汉文史籍中提到的许多西羌部落的首领为董姓的记载吻合。这表明吐蕃和西夏之间有着亲密的血缘关系。② 在语言方面,西夏语同藏语之间也有极其密切的联系。研究表明,建立西夏的党项羌在北迁以前不仅是藏族先民的一部分,而且其语言也属于藏语安多方言的一个分支。即便是在北迁以后,党项羌的社会经济文化环境发生了巨大的变化,但是直到西夏立国后,党项羌的语言中的大部分基本词汇的读音仍与藏语相同或相类似,表明"西夏语是藏语的安多方言在接受大量的汉语借词的基础上发展形成的。"③西夏的风俗习惯也多与吐蕃类似。如西夏流行复仇、杀人致死之赔偿命价并且多以牲畜交付的习惯也吐蕃时代的藏文文书中相关记载

---

①有关藏族传说中的四大姓氏与弥药之间关系的记载,请分别参见恰白·次旦平措、诺昌·吴坚:《西藏简明通史》,西藏古籍出版社,藏文本,上册,1989 年,第 22-23 页;达仓宗巴·班觉桑布:《汉藏史集》,四川民族出版社,1985 年藏文本,第 12-13 页,同时参见陈庆英汉译本,西藏人民出版社,1986 年;《拉达克王统记》,西藏人民出版社,1987 年藏文本。

②关于西夏与吐蕃之间血缘关系的探讨,请详细参见陈庆英:《西夏与藏族的历史、文化、宗教关系初探》,载《藏学研究论丛》第 5 集,西藏人民出版社,1993 年,第 6-13 页。

③关于西夏语与藏语之间关系的详细分析与探讨,请详细参见陈庆英:《西夏与藏族的历史、文化、宗教关系初探》,前揭书,第 16-38 页。

相同。在吐蕃时代的法律文书中,命价按等级赔偿,并且有详细的规定,这种习惯法一直传到了近代。在佛教未传入西夏之前,西夏的宗教也与西藏古老的宗教苯教信仰关系密切。西夏人也同样认为山、水、树、土地和地下都分别有神灵主宰,这众多神的观念和万物有灵论也同苯教相同。另据《辽史》、《宋史》,西夏巫术流行,"笃信机鬼,尚诅咒,每出兵则先卜。"在流行的四种占卜术中,西夏"以艾灼羊脾骨以求兆"的"炙勃焦"与敦煌古藏文写卷中的骨卜不仅一致,而且在第三种羊卜中,"夜以羊焚香祝之,又焚谷火布静处,晨屠羊,视其肠胃通则兵无阻,心有血则不利"的做法也类似于藏族的煨桑祭神。此外,《宋史·夏国传》中有关西夏人"出战率用隻日,避晦日"、即崇拜单数的为吉祥的观念也与藏族先民相似。同时,西夏流行的"'杀鬼招魂',或缚草人于地,众射而还,"为战死者祭奠招魂的记载也见载于吐蕃时期苯教的丧葬仪轨。在本教中,为死者驱鬼招魂是丧葬中一个十分重要的内容。吐蕃人相信人死后灵魂即被夺去,死者及其亲友因此而会得不到安宁,因此必须举行仪式把死者的灵魂从鬼怪那里夺回或献祭品赎回来,使其回归原先的处所即死者的尸体中,这样才能让死者顺利地到另外一个世界去生活,死者的亲友也才能得到安宁。[①] 总之,"西夏人的原始宗教信仰与青藏高原先民各部落的原始宗教信仰是相同的或基本一致。虽然文献中还没有见到明确指出党项羌人信仰本教的记载,但从西夏语称巫师为'斯(即藏语 rtsis,为占卜、测算之意)'以及宗教信仰习俗来看,党项羌人信奉过以占卜为主要内容的苯教的一支"。[②] 从以上各个方面不难看出,西夏与吐蕃之间的关系确实非同一般。不仅如此,部分西夏人与吐蕃人之间长期杂居。在吐蕃时期,有大批党项人成为吐蕃统治下的庶民。吐蕃王朝灭亡后,东迁河陇一带的吐蕃人长期与内徙的党项部落杂居。西夏建国后,部分吐蕃人甚至成为西夏的编户齐民。西

①关于吐蕃时期本教丧葬仪轨方面记载及其研究,参见褚俊杰:《吐蕃本教丧葬仪轨研究》,《中国藏学》,1989 年第 3-4 期。

②陈庆英:《西夏与藏族的历史、文化、宗教关系初探》,前揭书,第 45-46 页。

夏被元朝攻灭之后，有一批西夏人逃到西藏。正是由于密切的地域、政治、经济和文化联系，宋人以至于得出了“大约党项吐蕃，风俗相类”的结论。[①]

正是由于西夏人与古代藏人之间这种极其密切的关系，早在松赞干布时期党项羌人就开始接触到并信奉藏传佛教。据《王统世系明鉴》，松赞干布当时除娶文成公主和尺尊公主为妻外，还娶了西藏堆龙地方的孟妃赤江、羊同的象雄妃、如容妃和西夏的弥药妃为妻。她们都各自修建了一座佛寺。其中，如容妃在郭夏林地方修建了米芒才神殿，弥药妃在卡那东地方修建了卡扎色神殿；《汉藏史集》对此也记载道，尼泊尔妃尺尊公主修建了拉萨的大昭寺，汉妃文成公主修建了拉萨的小昭寺，象雄妃李底缅修建了昌布果玛寺，如容妃杰莫尊修建了扎拉鲁普寺，孟妃赤江修建了叶尔巴寺。《贤者喜宴》的记载更为详细，说：如容妃兴建了将扎拉鲁普的自现佛像清楚刻出的工程，规定凿出一升岩石给予一升食盐，在岩石上凿出礼拜道。孟妃赤江兴建叶尔巴神殿，并说：“有的人说如容妃兴建了米芒才神殿，弥药妃兴建了拉萨卡扎神殿，但是许多资料反复说（松赞干布有）五位王妃，弥药妃和如容妃应是同一人，而卡扎神殿是在王统四传以后兴建的。”[②]无论是否正如《贤者喜宴》所载，弥药妃和如容妃是否为同一人，但至少可以肯定的是，弥药妃为西夏的先民党项羌人。她在西藏修建佛寺表明，她不仅已经接触并且已经开始信仰藏传佛教了。

不仅如此，由于吐蕃人的影响，此时期在党项羌人的居住地也开始出现了佛寺。据《贤者喜宴》，松赞干布曾命人在党项热甫刚地方修建佛寺，并以弥药人为监工在康区建造了隆塘准玛寺，[③]藏传佛教于是在西夏逐步传播开来。为了学习藏传佛教，许多党项羌人都前往吐蕃学

---

①《宋史·卷六十四·宋琪传》。

②分别参见萨迦·索南坚赞：《王统世系明鉴》，民族出版社，1981 年藏文本，第 158-159 页；《汉藏史集》，前揭书，第 163 页；巴卧·祖拉陈哇：《贤者喜宴》，民族出版社，1986 年藏文本，上册，第 239-240 页。

③《贤者喜宴》，前揭书，第 240 页。同时参见黄灏：《藏文史书中的弥药（西夏）》，见《青海民族学院学报》1985 年第 2 期。

法。当时,在吐蕃有许多来自党项的僧人和学问僧。在藏文文献中,在这些党项人名字之前通常都冠有“弥药巴(Mi-nyag-pa)”,“弥药(Mi-nyag)”或“咱米(rtsa-mi)”的称号,表明他们为党项羌人。其中一些党项僧人在当时就已经学富五明,成为远近闻名的大师。据《青史》,当赤松德赞赞普为弘传佛法而派遣巴塞囊和巴桑喜前往汉地迎请佛经和高僧时,请来的高僧中就有来自弥药的大德,他们成了赞普的上师,教授大乘密教理论。此后,陆续形成了弥药上师传承。这个传承的早期传人有弥药·宣奴宁波,其子宣奴森格,后者之子仁钦宁波,仁钦宁波之子多杰森格,多杰森格之子益西多杰,益西多杰之子南杰多杰等等。其中,南杰多杰在后来以噶若译师而闻名于世,一生高足如云。此人幼年时也在西藏求法,见过克什米尔著名佛学大师喀且班钦,同时得到了藏王的犒劳酒。他先后学习了三年梵文和喜金刚、金刚亥母以及时轮金刚等法,最后以传授《时轮》而著名,并且形成了时轮传承体系。[①] 此外,出生于多康弥药咱米地区、西夏著名的译师咱米桑杰扎巴(rtsa-mi-sangs-rgyas grags-pa)也曾在西藏学过佛法,后来曾在印度著名的超岩寺生活,并担任了长达二十多年的堪布,并成为蔡巴噶举派创始人贡塘喇嘛向的主要上师之一。可见,藏传佛教对西夏佛教的影响始于吐蕃时期。

更为重要的是,从文献记载来看,此时期吐蕃佛教对党项人的影响对藏传佛教在吐蕃朗达玛赞普灭法之后的再次传播起了很大的作用。众所周知,吐蕃王朝最后一位赞普朗达玛灭法之后,整个卫藏地区佛教几乎销声匿迹,西藏进入了没有佛法的“黑暗时期。”而此时吐蕃东北部,包括党项人居住地在内的广大地区,即多康地区取而代之,成为藏传佛教弘传的一大中心。卫藏地区的僧人为避免和逃离因灭法而导致的战乱,纷纷取道各地,来到与党项羌人杂居的多康学法和继续从事宗教活动。尽管藏文文献对这一带当时的佛教情况缺少翔实的记载,但正如《安多政教史》所述,“毫无疑问在前宏期时,许多智者、成就大师、

①参见郭·宣奴贝:《青史》,郭和卿汉译本,西藏人民出版社,1985年,第517-518页。

法王和大臣们以公开或不公开的方式为众生作过宏法传承,这是存在的实事。"[①]也就是说,藏传佛教在这一带地区有着较为深厚的土壤。正因如此,听到朗达玛灭法消息之后,正在西藏吉祥曲沃日山修行的藏热赛等三人虽然先是逃到了阿里地区,但随后又经葛逻禄,并由此取道霍尔,逃至多麦地区,并最后来到黄河岸边的丹底修行传法。正是由于他们的到来,为后宏期下路传法系统传人拉钦·贡巴饶色授戒,拉开了西藏历史上著名的下路宏法的序幕。卫藏地区纷纷派遣人员前来学法,贡巴饶色最后培养出了十大著名弟子,这些人学成之后都返回了卫藏,并在卫藏地区广建寺院,招徒传法,号称卫藏传法十人,从而使藏传佛教在卫藏地区得到了复兴,此即西藏佛教史上著名的下路宏法。下路宏法的重要人物拉钦·贡巴饶色据说曾向弥药上师学过法。《安多政教史》对此记载道;贡巴饶色"从上述亲教师和规范师即北方木雅噶(弥药,西夏)的郭戎森格扎处学习律经。"[②]这则史料表明,西夏僧人对下路宏法起到了积极的促进作用。

西夏立国后,在吸收汉传佛教的同时,大力吸收藏传佛教文化,藏传佛教文化于是在西夏得到了大规模的传播。一方面,西夏人与河湟地区的藏族政权唃厮啰和六谷部毗邻。这一带藏传佛教盛行。对此,汉文史籍《青唐录》在记述宋圣绍中(1094-1097)武举人李远官镇临洮见闻时说,"(青唐)城之西,有青唐水,注宗哥,水西平原,建佛寺广五六里,缭以冈垣,屋至千余楹,为大像,以黄金涂其身,又为浮屠十三级以护之。阿离骨敛民作是像,民始贰离。吐蕃重僧,有大事必集僧决之,僧之丽法无不免者。城中之屋,佛舍居半;唯国王殿及佛舍以瓦,余虽主之宫室亦土覆之。"[③]另据《续资治通鉴长编》,早在宋熙宁五年(1072年)十月宋军收复镇洮军(熙河)接收归附吐蕃各部后在当地建寺时,就

①智观巴贡却乎丹巴饶杰:《安多政教史》,甘肃民族出版社,1987 年藏文本,同时参见吴均、毛继祖和马世林等人汉译本,甘肃民族出版社,1989 年,第 22 页。

②《安多政教史》,前揭书,第 23 页。

③转自祝启源:《唃厮啰——宋代藏族政权》,青海人民出版社,1988 年,第 276 页。

曾以"大威德禅院"为额。① 由此可见,密宗在此地也很盛行,西夏人具有就近学习藏传佛教的便利条件。另一方面,西夏僧人继续前往西藏地区求法学经。据《木雅五贤者传》,热德玛桑格等五位党项佛学大师,早期都无一列外地到过吐蕃地区,在桑普寺求经学法,并游学夏鲁、萨迦、纳塘等著名佛教寺院。② 与此同时,西夏王室陆续邀请西藏各个教派的僧人前来传法。据《贤者喜宴》记载,西夏仁宗曾遣使到西藏的粗朴寺迎请噶玛噶举派的创始人都松钦巴(1110–1193 年)到西夏传法,都松钦巴尽管未能成行,但派遣其弟子格西藏波瓦前往西夏,被仁宗尊为上师。当粗朴寺修建吉祥米聚塔时,仁宗还送来了黄金、铜等物品。另据《萨迦世系史》,扎巴坚赞(1147–1216 年)任萨迦派教主时,他弟子觉本应邀担任了西夏的国师。《红史》对此也记载说:应西夏的邀请,蔡巴噶举派创始人向·蔡巴(1122–1193 年)的著名弟子热巴和多巴雍苏萨哇分别担任了西夏的帝师和国师。③ 噶举派、萨迦派和宁玛派僧人应邀进入西夏,同西夏佛教僧人一起为西夏藏传佛教的传播产生了极其重要的作用。

随着藏传佛教在西夏的传入,藏传佛教艺术也随之传到了西夏。由于近年来考古的不断深入和研究的不断拓深,越来越多的西夏藏传佛教文物进入了人们的视野。据考古发掘,西夏与藏传佛教有关的文物主要集中在贺兰山、莫高库、榆林窟、马蹄寺和黑水城等地。种类包括建筑、雕塑和绘画等作品。从目前的遗存来看,建筑和雕塑相对较少,绘画作品保存最多。绘画作品主要有壁画、唐卡和版画(参见图 1–3 和 6)组成。其中,壁画作品主要保存在贺兰山遗存的石窟寺院、敦煌莫高窟、安西榆林窟等地;唐卡除近年来在贺兰县宏佛塔和拜寺口方塔有重大发现外,主要仍为黑水城出土的唐卡,现保存在俄罗斯的爱米尔

①《续资治通鉴长编》,卷二三九,熙宁五年十月甲申记事。

②《木雅五贤者传》,高景茂译,转自张云:《论吐蕃文化对西夏的影响》,《中国藏学》1989 年第 2 期第 114–131 页。

③分别参见《贤者喜宴》,前揭书,下册,第 1410 页;五世达赖喇嘛《西藏王臣记》,民族出版社,1980 年藏文本,第 113 页;蔡巴·贡噶多杰《红史》,民族出版社,1981 年藏文本,蔡巴噶举部分。

塔什博物馆中。版画作品也主要为黑水城出土文物,也保存在爱米尔塔什博物馆。①

二、元代内地藏传佛教及其艺术与西夏之间的关系

蒙古族在统一中国的进程中,最早是通过用兵西夏和在西征中亚的过程中了解到藏族地区和藏传佛教的。蒙古汗国在 1227 年征灭西夏前,在短短的 20 余年的时间里,先后 5 次大规模地用兵西夏。其中后两次的规模最大,使西夏遭到了史无前例的重创。在这两次用兵中,其中 1218 年成吉思汗西征中亚后,在回师途中对西夏展开了大规模的进攻,致使西夏主出逃凉州,元气大伤。1226 年,成吉思汗乘胜追击,再次大规模用兵西夏,并于 1227 年渡过黄河,攻下积石州、临洮和洮河等地,进入藏族地区。

由于西夏和西藏之间紧密的宗教和文化关系,成吉思汗在进攻西夏时不仅见到了在此活动的部分藏传佛教僧人,而且还有一些藏传佛教僧人通过西夏到了蒙古,并同蒙古王室发生了直接的联系。据《贤者喜宴》记载,有 7 位蔡巴噶举派的僧人当时就曾在西夏境内传法,其中一位名叫藏巴东库哇。当时,他从西夏到了蒙古,并在山间修行,被蒙古军派来放羊。由于后来他所放养的羊群在冰雹中安然无恙,因此被蒙古人称为能管天的有福德的人。成吉思汗即位听到此事后,立即召见了他。由于他在西夏生活过,熟悉西夏,并且着装又与西夏人相同,

①关于西夏出土藏传佛教文物及其研究,请分别参见史金波等编:《俄藏黑水城文献》,上海古籍出版社,1994-1997 年,1 -7 卷;史金波、白滨、吴峰云编:《西夏文物》,1988 年;陈炳应《西夏文物研究》,宁夏人民出版社,1985 年;许成、韩小忙:《宁夏四十年考古发现与研究》,宁夏人民出版社,1989 年;内蒙古文物考古研究所、阿拉善盟文物工作站:《内蒙古黑城考古发掘纪要》,《文物》1987 年第 7 期;宁夏文管会、贺兰县文化局:《宁夏贺兰县宏佛塔清理简报》,《文物》1991 年第 8 期和《宁夏贺兰县拜寺口双塔勘测维修简报》,《文物》1991 年第 8 期;王静如:《敦煌莫高窟和安西榆林窟中的西夏壁画》,《文物》1980 年第 1 期;段文杰:《榆林窟党项蒙古政权时期的壁画艺术》,《敦煌研究》1989 年第 4 期;史金波:《西夏佛教史略》,宁夏人民出版社,1988 年;谢继胜:《西夏藏传绘画,黑水城出土西夏唐卡研究》,河北教育出版社,2002 年等等。

因而受到了正在对西夏用兵的成吉思汗的重视。他于是向成吉思汗讲经说法,使成吉思汗对藏传佛教有了一些了解并使其心生敬仰之情,但由于遭到蒙古当时的道士和景教徒也里可温的嫉妒,他返回了西夏,并在西夏继续修行。当1226年成吉思汗灭西夏时,蒙古军队摧毁了许多西夏的佛教寺院并杀害了许多佛教僧人,他于是前往成吉思汗身边求情,被成吉思汗称为向上天祷告的长老。与此同时,他还通过向成吉思汗讲说因果来规劝成吉思汗信奉佛法。由于他的劝说,更可能是因为成吉思汗看到了藏传佛教在西夏社会中的地位,并且认识到要统治西夏就要争取和礼遇佛教僧人,因此成吉思汗发布了免除僧人差税、兵役和不准在寺院内驻兵的诏书。此外,还修复了在战争中被毁的部分西夏寺院。窝阔台即位不久,藏巴东库哇在蒙古地区去世,临终时他要求蒙古人将他的师兄弟贡塘巴迎请到此。① 由此可以明确两点:成吉思汗在征灭西夏的过程中接触到过藏传佛教僧人;一些藏传佛教的僧人通过西夏到过蒙古,并且有的甚至还与蒙古王室有了直接的联系,成为蒙古王室接受藏传佛教的开端。

1247年,萨迦派的萨迦班智达(1182–1251年)在凉州与阔端举行了具有划时代意义的重要会见并达成和平归顺协议,从而正式完成西藏归顺蒙古汗国的历史之后,元朝采取了一系列推崇以萨迦派为首的藏传佛教的措施。其中,一些重要的措施与西夏密切相关。最突出的有两大方面:一是在佛教管理方面借鉴了西夏的一些做法,礼遇僧人,二是大量任用西夏人。

①拔卧祖拉陈瓦著作,前揭书,第1414–1416页。引文参见陈庆英:《元代时期的西藏》,载《西藏通史》,民族出版社,即将出版。《安多政教史》藏文本,前揭书,第166–167页,吴均、毛继祖、马世林汉译本,前揭书,第161–162页对此也有相同记载:说藏传佛教的僧人前往蒙古时,因道行卓异而被留在了成吉思汗的身边。据该著,青海地区有一位名叫西纳格西的僧人,兄弟两人到西藏的萨迦寺学法,以优异的成绩毕业后,与后藏觉摩隆、拉萨和蔡贡塘寺的三位格西一起结伴前往北方的蒙古传播佛法。当见到成吉思汗时,成吉思汗问道:“你们四人从何而来?系何民族?有何本领?”四人于是回答说:“我们从后藏萨迦而来,为藏人,通晓佛法。”成吉思汗接着说道:“我也通晓佛教,我乃大地之主,当今之世,无人能出吾右。你等说你们有本领,那就赶快让上天下雨吧!”由于四人立即让上天普降大雨,江河横流,同时又使倾盆大雨嘎然而止。成吉思汗对此惊叹不已,不仅叹道:“你们竟能支配上天!”而予以重奖,并且让他们留在皇宫。

在佛教管理方面最典型的措施是建立完善的国师、帝师等僧官制度。八思巴·洛珠坚赞为元朝第一位帝师。由于八思巴出类拔萃的才华和忽必烈对藏传佛教的推崇,忽必烈在 1260 年即位以后就立即任命八思巴为国师,授以玉印,令其统领释教。1264 年,忽必烈迁都大都后,设管理全国佛教和西藏事务的中央机构总制院,又命八思巴掌领其事。并令八思巴返回西藏,筹建西藏地方政府。八思巴遵照忽必烈的旨意,完成西藏地方政府机构的筹建工作并于 1269 年返回大都后,按忽必烈的旨意在藏文的基础上完成了蒙古新字(即八思巴字)的创制工作,忽必烈因八思巴创立新字有功,于 1270 年晋封八思巴为帝师,"升号帝师大宝法王,更赐玉印,统领诸国释教。"封号为"皇天之下一人之上开教宣文辅治大圣至德普觉真智佑国如意大宝法王、西天佛子、大元帝师。"①此后,元朝陆续又任命了十三位帝师,终元一代,总共任命了十四位帝师,并且都是藏人。除八思巴外,他们分别是八思巴同父异母的兄弟亦怜真(rin chen rgyal mtshan,1238–1279 年),1276–1279 年在任,为元世祖忽必烈的帝师;八思巴同父同母之弟恰那多杰之子答儿麻八剌乞列(dharma pala raksita,1268–1287 年),1279–1286 年在任,为元世祖忽必烈的帝师;八思巴弟子亦摄思连真(ye shes rin chen,1248–1294 年),1286–1294 年在任,为元世祖忽必烈的帝师;八思巴的侍从乞剌思八斡节儿(gragspavodzer,1246–1303 年),1294–1303 年在任,为元成宗完泽笃的帝师;萨迦任细脱喇章座主辇真坚藏(rin chen rgyal mtshan,1257–1305 年),1303–1305 年在任,为元成宗完泽笃的帝师;第五任帝师之侄,曾任萨迦寺堪布的相儿加思(sangs rgyas dpal,1267–1314 年),1305–1314 在位,为元成宗完泽笃、武宗曲律和仁宗普颜笃三朝帝师;八思巴侄孙公哥罗古罗思监藏班藏卜(kun dgav blo gros rgyal mtshan d-

①见王磐:《拔思发行状》,参见《佛祖历代通载》前引卷二十一,第 707 页。关于授封时间,汉文文献有所出入。《拔思发行状》作"庚午"(1270 年),但《元史》前引卷二百二·列传第八十九·释老第 4519 页记为系八思巴圆寂后追封。该籍云:"十六年,八思巴卒,讣闻,赙赠有加,赐号皇天之下一人之上[开教]宣文辅治大圣至德普觉真智佑国如意大宝法王、西天佛子、大元帝师。"陈庆英教授根据藏文文献《萨迦世系史》和《萨迦五祖全集》考证后认为,应为 1270 年封授,而非追封。详细考证参见陈庆英:《元朝帝师八思巴》前揭书,第 149–151 页。

pal bzangVpo，1299－1327 年），1315－1327 年在任？为元仁宗普颜笃、英宗格坚和泰定帝三朝帝师；旺出儿监藏（？ dbang phyug rgyal mtshan，身世不详），据《元史》释老传，1323－1325 年在任，为泰定帝帝师，但与藏文史料矛盾，疑为第八任帝师之代理人，待考；八思巴侄孙公哥列思八冲纳思监藏班藏卜（kun dgav legs pavi vbyung gnas rgyal mtshan dpal bzang po，1308－1341 年），据《元史》，1325 年始任，为泰定帝帝师；辇真乞剌失思（？ rin chen bkra shis，身世生卒年均不详，《释氏稽古略续集》作辇真吃剌思），据《元史》，1329 年始任帝师；八思巴侄孙公哥儿监藏班藏卜（kun dgav rgyal mtshan dpal bzang po，1310－1358 年），1333－1358 年在任，为元顺帝妥欢帖木尔的帝师；八思巴侄曾孙喇钦·索南罗追（bla-chen bsod nams blo gros，1332－1362 年），据《萨迦世系史》，此人曾任帝师，疑 1358－1362 年在任，为元顺帝妥欢帖木尔的帝师。元朝最后一任帝师为喃加巴藏卜（？ rnam ryal dpal bzang po，身世生卒年不详），可能是在 1362 年以后，曾任摄帝师，入明，被封为炽盛佛宝国师。[①] 从文献和帝师的活动来看，帝师地位极高，位于“皇天之下，一人之上”，仅次于皇帝。在元代，帝师具有双重职责，一是统领元朝中央设立的掌管全国佛教事务和西藏事务的中央机构总制院（宣政院），同时兼任西藏地方政府萨迦政权的最高首领；二是主持元朝皇室的各种宗教事务。如新皇践祚，都须帝师授戒而后才能登基；为皇帝太庙祭祖，讲经说法，进行宗教灌顶、于大明殿启建白伞盖佛事和为皇室修建寺院等等。作为全国佛教僧人领袖和皇帝宗教老师以及皇室精神上支柱的帝师因此自然受到了元代皇室和朝野上下的极高礼遇。以至于“百年之间，朝廷所以敬礼而尊信之者，无所不用其至。虽帝后妃主，皆因受戒而为之膜拜。正衙朝会，百官列班，而帝师亦或专席于坐隅。且每帝即位之始，降诏褒护，壁敕章佩监络珠为字以赐”。每当新任帝师即位之时，皇帝除赐封诰玉印外，还要宣谕天下。当新皇登基，布告天下时，也要向帝师发

①详细参见王森：《西藏佛教发展史略》，中国社会科学出版社，1997 年，第 96－97 页《元代历任帝师表》。

布专门的“珠诏”,对其进行褒护。对此,《辍耕录》道:“累朝于践祚之始,必布告天下,咸使知之。惟诏西番者,以粉书诏文于青缯而绣以白绒,网以真珠。至御宝处,则用珊瑚。遣使赍至彼国,张于帝师所居处。”①每当帝师抵达京城,或从大都返回西藏,“其未至而迎之,则中书大臣驰驿累百骑以往,所过供亿迎送。比至京师,则敕大府假法驾半仗,以为前导,诏省、台、院官以及百司庶府,并服银鼠质孙。用每岁二月八日迎佛,威仪往迓,且命礼部尚书、郎中专督迎接。”②甚至帝师圆寂送骨殖回西藏时,也要百官郊迎,专人迎送。是故,《元史》作出了“元兴,崇尚释氏,而帝师之盛,尤不可与古昔同语”的结论,③

实际上,帝师制度的建立始于西夏。据记载,西夏历史上曾经出现过四位帝师。他们分别是贤觉帝师波罗现胜、大乘玄密帝师、帝师藏波巴和帝师日巴。其中,贤觉帝师波罗现胜出现在《圣胜慧到彼岸功德宝集偈》,其职位为“讲经律论、功德司正、偏袒都大提点”,④名列西夏皇帝仁宗之前,在宗教上高于皇帝,并且具有“授具足”的极高封号,无疑是西夏佛教事务的最高负责人,这与元代帝师总领宣政院职务也很接近。贤觉帝师生平不详。据史金波研究,此人非汉人,也非印度人,亦非党项人,从西藏僧人在西夏,特别是西夏后期的地位来看,很可能是一位藏人。⑤ 大乘玄密帝师出自西夏时期从藏文译成汉文的佛经《大乘要道密集》。该书 1992 年在台湾整理出版,并更名为《萨家道果新编》。

---

①(元)陶宗仪:《辍耕录》卷2《诏西番》,见《钦定四库全书·子部三四六·小说家类》,上海古籍出版社影印本,第 1040-432 页;(元)扬禹:《山居新话》卷 2,《钦定四库全书·子部三四六·小说家类》,上海古籍出版社影印本,第 1040-352 页也有与此相同的记载。该籍云:“皇元累朝即位之初,必降诏诞布天下。惟西番一诏用青伫丝粉书诏文,绣以白绒,穿珍珠网于其上,宝用珊瑚珠盖之。如此赍至其国,张于帝师所居殿下,可谓盛哉。”

②[明]宋濂:《元史》卷二百二·列传第八十九·释老,中华书局,1976 年标点本,第 4522 页。

③《元史》前揭书,卷二百二·列传第八十九·释老,第 4517、4519 页。

④参见罗炤:《汉藏合璧〈圣胜慧到彼岸功德宝集偈〉》,《世界宗教研究》,1983 年第 4 期。贤觉帝师在经前汉文题款中原文为:“贤觉帝师、讲经律论、功德司正、偏袒都大提点、怀卧勒沙门波罗显胜;奉天显道、耀武宣文、神谋睿智、制义去邪、敦睦懿恭皇帝再详堪。”后者为西夏皇帝仁宗(1139-1193 年在位)的尊号,与贤觉帝师一道校堪佛经,并位于其后,看见帝师地位之高,在宗教上高于皇帝。

⑤史金波:《西夏佛教史略》,前揭书,第 141 页。

大乘玄密帝师的名字出现自在《萨家道果新编》第六篇经文《解释道果语录金刚句记》篇首三行题款中，原文为："北山大清凉寺沙门慧忠译，中国大乘玄密帝师传，西番中国法师禅巴集。"据陈庆英教授对该著第六十六篇经文《大手印伽陀支要门》所载玄密帝师的师徒传承[①]和第十四篇《无生上师出现感应功德颂》的详细考证，大乘玄密帝师出生于西夏，可能是西夏人，也可能是藏人，为藏传佛教噶举派传人。其父亲与噶举派支系塔波噶举派创始人塔波拉杰一样，是一位具有很深佛学造诣并且精通医术的藏传佛教高僧，母亲为一位普通的农家女。因此，他从小就喜爱佛法，并且就能讲经说法。后来离家出走，游学四方，先后到内地、西域、中亚、印度、西藏学法，返回西夏后先后出任唃厮啰王和西夏皇帝的上师。据1189年西夏雕版印刷的汉文《观弥勒菩萨上生兜率天经》（参见图3），至少在1189年之前他就被西夏仁宗皇帝封为国师。[②] 1193年被桓宗晋封为帝师，1206年桓宗因被襄宗所废，他也被罢免了帝师职务，随后到河西修行，不久圆寂。[③] 随后的帝师藏波巴和第师日巴出自《红史》和《拔绒噶举教法散论集》等藏文文献。其中，帝师藏波巴应为前引《贤者喜宴》中记载代噶举派大师都松钦巴前往西夏传

---

①该经所载大乘玄密帝师的师承为："然此要门师承次第者，真实究竟明满传与菩提勇识大宝意解脱师，此师传与萨啰曷师，此师传与萨啰巴师，此师传与哑斡诺帝，此师传与辣麻马巴，此师传与铭移辣啰悉巴，此师传与辣麻辣征，此师传与玄密帝师，此师传与大宝上师，此师传与玄照国师。"关于师承考证，参见陈庆英：《大乘玄密帝师考》，《佛学研究》2000年第9期第142–143页和谢继胜：《西夏藏传绘画》，前揭书，第344–345页。

②该经发愿文为："佛言未来修此众生，以得弥勒摄受。感佛奥理，镂版斯经。谨于乾佑已酉二十年九月十五日，恭请宗律国师、净戒国师、大乘玄密国师、禅法师僧众等，就大度民寺作求生兜率内宫弥勒广大法会，烧结坛作广大供养，奉大施食，并念佛诵咒，读西番、番、汉藏经及大乘经典，说法作大乘忏悔，散施番汉《观弥勒菩萨上生兜率天经》一十万卷，汉《金刚经》、《普贤行愿经》、《观音经》等各五万卷，暨饭僧、放生、济贫、释囚诸般法事，凡十昼夜。"参见史金波：《西夏佛教史略》，前揭书，第267页。

③关于对大乘玄密帝师的详细考证，参见陈庆英：《大乘玄密帝师考》，前揭书，第138–161页。与此同时，关于《大乘要道密集》内容，详细参见王尧：《元廷所传西藏秘法考叙》，前揭书，第239–256页。关于该籍为西夏时期译入的考证，参见陈庆英：《西夏及元代藏传佛教经典的汉译本——简论〈大乘要道密集〉(〈萨迦道果新编〉)》，前揭书，第1–9页。

法的格西藏波瓦,[①]为蔡巴噶举派传人,后来出任西夏襄宗的帝师,1219年圆寂。帝师日巴又叫桑吉热钦,1164或1165年出生,为拔绒噶举派僧人,于1200年自西藏抵达西夏,并在西夏活动了33年。他抵达西夏之时,正逢西夏王室的王位之争。1205–1206年,宗师镇夷郡王安全废桓宗而自立为襄宗,襄宗封帝师日巴为国师。1211年,神宗又废襄宗而自立为帝。1217年,蒙古再次进攻西夏,神宗为躲避蒙古军队而前往西凉府时,国师日巴随驾左右,因护驾有功,加之,1219年藏波巴帝师圆寂,因此被晋封为帝师,1236年圆寂。[②] 从西夏帝师的相关记载来看,帝师的设立似乎始于仁宗时期(1139–1193年在位)。帝师为西夏佛教事务的最高负责人,高于国师,为皇室讲经说法,主持宗教法事;而且帝师一职似乎都由西藏僧人出任。与此同时,似乎每一位皇帝都只有一位帝师。这些都与元代帝师制度基本一致,显而易见,元代帝师制度的设立受到了西夏的直接影响。二者之间最大的不同之处在于,元代的帝师制度比西夏的帝师制度更为完善。

与此同时,元朝在管理全国佛教事务的机构和佛教文化的传播中大量任用西夏人,为藏传佛教及其艺术在内地的大规模传播产生了重要的影响。据《元史》,元朝在管理全国佛教事务和西藏地方事务的最高机构宣政院以及管理各地佛教事务的机构中就先后任用了数位西夏人担任要职。如元世祖任命西夏人杨琏真伽为江南释教总统,其子杨暗普被任命为宣政院院使;元初著名朝臣、河西人算智尔威之子、乞台普济之弟日尔塞曾被任命为宣政院院使、甘肃释教都总统;乞台普济之子尔禄,年幼时为僧,后位签宣政院院使;元代晚期名臣纳麟,为河西人高智耀之孙,顺帝至元二年被除宣政院院使;西夏嵬名氏之后韩嘉纳和哈兰多尔只在元顺帝时也曾出任过宣政院院使;镇压元末农民起义死

①关于格西藏波瓦的记载,除前引《贤者喜宴》外,请分别参见《红史》,前揭书,第271页,注释第624页,藏文本第453页;《安多政教史》,前揭书,藏文本第19–20页,汉译本第25页。诸籍有关他人名的记载有所不同。一作藏波瓦,一作藏索瓦,一作藏巴顿库瓦。据东嘎仁波且对《红史》的注释,他又叫藏巴顿库瓦旺秋扎西,为贡塘喇嘛向(1123–1194年)的弟子。

②详细参见刘国威:《拔绒噶举的帝师日巴(1164/5–1236)》,转自陈庆英:《大乘玄密帝师考》,前揭书,第148–149页。

在江西的河西人星吉也曾任过宣政院院使；西夏人杨亦执里不花不仅担任过宣政院院时，而且还兼任过河西宪。不仅如此，元朝对西夏后裔，委以管理宗教事务长官的职务，监理西夏故地，表明西夏故地在元代佛教依然兴盛。① 这些西夏人在位期间，与以帝师为首的西藏藏传佛教僧人一起帮助元朝大力推行传播藏传佛教的政策，使藏传佛教遍及元朝的大江南北。藏传佛教艺术随之也传播到了各地。其中，在藏传佛教，尤其是艺术在元代江南的传播上，西夏人杨琏真伽、管主巴及其儿子永兴大师管辇真吃剌发挥了重要的作用。

随着1276年蒙古军队在南宋首都临安的最后胜利，藏传佛教也开始陆续传播到了江南大地，南宋故都的杭州也就逐步成为江南佛教宏传的中心。其中，江南释教总统、行宣政院的设立和西藏和西夏藏传佛教高僧在江南的活动为藏传佛教在元代南方的传播其到了极其重要的作用。为了从精神文化上消除前宋遗留的影响，②以确保元朝在江南的稳固统治。元世祖在元军攻陷临安的次年、即1277 二月随即“诏以僧亢吉祥、怜真加、加瓦并为江南总摄（即总统），掌释教。”③此处之“怜真加”即杨琏真伽。关于杨琏真加，文献记载较多。其中，名字中的“琏”又作“辇”；“加”又作“佳”或“伽”。生卒年无考，为唐兀、即西夏人。④ 在唐兀语中，“琏真”为“宝”之意，“加”为“大”之意。⑤ 由此可知，杨为其姓，琏真加为其名，为大宝之意。此外，元代文献还经常称他为“永福大师”，“永福杨总

①史金波：《西夏佛教史略》，前揭书，第204页。

②详细参见邓锐龄：《元代杭州行宣政院》，《中国史研究》，1995年第2期第85页。

③《元史》前引，卷十·本纪第十·世祖六，第174页。

④关于杨琏真加的族属有两种说法，一说为吐蕃人，一说为唐兀人。据陈高华考证，应为唐兀人。其一是元代畏兀儿诗人贯云石（1268-1234）曾在其著作《道隆观记》中说“河西祝发杨永福总摄江南僧政”。陈高华先生认为，在元代，在涉及族属问题时，河西与唐兀是同义语。其二是明初、即洪武三年（1370），元元朝史官危素与朱元璋谈论“宋元兴替”时明确提到“夏人杨琏真加为江南总摄……”参见陈高华：《略论杨琏真加和杨暗普父子》，《西北民族研究》1986年第1期第55页。

⑤《元代传记资料索引》杨琏真加条作：“杨琏真加，西夏人，至元间任江南释教总统，行事多不法，民怨恨之（案：唐兀语，琏真，宝也，加，大也）。”参见中华书局，1987年本。

统”等。① 据《元史·释老传》，此人为帝师八思巴的弟子辈属，②与当时的总制院使、胆巴国师的弟子桑哥关系极为密切，至元二十八年（1291）年正月当桑哥因东窗事发而倒台时，他也因此受到牵连而失势。他在1277年上任至1292年出任江南释教总统期间，在江南传播藏传佛教及其艺术方面主要作了两件事。第一件事是在江南、尤其是南宋都城兴建藏传佛教寺院。据文献，杨琏真加在江南兴建的藏传佛教寺院分为四类。一类是在江南被收回的、以前被人占领的废寺土田上建寺。如至元二十三年（1286）春正月甲戌，元世祖下令，“以江南废寺土田为人占据者，悉付总统杨琏真加修寺。”③一类是在毁坏宋宫殿和陵墓的基础上兴建的塔寺。此类记载见载于《元史》：“至元二十一年（1284年）丙申，以江南总摄杨琏真加发宋陵冢所收金银宝器，修天衣寺……。二十二年（1285）春正月……庚辰……毁宋天郊台。桑哥言：‘杨辇真加云，会稽有泰宁寺，宋毁之以建宁宗等攒宫；钱塘有龙华寺，宋毁之以为南郊。皆胜地也，宜复为寺，以为皇上东宫祈祷。’时宁宗等攒宫已毁建寺，敕毁郊天台，亦建寺焉。”④一类

①参见浙江省考古研究所：《西湖石窟》，浙江人民出版社，1986年，《图版说明》第128条。据陈高华著作前引第55页，“永福”为忽必烈所赐封号。此外，据元人笔记散文，他似乎还有一个叫“嘉木扬勒智”的名字。因为笔记中所载嘉木扬勒智之事与杨琏真加所作之事相近。如姚桐寿所撰《乐郊私语》卷5（《四库全书·子部346·小说家类》，卷1040，上海古籍出版社影印本，第398页）对此记载道：“德藏寺在县北五十里……国初，……时有国师嘉木扬勒智，来寺中声言欲发天女等墓。……陆左臣爱女及朱提举夫人皆以有色夭死。闻用水银装殓，欲发尸淫秽之耳。及既下令，果及二墓。……国师五鼓肩舆，发众出寺。”郑元佑撰《遂昌杂录》（《四库全书·子部346·小说家类》，卷1040，上海古籍出版社影印本，第392－393页）也有类似记载：“钱塘湖上旧多行乐处，西太乙宫、四圣观皆在孤山。……嘉木扬勒智，来夺为僧窟。……和靖先生岂有含珠者，嘉木扬勒智亦发其墓焉。闻棺中一无所有，独又有端砚一枚。……河西僧冯某者，与嘉兴嘉木扬勒智同里，幼同学情好，益甚相同而相得也。既在江南掘坟，随以书召冯出河陇来江南。既至，道以杭故宋富贵家十坟，遣冯使之发掘。冯父子皆僧也。……于是乎，获全嘉木扬勒智败。后五十年间，此曹无一存者。冯之父居杭西湖北山，余对邻，而其子则居昭庆寺之东。钱塘门西出石函桥，河西僧三宝者垒石为砖，为西番塔。旧无有也，今四十五年矣。”

②《元史》前引，卷二百二·列传第八十九·释老，第4522页有“为其（帝师）徒者……有杨琏真加者……”等语。但汉藏文献中没有明确提到他是八思巴的弟子。

③《元史》前引，卷十四·本纪第十四·世祖十一，第285页。在杭州飞来峰杨琏真加出资镌造的佛像铭文中均写作“总统”。如《西湖石窟》，前揭书，《图版说明》第128条至元二十六年（1289）无量寿佛铭文《大元国杭州佛国山石像赞》作：“永福杨总统，江淮驰重望。旌灵鹫山中，向飞来峰上。凿破苍崖石，现出黄金像。佛名无量亦无边，一切入瞻仰……”《佛祖历代通载》（见大正藏汉文《大藏经》第49册，史传部二，卷二十二，新文丰出版公司影印本，第720页）之载也与此载大致相同，作“江南释教都总统”。

④《元史》前引，卷十·本纪第十三·世祖十，第272页。

为在宋故宫所建塔寺。据《西湖游览志》、《客杭日记》和《嘉靖仁和县志》等明代史籍，所建塔寺分别为宋宫五寺、即般若寺、尊胜寺、报国寺、兴元寺、仙林寺等。其中，《客杭日记》对般若寺、尊胜寺两寺进行了记载："大般若寺，寺在凤凰山之左，即旧宫地也。地势高下，不可辩其处所。……杨总统所建西番佛塔，突兀二十余丈，下以碑石甃之，有先朝进士题名并故宫诸样花石，亦有镌刻龙凤者，皆乱砌在地。……万寿尊胜塔寺，亦杨其姓者所建，正殿佛皆西番形象，赤体侍立，随用金装，无自然意。门立四青石柱，镌凿盘龙，甚精致；上犹有前朝铜钟一口，上铸淳熙改元（1174年）曾觏篆字铭在，皆故物也。"①由此可知，般若寺又有大般若寺之称，尊胜寺又有万寿尊胜寺之称。《西湖游览志》对五寺都进行了记载："报国寺，元至元（二）十三年（1286），从胡僧杨琏真伽请，即宋故内建五寺，曰报国、曰兴元、曰般若、曰仙林、曰尊胜。报国寺即垂拱殿，殿角有银杏树，其实无心……。兴元寺即芙蓉殿。般若寺即和宁门。仙林寺即延和殿。尊胜寺即福宁殿，下有曲水流觞。杨琏真加发宋诸陵，建塔其上，其形如壶，俗称一瓶塔，高二百丈，内藏佛经数十万卷、佛菩萨像万躯，垩饰如雪，故又名白塔。至顺辛未（1331 年）正月十四日黎明，雷震之。至正末，为张仕诚所毁。其寺钟，即故内禁物也。……四寺虽隘，而景致宏丽，延佑、至正间，诸寺递毁。"②此外，据《嘉靖仁和县志》，报国寺除佛殿外在至正末毁于兵，并在洪武四年（1391）立为丛林。兴元寺毁于延佑六年（1319），后虽经重建，但未完又遭兵革，于是废弃。仙林寺在修建初期，其"住持荣佐岩结杨琏真加，请殿（延和殿）基为小仙林寺特建一塔，方半而止，俗称半橛塔。"尊胜寺废于 1352 年。③ 最后一类为道观所改建。此类记载见于《西湖游览志》、《大元至元辨伪录》和《佛祖历代通载》。如《佛祖历代通载》在《随函序》载道："至元十八年（1281）冬，钦奉玉音颁降天下，除道德

---

①郭畀：《客杭日记》，转自宿白：《元代杭州的藏传密教及其有关遗迹》，见《藏传佛教寺院考古》，文物出版社，1996 年，第 365-366 页。

②田汝成：《西湖游览志》卷七《南山胜迹》，施奠东主编：《西湖文献丛书》，上海古籍出版社，1998 年，第 66-67 页。

③详见宿白：《元代杭州的藏传密教及其有关遗迹》前揭书，第 366 页。

经外，其余说谎经文尽行烧毁。道士爱佛经者为僧，不为僧者娶妻为民。当时是也，江南释教都总统永福杨大师琏真佳大弘圣化，自至元二十二（1285年）春至二十四（1287年）春，凡三载，恢复佛寺三十余所，如四圣观者，昔孤山寺也。道士胡提点等舍邪归正，罢道为僧者，奚止七八百人，挂冠于上永福帝师殿之梁拱间。”①

第二件事是率先在杭州飞来峰开窟，开凿藏传佛教造像。据统计，飞来峰现存造像67龛，大小造像116尊。其中有46尊为藏传佛教风格造像，62尊为汉式风格造像，8尊为受藏传佛教风格影响的汉式造像。②据造像铭文，这批造像创作于至元十九年（1282）至至元二十九年（1292）年间，比现存北京居庸关过街塔浮雕和宝成寺大黑天造像的年代都早，为内地现存元代年代最早的藏传佛教造像。造像多为江南释教总统杨琏真伽、杭州行宣政院院使及其下属官员等施造。其中，位于冷泉溪南岸、创作于1289年的无量寿佛像和位于呼猿洞、创作于1292年的“西方三圣”造像为杨琏真伽出资开凿。1289年无量寿佛铭文云：“永福杨总统，江淮驰重望。旌灵鹫山中，向飞来峰上。凿破苍崖石，现出黄金像。佛名无量亦无边，一切入瞻仰。树此功德幢，无能为此况。入此大施门，喜有大臣相。省府众名官，相继来称尝……至元二十六年重阳日住灵隐虎岩净伏谨述。大都海云易庵子安丹书。武林钱永昌刊。”1292年“西方三圣”铭文云：“大元功德主宣授江淮诸路释教都总统永福杨大师谨发诚心，捐舍净财，命工镌造阿弥陀佛、观世音菩萨、大

①详见《佛祖历代通载》卷二十一，前揭书，第710页，同时参见宿白：《元代杭州的藏传密教及其有关遗迹》，前揭书，第365页和380页注1。

②参见洪惠镇：《杭州飞来峰“梵式”造像初探》，《文物》1986年第1期第50页。赖天兵认为（见赖文《杭州飞来峰元代时刻造像艺术》，载《中国藏学》1998年第4期第96页），飞来峰现存元代造像共有68龛、117尊，其中藏传佛教造像为33龛、47尊，其数目与洪文差1龛1尊，尚待进一步调查。另据笔者1997年前往飞来峰调查时，杭州市文物建筑工程公司告知，飞来峰现存造像734尊，其中五代造像数量不多，仅存11尊，主要分布在青林洞附近。宋代造像形制较小，共有222尊，多集中在青林洞和玉乳洞洞内及其附近。关于五代和宋代造像，参见黄涌泉《杭州元代石窟艺术》前引，图版第26-28，《西湖石窟》著作前揭书，图版第17-98，《序言》第2-3页。西方学者关于五代和宋飞来峰造像的研究，参见Richard Edwards, Pu-Ta-Maitreya and a Reintroduction to Hangchou's Fei-Lai-Feng, Ars Orientalis, vol. 14, 1984, pp. 5-50, fig. 2-23, 29-34.

势至菩萨圣像三尊，端为祝延皇帝圣寿万岁，阖阔真妃寿龄棉远……文武百官常居禄位，祈保自身世寿延长，福基永固，子孙昌盛，吉祥如意者。至元壬辰二十九年仲秋吉日建。”[①]与此同时，杨琏真伽还在飞来峰为自己也雕造了一身石雕像。但元朝灭亡后，由于杨琏真伽在位期间“在江浙发掘宋皇室陵墓和大臣冢墓，[②]掠取财宝，在故宋宫室遗址上修

①《西湖石窟》，前揭书，《图版说明》第128条和第108条，图版128河108。

②关于杨琏真加发宋陵之事，元明文献多有记载。其中，由宋入元的周密在《癸辛杂识》和《癸辛杂识别集》二著中记载最详。其中前者在《杨髡发陵》(《四库全书·子部346·小说家类》1040，前揭书，第79页)中云：“扬髡发陵之事人皆知之，而莫能知其详。余偶录得当时其徒互告状一纸，庶可知其首尾。云：至元二十二年八月，内有绍兴路会稽县泰宁寺僧宗允、宗恺盗斫陵木，与守陵人争讼，遂称亡宋陵墓有金玉异宝，说诱杨总统。诈称杨侍郎、汪安抚侵占寺地为名出给文书，将带河西僧人部领人匠丁夫前来，将宁宗、杨后、理宗、度宗四陵盗行发掘，割破棺椁，尽取宝货，不计其数。又断理宗头，沥取水银含珠，用船装载宝货。回至迎恩门，有省台所委官拦挡不住，亦有台察陈言，不见施行。其宗允、宗恺并杨总统等发掘得志，由于当年十一月十一日前来，将孟后、徽宗、郑后、高宗、吴后、孝宗、谢后、光宗等陵尽法掘劫，取宝货，毁弃骸骨其下。本路文书只言争寺地界，并不曾说开发坟墓。因此，江南发坟大起，而天下无不发之墓矣。其宗恺余总统分赃不平，已受杖而死。有宗允者，见为寺主，多蓄宝货，豪霸一方。”

关于发朝臣冢墓之事，在后者(见《四库全书·子部346·小说家类》1040，前揭书)最详。该著第135-136《杨髡发陵》页云：“乙酉杨髡发陵之事，起于天长寺僧福闻、号西山者，成于剡僧演福寺允泽、号云梦者。初，天长乃魏宪靖王坟。闻欲媚杨髡，遂献其寺。继之，发魏王之冢，多得金玉，以此遂起发陵之想。泽一力赞成之，俾泰宁寺僧宗恺、宗允等诈称杨侍郎、汪安抚侵占寺地为名，出给文书。(详见前集——原作者注)将带河西僧及凶党、如沈照磨之徒部领人夫发掘。时，有宋陵使中官罗铣者，犹守陵不去，与之极力争执。为泽率凶徒痛棰，胁之以刃，令人拥而逐之。铣力敌不能，犹据地大哭。遂先发宁宗、理宗、度宗、杨后四陵，劫取宝玉极多。独理宗之陵所藏尤厚，启棺之初有白气竟天，盖宝气也。(帝王之陵乃天人也，岂无神灵守之——原作者注。)理宗之尸如生，其下皆籍以津，锦之下则承以竹丝细簟。一小厮攫取，掷地有声，视之，乃金丝所成也。或谓含珠，有夜明者。遂倒悬其尸树间，沥取水银。如此三日夜，竟失其首；或谓西番僧、回回，其俗以得帝王骷髅，可以压胜致巨富，故盗去耳。事竟，罗铣买棺制衣收殓，大恸垂绝，乡里皆为之感泣。是夕，闻四山皆有哭声，凡旬日不绝。至十一月，复发掘徽、钦、高、孝、光五帝陵，孟、韦、吴、谢四后陵。徽、钦二陵皆空无一物，徽陵有朽木一段，钦陵有木灯檠一枚而已。高宗之陵，骨骸尽化，略无寸骸，止有锡器数件，端砚一双。孝宗陵亦蜕化无余，止有顶骨小片，内有玉瓶炉一副及古铜鬲一双。(亦为泽取——原作者注。)尝闻有道之士能蜕骨而仙，未闻并骨而蜕化者，盖天人也。若光、宁诸后俨然如生，罗陵使亦如前棺敛，后悉从火化，可谓忠且义矣。惜未知其名，当与唐张承业同传否？(后之作宋史者，当览此以入忠臣之传——原作者注。)金钱以万计，为尸气所蚀，如铜钱，以故诸凶弃而不取，往往为村民所得。间有得猫睛金刚石异宝者，独一村翁于孟后陵得一髻，其发长六尺余，其色绀碧，髻根有短金钗，遂取以归。以其为帝后之遗物庋藏圣堂中奉事之，自此家道浙丰。其后凡得金钱之家，非病即死，翁恐甚，遂送之龙洞中。闻此翁今为富家矣。方移理宗尸时，允泽在旁，以足蹴其首，以示无惧，随觉奇痛一点起于足心，自此苦足疾，凡数年，以致溃烂，双股堕落十指而死。天长闻僧者，既得志且富不义之财，复倚杨髡之势，豪夺乡人之产，后为乡夫二十余辈，俱俟道间屠而脔之。当时刑法不明，以罪不加众而决之，各受杖而已。”

建藏传佛教密宗式的塔寺以施行镇魇,[①]改道观为佛寺以配合元室在释道两家诤辩中支持佛教排斥道教,指使支持僧人夺占书院、学舍以及其他前宋产业,以收买汉僧泯灭民族敌对心理与之合流,在江南佛教界,在传入藏传佛教同时,又扶植元世祖所重视的北方的教门、压抑盛行于南方的禅宗等行为[②]引起了江南人民的强烈愤慨和历代文人的强烈谴责。他在飞来峰命人为自己雕造的这尊石像也遭到了被毁的命运。此外,杨琏真伽还参与了元代《普宁藏》大藏经(1277-1290 年)的施刊(参见图 4),刊记分别为"总统永福大师"和"都功德主江淮诸路释教都总统永福杨琏真佳"。[③] 尽管杨琏真伽的所作所为有背民意,但客观上为藏传佛教在江南的传播和汉藏文化的交流提供了直接的契机。

与江南藏传佛教及其艺术的传播相关的另外一位重要西夏人是著名的佛学大师管主巴。管主巴,又作管主八或管处八,生卒年代不详。于道泉先生将此对为藏文 bkav-vgyur-pa,为三藏法师之意。[④] 元人又尊称其为广福大师。由此可知,管主巴乃为称号,而非其真实姓名。他在江南的主要活动是于大德六年(1302)至大德十年(1306)年间先后在江苏碛砂延圣寺和杭州路大万寿寺雕印和流通了大量的汉文、西夏文和藏文佛经。

关于他在 1302-1306 年间所雕印和流通的各种文字的佛经,在上

①《元史》,前揭书,卷二百二·列传第八十九·释老,第 4521 页对杨琏真加的这些不法行径总结道:"为其徒者,怙势恣睢,日新月盛,气焰熏灼,延于四方,为害不可胜言。有杨琏真加者,世祖用为江南释教总统,发掘故宋赵氏诸陵之在钱塘、绍兴者及其大小臣冢墓番一百一所;戕杀平民四人;受人献美女宝物无算;且攘夺盗取财物,计金一千七百两、银六千八百两、玉带九、玉器大小百一十有一、杂宝贝百五十有二、大珠五十两、钞一十一万六千二百锭、田二万三千亩;私庇平民不输公赋者二万三千户。他所藏匿未露者不论也。"

②邓锐龄著作,前揭书,第 85 页,同时参见陈高华著作,前揭书,第 55-56 页。

③参见葛婉章:《辐射与回向:蒙元时期的藏传佛教艺术》,见石守谦和葛婉章主编:《大汗的世纪——蒙元时代的多元文化与艺术》,台北国立故宫博物院,2000 年,第 250-251 页,第 110 页图版 III-6 和第 321 页图版说明,第 264 页注释 107。其中一幅版画见郑振铎《中国古代木刻版画选集》,第一册《碛砂藏》引首(一),人民美术出版社,1985 年,为典型的宋代汉式风格。

④参见王静如:《河西字藏经雕版考》,《西夏研究》第 1 辑注释 14:"管主八当为西藏 Bkah hgyur-pa(西藏读为 Kantsieur pa,蒙古读为 Kantsut-pa),意为通经藏大师,中国之三藏法师或足当之。今蒙、藏诸僧尚以此称高僧。Bkah 意为'语',hgyur 意为'译',西藏之 pa,犹中土之称父。此乃吾友于道泉先生而得其指示者。"

海影印宋版藏经会1959年影印的《碛砂藏》大藏经中收录的两篇愿文有明确记载。其一见第586册遵字9《大藏圣教法宝标目》卷9末《管主八愿文》,文字为:

上师三宝加持之德,皇帝太子福荫之恩,管主八累年发心,印施汉本、河西字大藏经八(五)十余藏,华严诸经忏、佛图(参见图5、7-14)等西蕃字三十余件经文外,近("近"后增"见"字)平江路碛砂延圣寺大藏经版未完,施中统钞贰佰锭及募缘雕刊,未及一年已满千有余卷,再发心于大都弘法寺取秘密经律论数百余卷,施财叁佰锭,仍募缘于杭州路,刊雕完备。续天下藏经悉令圆满,集于(是)功德,回向西方导师阿弥陀佛、观音、势至、海众菩萨;祝延皇帝万岁,太子诸王福寿千春,佛日增辉,法轮常转者。大德十年丙午腊八日,宣授松江府(路)僧录广福大师管主巴谨题。

其二见日本善福寺藏《碛砂藏》本《大宗地玄文本论》卷3末,内容更为详尽:

上师三宝佛法加持之德,皇帝太子诸王复护之恩,管主八誓报四恩,流通正教,累年发心印施汉本大藏经五十余藏,四大部经三十余部(华严大经一千余部),经律论疏钞五百余部,华严道场忏仪百余部,焰口施食仪轨三千余部,梁皇宝忏、藏经目录、诸杂经典不计其数。金银字书写大华严、法华经等共计百卷,装严佛像金彩供仪,刊施佛像图本,斋供十万余僧,开建传法讲席,逐日自诵大华严经一百部,心愿未周,钦睹圣旨,于江南浙西道杭州路大万寿寺雕刊河西字大藏经三千六百二十余卷、华严诸经忏板,至大德六年完备。管主八钦此胜缘,印造三十余藏及华严大经、梁皇宝忏、华严道场忏仪各百余部,焰口施食仪轨千有余部,施于宁夏、永昌等路寺院,永远流通。装印西蕃字乾陀般若白伞(盖)三十余件经咒各十(千)余部,散施土蕃等处流通读诵。今见平江路碛砂延圣寺大藏经板未完,遂于大德十年闰正月为始,施财募缘,节续雕刊,已及一千余卷。又见江南闽浙教藏经板,较直北教藏缺少秘密经律论数百卷,管主八发心,敬于大都弘法寺取到经本,就于杭州路立局,命工刊雕,圆备装印补足。直北、腹里、关西、四川大藏教典,悉令圆满。集斯片善,广大无为,回向真如实际,装严无上佛果菩提,西方教主无量寿佛、观音菩萨、势至菩萨、清净海众菩萨;祝延皇帝万岁,圣后齐年,太子诸王福寿千春,帝师法王福基巩固,时清道泰,三光明而品物亨;子孝臣忠,五谷熟而人民悦,上穷有顶,下及无边,法界怀生齐成佛道者。大德十年丙午腊月成道日,宣授松江府僧录管主八谨愿。①

从上可知,管主巴在刊印汉文、西夏文和藏文大藏经的同时,还刊印了一些“佛图”和“佛像图本”,此即影印宋版《碛砂藏》大藏经中保留至今的8种木刻插图版画(参见图5、8-14)和元刊西夏文《大藏经》中的插图(参见图7)。此外,管主巴死后,其儿子永兴大师管辇真吃剌也一直寓居杭州路,子承父业,继续宏传藏传佛教。对此,《碛砂藏》第565册多字7《大乘理趣六波罗蜜经》卷7载道:“杭州路东北录事司安国坊太平巷居住,奉佛管永兴大师辇真吃剌,发心将故父管僧录遗下秘密经板一部,舍入平江路碛砂寺大藏经坊一处安顿,永远印造流通,祝延圣寿,愿大吉祥如意者。至正二十三年(1363)二月十六日奉佛管辇真吃剌谨施。”②

三、西夏与元代内地藏传佛教版画之比较

正是由于西夏人在元初藏传佛教的传播中扮演了重要的角色,而西夏又具有深厚的藏传佛教及其艺术传统,因此西夏佛教艺术直接影

①上海影印宋版藏经会影印《碛砂藏》第581册践字3《大宗地玄文本论》卷3末无此愿文,笔者亦未能见到日本善福寺藏本。引文据宿白:《元代杭州的藏传密教及其有关遗迹》前揭书第376页引文。

②从“奉佛管永兴大师辇真吃剌”的名字来看,永兴大师为封号或尊称,而管辇真吃剌为其真正的名字。其中,辇真吃剌应为藏名,藏文对音应为rin-chen-grags。管则为其姓,由其父名字管主巴演变而来。

响到了元初的藏传佛教艺术创作。版画即是其中典型的例证。①

西夏时期,在创作藏传佛教建筑、雕塑、唐卡的同时,也创作了为数众多的木刻版画作品。这些作品是迄今为止发现的年代最早、具有藏传佛教艺术风格的版画作品。其中的一些作品保存在国内各个图书馆,一些作品保存在俄罗斯,而另外一些作品则保存在西方各国。随着近年来这些作品的发表,大致勾勒出了西夏藏传佛木刻版画的面貌。谢继胜最近在《西夏藏传绘画》集中讨论了三件有题记的早期西夏版画:刊刻于西夏正德十五年(1141)的《圣观自在大悲心总持功能依经录》经首版画、天盛十九年(1167)仁宗仁孝印施的汉文《佛说圣佛母般若波罗蜜多心经》经首版画和乾佑二十年(1189)仁宗印施的西夏文《观弥勒菩萨上生兜率天经》经首版画。其中,《圣观自在大悲心总持功能依经录》经首版画是目前为止发现的时代最早的西夏藏传佛教风格的木刻版画。② 作品构图分为对等的两个部分,右侧绘有四位人物,均为坐式、四分之三左视造型,带舟形头光和马蹄形彩虹背光。其中,中心人物持有一把伞盖。左侧为佛塔,塔瓶中心为坐式顶髻尊胜佛母,顶髻尊胜佛母为三面八臂造型,头顶饰化佛。塔顶两侧绘有两位人物,为两位净居天。表现的是左图的四位人物正在礼拜右图的顶髻尊胜佛母,整个画面具有极其浓郁的藏传佛教艺术风格特征(参见图1)。《佛说圣佛母般若波罗蜜多心经》经首版画是一件具有确切纪年的重要作品。愿文明确说刻印于"天盛十九年岁次丁亥五月初九日。"③作品采用的是中心构图法,中心人物为般若波罗蜜多佛母,四周分别为佛、菩萨和弟子环围,共绘人物37身。所有人物均绘有舟形头光和椭圆形彩虹背光。其中,主尊般若波罗蜜多佛母造型巨大,面部呈长方形,头部

①在此值得一提的是,从大的方面来看,元代内地藏传佛教艺术创作受到了三个方向的影响,一是来自西藏最直接的影响,二是来自西夏的影响。三是来自以阿尼哥为首的尼泊尔的影响。

②谢继胜:《西夏藏传绘画》前揭书,第195页,图版90。作品有题记,内容参见注释34。

③谢继胜:《西夏藏传绘画》前揭书,第195页,图版91,注释35。同时参见史金波等编《俄藏黑水城文献》,前揭书,第1卷卷首插图;周心慧主编《中国古代佛教版画集》,卷一,学苑出版社,1998年,第76页图版。

左倾,双手作转法轮印,上身为右侧,臀部为左侧,腰肢苗条,呈优美的S形身姿,结跏趺坐端坐于须弥座上。整件作品为典型的藏传佛教艺术作品(参见图2)。《观弥勒菩萨上生兜率天经》经首版画也有明确的纪年,①采用的也是中心构图法,但整件作品同时体现出藏式和汉式两种风格特征。主尊佛和菩萨为藏式风格造像:佛高髻、袒露右肩,舟形头光、马蹄形身光、椭圆形大背光。菩萨面部修长,头戴三角形宝冠。而护法神则为典型的汉式风格,大多身穿铠甲,头戴头盔,面部方形,其余者无冠,但都头发上竖,大有威风凛凛,怒发冲冠之势。藏式和汉式风格在此融为一体。三幅作品中的藏式风格与西藏山南地区11世纪初的扎塘寺、日喀则地区11世纪初夏鲁寺壁画和西夏同时期的唐卡作品极其相似。尤其是构图、菩萨三角形的头饰和主尊人物的宝座极其装饰,具有明显的印度波罗艺术风格特点(参见图3)。

与此同时,海瑟·噶尔美在《早期汉藏艺术》中对西夏时期刻印的西夏文大藏经版画进行了集中研究,讨论了7幅西夏文大藏经或与之相关的版画作品。② 除图版19和20为西夏大藏经插图外,其余均为黑水城出土的版画作品。在黑水城作品中,图版16和18为顶髻尊胜佛母残片,17为说法图弟子和菩萨残片,21为说法图和文殊菩萨残片。图版19-20和22保存较为完整,其中图版19为西夏文大藏经《大寒林》经典卷首局部,图版20为菩萨、佛陀、僧人和佛塔组画,22为《如来鹫峰山演大般若》(参见图6)。图版19《大寒林》插图局部主尊为一位三面十二臂的菩萨,身后为宝座、舟形头光、马蹄形彩虹身光。两侧坐式菩萨环围,除无宝座外,身光与头光均与主尊相同。据《汉藏早期艺术》,主尊及其眷属右面为一汉式风格的佛陀,因此,主尊及其眷属均面向佛陀,呈侧面像。图版20菩萨、佛陀、僧人和佛图版画构图复杂,横向由

①谢继胜:《西夏藏传绘画》前揭书,第195-196页,图版92。题记参见拙文注释27,同时参见史金波:《西夏佛教史略》,前揭书,第267-268页。图版同时参见周心慧著作,前揭书,第80页图版。

②Hearther Karmay, The Early Sino-Tibetan Art, Aris and Phillips Ltd, Warminster, England, 1975。同时参见熊文彬汉译本《早期汉藏艺术》,中国藏学出版社,1994年版和河北教育出版社2001年版。参见2001年汉译本第56-65页,图版16-22。

藏式风格的菩萨、佛、僧人、佛塔和汉式风格的韦陀天两部分组成；藏式部分又分为空间均匀的三排。其中，第一和第三排采用的是中心构图法。第一排为说法图，中心为正在说法的佛，两侧为闻法的僧人和菩萨；第三排中心为宝座，左右为两位造型相同、相向而坐的菩萨及其眷属；中排中心为噶当觉顿式佛塔，两侧对称的构图诸佛，塔基下的莲枝对称地伸向两侧，为相对拘谨的构图和人物营造出活力。图版22采用的也是中心构图法，释迦牟尼佛端坐在巨大宝座的中央，顶部为象征灵柩山的岩石，岩石两侧为西夏文和汉文题记；佛两侧为闻法的僧人、菩萨。从整体上看，除图版21外佛的袈裟造型差别较大外，风格都基本相同，与前述西夏早期的三幅作品基本一致，具有较为明显的印度波罗艺术的痕迹。如菩萨冠三角形叶状的造型，舟形的头光，马蹄形的身光，宫殿式佛龛的样式及其瑞兽造型，菩萨的衣裙等等。尤其是图版20第一和第三排中心佛和菩萨肩部三角形焰肩，图版21佛和文殊菩萨身后宽大、呈放射状的棕榈树叶和图版22象征灵鹫山的岩石造型等都是11–13世纪在西藏和西夏唐卡中极为流行的波罗样式。①

元代内地创作的具有浓郁藏传佛教风格的版画主要有《普宁藏》、《碛砂藏》汉文大藏经插图和西夏文《河西字大藏经》插图。其中，《普宁藏》，又称《元藏》，由元杭州路余杭县大普宁寺住持道安、如一、如志、如贤等募缘所刊汉文藏经，于元世祖至元十四年（1277年）开雕，至元三十七年（1299年）完工，共5931卷。此藏共刻印有七、八幅版画插图，轮流插图在各经卷首，画风受西藏喇嘛教美术影响，②是迄今为止发现的元代刊印最早的藏传佛教风格的木刻版画。最近，葛婉章教授发表了一幅作品，为《普宁藏》发一《大集譬喻王经》扉画《教主释迦牟尼佛说经处》版画（参见图4）。此幅作品为四折，由右侧的“皇帝万岁万万岁”牌位和左侧的说法图两部分组成。其中，牌位由藏式宝座和汉式

①三角形焰肩如参见谢继胜：《西夏藏传绘画》，前揭书，彩版图集部分，图版26；棕榈叶参见同著图版3、9、20；岩石造型参见图版46、49。

②参见戴藩豫：《中国佛典刊刻源流考》，书目文献出版社，1995年，第97页。

龙和云纹组成;说法图采用中心构图法,释迦牟尼佛位于作品中央巨大的金刚宝座上,双手作转法轮印。桃形头光和马蹄形身光,宝座顶部为大鹏鸟和摩羯组成的背光,顶部为两片巨大的象征菩提树的棕榈叶和汉文题记,底部为供桌,其上供有五供。弟子阿南和迦叶相向站立两侧。同时在供桌两侧分别绘有一身手捧供品的供养菩萨和汉装人物。中心人物及其眷属两侧从上到下对称地构图了三组人像。顶部云团上为十佛,中部分别绘了四身护法、一位道士和五位菩萨;底部分别绘有一位护法和五位僧人,共47位人物。① 风格为汉藏合璧,其中在藏世风格中,在继承波罗艺术风格母题的基础上揉进了一些尼泊尔艺术的因素。

由河西僧人管主巴于1302年主持雕印的《河西字大藏经》插图版画是随后与藏传佛教艺术风格密切相关的另一批重要作品。海瑟·噶尔美博士在《早期汉藏艺术》中探讨了其中的两幅释迦牟尼佛说法作品。② 图版23说法图的构图也为中心构图法,主尊释迦牟尼佛极其巨大的狮子宝座位于画幅中心显著位置(参见图7)。两侧为闻法的僧人、菩萨、弟子和护法。佛陀和宝座均为藏式风格创作而成,亦为汉藏风格融合的作品。其中两侧的眷属为一片汉风,人物造型和服饰都与西夏汉传佛教版画中的造型完全相同,③主尊身着的袈裟及其花纹和衣褶也体现出明显的汉式风格特征。图版25说法图也采用的是中心构图法,整个构图与《普宁藏》《教主释迦牟尼佛说经处》相同。佛与而弟子位于画幅中心,座前为五供和汉装供养人。背光顶部为宽大的棕榈形的菩提树和西夏文题记。佛两侧分别为闻法的诸佛、菩萨、僧众和护法。与《教主释迦牟尼佛说经处》不同之处在于两侧闻法的人数在此有大的增加,与此同时,顶部的十佛有所变化,为菩萨和汉装人物。此外,供品造型也有所不同。④

①参见葛婉章著作前揭书,第110页图版III-6。
②海瑟·噶尔美著作,汉译本,前揭书,图版23和25,第65-68页。
③如参见周心慧,前揭书,第72和75页图版。
④此幅版画,同时请参见周心慧,前揭书,第111页图版。

管主巴随后于1306年主持刊印的《碛砂藏》汉文大藏经自1931年在西安被发现后，其中的木刻插图引起了艺术史界的关注。《元代（1279－1368年）：蒙古统治下的中国艺术》、《早期汉藏艺术》和《元代杭州的藏传密教及其有关遗迹》都对此倾注了大量的笔墨，对它的年代、风格和相关问题都进行了研究，堪称这一领域研究的力作。[①] 据1936年上海影印宋版藏经会影印的《碛砂藏》汉文大藏经，《碛砂藏》木刻版画共有8种样式。[②] 由于其中的每帙经典是按千字文顺序排列的，因此这8种样式的木刻版画以千字文中的每8个字为一单位循环排列。每幅插图均装帧成四折，画框尺寸为43.2～43.8×23.8～24.7厘米。以千字文开始的8个字即天、地、玄、黄、宇、宙、洪、荒为例，前8帙所附8幅版画依次如下：

1）天一《大唐三藏圣教序》插图，为释迦牟尼佛为众生说法场面。释迦牟尼佛居中，右向说法，为四分之三侧面像。周围为弟子、菩萨和诸天。上方两侧云端列化佛。画幅左底刊有“陈升画”、右底刊有“口玉刊”字样（参见图5）。[③]

2）地一《大般若波罗蜜多经》插图，为释迦牟尼佛和高僧对坐说法场面。释迦牟尼佛位于画幅右侧，为左向四分之三画面；高僧位于画幅左侧，为右向四分之三画面。佛左、僧右各有两位弟子立像，均呈合十印。高僧莲花座前方盖布饰有法轮，佛座饰金刚（参见图8）。

3）玄一《大般若波罗蜜多经》插图，为释迦牟尼佛为众生说法场面。画幅分为左右两栏，左栏正中为释迦牟尼佛，右栏为大白伞盖佛母。其中，左栏三折，释迦牟尼佛右向，采用四分之三侧面像。周围绘弟子、菩萨、诸天和化佛。其中右上方供养人捧炉，为汉装官服；右栏一折，中绘

①参见 Sherman E Lee and Wai－Kam Ho，Chinese Art Under the Mongols：The Yuan Dynasty（1279－1368），The Cleveland Museum of Art，1968；Heather Karmay，Early Sino－Tibetan Art，前揭书和宿白：《元代杭州的藏传密教及其有关遗迹》，见宿白：《藏传佛教寺院考古》，文物出版社，1996，第365-387页。

②此据1935年上海影印山西开元、卧龙寺影印本。但据葛婉章前揭书第265页注释108，由于尚有其他四个版本和零本，因此版画数目不止此数。据她所见，至少有10幅作品。

③《早期汉藏艺术》未能辨认出右底题记（参见汉译本第98页）。

大白伞盖佛母坐像,其下为四位护法神,其上为三身大白伞盖佛母小像。画幅右底刻有“陈升画”的题记(参见图9)。

4)黄一《大般若波罗蜜多经》插图,为释迦牟尼佛为众生说法场面。释迦牟尼佛右向,为四分之三侧面像,前方供桌上供有食物、法螺、灯、炉和花盘等五供。周围弟子、菩萨、化佛和护法神环绕,供桌左右分别绘有一身供养人像,其中右侧者托盘,为典型的汉装人物。画底右侧刻有“杨德春”,左侧刻有“杭州众安桥北杨家印行”字样(参见图10)。

5)宇一《大般若波罗蜜多经》插图,为释迦牟尼佛和高僧对坐说法场面。释迦牟尼佛位于画幅右侧,为左向四分之三画面;高僧位于画幅左侧,为右向四分之三画面。佛左、僧右各有两位弟子立像,均呈合十印。高僧莲花座前方盖布饰有法轮,佛座饰金。构图与地一插图完全相同,不同之处在于高僧带有一顶尖帽(参见图11)。①

6)宙一《大般若波罗蜜多经》插图,为释迦牟尼佛为众生说法场面。构图与玄一插图大致相同。画幅也分为左右两栏:左栏三折,释迦牟尼佛结跏趺坐端坐于莲花座上,座前左右分立供养人,其中左侧者为汉装官服。上部为菩提树和天降花雨,左右为闻法弟子、菩萨和护法;右栏一折,为四臂文殊菩萨坐像,后两臂,右手持剑,左手持弓。前两臂,右手持箭,左手持莲花,花上托宝箧。画幅右底刻有“雍庭李氏施财”,左底刻有“孙佑刊”字样(参见图12)。

7)洪一《大般若波罗蜜多经》插图,为释迦牟尼佛为众生说法场面。构图与玄一和宙一插图大致相同,画幅也分为左右两栏:左栏三折,释迦牟尼佛右向,为四分之三侧面像,左右为弟子、菩萨、诸天和护法。座前供桌上供有五供,佛左侧供养人为汉装官服,右侧为一汉装道士,均双手合十而立;右侧一栏,中为菩萨坐像,双手呈合十印,右侧为胁侍菩萨立像,上方为诸天,其上为山岩果树纹样(参见图13)。

8)荒一《大般若波罗蜜多经》插图,为释迦牟尼佛为众生说法场面。

①参见海瑟·噶尔美,前揭书,图版30。作者依此认为高僧或许为印度班智达。宿白先生认为此帽为萨迦帽,参见其著《元代杭州的藏传密教及其有关遗迹》,前揭书,第378页。

画幅四折，释迦牟尼佛位于第二折，右向说法，为四分之三侧面像。顶部两侧为化佛，座前为供养人，其中左侧持炉者为汉装官服人物。佛两侧分别为弟子、菩萨、诸天和护法像，其中右侧上方绘有一位汉装道士像。与此同时，画幅左右两侧分别题有“陈升画”和“陈宁刊”（参见图14）。

上述这8幅版画的风格基本相同。首先，构图有两种基本形式：其一，在高僧和释迦牟尼佛对视说法图中将两位人物构置于画幅的中心，并且两位人物均采用四分之三侧面造型，左右安排弟子，似乎旨在突出高僧与释迦牟尼佛之间的宗教传承关系。其二，在世迦牟尼佛为众生说法的画面中构图又有两种不同的变化，一种是将画幅一分为二，在四分之三画幅中构图释迦牟尼佛和闻法众生，在其余的四分之一画幅中构图单尊菩萨。这种形式的构图似乎暗示单尊菩萨与释迦牟尼佛说法的内容密切相关。另外一种是在画幅上没有用线条分割的说法图，其中将释迦牟尼佛构图在画幅中心或靠近画幅中心的位置，在余下大幅空间内安置闻法有情众生。实际上，上述两种构图形式都没有离开中心构图的模式，即按照释迦牟尼佛和高僧等主要人物来组织画面的构图。构图讲究对称性，通常在中心人物上方左右安排化佛，两侧构图胁侍阿难和迦叶，佛座前构置供养人，而在弟子和供养人两侧则构图菩萨、诸天、僧众和护法神。

其次，作品由藏汉两种风格创作而成。汉族艺术家陈升、陈宁和孙佑虽已不可考，但从技法和风各的比较不难推断出，他们对藏传佛教艺术十分熟悉，具有相同的艺术背景。作品中佛的造型多为高髻、广额方面、耳垂扁长、宽肩细腰，双手当胸作转法轮印，身着百衲袈裟，多袒右肩；高僧内著覆肩背心，①或戴左右各垂长耳的桃形尖帽。身后绘舟形

①覆肩背心，藏语称之为 stod-gos 或 stod-vgag。关于西藏僧人的服饰，请参见海瑟·噶尔美著作前引的97－98页引证本教著作《精集律藏经典》（vdul-ba kun-las btus-pavi-gzhung，成书于11或12世纪）所作论述：本教僧人的服饰共有6件，包括：“二十五褶的莲花帽，二十五块布料缝缀的方形服饰，二十五块布料缝缀的方形内衣，二十五褶的裙子，钉有莲花形靴底的莲花靴一双和树皮制成的莲花座。”

头光、马蹄形身光和背光。宝座纹样丰富,造型精美,由方形座基和双重仰覆莲花座组成,①莲瓣宽大,与居庸关和飞来峰莲瓣造型相同。背光只有四种纹样,其中之一为大鹏、摩羯(鲸鱼)、兽王和象王,与居庸关同类题材相比,无童子和龙子造型,疑为六(拏)具的早期形制;另一种为末尼宝珠、妙音鸟、兽王和象王。② 这种组合十分独特,仅见于宙一插图右侧四臂文殊菩萨背光中。菩萨高髻,多著五叶冠,佩饰圆形大耳环,腰身纤细,体态窈窕,均带舟形头光。其中人物面相宽扁,表情较为呆板,造型雷同,具有明显程式化特征。

再次,画面中不仅有诸佛、菩萨、弟子等佛教人物形象,还出现了汉装官服人物和道家人物的造型。汉装官服人物多为供养人身份出现,而道士多出现在闻法众生之中。更为有趣的是,在荒一插图释迦牟尼佛背光左右的云端上,还出现了白兔和三足鸟的造型,与居庸关券门同一母题的造型如出一辙,显然是汉族神话中日月的象征。此外,装饰纹样中的云纹和洪一插图中的山岩果树都为典型的汉式风格,四大天王等护法神的服饰也呈现出一片汉风。佛道人物和汉藏纹样及其风格在《碛砂藏》藏式风格版画中的同时出现,其中主要的原因之一就是为了适应汉族文化和审美的需要,从而使藏传佛教及其艺术更易于被广大的汉传佛教僧人及其信徒接受,这一点与飞来峰的做法完全一致。但与此同时,道士形象在闻法众生中的出现似乎暗含着深刻的历史背景,为元初佛道辩论结束后,大批道士被迫还俗或改宗佛教,道观也随即变成了佛寺这一历史的反映。整个构图和风格都与前述《河西字大藏经》和《碛砂藏》基本保持一致。

与西夏时期的版画相比,本文讨论的这 11 幅元代版画与西夏版画

---

①关于方形宝座及其象征意义,参见察雅活佛《西藏宗教艺术》,谢继胜汉译本,西藏人民出版社,

②这种组合甚为少见,另一例见于西夏文大藏经《华严经》说法图(见海瑟·噶尔美著作前引图版25)。尤其是摩尼宝珠作为背光纹样者更为少见。而关于妙音鸟,在江孜白居寺壁画的一些背光中还可以看到这种造型。在工布查布著作前印中,对这种背光也没有进行记载和解释。从纹样出现的位置来看,摩尼宝珠出现位置通常为大鹏位置,妙音鸟出现位置通常为摩羯(鲸鱼)位置,似乎二者可以替换。

有明显的继承关系。总体来看，西夏版画最早将藏式风格与汉式风格融合在一起，并且在版画中最早采用中心图法，甚至就连《碛砂藏》地一和宇一版画中高僧与佛陀相向对坐交流的构图模式也在西夏时期的《菩萨、佛陀、僧人和佛塔组画》中找到相应的构图模式。从局部来看，二者之间也有许多相似之处：第一，中心人物为藏式风格，眷属或部分眷属采用汉式风格。第二，从西夏时期的《观弥勒菩萨上生兜率天经》和《如来鹫峰山演大般若》与元代时期的《碛砂藏》天一、地一、宇一、宙一和荒一来看，西夏版画中波罗风格的宝座及其瑞兽等装饰在元代版画中仍然十分流行。第三，《碛砂藏》地一、宇一和宙一背光顶部宽大，呈放射状，棕榈形的菩提树叶在西夏时期的《佛陀向三位僧人布道和敏捷－文殊室利菩萨》[①]残片中找到原型。第四，《碛砂藏》、《普宁藏》和《河西字大藏经》中流行的汉式如意云彩也能在西夏时期的版画中找到大量的原型。第五，西夏版画中波罗风格的三角形焰肩也出现在《碛砂藏》版画中（如对比西夏版画《菩萨、佛陀、僧人和佛塔组画》和《碛砂藏》玄一版画）。此外，元代版画还保留了一些西夏时期版画菩萨和佛陀服饰方面的一些特点。凡此种种表明，元代内地这些具有藏传佛教风格的版画受到了西夏同一题材版画风格的直接影响。葛婉章教授因此推论，这些因素是“参与《河西藏》雕版的党项族画工，将西夏遗风传入江南地区”[②]的。

当然，元代版画也体现出自己与众不同的特点。西夏版画“座背以双瓶取代独角兽，与元帝国流行的噶当觉顿式佛塔是一致的。金刚宝座龛楣的灵兽金翅鸟、摩羯鱼，无论姿态，体型，皆比黑水城版画的夸大；佛菩萨与比丘的面貌，冠服，更远不如黑水版画的接近东印度原型，而以连续的圆弧状雕线，贯穿人物的脸型、头光、背光、盖座、外龛，隐约透露出黑水城时代的结束，东印度风格的转型。”[③]西夏版画中极为流行

①海瑟·噶尔美，前揭书，图版21。
②葛婉章，前揭书，第321页。
③同上。

的东印度波罗艺术风格确实在元代已经开始让位于元代新兴的一种崭新风格“西天梵相”。她主要是在西藏、尼泊尔和内地艺术风格的基础上形成的宫廷藏传佛教艺术风格,具有较为浓郁的汉式风格特征。这一风格一致影响到了元、明、清三朝内地宫廷、民间和西藏地区同一时代藏传佛教艺术的创作趋势。①

据前引管主巴愿文,管主巴在主持刻印《河西字大藏经》和《碛砂藏》汉文大藏经的同时,于 1302 年刻印了《乾陀》、《般若》和《白伞》等为首的三十余种藏文佛经和十余种经咒,并“散施吐蕃等处流通诵读”。从《普宁藏》、《河西字大藏经》和《碛砂藏》大藏经推测,这些在藏族地区流通的藏文佛经尽管迄今为止未能缘见,但肯定也配有木刻版画插图,风格并且也与上述版画相同。因此,他们在藏族地区的流通对随后藏族地区、尤其是西藏地区木刻版画的创作产生了积极的影响。从此我们也不难看出西夏藏传佛教艺术在西藏和元代内地藏传佛教艺术发展之间所产生的重要作用。

原文载《中国藏学》2003 年第 1 期第 66-79、90 页和第 3 期 87-93 页。

①关于“西天梵相”,参见熊文彬:《元朝宫廷的“西天梵相”及其艺术作品》,《中国藏学》,2000 年第 3-4 期。

元代皇室成员施刊的藏文佛经

在2009年的《中国藏学》第1期上，西藏大学的西热桑布教授发表了一篇题为《藏文“元版”考》的文章，公布了他近年在西藏各地见到的八组在北京刻印的元代藏文刻本（参见图版1-6），并对其主要特点进行了一一的考证和研究。① 这些资料的公布和他所做的研究，填补了元代无藏文刻本的空白，无疑具有重要的学术意义。其中，有六组经典（参见图版1-4）由元代皇室成员施刊。第一组为《正理宝藏》（ཚད་མ་རིག་པའི་གཏེར།），共一部经典，190页（参见图版1），现存拉萨哲蚌寺。按书跋愿文，阳木猴年（1284年，即至元二十一年）由察必皇后（དཔོན་མོ་ཆེན་མོ་ཆབུ? -1281）和阔阔真皇后（ཀོ་ཀོ་ཅིན།? -1300）施刊于大都白塔。② 随后卜鲁罕皇后（དཔལ་མོ་འབོལ་གན།? -?）再次施刊200部。第二组共有六部经典组成，分别为《经庄严论》（ཐེག་པ་ཆེན་པོའི་མདོ་སྡེ་རྒྱན།），共232页；《中观根本注》（དབུ་མ་རྩ་བའི་འགྲེལ་པ་ཚིག་གསལ་ཞེས་བྱ་བ་བཞུགས་སོ།），188页；《大乘阿毗达磨集论》（ཆོས་མངོན་པ་ཀུན་ལས་བཏུས་པ།），188页；《俱舍论》（མངོན་པ་མཛོད།）；《量抉择论》（ཚད་མ་རྣམ་པར་ངེས་པ་བཞུགས་སོ།），128页；《正理宝藏》，按跋记，阴土猪年（1299年，即大德二年），由卜鲁罕皇后按帝师札巴斡色（གྲགས་པ་འོད་ཟེར།1246 -

---

①详细参见西热桑布，《藏文“元版”考》，《中国藏学》2009年第1期，第41-50页，同时参见封三图版和第46页插图。除此发表的四幅图版外，本文使用的其余相关图版也由西热桑布拍摄，中国藏学杂志社提供，在此一并表示感谢。

②藏文愿文和题解详细参见西热桑布：《藏文“元版”考》，《中国藏学》2009年第1期，第42页，此不赘述。

1303)之意施刊于大都白塔(参见图版3)。① 第三组为《三律仪论说》(སྡོམ་པ་གསུམ་གྱི་རབ་དབྱེ་བ་བཞུགས་སོ།),共一部,72页(参见图版2)。据跋记,系阴土猪年(1299)由卜鲁罕皇后施刊于大都白塔。② 第四组为《八支要义》(ཡན་ལག་བརྒྱད་པའི་སྙིང་པོ་བཞུགས་སོ།),共319页,由亦乞烈皇后(ཨི་ཅི།? -?)于1311年施刊。③ 第五组为《金光明经》卷一(འཕགས་པ་གསེར་འོད་དམ་པའི་མདོ་བམ་པོ་གཅིག་པ་བཞུགས་སོ།),共89页,由元仁宗(1285 - 1320)施刊于1313-1314年。④ 第六组由三部经典组成,分别为《时轮摄略经》(དུས་ཀྱི་འཁོར་ལོའི་བསྡུས་པའི་རྒྱུད་ཀྱི་རྒྱལ་པོ།),80页;《时轮经·4无垢光广释》(བསྡུས་པའི་རྒྱུད་ཀྱི་རྒྱལ་པོ་དུས་ཀྱི་འཁོར་ལོའི་འགྲེལ་བཤད་རྩ་བའི་རྗེས་སུ་འཇུག་པ་སྟོང་ཕྲག་བཅུ་གཉིས་པ་དྲི་མ་མེད་པའི་འོད།),346页;《无垢光广释摄义》(འགྲེལ་ཆེན་དྲི་མེད་འོད་ཀྱི་བསྡུས་དོན།),38页。按跋记,阴铁兔年(1351年,即至正十一年),由元顺帝(1320-1370)依帝师公哥儿监藏班桑布(ཀུན་དགའ་རྒྱལ་མཚན་དཔལ་བཟང་པོ།1310-1358)之请施刊于大都。⑤

本文试图在西热桑布教授研究的基础上,对施主、经典施刊地、插图风格和流通等问题进行一些补充。

一、关于施主

察必皇后,即昭睿顺圣皇后。按《元史》,为元世祖忽必烈皇帝(1215 - 1294)之妻,"弘吉剌氏,济宁忠武王按陈之女也。生裕宗。中统初,立为皇后。至元十年(1273年)三月,授册宝,上尊号贞懿昭圣顺天睿文光应皇后……十八年(1281年)二月崩。三十一年(1294年),

①藏文愿文和题解详细参见西热桑布:《藏文"元版"考》,《中国藏学》2009年第1期,第44-45页。

②藏文愿文和题解详细参见西热桑布:《藏文"元版"考》,《中国藏学》2009年第1期,第45-46页。

③藏文愿文和题解详细参见西热桑布:《藏文"元版"考》,《中国藏学》2009年第1期,第47页。

④藏文愿文和题解详细参见西热桑布:《藏文"元版"考》,《中国藏学》2009年第1期,第47-48页。

⑤藏文愿文和题解详细参见西热桑布:《藏文"元版"考》,《中国藏学》2009年第1期,第49-50页。

成宗即位，五月，追谥昭睿顺圣皇后”。① 据藏文文献，察必皇后是一位藏传佛教的信徒。察必皇后是萨迦派著名高僧、大元帝师八思巴（1235–1280）的弟子。1253 年，忽必烈在六盘山准备南征云南大理时八思巴就从凉州应召结识了忽必烈和察必皇后。此次见面，八思巴对忽必烈产生了重要的影响，促使忽必烈转变了对藏传佛教的看法，并接受了灌顶。其中，察必皇后起了重要作用。察必皇后不仅向八思巴请求喜金刚灌顶，将陪嫁时父母所送的耳环上的一颗珍珠赠送给了八思巴。据说，这颗珍珠价值黄金一大锭、白银千锭；而且还巧妙地解决了随后忽必烈在接受灌顶时与八思巴关系的问题。当随后忽必烈请求灌顶时，八思巴提出接受灌顶后，忽必烈应遵守宗教誓言，真正以弟子之礼来尊奉上师，即“受灌顶之后，上师坐上座，要以身体礼拜，听从上师言语，不违上师心愿”。八思巴提出的这种将宗教权利置于世俗王权之上的要求，忽必烈不愿接受。于是察必提出了一种折衷方案：“听法及人少时，上师可以坐上座，当王子、驸马、官员、臣民聚会时，恐不能镇服，由汗王（忽必烈）坐上座。吐蕃之事悉听上师之教，不请于上师不下诏令。其余大小事务由于上师心慈，如误为他人求情，恐不能镇国，故上师不要论及请求。”忽必烈同意了这一方案，并在军中接受了八思巴举行的喜金刚灌顶，从而成为八思巴的一名弟子。② 1260 年，忽必烈即位后，封八思巴为国师。1272 年迁都大都后，设立掌管全国佛教事务和吐蕃地区地方行政事务的机构总制院（后改为宣政院），命八思巴领衔总制院事。1270 年，进封八思巴为大元帝师。八思巴与忽必烈的此次见面，为后来元朝统治西藏系列策略的制定和实施奠定了重要的基础。忽必烈以八思巴为上师，对八思巴执弟子之礼，成为后来元朝以藏传佛教为国教、设立帝师制度的滥觞，所以元朝“百年之间，朝廷所以敬礼而尊信之者，无所不用其至。虽帝后妃主，皆因受戒而为之膜拜”。皇权与教权

①《元史》卷一百一十四《后妃一》，中华书局，1997 年，第 2871–2872 页。

②阿旺贡噶索南著、陈庆英、高禾福、周润年译：《萨迦世系史》，拉萨：西藏人民出版社，2002 年，第 101–103 页。

的关系也贯彻元朝始终,“正衙朝会,百官班列,而帝师亦或专席于坐隅”。“吐蕃之事悉听上师之教”也付诸实施,所以,元朝“乃郡县吐番之地,设官分职,而领之于帝师”。“于是帝师之命,与诏敕并行于西土”。① 显而易见,察必皇后在其中起到了十分积极的作用。据《萨迦世系史》,察必皇后对八思巴十分虔诚,对忽必烈增强对八思巴的信心,持续保持二者之间的关系也做了不少有益之事。1255 年,忽必烈南征大理北返经过藏区时,忽必烈召见了噶举派的著名活佛噶玛拔(1204-1283)。噶玛巴希演示了不少神变,不少王公大臣前去观看,并议论其法力可能在八思巴之上。察必皇后于是请求八思巴演示神通,否则担心忽必烈不满并有可能改变想法,转而尊奉噶玛巴希为上师。八思巴于是演示了刀截四肢等神通,从而使忽必烈等人相信没有人能超过八思巴。② 察必皇后此后一直与八思巴保持着比较密切的关系。1264 年,八思巴在第一次到达北京时,就为她和忽必烈汗及其皇子传授了萨迦派道果法的三续大灌顶。③ 1269 年从萨迦返回大都时,她与太子真金和王公大臣们前来迎接,“用大供养迎入宫中,请教各种博大精深的教法,使佛法犹如明月在莲花园中升起”。④

阔阔真皇后为裕宗真金(1244-1286)的妻子,又名蓝也怯赤,弘吉剌氏,为元顺宗和成宗的生母。“大德四年(1300)二月崩,祔葬先陵,谥曰裕圣皇后,升祔裕宗庙。至大三年(1310)十月,又追尊谥曰徽仁裕圣皇后。”按《元史》,她是元世祖外出打猎时偶然遇见的,深得世祖的喜爱,“纳为太子妃。后性孝谨,善事中宫,世祖每称之为贤德媳妇。侍昭

---

①《元史》卷 202《释老》,第 4521 页。

②其过程详见阿旺贡噶索南著、陈庆英、高禾福、周润年译:《萨迦世系史》,《萨迦世系史》,第 105-106 页。正因如此,在 1294 年元成宗(1265-1307)追谥她为昭睿顺圣皇后的册文中对她的一生进行了高度总结和赞扬:“……恭惟先皇后,厚德载物,正位承天。隆内治于公宫,纲大伦于天下。曩事龙潜之邸,及乘虎变之秋。鄂渚班师,洞识事机之会;上都践祚,居多辅佐之谋。先物之明,独断于衷;进贤之志,允叶于上。左右我圣祖,建帝王之极功;抚育我前人,嗣社稷之重托。臣下之勤劳灼见,生民之疾苦周知。俪宸极二十年,垂慈范千万世……”参见《元史》卷 114《后妃一》,第 2871-2872 页。

③达仓宗巴·班觉桑布著、陈庆英译:《汉藏史集》,西藏人民出版社,1986 年,第 203 页。

④《萨迦世系史》,第 140 页。

睿顺圣皇后，不离左右”。1295 年成宗即位后，尊为皇太后。① 现有汉藏文文献虽没有她是藏传佛教信徒的直接记载，但从她与元世祖、察必皇后和太子真金的非同寻常的关系来看，对藏传佛教也应十分虔诚。因为正如前述，世祖、察必皇后和其丈夫太子真金与八思巴关系密切，并多次接受八思巴的灌顶和说法。与此同时，1271 年八思巴动身返藏时，太子真金一直将他送到了萨迦。② 因此，他们三人对她肯定有重要的影响。1284 年她与察必皇后一起施刊藏文经典《正理宝藏》一书即是其中的例证。此外，还有一些其它间接的例证。1279 年，元朝攻下南宋首都杭州之后，以江南释教都总统杨琏真伽为首的官员陆续在杭州西湖的飞来峰镌造了大量的藏式风格的佛像。③ 其中有两处愿文就提到了她的名字。其一是杨琏真伽于至元二十九年(1292)出资镌造的阿弥陀佛、观世音菩萨和大势至菩萨像，其一是宣政院杨院使于同年出资镌造的无量寿佛、文殊菩萨和救度佛母像。二者都提到祝延皇帝圣寿万岁，“阔阔真妃寿龄棉远”。④

卜鲁罕皇后为元成宗的第二位皇后。系“伯岳吾氏，驸马脱里思之女。元贞初，立为皇后。大德三年(1299)十月，授册宝。成宗多疾，后居中用事，信任相臣哈剌哈孙，大德之政，人称平允，皆后处决。”大德十一年(1307)，成宗驾崩后，卷入王位的继承之争。⑤ 卜鲁罕皇后虔信藏传佛教，曾在京城大都修建万宁寺，并在其中立塑了许多密宗佛像。后来，这些佛像都被撤毁。⑥ 关于永宁寺详情，诸史不载。成宗朝时的帝

---

①《元史》卷 116《后妃二》，第 2899 页。

②关于太子真金是否送八思巴返藏一事的讨论，参见陈庆英：《元朝帝师八思巴》，北京：中国藏学出版社，1992 年，第 174-180 页。

③关于飞来峰石窟照片和内容的讨论，参见详细参加浙江省文物考古研究所：《西湖石窟》，杭州：浙江人民出版社，1986 年；宿白：《元代杭州的藏传密教及其有关遗迹》，见宿白：《藏传佛教寺院考古》，北京：文物出版社，1996 年，第 365-387 页。

④关于愿文全文，详见《西湖石窟》第 107-108 图版说明。

⑤《元史》卷 114《后妃一》，第 2873-2874 页。

⑥《元史》卷 114《后妃一》，第 2873-2874 页原文为：“京师创建万宁寺，中塑秘密佛像，其形丑怪，后以手帕蒙覆其面，寻传旨毁之”。

师为第五任帝师札巴斡色(1246–1303),于1294 –1303年间在任。[①] 因此,他自然也是卜鲁罕皇后的上师。1299年,卜鲁罕皇后根据他的意思在大都施刊藏文佛经之事也就顺理成章。与此同时,卜鲁罕皇后在万宁寺立塑密宗佛像也可能与他有关。此外,卜鲁罕皇后与八思巴的弟子、著名的胆巴国师(?–1303)也关系密切,他也应是她的上师。据《元史》和《佛祖历代通载》,胆巴国师"师名功嘉葛剌思(ཀུན་དགའ་གྲགས་པ།),此云普喜名闻。又名胆巴,此云微妙。西番突甘斯旦麻(又作朵甘斯麻,即今青海省称多县)人。"[②]因传为吐蕃名相噶尔家族的后裔,又名噶·阿年胆巴。幼年丧父,一直由其叔父抚养。后师从萨迦班智达出家,并前往西天竺师从"古达麻室利习梵典,尽得其传"。1264年八思巴返藏途经其家乡时,因深得八思巴赏识而随八思巴前往萨迦。1267年,受八思巴之命在其家乡创建萨迦派寺院尕藏寺,1269年随八思巴前往大都,并向忽必烈举荐。"时怀孟大旱,世祖命祷之,立雨。又尝咒食投龙湫,顷之奇花异果上尊涌出波面,取以上进,世祖大悦。"后忽必烈命其前往五台山寿宁寺。1271年八思巴赴临洮时,受八思巴之命返回大都,并受托朝廷宗教事务之重任。因此在成宗在位的"大德间(1295–1307),朝廷事之,与帝师并驾。"成宗皇帝和卜鲁罕皇后都对其优渥有加。一次,德寿太子生病,卜鲁罕皇后去派人请胆巴国师治病,对胆巴国师说:"我夫妇以师事汝至矣,止有一子,何不能保护耶?"[③]可见,成宗皇帝及其皇后与胆巴国师的关系非同一般。实际上,胆巴国师还为成宗皇帝治过病。[④] 成宗时期,他还在北京颐和园万寿山等地设立道场祠祭摩诃葛剌神,摩诃葛剌神随祷而至,帮助元军统一江南和击退海都犯西番界,因

---

①札巴斡色,《元史》译为吃剌斯巴斡节儿,原为萨迦东院的人,曾做过八思巴侄子大尼钦波桑布贝(བདག་ཉིད་ཆེན་པོ་བཟང་པོ་དཔལ།1262–1322)的"却本(ཆོས་དཔོན།)",后来投靠八思巴,担任八思巴的香灯师,随后前往大都出任帝师。元贞元年(1295),成宗赐双龙盘纽白玉帝师印,并赐玉制五方佛冠。详见王森:《西藏佛教发展史略》,北京:中国社会科学出版社,1997年,第83和96页。

②《佛祖历代通载》卷22,见大正藏《大藏经》第49册史传部二,第725页。

③杨瑀:《山居新话》卷1,第13页,《四库全书》,卷1040,上海:上海古籍出版社影印本,第351页。

④《元史》卷202《释老》,第4521页对此记载道:"又为成宗祷疾,遄愈"。

而倍受尊重。成宗时奉诏住持大都大护国仁王寺期间,成宗特"诏分御前校尉十人为之导从"。出行时,令胆巴国师护随左右。正因其博学的才识,卓异的道行,大德七年(1303)他圆寂后,成宗诏令将其舍利迎入大护国仁王寺,安葬于庆安塔中。仁宗即位后,被追封为"大觉普惠广照无上胆巴帝师"。[①]

关于另外一位皇室成员亦乞烈皇后,文献记载不多,只有《元史》有一段简略的记载:"亦乞烈氏,奴兀伦公主之女,实生明宗,天历二年(1329)追谥仁献章圣皇后。"[②]

元仁宗爱育黎拔力八达为元顺宗的次子、元武宗的弟弟,1311－1320年在位。在位期间,继续执行元初制定的礼遇藏传佛教的国策。《元史》为我们留下了一些与此相关的记载。例如,延祐四年(1317)二月,"给书西天字《维摩经》金三千两";三月,"给金九百两、银百五十两,书金字藏经"。五年九月"甲戌,以作佛事,释重囚三人,轻囚五十三人";冬十月,"壬辰,建帝师八思巴殿于大兴教寺,给钞万锭"。六年三月,"壬午,赐大兴教寺僧斋食钞二万锭";九月"癸巳,以作佛事,释大辟囚七人,流以下囚六人"。[③] 同时据《释老传》,此时的佛事活动种类繁多,并且花费不少。如"延祐四年,宣徽使会每岁内廷佛事所供,其费以斤数者,用面四十三万九千五百、油七万九千、酥二万一千八百七十、蜜二万七千三百。自至元三十年间,醮祠佛事之目,仅百有二"。[④] 由此可知,在仁宗朝,宫廷佛事活动频繁,种类繁多。实际上,仁宗本人不仅信佛,而且而是一位佛学大师,对佛教典籍十分精通。为此,《元史》在总结他的一生时说,仁宗"通达儒术,妙悟佛典,尝曰:'明心见性,佛教为深;修身治国,儒道为切'"。[⑤] 由此可见,元仁宗出资刊印藏文佛经、布施举行一些佛事活动均在情理之中。

---

①《元史》卷202《释老》第4519页。
②《元史》卷114《后妃一》,第2875页。
③《元史》卷24《仁宗》,第582-583、586、588和591页。
④《元史》卷202《释老》,第4520页。
⑤《元史》卷24《仁宗》,第594页。

元顺帝为明宗皇帝的长子，元朝的最后一位皇帝，在元代诸位皇帝中以崇奉藏传佛教而著名。《元史》中记载了许多他崇信、甚至修炼密宗，不理朝政的事情。如至正元年(1341)“十二月丙申，诏写金字藏经”。至正七年(1347)“二月甲戌朔，兴圣宫作佛事，赐钞二千锭。”至正“十三年(1358)春正月庚午朔，用帝师请，释放在京罪囚。”是岁，“哈麻及秃鲁贴木儿等阴进西天僧于帝，行房中运气之术，号演揲儿法，又进西番僧善秘密法，帝皆习之。”十四年(1359)正月“丁丑，帝谓脱脱曰：‘朕尝作朵思哥儿好事，迎白伞盖游皇城，实为天下圣灵之故。今命剌麻选僧一百人，仍作朵思哥儿好事，凡所用物，官自给之，毋扰于民。’”十一月，“皇太子修佛事，释京师死罪以下囚”；“时帝怠于政事，荒于游宴，以宫女三圣奴、妙乐奴、文殊奴等一十六人按舞，名为十六天魔，首垂发数辫，戴象牙佛冠，身被缨络，大红绡金长短裙、金杂袄、云肩、合袖天衣、绶带鞋袜，各执加巴剌般之器，内一人执铃杵奏乐。又宫女以十一人，练槌髻，勒帕，常服，或用唐帽、窄衫。所奏乐用龙笛、头管、小鼓、筝、琵琶、笙、胡琴、响板、拍板。以宦者长安迭不花管领，遇宫中赞佛，则按舞奏乐。宫官受秘密戒者得入，余不得预。”①顺帝正因为“帝怠于政事，荒于游宴”而致使元朝灭亡而遭到了后世史家的严厉批评。

二、关于刻印地点

据跋记愿文，在这些皇室成员施刊的佛经中，有四组佛经记载了刻印地点，均在首都大都，其中三组记载了确切的地点。其中，由卜鲁罕皇后于1299年施刊的《经庄严论》等六部佛经和《三律仪论说》等两组佛经刻印地点相同：“于大都皇宫之青塔缮写②，白塔刊刻”(参见图版3)；另外一组、即由元顺帝于1351年施刊的《时轮经·无垢光广释》等三

①分别参见《元史》卷202《释老》，第860、877、907、919、968页。

②青塔在西热桑布文中第45页中译为“兰塔”，藏文原文为“མཆོད་རྟེན་སྔོན་པོ།”，既可译为青塔，也可译为兰或蓝塔，但据汉文史籍和笔者考证，在此应为青塔。

部佛经的刻印地不同，为“ཆེན་རྡུ་གསི་འི་སྡེ་ཆེན་པོ།”。而由仁宗于1313–1314年施刊的《金光明经》只记载了“大都”，没有提具体的地点。毋庸置疑，大都是元代内地藏文佛经刻印的重要中心之一。

此处之“白塔”即今北京西四之白塔寺，是元代保存至今的唯一一座藏传佛教建筑遗迹。白塔原为元代著名的皇家寺院大圣寿万安寺（又简称万安寺）的主体和标志性建筑，因此又称为白塔寺。明景泰八年（1457）大圣寿万安寺被改名妙应寺，白塔又被称之为妙应寺白塔。

据文献记载和研究，大圣寿万安寺是一座佛塔和寺院结合的大型建筑，始建于至元十六年（1279），竣工于至元二十五年（1288）。元世祖忽必烈、元朝第二任帝师亦怜真（རེན་ཆེན་རྒྱལ་མཚན།1238–1279）和将作院首领阿尼（1244–1306）参加了其中的设计和建造。元世祖忽必烈对该寺的修建极为重视，不仅亲自审定了寺院的四界范围，而且还令中卫军为其伐木供料。① 同时于至元二十二年（1285）12月“戊午，以中卫军四千人伐木五万八千六百，给万安寺修造。”②1288年主体工程完工后，元世祖不仅下令在两廊“不须塑泥佛，只教活佛住”，③还亲自主持了寺院内部的布置和安排。1289年，亲自前往该寺，主持了将仁智殿的旃檀佛像安请在后殿的仪式。④ 大圣寿万安寺当时的建筑十分精美，规格同于皇宫建筑，“其殿陛栏杆楯，一如内廷之制”，富丽堂皇，“佛像及窗壁皆金饰之，凡费金五百四十两有奇，水银二百四十斤。”⑤

其中的标志性建筑白塔又名释迦舍利灵通之塔，造型十分精美，其“取军持之像，标驮都之仪，妙磬奇功，深穷剞劂，琼瑶上釦，碱趺下成。表法设模，座锼禽兽，角垂玉杵，阶布石栏。檐挂华鬘，身络珠网，珍铎迎风而韵响，金盘向日而光辉。亭亭高耸，遥映于紫宫，岌岌孤危，上陵

①《佛祖历代通载》云：“帝（元世祖）建大圣寿万安寺，帝制四方，各射一箭，以为界至。”《佛祖历代通载》卷22，第723页。
②《元史》卷13《世祖十》，第282页。
③《佛祖历代通载》卷22，第723页。
④《元史》卷15《世祖十二》，第329页。
⑤《元史》卷15《世祖十二》，第311页。

于碧落。制度之巧,古今罕有。"[①]塔身四周安置了诸多佛像,同时对塔进行了装藏。[②]

元世祖以后,累朝对该寺又有所增建,其中"成宗时,置世祖影堂于殿之西,裕宗影堂于殿之东,月遣大臣致祭。"[③]仁宗时期又为五间殿、四座八角楼塑造了140尊大小佛像。并且,为了加强对大圣寿万安寺的修缮,至大四年(1311)"置万安规运提点所,秩正五品……延佑二年(1315)陞都总管府……(天历)三年(1330)以万安规运提点所既废,复立万安营缮司。"[④]一直到至正二十八年(1368)该寺因雷击起火被毁之前,该寺的工程都一直没有间断,遗憾的是,除"东西二影堂神主及宝玩器物得免,余皆焚毁,"致使后人无缘领略这座精美建筑的艺术神韵。今日妙应寺规模,大体沿袭景泰再建之制,所存元物除白塔外,似仅三佛殿、七佛殿两殿基及两殿基之间之穿廊基,即所谓工字廊基而已。[⑤]

大圣寿万安寺建成之后,相继在寺中展开了一系列重要的佛事活动。其中,《元史》记载的重要佛事活动就有:至元十六年十二月,"帝师亦怜真卒。敕诸国教师禅师百有八人,即大都万安寺设斋圆戒,赐衣。"至元二十二年(1285),世祖"命帝师也怜八合失甲自罗二思八等递进藏佛事于万安、兴教、庆寿等寺,凡一十九会。"二十三年(1286),"以亦摄思怜(真)为帝师。命西僧递作佛事于万寿山、玉塔殿、万安寺,凡三十会。"二十五年(1288)"幸大圣寿万安寺,置旃檀佛像,命帝师及西僧作佛事坐静二十会。"二十七年(1290),"命帝师西僧递作佛事坐静于万寿山、厚载门、茶罕脑儿、圣寿万安寺、桓州南屏庵、双泉等所,凡七十二会。"二十八年(1291),"令僧罗藏等递作佛事坐静于圣寿万安、涿州寺

①《圣旨特建释迦舍利灵通之塔碑文》,详见宿白:《元大都〈圣旨特建释迦舍利灵通之塔碑文〉校注》,《藏传佛教寺院考古》,第327页。同时参看对建塔时间的详细考证。

②其装藏内容详见宿白:《元大都〈圣旨特建释迦舍利灵通之塔碑文〉校注》,《藏传佛教寺院考古》,第329–331页。

③《元史》卷51《五行二》,第1101页。

④《元史》卷87《百官三》,第2213页。

⑤宿白:《元大都〈圣旨特建释迦舍利灵通之塔碑文〉校注》,《藏传佛教寺院考古》,第329–331页。

等所,凡五十度。"元贞元年(1295),"正月壬戌,以国忌,(成宗)即大圣寿万安寺,饭僧七万。"至治三年(1323),"夏四月,(英宗)敕京师万安、庆寿、圣安、普庆四寺,扬子江金山寺,五台万圣国佑寺,作水陆佛事七昼夜。"天历二年(1329),"五月乙亥,(文宗)幸大圣寿万安寺,作佛事于世祖神御殿。"①此外,元朝的官员每年定时到该寺为元朝的皇室成员举行上香等仪祭活动:每年正月二十一日正官为普颜笃皇帝行香。次日,大小官员为世祖皇帝行香。六月二十日,大小官员为裕宗皇帝愍忌行香。② 由此可见,大圣寿万安寺是一座有西藏僧人居住、设置皇家神御影堂、为皇家举行重大佛事活动的重要的皇家寺院。在此施刊藏文佛经当在清理之中。

正因如此,自元以来,该寺一直备受朝廷重视。据文献,从至正四年(1344)开始,白塔经历了数次规模不同的维修,《蒙藏佛教史》对此载道:"明天顺元年(1457),赐额妙应寺。成化朝,复于塔上环造铁灯一百零八座,入夜燃之,金彩四射。清康熙二十七年(1688),修寺与塔,有御制碑文二,立石庭殿中。乾隆十八年(1753)重修,御书般若波罗蜜多心经一卷,及梵文尊胜咒,并赐大藏真经全部七百二十四函,为镇塔之用。御制妙应寺文与修白塔铭,勒石七佛庭殿中。四十一年(1776),奉敕又修。寺藏有御制满、汉、藏合璧大藏全咒十套,西藏首楞严经一分,维摩诘所说经全部。民国二十一年(1932)秋,修理塔院佛像。二十二年夏,修理大殿佛像。二十三年(1934)七月,修理弥勒佛像,重建四大天王像。"③新中国成立后,政府对白塔的保护也极为重视,曾于1972和1978年对白塔进行了两次维修,④使这座古刹从而得到了应有的保护。

跋记中载及缮写藏文佛经的地点青塔,位于今阜成门附近,距离白塔寺不远,现已不存。青塔,原名永福寺,因寺中建有一座青塔,俗名青

①分别参见《元史》卷13《世祖十》,第283页;卷15《世祖十二》,第329页;卷16《世祖十三》,第343、354页;卷18《成宗一》,第390页;卷28《英宗二》,第630页。

②熊梦祥:《析津志辑佚》,祠庙仪祭,北京古籍出版社,2001年,63-64页。

③妙舟法师:《蒙藏佛教史》,全国图书馆文献缩微复制中心,1993年,第70页。

④关于历代对白塔所进行的维修和所立碑铭,请分别参见杨毅、陈晓苏:《妙应寺白塔史料》,北京燕山出版社,1995年,第42-50;57-79;87;110-126页。

塔寺，创建于元仁宗时期（1311－1320），明宣德、天顺、成化、隆庆和万历年间曾多次修缮。至清代，寺存无塔，后寺塔均废。汉文史籍多载其事。

关于其位置，明代文献《京师五城坊巷胡同集》云："青塔寺位西城于阜成门街北"，清代文献《日下旧闻考》也说，"寺在都城阜成门内，故有青浮图，稍东为白塔禅寺，相距里许。"随后又明确说，"青塔寺在阜成门四条胡同"。此地因寺名而形成了一条街，名叫青塔寺胡同。按清代史籍《京师坊巷志稿》，"青塔寺胡同，寺在四条胡同西北，元为大永福寺"。① 由此可知，青塔寺位于白塔寺西面，二者相距一里左右。

至于其兴废，诸史也有所记载。按寺内万历三年（1575）所立张一桂撰写的《重修青塔寺碑略》说，该寺原为元代的大永福寺，建于元代延祐年间（1314－1320 年）。"青塔寺者，即胜国时敕建大永福寺也。寺在都城阜成门，故有青浮图，稍东为白塔禅寺，相距里许，俗称青塔寺云。寺创于延祐间，国朝天顺（1457－1465），成化（1465－1487）中尝再新之，迄今又且百禩矣。殿宇仅存遗址，沙门佛宝毅然以兴复为己任，太监王喜等捐资助之。工始于隆庆壬申（1572），迄于万历乙亥（1575）。"②此外，寺内正德八年（1513）所立的另外一通由蒋冕撰写的《青塔寺碑略》则说，该寺还曾于宣德年间（1426－1435）进行过修缮："都城西北隅旧有寺曰青塔，青塔，古刹也。创始无传。宣德间僧慧灯募修之。"③

关于其创建年代，即《重修青塔寺碑略》中所记"寺创于延祐间"之说恐不确。原因是卜鲁罕皇后于 1299 年施刊的《经庄严论》等六部佛经和同年施刊的另一部经典《三律仪论说》的愿文都明确记载说，这六部经典于 1299 年"缮写于青塔，刻印于白塔"。藏文原文为："ས་མོ་ཕག་ལོ་ཟླ་བ་བདུན་པའི་ཚེས་བཅོ་ལྔ་ལ། ཕོ་བྲང་ཆེན་པོ་ཏའི་ཏུའི་མཆོད་རྟེན་སྔོན་པོར་བྲིས། མཆོད་རྟེན་དཀར་པོར་སྒྲུབ་

①分见张爵：《京师五城坊巷胡同集》，北京古籍出版社，2001 年，第 13 页；于敏中：《日下旧闻考》，卷五十二，城市，北京古籍出版社，2001 年，第 830 页；朱一新：《京师坊巷志稿》，卷上，北京古籍出版社，2001 年，第 148 页。

②《日下旧闻考》，第 831 页。

③《日下旧闻考》，第 830 页。

པ་དགེའོ།།”。[①] 关于时间和刻印地，这两组的记载完全相同。换言之，他们都是在“阴土猪年七月十五日缮写于青塔，刻印于白塔”。此处之阴土猪年为元成宗大德三年，即公元 1299 年，比《重修青塔寺碑略》中所载之延祐年间的第一年早十五年。也就是说，按《重修青塔寺碑略》所载该寺创建于延祐年间，那么卜鲁罕皇后就不可能在青塔寺施刊藏文佛经。毋庸讳言，1575 年张一桂撰写的《重修青塔寺碑略》在该寺的始创年代的记载上有出入。但因文献对大永福寺及其内所立青塔的时间缺乏记载，因此对其始建年代无法确定，待考。不过，按卜鲁罕皇后施刊的这两组藏文佛经的愿文，肯定早于 1299 年。

至于寺院的规模和性质，由于缺乏文献的进一步记载，尚不清楚。但据元代文献《析津志辑佚》可知，该寺在元代也是一座重要的皇家寺院。因为按该著作，每年二月初六日元朝的正官门都要到该寺为英宗皇帝上香，举行仪祭活动。与此同时，在每年的六月二十一日，元朝所有的大小官员还要到该寺为速哥八剌皇后忌日行香。[②] 地位与白塔寺、高粱河寺和普庆寺相同。这些都是元朝时期重要的皇家寺院，均与藏传佛教关系密切。由此推测，青塔寺在元代应该也是一座与藏传佛教关系密切的寺院，寺内住有西藏僧人，否则前述皇室成员施刊的藏文佛经不可能在此缮写而成。

关于另外一个刻印地点“ཚེན་ཧྲུ་གསི་འི་སྡེ་ཆེན་པོ།”，目前难以有确切的定论。跋记中记载的这个地名由音译和意译两部分组成。其中，“ཚེན་ཧྲུ་གསི།”为音译，前两个音节很难对上，只有最后一个音节能准确对应汉文中的“寺”；“སྡེ……ཆེན་པོ།”为意译，意为“大寺院”。二者结合，就是“ཚེན་ཧྲུ་大寺”之意。不过，可以肯定的是，这个地名是元代大都的一座大寺院，而且是与藏传佛教寺院密切相关的皇家大寺的名字。

根据《元史》、《析津志辑佚》和《日下旧闻考》等古代文献，到元文

①西热桑布：《藏文“元版”考》，《中国藏学》2009 年第 1 期，第 45 页。

②熊梦祥：《析津志辑佚》，祠庙仪祭，63–64 页。据该籍，官员每年前往为皇室成员行香的寺院还有白塔寺、高粱河寺和普庆寺等，这些都是元代著名的皇家寺院。

宗(1329–1331 年在位)时期,元代大都由皇帝敕建的皇家大寺有十二座,包括大护国仁王寺(高粱河寺)、西镇国寺、大圣寿万安寺(白塔寺、妙应寺)、大兴教寺、大承华普庆寺、大天寿万宁寺、大崇恩福元寺(南镇国寺)、大永福寺(青塔寺)、黑塔寺、大天源延圣寺、大承天护胜寺和寿安山寺(大昭孝寺、洪庆寺)等寺院。同时通过建寺和维修寺院的碑文等相关史料,它们都是与藏传佛教寺院密切相关的寺院,其中供奉有皇室成员的御容和安请有藏传佛教的神灵,并且有西藏僧人居住。例如前述大圣寿万安寺(妙应寺、白塔寺)和大永福寺(青塔寺)就是其中的代表,因此也就成为元代皇家藏文佛经的刻印地点。毋庸讳言,“ཚེན་ཧྭ大寺”或“大ཚེན་ཧྭ寺”也是这样一座寺院。

从对音上来看,这个寺院有可能是上述的大承华普庆寺或大崇恩福元寺,如果大承华普庆寺可简称为承华寺,大崇恩福元寺可简称为崇福寺。但实际上,在元代的文献中,前者通常被简称为普庆寺,而后者则未见简称之载。另外,也不能排除其它寺院的可能性,因为其中的一些寺院还有俗称等其它名字,如此处藏文佛经中所采用的名字就是大圣寿万安寺和大永福寺的俗称白塔寺和青塔寺。总之,关于“ཚེན་ཧྭ大寺”的确切所指,尚有待于进一步研究。

三、关于插图

据西热桑布的记述,在前述皇室成员施刊的部分藏文佛经的首页共配置有 16 幅插图。其中,察必皇后和阔阔真皇后于 1284 年施刊的《正理宝藏》首页配有 2 幅插图(参见图版 1、4)。卜鲁罕皇后于 1299 年施刊的《经庄严论》、《中观根本注》、《量抉择论》和《大乘阿毗达磨集论》首页都有 2 幅插图,其中最后一部经典插图为弥勒(འཕགས་པ་བྱམས་པ།)和无著(ཐོགས་མེད།)。亦乞烈皇后于 1311 年施刊的《八支要义》首页也有两幅插图。元顺帝于 1351 年施刊的《时轮摄略经》首页有 2 幅插图,分别为胜初佛(དང་པོའི་སངས་རྒྱས།)和月贤(ཟླ་བ་བཟང་པོ།);《时轮经·无垢光广释》

首页有 2 幅朱砂插图,分别为绛贝扎巴(འཇམ་དཔལ་གྲགས་པ།)和白玛噶波(རིགས་ལྡན་པད་མ་དཀར་པོ།)。西热桑布公布了其中 4 幅插图的照片。同时还公布了同一时期在大都刻印的另外两部经典的 4 幅插图的照片。其中一部经典为《时轮摄略经》(མཆོག་གི་དང་པོའི་སངས་རྒྱས་ལས་ཕྱུང་བ་རྒྱུད་ཀྱི་རྒྱལ་པོ་དཔལ་དུས་ཀྱི་འཁོར་ལོ་ཞེས་བྱ་བ།།),由邬坚巴大师(ཨུ་རྒྱན་པ།1230–1309)施刊于 1293 年(参见图版 5);①另一部经典为《本续密要释》(ལམ་རྣམ་པར་བགོད་པ།),由素尔桑布贝(ཟུར་བཟང་པོ་དཔལ།)施刊于 1317 年(参见图版 6)。在公布的这 8 幅照片中,质量不是太好,只有其中的 6 幅照片还比较清楚。

1284 年刻印的《正理宝藏》首页插图(参见图版 1、4)是目前已知发现最早的元代藏式风格木刻作品。作品为墨印,位于首页两侧,人物均为四分之三侧面像,对称相向。右侧为菩萨像,半跏趺坐于椭圆形莲花座上,造型优美,面目清秀,双手当胸持莲花,莲花各托一剑。高髻、花冠,佩饰圆形大耳环、项圈、手镯、臂钏,上身裸露,下身着裙裤。身后为椭圆形头光、马蹄形身光。背光底部两侧为宝瓶,艺术化的莲花从瓶中生长、开放,上托摩羯鱼或妙音鸟,两只瑞兽与艺术化的缠枝纹交融在一起,缠枝纹从两侧向上蔓延成圆,与中心的大鹏交会。莲花座上的莲瓣十分宽大。整个造型简洁、大方,纹样舒展、自然流畅。左侧于此相对的是一位高僧像,头光、身光和莲座造型与菩萨像完全相同。跏趺坐,身披大氅,内著坎肩,双手当胸作说法印并持莲花,莲花上的持物不清。

1293 年刻印的《时轮摄略经》首页插图为朱印(参见图版 5)。这也是迄今发现的最早的朱印版画,较已知最早的 1410 年永乐《甘珠尔》朱印版画早一个多世纪。遗憾的是,由于图片质量,细节不清。从总体来看,两位人物均为菩萨装,其中左侧人物疑为金刚萨埵;右侧人物似为度母。金刚萨埵结跏趺坐,高髻,著五叶冠,上身裸露,下身著裙,双手当胸持莲枝,环披天衣,佩饰圆形大耳环,项圈、U 形项链、手镯、臂钏等

①该经典跋记愿文无确切施刊年代,据西热桑布考证,大致刊印于 1292–1293 年间。参见西热桑布:《中国藏学》2009 年第 1 期,第 43–44 页。

饰物。度母结半跏趺坐于莲花座上,双手持莲花,其装束与金刚萨埵相同。人物身后均为形制相同的椭圆形头光、马蹄形身光和马蹄形彩虹背光。莲座宽大,由仰莲和覆莲组成,莲瓣宽大,造型朴素简洁。

1317 年刻印的《本续密要释》末页插图(参见图版 6)系墨印。右侧为护法像,左侧为高僧像。护法的头部和面部被油墨遮盖,细部不清。造型一面二臂,呈展右立,右手高举持金刚杵,左手下垂至腰持金刚铃,上身裸露,下身著虎皮裙,环披天衣,佩饰骷髅花鬘等饰物,疑为金刚手。身后为火焰纹背光,脚下为仰覆莲座,其造型和风格与前述两组木刻作品相同。左侧高僧为坐像,头部右侧,呈四分之三侧面像,造型极为优美。满头卷发,长眉大眼,鼻梁高直,脸颊下部和下颏布满胡须,极富个性化特征。双脚结跏趺,双手当胸持莲花,外披大氅,内著坎肩,端坐于莲座之上。身后为椭圆形头光,马蹄形身光和背光。头光留白,在头光和身光与背光之间填绘缠枝纹样。留白的头光有力的突出了人物面部的表现,同时造型优美、流畅的涡卷纹产生了完美的装饰效果,堪称元代早期藏式风格木刻作品的精美代表。

毋庸置疑,这些木刻作品的发现大大丰富了元代藏式风格作品和绘画的内容,对于研究元代西藏绘画史和版画史具有十分重要的学术意义。众所周知,关于元代的同类作品,只有《碛砂藏》和《西夏藏》大藏经中的作品广为人知。这些作品由元代著名的佛学家广福大师管主巴①先后在江苏碛砂延圣寺和杭州路大万寿寺刊印于大德六年(1302)至大德十年(1306)年间(参见图版 7-8)。据 1936 年上海影印宋版藏经会影印的《碛砂藏》汉文大藏经,《碛砂藏》木刻版画共有 8 种样式。由于其中的每帙经典是按千字文顺序排列的,因此这 8 种样式的木刻版画以千字文中的每 8 个字为一单位循环排列。每幅插图均装帧成四折,画框尺寸为 43.2 -43.8 ×23.8 -24.7 厘米。以千字文开始的 8 个字即天、地、玄、黄、宇、

①管主八,是元代活跃于江南一带的著名藏传佛教高僧,其生卒年代不详。其名字,汉文又作管主八或管处八,于道泉先生将此对为藏文 བཀའ་འགྱུར་པ།,为三藏法师之意。其出生地和所属教派也不见记载,宿白先生认为,"他即使不是当时帝师直系的萨迦喇嘛,也是萨迦一派重要高僧。"详见宿白:《元代杭州的藏传密教及其有关遗迹》,《藏传佛教寺院考古》,第 378 页。

宙、洪、荒为例，前 8 帙所附 8 幅版画分别为：天一《大唐三藏圣教序》佛说法图，画幅左底刊有“陈升画”、右底刊有“口玉刊”题记；地一《大般若波罗蜜多经》佛与高僧对坐说法场面；玄一《大般若波罗蜜多经》佛说法图，画幅右底刻有“陈升画”题记；黄一《大般若波罗蜜多经》佛说法图，画底右侧刻有“杨德春”，左侧刻有“杭州众安桥北杨家印行”题记；宇一《大般若波罗蜜多经》佛和高僧对坐说法场面；宙一《大般若波罗蜜多经》佛说法图，画幅右底刻有“雍庭李氏施财”，左底刻有“孙佑刊”题记；洪一《大般若波罗蜜多经》佛说法图，构图与玄一和宙一插图大致相；荒一《大般若波罗蜜多经》佛说法图，画幅左右两侧分别题有“陈升画”和“陈宁刊”题记。[①] 与此同时，管主八在 1302 年刊印的《西夏藏》大藏经中也配置有部分插图，其中有 2 幅插图已为人们所熟知，分别为《大般若波罗蜜多经》和《华严经》插图。[②] 这 10 幅插图都是管主八在大德十年（1302）撰写的《管主八愿文》中提到的“佛图”。[③] 此外，在 1269-1286 年间在杭州大普宁寺刊印的《普宁藏》汉文大藏经中也有藏式风格的插图，胆巴国师为其中的施主之一。其中的《大集比喻王经》首页插图《教主释迦牟尼佛说经处》已为学界所知。[④]

通过现有资料比较，大致可以认为，元代大都和江南藏式风格木刻

①对于这些插图，国内外学者均有研究。国内学者的研究，详见宿白：《元代杭州的藏传密教及其有关遗迹》，《藏传佛教寺院考古》，第 376-380 页，图版 18-6、18-7 和 18-8；国外学者的研究，参见 Sherman E Lee and Wai-Kam Ho, Chinese Art Under the Mongols: The Yuan Dynasty (1279-1368), The Cleveland Museum of Art, 1968; Heather Karmay, Early Sino-Tibetan Art, Aris and Phillips Ltd, Warminster, England, 1975（同时参见熊文彬《早期汉藏艺术》汉译本，中国藏学出版社，1994 年）图版 26-27、29-30。

②Heather Karmay, Early Sino-Tibetan Art, Aris and Phillips Ltd, Warminster, England, 1975；同时参见熊文汉译本，图版 23、25。

③见上海影印宋版藏经会于 1959 年影印的《碛砂藏》大藏经第 586 册遵字 9《大藏圣教法宝标目》卷 9 末《管主八愿文》：“上师三宝加持之德，皇帝太子福荫之恩，管主八累年发心，印施汉本、河西字大藏经八（五）十余藏，华严诸经忏、佛图等西蕃字三十余件经文外，近（“近”后增“见”字）平江路碛砂延圣寺大藏经版未完，施中统钞贰佰锭及募缘雕刊，未及一年已满千有余卷，再发心于大都弘法寺取秘密经律论数百余卷，施财叁佰锭，仍募缘于杭州路，刊雕完备。续天下藏经悉令圆满，集于（是）功德，回向西方导师阿弥陀佛、观音、势至、海众菩萨；祝延皇帝万岁，太子诸王福寿千春，佛日增辉，法轮常转者。大德十年丙午腊八日，宣授松江府（路）僧录广福大师管主巴谨题。”

④石守谦、葛婉章：《大汉的世纪——蒙元时代的多元文化与艺术》，台北故宫博物院，2001 年，第 110 页图版 III-6 和第 321 页。此处认为《普宁藏》刊印于 1277-1290 年间。

版画之间既有联系又有区别。在题材上,大都刻印的这些版画基本上为单尊佛像,以诸佛、菩萨、佛母、护法和高僧为主(参见图版1、4–6),而江南版画多为以释迦牟尼佛为中心、人物众多的说法图(参见图版8)。因此,大都版画的重新面世,大大丰富了元代版画的题材。风格上,江南版画具有较浓的波罗风格因素,并且展示了这一因素逐步让位于尼泊尔因素的痕迹。与此同时,江南版画还融合了浓郁的汉式风格特征,其中有大量汉式云纹的刻画,道士装人物和汉式版画的构图模式。与之相比,大都版画则体现出较强的尼泊尔因素,与此同时与1354年北京居庸关云台浮雕和西藏以夏鲁寺为首的部分同时期的绘画作品保持着更加紧密的风格联系。由于受元代藏式风格木刻版画数量的限制,类似的比较只能是初步和肤浅的,但随着将来大量作品的重新面世,这一研究无疑会更加深入,从而展示出元代内地版画与西藏本土绘画以及与西夏和明代版画之间关系的全景图。

四、关于施刊佛经的流通

从前述跋记愿文可知,在这四组由皇室成员施刊的藏文佛经中,有三组佛经明确提到了流通问题。其中1284年察必皇后和阔阔真皇后施刊的《正理宝藏》和1299年卜鲁罕皇后施刊的《经庄严论》等六部佛经用词相同,均为“献”;1351年元顺帝施刊的《时轮摄略经》等三部佛经用词不同,用的是“法施”。《正理宝藏》跋记原文说“卜鲁罕皇后印献《正理宝藏》二百部,以弘讲闻(དཔལ་མོ་འབོལ་གན་ཞེས་བྱ་བས། རིགས་གཏེར་བརྒྱ་ཕྲག་གཉིས་བསྒྲུབས་ནི། བཤད་ཉན་སྤེལ་ཕྱིར་ཕུལ་བ་ཡིས།)。”《经庄严论》跋记原文为卜鲁罕皇后施刊“……《经庄严论》、《中观根本注》、《大乘阿毗达磨集论》、《俱舍论》、《量抉择论》、《正理宝藏》,各印四百部,献与诸三藏法师(……ཐེག་པ་ཆེན་པོ་མདོ་སྡེའི་རྒྱན་དང་། དབུ་མ་རྩ་བའི་ཤེས་རབ་དང་། མངོན་པ་ཀུན་ལས་བཏུས་པ་དང་། མངོན་པ་མཛོད་པ་དང་། ཚད་མ་རྣམ་པར་ངེས་པ་དང་། རིགས་གཏེར་རྣམ་པར་དུ་བསྒྲུབས་ཤིང་། རེ་རེ་ལ་བཞི་བརྒྱ་བཞི་བརྒྱ་བཏབ་ནས། སྡེ་སྣོད་འཛིན་པ་རྣམས་ལ་ཕུལ་བ།……)”。显而易见,这些佛经刊印完成后免费分送给了僧众诵读，以弘扬佛法，只不过为了体现对僧众的尊重而使用了敬语“献”字。

《时轮摄略经》用词虽然与此不同，但实质完全相同。跋记说，“刊印数百部，法施十方（པར་ལས་བརྒྱ་ཕྲག་དུ་མར་རབ་བཞེངས་ཏེ། ཕྱོགས་བཅུར་ཆོས་ཀྱི་སྦྱིན་པ་བཏང་བ་ལགས།）”。[①] 法施的藏文原文在此为“ཆོས་ཀྱི་སྦྱིན་པ།”，通常又简写为“ཆོས་སྦྱིན།”。按《藏汉大词典》解释，为法施、财施、无畏施和慈施等四种施之一，“谓以佛法及世间知识如诗歌、工巧、技能等利益他人之事”。[②]在此引伸为承载这些知识的媒介经典，即通过经典来利益他人。换言之，即是施舍缮写和刻印的佛经，以此来传播佛法知识，并使众生受益。实际上，这一词汇的使用很早，使用也非常频繁。如在吐蕃占领敦煌时期的8－9世纪期间，这一词汇就得到了广泛的使用。一方面，吐蕃赞普为聚积功德，命人缮写大量佛经后，散施各地；另外一方面，敦煌等占领区的僧俗百姓为祝延吐蕃赞普缮写了《无量寿佛经》等大量的佛经。作为法施的内容之一，就是大量散施这些缮写的佛经，如敦煌藏文P.T.999号写卷就是其中一例。该写卷前后两次使用了法施（ཆོས་ཀྱི་སྦྱིན་པ།）这一词汇。“先前，作为天子赤祖德赞，在沙洲写造了汉、藏文的经典《无量寿经》，作为对臣民广泛的大法施（འབངས་ཕྱོགས་སུ་ཆོས་ཀྱི་སྦྱིན་པ་ཆེན་པོ་ཁྱབ་པར་མཛད་པར་སྤྱར་ཏེ།）”。“大法施”在此就意指赞普通过向百姓布施缮写的汉藏文佛经来使他们受益佛法。对于这一点，随后对这一词的使用更加清楚：“作为大法施（ཆོས་ཀྱི་སྦྱིན་པ།）的资具，从龙兴寺的经库中，取出汉文《无量寿佛经》一百三十五卷、藏文（《无量寿佛经》）四百八十卷，总计六百一十五卷，散发给众人。”[③]显然，这里的法施的实质内涵就是通过散施佛经来向百姓传授佛法，从而使他们从中受益。令人值得注意

①参见西热桑布著作，前揭书，第42、44和49页藏文愿文。

②张怡荪等，《藏汉大辞典》，北京：民族出版社，1986年，第828、2026页。

③关于对这一写卷的撰写、汉译和相关内容的探讨，详细参见陈庆英：《从敦煌藏文P.T.999号写卷看吐蕃史的几个问题》，见《陈庆英藏学论文集》（上），中国藏学出版社，2006年，第25-41页；同时参见黄维忠：《8－9世纪吐蕃发愿文研究——以敦煌藏文发愿文为中心》，民族出版社，第176-183页。陈文在第25-26页和黄文在第177-179页中都将“ཆོས་ཀྱི་སྦྱིན་པ།”译成了“教法布施”，就是法施。

的是,按该写卷,散施佛经是一项十分严肃的工作。散施都要登记造册,同时要清点库存数量,以便注销。由此可见,元顺帝所施刊的佛经跋记中所说的“举行大法施”的实质内容就是向各地散施已经刊刻完成的藏文佛经。

实际上,在汉文文献中也能找到元代施刊汉、藏、西夏文佛经并对其进行散施的记载。大德六年(1302)至大德十年(1306)年间,广福大师管主巴先后在江苏碛砂延圣寺和杭州路大万寿寺雕印和流通了大量的汉文、西夏文和藏文佛经。现存宋版《碛砂藏》大藏经中收录有他施刊佛经的两篇愿文。其中,他在大德十年(1306)撰写的愿文记载:

上师三宝佛法加持之德,皇帝太子诸王复护之恩,管主八誓报四恩,流通正教,累年发心印施汉本大藏经五十余藏,四大部经三十余部(华严大经一千余部),经律论疏钞五百余部,华严道场忏仪百余部,焰口施食仪轨三千余部,梁皇宝忏、藏经目录、诸杂经典不计其数。金银字书写大华严、法华经等共计百卷,庄严佛像金彩供仪,刊施佛像图本,斋供十万余僧,开建传法讲席,逐日自诵大华严经一百部,心愿未周,钦睹圣旨,于江南浙西道杭州路大万寿寺雕刊河西字大藏经三千六百二十余卷、华严诸经忏板,至大德六年完备。管主八钦此胜缘,印造三十余藏及华严大经、梁皇宝忏、华严道场忏仪各百余部,焰口施食仪轨千有余部,施于宁夏、永昌等路寺院,永远流通。装印西蕃字乾陀般若白伞(盖)三十余件经咒各十(千)余部,散施土蕃等处流通读诵。今见平江路碛砂延圣寺大藏经板未完,遂于大德十年闰正月为始,施财募缘,节续雕刊,已及一千余卷。又见江南闽浙教藏经板,较直北教藏缺少秘密经律论数百卷,管主八发心,敬于大都弘法寺取到经本,就于杭州路立局,命工刊雕,圆备装印补足。直北、腹里、关西、四川大藏教典,悉令圆满。集斯片善,广大无为,回向真如实际,庄严无上佛果菩提,西方教主无量寿佛、观音菩萨、势至菩萨、清净海众菩萨;祝延皇帝万岁,圣后齐年,太子诸王福寿千春,帝师法王福基巩固,时清道泰,三光明而品物亨;子孝臣忠,五谷熟而人民悦,上穷有顶,下及无边,法界怀生齐成佛道者。①

其中明确记载"装印西蕃字乾陀般若白伞(盖)三十余件经咒各十(千)余部,散施土蕃等处流通读诵。"这里的"西蕃字"即指藏文,"土蕃",即指吐蕃。换言之,他将刊印并装裱完毕的三十余部藏文佛经和一千多部藏文经咒布施到了西藏等各地。

由此可见,元代皇室成员施刊的上述藏文佛经在刻印完毕之后,散施到各地诵读。这也就是近年来在西藏各地寺院发现这些元代皇室成员施刊的藏文佛经的原因。实际上,在元代,内地所刊刻的藏文佛经不仅散施到了西藏,有不少汉文佛经也散施到了西藏。1959 年中央文化部西藏调查团到西藏萨迦寺进行调查时,就在萨迦北寺图书馆发现了 31 种,计 550 卷元初在燕京弘法寺补雕的赵城金藏汉文《大藏经》。②

综合前述,元代皇室成员施刊的藏文佛经的再次面世,不仅体现了元朝礼遇藏传佛教并以藏传佛教来加强治理西藏的国策,同时也表明了皇室成员的宗教信仰。与此同时还表明,首都大都是元代内地藏文佛经刻印的重要中心,其中皇家寺院发挥了主体作用。佛经中的木刻版画大大丰富了元代版画的内容和形式。

原文刊于《中国藏学》2009 年第 3 期第 91-103 页,略有改动。

①日本善福寺藏《碛砂藏》本《大宗地玄文本论》卷 3 末,引自宿白:《元代杭州的藏传密教及其有关遗迹》,《藏传佛教寺院考古》,第 376 页。

②关于佛经目录,详见宿白:《赵城金藏、弘法藏和萨迦寺发现的汉文大藏经残本》,《藏传佛教寺院考古》,第 222-233 页;同时参见王毅:《西藏文物见闻记(二)》,《文物》1960 年 8-9 合刊。

从文献看元大都的皇家藏传佛教寺院及其艺术活动

1247年随着萨迦班智达(1182–1151)在凉州成功的与阔端达成了和平归顺协议,正式完成西藏归顺蒙古汗国和随后的元朝的历史过程,元朝就开始了在西藏的全面施政。元朝除在中央政府中设立掌管全国佛教事务和西藏地区行政事务的中央机构总制院(1288年,忽必烈将总制院改为宣政院,秩从一品,用三台银印,地位与中书省、枢密院和御史台平等),设置吐蕃等处宣慰使司都元帅府、吐蕃等路宣慰使司都元帅府和乌思藏纳里速古鲁孙等三路宣慰使司都元帅府等三个机构,驻扎军队,划分十三万户并委任官员,清查土地和人口,设立驿站,具体管理西藏和其他藏区的事务之外,其中最重要的措施之一就是扶持藏传佛教,以期通过宗教来达到顺利统治西藏、藏区和西夏故地的目的,从而稳定元帝国的统一和长治久安。为此,元朝在管理西藏地方事务的中央和西藏地方政府中重用僧人,推行"僧俗并用"的政策。同时,规定僧人免向国家交纳赋税和支付乌拉差役。为使这一方针大政顺利得到贯彻实施,从忽必烈皇帝开始,历代皇帝率先垂范,礼遇藏传佛教及其僧人,一时之间,在首都的藏传佛教僧人络绎不绝,前后相望,一座座藏传佛教寺院也如雨后春笋拔地而起。

一、礼遇藏传佛教及其僧人

礼遇高僧并率先垂范是元朝以皇帝为核心的中央政府扶持藏传佛教的主要措施之一。从忽必烈皇帝开始，历代皇帝都频繁延请以帝师、国师为首的各教派高僧为其举行说法、授戒、灌顶、祭祖、荐福等各种宗教法事，并给予极高的礼遇。萨迦派僧人八思巴是元朝皇帝礼遇的第一位，也是最重要的一位高僧。

八思巴，本名洛珠坚赞，为萨迦五祖中的第五祖，其父为萨迦班智达的弟弟桑察索南坚赞，于1235年出生于后藏昂仁地区。从小聪明过人，过目成诵。10岁时，与其弟随萨迦班智达前往凉州，途经拉萨时，在大昭寺随其父出家，受沙弥戒，然后前往楚浦寺学习戒律。1247年，萨迦班智达与阔端会见之后，八思巴遵照阔端的命令，继续随其父学习显密经典和五明。“其所师而学焉、友而问焉者数十人，皆有盛名于时。故其所有汪不可涯矣。其所撰述，皆辞严义伟，制如佛经，国人家传口诵，宝而畜之。”[①]1253年，他替代已经圆寂的萨迦班智达应召前往拜见南征大理途中的忽必烈，深受忽必烈的赏识。忽必烈夫妇及其子女都以俗人见师僧仪节礼遇八思巴，八思巴先后为其讲经说法，并进行了密宗灌顶。此次八思巴同忽必烈的见面意义十分深远，确定了八思巴和忽必烈的师徒关系，从而影响到了整个元代藏传佛教和元代统治西藏政策的确立。据《萨迦世系史》，忽必烈当时对八思巴拒绝为蒙古军队征集差役赋税和坚持上师对弟子的支配权甚为不满，但八思巴的才华和学识最终赢得了忽必烈的许可，并最终确定了一个共同的原则：八思巴为忽必烈讲经说法和人少时，八思巴坐上座，人多时忽必烈坐上座；凡吐蕃事务，忽必烈在请教上师之后才下诏令，而其他事务八思巴则不

①释源法主法洪：《帝师殿碑》，《佛祖历代通载》卷22，见大正藏《大藏经》第49册史传部二，第733。

能干预。[①] 换言之,二人在宗教上为师徒关系,上师高于汗王,在国事上为君臣关系,汗王高于上师。忽必烈即位以后,不仅把蒙古皇室和藏传佛教领袖之间关系的这一原则贯穿于整个元代,为后来元朝尊崇藏传佛教为国教并建立帝师制度奠定了坚实的基础,而且为藏传佛教的大规模正式东传拉开了序幕。

之后,八思巴一直追随忽必烈,与忽必烈过往甚密。1255 年,八思巴奉忽必烈之命回藏受比丘戒。随后,与忽必烈一道返回上都,前往五台山为忽必烈祈福,同时为忽必烈讲经说法,巧妙地将佛教关于转轮王"慈悲护持众生"的思想和忽必烈"思大有为于天下"的思想结合起来,为忽必烈治国平天下寻找理论依据,因而深得忽必烈的宠幸。1258 年,受命前往开平府主持佛道两家辩论《老子化胡经》的真伪而大展才华,参加辩论的 17 名道士不仅承认失败并如约削发为僧,若干道观被改为佛寺,道德经被毁。[②] 正是由于八思巴出类拔萃的才华和忽必烈对藏传佛教的推崇,忽必烈在 1260 年即位以后就立即任命八思巴为国师,授以玉印,令其统领释教。1264 年,忽必烈迁都大都后,设管理全国佛教和西藏事务的中央机构总制院,又命八思巴掌领其事。并令八思巴返回西藏,筹建西藏地方政府。八思巴遵照忽必烈的旨意,完成西藏地方政府机构的筹建工作并于 1269 年返回大都后,按忽必烈的旨意在藏文的基础上完成了蒙古新字(即八思巴字)的创制工作,再次显示出了其非凡的才华。同年 2 月,忽必烈颁行蒙古新字,诏书云:"朕惟字以书言,言以纪事,此古今之通制。我国家肇基朔方,俗尚间古,未遑制作,凡施用文字,因用汉楷及畏兀字,以达本朝之言。考诸辽、金,以及遐方诸国,例各有字,今文治浸兴,而字书有阙,于一代制度,实为未备。故特命帝师八思巴创为蒙古新字,仍各以其国字副之。"[③]并下令在全国设

①阿旺贡噶索南著、陈庆英、高禾福和周润年译注:《萨迦世系史》,拉萨:西藏人民出版社,1989 年,第 108 页。

②《萨迦五祖全集》,德格版藏文本,第 15 函,第 319 函,全文由陈庆英译成汉文,见陈庆英:《元朝帝师八思巴》,北京:中国藏学出版社,第 82-83 页。

③《元史》,卷 202 列传第八十九释老,第 4519 页。

立“诸路蒙古字学”,“设诸路蒙古字学教授”,“诏天下兴起国字学”,强行推行蒙古新字。忽必烈因八思巴创立新字有功,于是于1270年晋封八思巴为帝师,“升号帝师大宝法王,更赐玉印,统领诸国释教。”封号为“皇天之下一人之上开教宣文辅治大圣至德普觉真智佑国如意大宝法王、西天佛子、大元帝师。”①

因此,“去杀胜残,跻生民于仁寿”和“崇其教以敦其化本”就成为八思巴在元朝宫廷的重要任务和职责之一。八思巴在宫廷开展的佛教活动大致可以划分为为皇室主持宗教仪轨和参与国家宗教事务管理两类。其中,前者主要包括为忽必烈在太庙祭祖,讲经说法,进行宗教灌顶、于大明殿启建白伞盖佛事和为皇室修建寺院等。如:1269年12,八思巴授命“荐佛事于太庙七昼夜,始造木质金表牌位十有六,设大榻金椅奉安祏室前,为太庙荐佛事之始。”②“世祖至元七年(1270),“以帝师八思巴之言,于大明殿御座上置白伞盖一,顶用素缎,泥金书梵字于其上,谓镇伏邪魔护安国刹。自后每岁二月十五日,于大明殿启建白伞盖佛事,用诸色仪仗社直,迎引伞盖,周游皇城内外,云与众生祓除不祥,导迎福祉。”③同年12月“建大护国仁王寺于高良河,敕更定僧服色。”④再次为忽必烈进行宗教灌顶,忽必烈为此赐六棱玉印,封八思巴为“皇天之下、大地之上、西天佛子、化身佛陀、创制文字、辅治国政、五明班智达八思巴帝师,”献供养白银一千大锭,绸缎五万九千匹。⑤

①见王磐:《拔思发行状》,参见《佛祖历代通载》卷21,第707页。关于授封时间,汉文文献有所出入。《拔思发行状》作“庚午”(1270年),但《元史》卷202列传第八十九释老第4519页记为系八思巴圆寂后追封。陈庆英教授根据藏文文献《萨迦世系史》和《萨迦五祖全集》考证后认为,应为1270年封授,而非追封。详细考证参见陈庆英的《元朝帝师八思巴》,第149–151页。

②《元史》,卷74,志第二十五祭祀太庙,第1832页。

③《元史》,卷77,志第二十七下国俗旧礼:世祖祭太庙,第1926页。

④《元史》卷7,本纪第七世祖四,第132页。

⑤《萨迦世系史》第147页。据《汉藏史集》藏文本(四川民族出版社,1985年)第326页、陈庆英汉译本(西藏人民出版社,1986年)第203页,八思巴到大都宫殿后,为薛禅皇帝及其皇后、皇子传授了三续(陈注:萨迦派正修道果时,总集密咒金刚乘中诸基、道、果成为三续。基位为因续持生死涅槃无二无别之见;道位为方便续,修四灌顶相属之道;究竟位为果续,现五身五智之德)大灌顶,受封为帝师。

八思巴在主持皇室宗教活动的同时,还参与了元朝宗教事务的管理。如:“至元七年(1270)正月,尚书省奏准圣旨条画内一款:汉儿和尚每穿着土钵(吐蕃)和尚红衣服一迷地行有。钦奉圣旨:那般着的拿者。”①为此,八思巴授命“更定僧服色”,规定吐蕃、汉地、河西(西夏)、大理和畏兀儿等不同民族僧人所穿衣服的服色,以便区别管理。与此同时,由于元朝规定僧人不交纳赋税,一些人为逃避赋税而自行剃度出家,私度现象严重,致使国家赋税流失,僧人管理失控。为加强对僧人出家的管理,八思巴授命撰写了《说根本有部出家授近圆羯磨仪轨》,为从善行人一一恒持正戒仪轨,圣皇匡正佛法。此书一出,即命译成汉文,并于1280年下令“镂版印造帝师八合思八新译戒本五百部,颁降诸路僧人。”1280年11月22日八思巴在萨迦寺的拉康喇章中英年圆寂,朝野上下无不扼腕痛惜,不胜震悼,追怀旧德,为其修建灵塔,同时下令各郡县建帝师八思巴殿,岁时致亨。“至治间,特诏郡县建庙通祀。泰定元年,又以绘像十一,颁各行省,为之塑像”,“其制视孔子有加。”②

从1270年八思巴受封帝师开始,元朝在宫廷设立了帝师一职,帝师圆寂,则新立一人继任,如遇帝师因受戒等原因长期在外,则任命代理帝师代理。终元一代,先后有14位帝师上任,除3名代理帝师身份不明外和4位帝师出身于八思巴的弟子门徒外,其余7位帝师均出身于八思巴出身的款氏家族。③

元代的帝师具有双重职责,除统领元朝中央设立的掌管全国佛教事务和西藏事务的中央机构总制院(宣政院),并兼任西藏地方政府萨迦政权的最高首领之外,另一个重要职责是主持元朝皇室的宗教事务。新皇践祚,都须帝师授戒而后才能登基。对此《辍耕录》和《山居新话》载道:“累朝皇帝先受佛戒九次,方正大宝。而近侍陪位者,必九人,或

①黄时鉴点校:《通制条格》,杭州:浙江古籍出版社,1986年,第333页。
②《元史》,卷202,列传第八十九释老,第4519页。
③王森:《西藏佛教发展史略》,第96-97页《元代历任帝师表》。

七人,译语谓之囊达实,此国俗然也。”①仅《元史》记载,帝师为皇室成员所作佛事就不绝于史,如:“泰定元年(1324)癸酉,帝受佛戒于帝师。”九月“丙子,命帝师作佛事于延春阁。”②泰定四年(1327)十月“癸卯,命帝师作佛事于大天源延圣寺。”“致和元年(1328)三月乙卯,帝御兴圣殿受无量寿佛戒于帝师。丙戌,诏帝师命僧修佛事于盐官州,仍造浮屠二百一十六,以压海溢。”③天历二年(1329)“十一月乙卯,以立皇后,诏天下。受佛戒于帝师,作佛事六十日……后八不沙请为明宗资冥福,命帝师率群僧作佛事七日于大天源延圣寺。”十二月“辛卯,命帝师率其徒作佛事于凝晖阁。”④

除八思巴和历代帝师之外,元朝皇帝所礼遇的藏传佛教著名高僧还有胆巴国师和沙罗巴、让琼多杰等大师。朝廷都给予他们极高的礼遇。以至于“百年之间,朝廷所以敬礼而尊信之者,无所不用其至。虽帝后妃主,皆因受戒而为之膜拜。正衙朝会,百官列班,而帝师亦或专席于坐隅。且每帝即位之始,降诏褒护,璧敕章佩监络珠为字以赐”。每当新任帝师即位之时,皇帝除赐封诰玉印外,还要宣谕天下。当新皇登基,布告天下时,也要向帝师发布专门的“珠诏”,对其进行褒护。对此,《辍耕录》道:“累朝于践祚之始,必布告天下,咸使知之。惟诏西番者,以粉书诏文于青缯而绣以白绒,网以真珠。至御宝处,则用珊瑚。遣使赍至彼国,张于帝师所居处。”⑤每当帝师抵达京城,或从大都返回西藏,“其未至而迎之,则中书大臣驰驿累百骑以往,所过供亿迎送。比至京师,则敕大府假法驾半仗,以为前导,诏省、台、院官以及百司庶府,并服银鼠质孙。用每岁二月八日迎佛,威仪往迓,且命礼部尚书、郎中

①(元)陶宗仪:《辍耕录》,见《钦定四库全书·子部三四六·小说家类》,上海古籍出版社影印本,第1040-428页;(元)扬禹,《山居新话》,《钦定四库全书·子部三四六·小说家类》,上海古籍出版社影印本,第1040-345页。

②《元史》,卷29,本纪第二十九泰定帝一,第651页。

③《元史》,卷30,本纪第三十泰定帝二,第682-685页。

④《元史》,卷33,本纪第三十三文宗二,第744-745页。

⑤《辍耕录》卷2,《诏西番》,《钦定四库全书》卷1040,第432页;《山居新语》卷2,《钦定四库全书》卷1040,第352页也有与此相同的记载。

专督迎接。"[①]如八思巴第二次抵达京城时,"王公宰辅士庶离城一舍,结大香坛,设大净供,香华幢盖,天乐仙音,罗拜迎之。所经衢陌,皆经五彩,翼其两旁。万众瞻礼,若一佛出世。"甚至帝师圆寂送骨殖回西藏时,也要百官郊迎,专人迎送。如大德九年(1305),当送帝师乞剌思八斡节儿的骨殖回藏时,不仅令百官出郭祭饯,而且"专遣平章正事铁木儿乘传护送,赙金五百两、银千两、币帛万匹、钞三千锭。""虽其昆弟子姓之往来,有司亦供亿无乏。泰定间,以帝师弟公哥亦思监将至,诏中书持羊酒郊劳;而其兄锁南藏卜遂尚公主,封白兰王,赐金印,给圆符。其弟子之号司空、司徒、国公,佩金玉印章者,前后相望"。是故,《元史》作出了"元兴,崇尚释氏,而帝师之盛,尤不可与古昔同语"的结论,[②]

元朝历代皇帝给予以帝师为首的藏传佛教高僧如此之高的礼遇绝非仅仅出自于单纯的宗教信仰,而是借助藏传佛教来统治天下,图国兴邦。为此《拔思发行状》明确说:"古之君天下者皆有师,惟其道之所存,不以类也。故赵以图澄为师,秦以罗什为师。夫二君之师其人也,以其智足以图国,言足以兴邦,德足以范世,道足以参天地赞化育,故尊而事之,非以方便而然也。"该碑文还进一步说道:"世祖皇帝奋神武之威,致混一之绩,思所以去杀胜残,跻生民于仁寿者,莫大于释氏。故崇其教以敦其化本,以帝师拔思发(八思巴)有圣人之道,屈万乘之尊,尽师敬之节。咨取至道之要,以施于仁政。是以德加于四海,泽洽于无外。"[③]

在历代皇帝的垂范下,不仅皇室成员竞相效仿,京城的各族百姓也开始崇信藏传佛教。仅以八思巴为例,据《释氏稽古略续集》记载,从1264年开始他就在大都设会度僧,登座授秘密戒。他总计授戒剃度了4000名尼泊尔、印度、汉地、西夏、蒙古、高丽、大理、畏兀儿、河西等地的比丘、比丘尼、沙弥和沙弥尼,同时为425位僧尼担任过授戒堪布。[④] 一

①《元史》,卷202,列传第八十九释老,第4522页。
②《元史》,卷202,列传第八十九释老,第4517、4519页。
③《帝师殿碑》第732页。
④《汉藏史集》第327－328页,陈庆英译本第205页;同时参见《元朝帝师八思巴》第161－162页。

时之间，京城“西天法曲曼声长……守内番僧日念吽……西番灯盏重百斤，刻铭供佛题大臣，黄酥万瓮照无尽，上祝皇禧下己身……男女倾城求受戒……”①藏传佛教从而在以大都为中心的内地传播开来。

二、大都的主要藏传佛教寺院

元朝扶持藏传佛教的另一大措施就是大兴土木，修建寺院。关于元代在大都所建藏传佛教寺院的数量尚无准确统计，从元文宗至顺元年(1330)中书省臣所奏数字来看，为皇室作佛事的内外寺院已经多达367所，由于当时元朝国库已近空虚，因此中书省臣奏请汰减，以减少国库开支。② 与此同时，从至顺二年(1331)五月丙午，太禧宗禋院臣所奏奏折来看，到元文宗时期历代皇帝总共建有12座寺院，额定僧人为3150人。③ 由于这些寺院多为皇室出资兴建，主要功能之一是为皇室作佛事，因此多为元代政府中掌管神御殿祭亨诸事的太禧宗禋礼院管辖，地位与普通寺院不同，极其特殊，因为大多在其中设有神御殿(影堂)。并且在这些寺院中设有规运提点所(正四或正五品)、规运总管府(正三品)等机构，负责该寺院的日常经费收支和营缮诸事，④为皇家寺院。这些寺院主要修建在大都和上都两地，现根据《元史》等相关文献的记载，将大都主要的寺院梳理于下：1、大护国仁王寺位于京师高良河，动工于1270年12月，历经近4年时间于1274年3月修建而成的大护国仁王寺是其中修建较早、地位较为重要的寺院。据《历代佛祖通

①张光弼：《辇下曲》，《张光弼诗集》，《四部丛刊续集集部》卷1－7，明抄本，第12、14、17－18页。据《辇下曲》自序，“昱备负，以僧省事简，搜索旧文稿于囊中，曩在京师时，有所闻见，辄赋诗有宫中词、塞上谣共若干首，合而自曰辇下曲，其据事直书，词句鄙近。”

②《元史》，卷34，本纪第三十四文宗三，第760页。原文为润七月“中书省臣言：‘内外佛寺三百六十七所，用金、银、钞、币不资，今国用不充，宜从裁省。’命省人及宣政院臣裁减。”

③《元史》，卷35，本纪第三十五文宗四，第784页：五月“丙午，太禧宗禋院臣言：‘累朝所建大万安等十二寺，旧额僧三千一百五十人，岁例给粮，今其徒猥多，请汰去九百四十三人。’制可。”

④陈高华、史为民，《元上都》，吉林教育出版社，1988年，第199页。

载》，[①]大护国仁王寺的修建与八思巴有关，该籍云："帝（忽必烈）尝问帝师（八思巴）云：'修寺建塔，有何公德？'帝师云：'福荫大千。'由是建仁王护国寺以镇国焉。"由此可知，八思巴在返回西藏前也许参与或主持了该寺的筹建。寺院建成后，忽必烈"召请胆巴金刚上师住持仁王寺，普度僧员"，[②]同时于至元十六年（1279）年八月"置大护国仁王寺总管府，以散扎尔为达鲁花赤，李光祖为总管。"[③]

由于该寺现已不存，其布局和殿中所供奉佛像缺乏记载，无从可考。但元武宗时期所建佛殿与该寺有关，于此或许能窥探出该寺的一些蛛丝马迹。"武宗至大三年（1310 年）正月二十一日，敕虎坚帖木儿丞相，奉旨新建寺后殿五尊佛，咸用铜铸，前殿三世佛、四角楼同房诸处佛像以泥塑，仿高良河寺铸铜番竿一对。虎坚帖木儿、搠思吉、月节儿、阿僧哥洎帝师议，依佛经之法，拟高良河寺并五台佛像从其佳者为之，用物省部应付。正殿三世佛三尊，东西趟殿内山子二座，大小龛六十二，菩萨六十四尊；西洞房内螺髻佛并菩萨一百四十六尊；东西趟殿九圣菩萨九尊，罗汉一十六尊；十一口殿菩萨一十一尊，药师佛殿佛一尊；东西角楼魔梨支王四尊，东北角楼尊胜佛七尊，西北角楼无量寿佛九尊，内山门天王一十二尊。"[④]此处的高良河寺应为大护国仁王寺。

2、大圣寿万安寺也是其中十分重要的一座藏传佛教寺院，寺中的白塔一直矗立至今，是元代保存至今的唯一一座藏传佛教寺院建筑遗迹。白塔，为释迦舍利灵通之塔，大圣寿万安寺因该塔通体白色而又有白塔寺之称，明景泰八年（1457）该寺被改为妙应寺后，该塔又被称之为妙应寺白塔。[⑤] 其造型"取军持之像，标驮都之仪，妙磬奇功，深穷剞劂，琼瑶上釦，碱砆下成。表法设模，座镂禽兽，角垂玉杵，阶布石栏。檐挂华鬘，身络珠网，珍铎迎风而韵响，金盘向日而光辉。亭亭高耸，遥映于

①《元史》卷 8，本纪第八世祖五，第 154 页。
②《历代佛祖通载》卷 22，第 722、736 页。
③《元史》卷 10，本纪第十世祖七，第 215 页
④《元代画塑记》，北京：人民美术出版社，1964 年，第 13-14 页。
⑤沈榜：《宛署杂记》卷 19，参见杨毅、陈晓苏汇编：《妙应寺白塔史料》，北京燕山出版社，1996 年，第 51 页。

紫宫，岌岌孤危，上陵于碧落。制度之巧，古今罕有。”

现存白塔高51米，为砖石结构，由塔基、塔座、塔瓶、相轮、华盖、塔刹等建筑单元组成。塔基呈“T”型，面积为1,422平方米。其上为810平方米的多折角方形塔座，高9米，由3层组成。底层为护墙，二、三层为须弥座。塔座之上为塔瓶，即《圣旨特建释迦舍利灵通之塔碑文》中所谓“军持之像”。塔瓶形体巨大，直径约12米，矗立在须弥座和塔瓶底部之间四周环围的24瓣巨大的仰莲之上。塔瓶之上为须弥座形制的瓶颈，上承高大的相轮、即“十三天”。相轮承圆锥形，下大上小，从下到上逐渐收分。其上为直径为9.7米的圆形巨大华盖，厚木为底，铜质板瓦为盖，四周悬饰有36片铜质透雕片连成的流苏状“华鬘”。在每片铜片之下，各挂有一个风铃，风铃在风的送迎之下，奏出美妙和谐的音符，别有情趣。华盖之上为塔形塔刹，高约5米，铜质镏金，约4吨重，在阳光的照耀下熠熠生辉，十分壮丽辉煌。此即元代《圣旨特建释迦舍利灵通之塔碑文》中“珍铎迎风而韵响，金盘向日而生辉”诗句之所本。塔刹造型同整个白塔大致相同，也由塔瓶和相轮等建筑单元组成，层层递收，与顶部圆锥形的“十三天”相连，为全塔最高之处。整个建筑高大挺拔，直刺云霄，气势雄伟，富于变化，堪称中国古塔建筑中的一朵奇芭，因此于1961年被国务院列为全国第一批重点文物保护单位而得到了应有的保护。

关于白塔修建的时间，历史上众说不一，据宿白先生考证，塔动工于元至元八年(1271)，竣工于至元十六年(1279)。塔由阿尼哥和帝师亦怜真(1238－1279)主持并设计。其中塔内装藏和塔瓶佛像的安置安帝师的设计创作而成。据研究，尽管整个白塔的造型具有印度波罗风格的明显特征，其中塔瓶等建筑单元具有浓郁的尼泊尔风格，而塔基四方所开四个塔龛则为典型的汉族建筑，为印度、尼泊尔和汉族艺术融合的代表作①。

①For the details of the structure and its styles, see Anning ing, The Portraits of Khubilai Khan and Chabi by Anige (1245 – 1306), A Nepali Artist at the Yuan Court, in Artibus Asiae, Vol. 54, 1994, p. 51, fig. 3, 4a and 4b.

至于大圣寿万安寺,据《元史》,于至元十六年(1279)开始修建,至元二十五年(1288)完工。① 元世祖忽必烈对该寺的修建极为重视,不仅亲自审定了寺院的四界范围,而且还令中卫军为其伐木供料。至元二十二年(1285)12 月“戊午,以中卫军四千人伐木五万八千六百,给万安寺修造。”1288 年主体工程完工后,元世祖亲自主持了寺院内部的布置和安排。1289 年,亲自前往该寺,主持了将仁智殿的旃檀佛像安请在后殿的仪式。② 同时据藏文史料,该寺的修建似乎与帝师亦怜真有关。《汉藏史集》和《萨迦世系史》中所云仁钦坚赞在皇宫附近所建供僧人居住的僧伽疑即指此大圣寿万安寺,因为当监修官奏请在两廊安请佛像时,元世祖对此进行了否决,以便让僧人居住。③

大圣寿万安寺当时的建筑十分精美,“其殿陛栏楯,一如内廷之制”,④富丽堂皇,“佛像及窗壁皆金饰之,凡费金五百四十两有奇,水银二百四十斤。”元世祖以后,累朝又有所增建,其中“成宗时,置世祖影堂于(该寺)殿之西,裕宗影堂于殿之东,月遣大臣致祭。”⑤仁宗时期又为五间殿、四座八角楼塑造了 140 尊大小佛像。⑥ 直到至正二十八年(1368)该寺因雷击起火被毁之前,该寺的工程都一直没有间断,遗憾的是,除“东西二影堂神主及宝玩器物得免,余皆焚毁,”⑦致使后人无缘领略这座精美建筑的艺术神韵。今日妙应寺规模,大体沿袭景泰再建之制,所存元物除白塔外,似仅三佛殿、七佛殿两殿基及两殿基之间之

---

①关于始建时间,《元史》前引,卷十·本纪第十·世祖七说:“(至元十六年)十二月,建圣安安寺于京城。帝师亦怜真卒。”关于竣工时间,同著卷十五·本纪第十五·世祖十二云:“(至元二十五年夏四月)甲戌,万安寺成。佛像及窗壁皆金饰之,凡费金五百四十两有奇,水银二百四十斤。”

②《元史》,卷 15,本纪第十五世祖十二。

③《历代佛祖通载》卷 22,第 723 页。“帝(元世祖)建大圣寿万安寺成,两廊拟塑佛像,监修官闻奏,帝云不续塑泥佛,只教活佛住。”

④For the details of the structure and its styles, see Anning Jing, The Portraits of Khubilai Khan and Chabi by Anige(1245–1306), A Nepali Artist at the Yuan Court, in Artibus Asiae, Vol. 54, 1994, p. 51, fig. 3, 4a and 4b.

⑤《元史》,卷 51,志第三下五行二,第 1101 页。

⑥《元代画塑记》第 14 – 15 页。

⑦《元史》,卷 51,志第三下五行二,第 1101 页。

穿廊基，即所谓工字廊基而已。①

从上引各种文献可以清楚得知，当时的大圣寿万安寺是一座佛塔和寺院相结合的大型建筑。确切而言，是一座具有具有强烈尼泊尔、印度艺术风格的藏式佛塔与元代宫廷建筑相结合的大型建筑群。

大圣寿万安寺建成之后，相继在寺中展开了一系列重要的佛事活动。其中，《元史》记载的重要佛事活动就有：至元十六年十二月，“帝师亦怜真卒。敕诸国教师禅师百有八人，即大都万安寺设斋圆戒，赐衣。”至元二十二年(1285)，世祖“命帝师也怜八合失甲自罗二思八等递进藏佛事于万安、兴教、庆寿等寺，凡一十九会。”二十三年(1286)，“以亦摄思怜(真)为帝师。命西僧递作佛事于万寿山、玉塔殿、万安寺，凡三十会。”二十五年(1288)“幸大圣寿万安寺，置旃檀佛像，命帝师及西僧作佛事坐静二十会。”二十七年(1290)，“命帝师西僧递作佛事坐静于万寿山、厚载门、茶罕脑儿、圣寿万安寺、桓州南屏庵、双泉等所，凡七十二会。”二十八年(1291)，“令僧罗藏等递作佛事坐静于圣寿万安、涿州寺等所，凡五十度。”元贞元年(1295)，“正月壬戌，以国忌，(成宗)即大圣寿万安寺，饭僧七万。”至治三年(1323)，“夏四月，(英宗)敕京师万安、庆寿、圣安、普庆四寺，扬子江金山寺，五台万圣国佑寺，作水陆佛事七昼夜。”天历二年(1329)，“五月乙亥，(文宗)幸大圣寿万安寺，作佛事于世祖神御殿。”由此可见，大圣寿万安寺为元代重要的皇家寺院。

正因如此，该寺和寺中白塔在后来得到了不断的维修，现存白塔塔座和塔瓶雕塑的遗失应与随后的历次维修密切相关。据文献，从至正四年(1344)开始，白塔经历了数次规模不同的维修，《蒙藏佛教史》对此载道：“明天顺元年(1457)，赐额妙应寺。成化朝，复于塔上环造铁灯一百零八座，入夜燃之，金彩四射。清康熙二十七年(1688)，修寺与塔，有御制碑文二，立石庭殿中。乾隆十八年(1753)重修，御书般若波罗蜜多心经一卷，及梵文尊胜咒，并赐大藏真经全部七百二十四函，为镇塔之用。御制妙应寺文与修白塔铭，勒石七佛庭殿中。四十一年(1776)，奉敕又修。寺藏有

①宿白：《藏传佛教寺院考古》，北京：文物出版社，1996年，第336页。

御制满、汉、藏合壁大藏全咒十套,西藏首楞严经一分,维摩诘所说经全部。民国二十一年(1932)秋,修理塔院佛像。二十二年夏,修理大殿佛像。二十三年(1934)七月,修理弥勒佛像,重建四大天王像。”①新中国成立后,政府对白塔的保护也极为重视,曾于1972和1978年对白塔进行了两次维修,②使这座古刹从而得到了应有的保护。

3、大承华普庆寺元武宗于至大元年(1308)为皇祖妣徽仁裕圣太后修建。其建筑布局据《普庆寺碑》,系仿照大圣寿万安寺而成,只是规模比大圣寿万安寺小,因此从此也可以推断出大圣寿万安寺原有建筑的布局和面貌。“直其门为殿七楹,后为二堂,行宁(厅)属之,中是殿堂,东偏仍故殿,少西叠甓为塔,殿与之角峙。自门徂堂,庑(厅)属之,中是殿堂,东偏仍故殿,少西叠甓为塔,又西再为塔,殿与之角峙。自门徂堂,庑以周之。为僧徒居中建二楼。东庑通庖井。西庑通海会市,为列肆,月收僦赢,寺须是资。大抵模拟大帝(元世祖)所为圣寿万安寺而加小,其磐础之安,陛陀之崇,题楶之骞,藻绘之辉巧不劣焉,亦大役也。”③可见,其规模之大,建筑艺术之精和华丽程度也非同寻常寺院而可比拟,因为该寺与大护国仁王寺和大圣寿万安寺一样,寺内也设有皇室的神御殿。据《元史》,顺宗帝后和仁宗帝后的神御殿即设在该寺之内。④寺院建成后,泰定帝于1327年2月丙子,“命亦烈赤领仁宗神御殿事,大司徒亦怜真乞剌思为大承华普庆寺总管府达鲁花赤,仍大司徒。”⑤寺内当时所安请佛像,诸史无载,但据《元代画塑记》,延佑四年(1317)10月9日,仁宗曾下令用黄铜浇铸燃灯佛和弥勒佛各一尊,安奉在普庆寺。延佑六年(1319)7至8月间,只用了1个月时间就将所需佛像浇铸而成,可见,当时的雕塑家对铜像浇铸技术的掌握已经十分熟练。《元

①妙舟法师编著:《蒙藏佛教史》,北京,全国图书馆文献缩微复制中心,1993年,第70页。

②关于历代对白塔所进行的维修和所立碑铭,请分别参见杨毅、陈晓苏汇编的《妙应寺白塔史料》第42-50、57-79、87、110-126页。

③姚燧:《牧庵集》卷11《普庆寺碑》,见《四部丛刊》影印《武英殿聚珍版丛书》,转引自《藏传佛教寺院考古》,第335-336页。

④《元史》,卷75,志第二十六祭祀四。

⑤《元史》,卷30,本纪第三十泰定帝二,第682页。

代画塑记》对浇铸这些佛像及其背光以及制作这些佛像的莲花座等部件所用材料还进行了详尽的记载。[①]

4、大天源延圣寺，原为庐师寺，1326 年 2 月泰定帝在寺内修建显宗神御殿后改名为藏传佛教寺院，并赐名大天源延圣寺，敕金汁书写的藏文佛经。《元史》对此有明确记载：泰定三年（1326）二月“丙申，建显宗神御殿于庐师寺，赐额曰大天源延（寿）寺。敕以金书西番字藏经。”[②]并于同年 3 月 20 日下旨，命按帝师公哥罗古罗思监藏班藏卜（1299－1327）旨意在寺院内绘制壁画和浇铸佛像，同时按普庆寺佛像的背光、佛座和番竿样式制作相应的背光、佛座和番竿。《元代画塑记》对此也有专门的记载：“泰定三年三月二十日，宣政院使满秃传旨：诸色府可依帝师指受，画大天源延圣寺，前后殿四角楼画佛，口口制为之，其正殿内光焰、佛座及番竿，咸依普庆寺制造，仍令张同知提调，用物需之省部。”张同知于是依照圣旨和帝师的旨意组织相关工匠浇铸了下列佛像：“正殿佛五尊，各带须弥座及光焰；东南角楼天王九尊，西南角楼马哈哥剌等佛一十五尊，东北角楼尊胜佛七尊，西北角楼阿弥陀佛九尊，各带莲花须弥座、光焰；东西藏镫殿二，内东殿孛佛母等三尊，西殿释迦说法像二尊，内山门天王四尊，各带须弥座、五山屏；后殿五方佛五尊，各带须弥座、光焰。”[③]致和元年 3 月，在寺内建成显宗神御殿，并“置总管府，以司财赋。”[④]据《元史》，寺院建成之后，皇室命僧人在此展开了一系列佛事活动：泰定四年（1327）十月“癸卯，命帝师作佛事于大天源延圣寺。”天历二年（1329）五月“乙亥，（文宗）幸大圣万安寺，作佛事于世祖神御殿，又于玉德殿及大天源延圣寺作佛事。”“后八不沙请为明宗资冥福，命帝师率群僧作佛事七日于大天源延圣寺。”[⑤]

---

①详见《元代画塑记》第 30–36 页。

②《元史》，卷 30，本纪第三十泰定帝二，第 668 页。

③《元代画塑记》第 23 页。在该著第 23－25 页中对这些佛像的材料也进行了详细的记载，可参。

④《元史》前引，卷三十·本纪第三十·泰定帝二，第 685 页。

⑤分别参见《元史》，卷 30，本纪第三十泰定帝二，第 682 页，卷 33，本纪第三十三文宗二，第 734 页、744 页和卷 114，列传第一后妃一，第 2877 页。

5、大承天护圣寺。据《大承天护圣寺碑》所载“汝太禧宗湮使伊呼布哈、中书平章明埒栋阿、大都留守张锦结努,其为朕度地,以作梵刹,称朕心焉”①来看,也是一座皇室兴建的藏传佛教寺院。该寺由文宗建于天历二年(1329)四月十六日,②竣工于天历三年(1330)。为修建该寺,8月专门成立了“隆祥总管府以领之,铸银为印,秩正三品。以臣伊呼布哈领府事,将作臣额穆尔苏为达噜噶齐(达鲁花赤)……臣锦结努为总管。”10月,又“命中书右丞臣萨迪为隆祥总管府达噜噶齐”,③主管修建事宜。10月15日,又“升隆祥总管府为隆祥使司,秩从二品。命太禧宗湮使臣鸿和尔布哈、臣萨迪、臣额穆尔苏、大司农臣锦结努为之使,他官舆次俱升。”可见,对此极为重视。关于寺院的布局及其寺中安请的佛像,碑文也有较为详细的记载:“寺之前殿置释迦、然灯、弥勒、文殊金刚并二大士之像。后殿置五智如来之像。西殿度墨书大藏经,岁庚午上所施也。又像护法神王于西室,护世天王于东室。二阁在水中,坻东曰圆通,有观音大士像;西曰寿仁。上所御也,曰神御殿,奉太皇太后晬容于中。日有献,月有荐,时有亨器,用金宝曰寿禧殿,上斋宫也,诸宿卫之舍毕具。……有(又)作东别殿、楠木别殿、丈室、讲堂、众沙门之居、会食之所、碑亭、井亭、庖湢、厩门、垣、桥梁,咸称观美。凡规制皆图以献,上亲临定焉。皇后出大庆礼,赐白金,从户部易钞四万定,及割田赋之在荆襄者,以资之。三年,寺大成。于是召五台山万圣寺释师惠

①虞集:《道园学古录》卷25《大承天护圣寺碑》,《四库全书》卷1207,集部146别集类,上海古籍出版社影印本,第359页。

②《元史》,卷33,本纪第三十三文宗二,第734页记为天历二年五月。

③《大承天护圣寺碑》第359–360页。关于寺名及其建寺经过碑文都有详细的记载:“……天历二年(1329),岁在已巳,春月,皇帝曰:‘……汝太禧宗湮使伊呼布哈、中书平章明埒栋阿、大都留守张锦结努,其为朕度地,以作梵刹,称朕心焉。’四月,上幸近郊,观于玉泉之阳……八月晦,立隆祥总管府以领之,铸银为印,秩正三品。以臣伊呼布哈领府事,将作臣额穆尔苏为达噜噶齐。国语达噜噶齐,官属之长也。臣锦结努为总管。上曰:‘建寺而不先正其名,民将因其地而称之其署。’题曰大承天护圣寺。”皇帝以寺为祭祀之清净之地,民不应杂居其间而“命总管府臣相大田以买之,度其岁入,以为僧食。明年,上受尊号,改元至顺。十月,上命太师臣雅克特穆尔率百官诣寺所,告诸后土之神,始命大匠治木,乃命中书右丞臣萨迪为隆祥总管府达噜噶齐,盖以省臣重其事也。二年四月十六日,始作土功,治佛殿基……”

印,特赐荣禄大夫、司徒,主教于寺。"①

此外,据《元史》等文献记载,在大都修建的藏传佛教寺院还有大崇恩福元寺、圣安寺、庆寿寺、兴教寺、西僧灌顶寺、城南寺、东花园寺和圣万寿宁寺等等,在此一一难以记述。从上述大护国仁王寺、大圣寿万安寺、大承华普庆寺、大天源延圣寺,尤其是从大承天护圣寺的建筑布局来看,由皇室兴建的皇家寺院的布局与西藏流行的藏传佛教寺院的布局迥然不同。其区别不仅仅在于上述寺院中都设有神御殿,而在于整个布局系传统的汉传佛教寺院布局,与西藏依山而建或按坛城模式布局的样式截然不同。不仅如此,而且还在其中出现了宫廷建筑的因素,如楼阁和水池,整个布局俨然是传统汉传佛教寺院建筑和宫廷建筑的有机结合。由仪天兴盛慈仁昭懿寿元皇太后于皇庆元年(1313)三月一日修建的大智全寺的建筑布局也可以进一步证实这一特点。如大智全寺"寺之制,正殿位三世佛。前殿位观世音菩萨,右为九子母之殿,左为大藏经之殿,北有别殿以备临幸。前为三门,设四天像,而僧房、斋堂、库禀、庖湢,甍连栋结,络绎周匝。三门之外二亭,西曰宝华,东曰瑞庆,中为池。"②只是在如大承华普庆寺、大天源延圣寺和大崇恩福元寺等部分寺院加立了高大百尺、象征藏传佛教寺院的番竿、即宝幢而已。藏传佛教寺院的特点只是在宝幢和寺中安请的诸佛菩萨和供奉的藏文佛经中能得以体现,这表明藏传佛教艺术在元代宫廷已经"入乡随俗",逐步走向汉化,开始形成了一种更易于宫廷接受、融内地和西藏佛教艺术特点为一体的藏传佛教艺术流派。

三、宫廷的藏传佛教艺术创作机构及其艺术活动

元朝的首都大都无疑是元代中原内地藏传佛教艺术最为重要的创

①《大承天护圣寺碑》第359-360页。

②刘敏中:《中庵集》,卷14大智全寺碑,《四库全书》1206,集部145别集类,上海古籍出版社影印文渊阁,第116-117页。

作中心之一。为了礼遇藏传佛教,便于开展佛事活动,元朝在工部和将作院中专门设置了与藏传佛教艺术创作密切相关的官方常设机构,以进行藏传佛教艺术的创作活动。这两个机构下设的部门大多与此有关,其中关系最为密切者首推工部属下机构诸色人匠总管府中的梵像提举司、出蜡局提举司和将作院下属机构织佛像提举司等。阿尼哥不仅先后负责过工部之下的诸色人匠总管府和将作院,而且他的弟子们也先后在这些机构中供职、任职。《元史》对此有明确记载:至元十年(1273),授阿尼哥为诸色人匠总管,佩银章虎符。十五年(1278),授光禄大夫、大司徒,领将作院事。① 由于元代尊崇藏传佛教为"国教",元代皇帝和皇室成员信奉藏传佛教,因此为将作院和工部等机构提出了直接的需要,藏传佛教艺术的创作因而也成为这些机构的主要创作任务之一。为此,其下属一些机构的名称也直接据此命名,梵像提举司和织佛像提举司即属此例。"西天梵相"名称的出现应与诸色人匠总管府中的"梵像提举司"密切相关。按《元史》,梵像提举司为至元十二年(1275)所设,原名梵像局,延佑三年(1316)提升为梵像提举司。该机构秩从五品,下设提举一员,同提举一员,副提举一员,吏目一员,其主要职能是"董绘画佛像及土木刻削之工。此外,从《元代画塑记》来看,与此关系较为其密切者尚有随路诸色民匠总管府,出蜡局、镔铁局、铸泻等铜局,油漆局等。按据《元史·百官志》,它们属于诸色人匠总管府下属机构。其中,"出蜡局提举司,秩从五品。提举一员,同提举一员,副提举一员,吏目一员。掌出蜡铸造之工。至元十二年(1275),始置局。延佑三年(1316),升提举司,设今官。铸泻等铜局,秩从七品。大使一员,副使一员。掌铸泻之工。至元十年(1273),始置官三员。二十八年(1291),省管勾一员,后定制二员……镔铁局,秩从八品。大使一员。掌镂铁之工。至元十二年始置……油漆局,副使一员,用从七品印。董髹漆之工。至元十二年始置。"而随路诸色民匠总管府则原为崇祥院下属机构,后先后有隶属将作院和工部:"随路诸色民匠总管府,秩

①《元史》,卷203,列传第九十方技,第4546页。

正三品。掌仁宗潜邸诸色人匠。延佑六年(1319),拨隶崇祥院,后又属将作院。至治三年(1323),归隶工部。”[①]元代大都大小皇家寺院的修建及其中立塑的佛像几乎都与这些机构密切相关。

从现存作品来看,除寺院建筑外,这些相关机构创作的作品大致可以分为造像、唐卡和法器三类。其中,阿尼哥及其弟子在其中发挥了重要的作用,他们在历代帝师的指导下创作了大量的作品,从而开创了元代宫廷藏传佛教艺术流派。

阿尼哥(Anige)于1244年出生于尼泊尔,[②]为尼泊尔王室后裔,自幼聪颖过人,博闻强记,过目不忘,饱学佛经和造像量度经典,以擅长绘画和雕塑而著名。1260年,八思巴受元世祖忽必烈之命在萨迦寺建造金塔时,元世祖命令印度和尼泊尔选调100名能工巧匠前来参加修建,结果尼泊尔选出了80名工匠,但无人敢领队前往。阿尼哥尽管当时只有17岁,但当即表示愿率队前往,八思巴于是命令他监督金塔工程的修建,结果只用了1年时间,金塔便顺利完工。[③] 由于阿尼哥出神入化的造诣博得了八思巴的赏识,八思巴在金塔完工后,不仅将阿尼哥留在了身边,剃度授戒,收为自己的弟子,而且还将他举荐到了宫廷。阿尼哥到宫廷后,忽必烈命他修补宋朝时期的铜人,以试其才能,阿尼哥的艺术天赋再次得到了充分的发挥,加之其聪明伶俐,才思敏捷,因而深得忽必烈的喜爱。忽必烈于是将阿尼哥留在身边从事艺术创作活动,并“诏给卫士二十人,尚方日供珍馔,赐饰金腰舆”,同时于1276年“特

①元史》,卷85,志第三十五百官一,第2144页。《元史》卷85,志第三十五百官一,第2144–2145和2147–2148页。

②文献对阿尼哥生平缺载,据《凉国公敏慧公神道碑》关于阿尼哥于大德十年(1306)卒、享年62岁的记载推之,应生于1244年。程钜夫:《雪楼集》卷7《凉国公敏慧公神道碑》,《四库全书》卷1202,·集部141别集类,上海古籍出版社影印本,第84页。该碑文是研究阿尼哥最为重要的第一手材料。

③十分奇怪的是,在目前笔者所掌握的藏文文献中,没有见到有关阿尼哥的任何记载,并且也没有关于萨迦修建金塔的记载。目前,只有《汉藏史集》中有一段关于阿尼哥的记载,并且作者明确指出,材料来源于汉文,并非据藏文文献而出。关于此段记载,参见《汉藏史集》藏文本第281页(作者将阿尼哥的名字拼作“ae ner dgav”,显然为“阿尼哥”的汉语音译)。同时参见陈庆英汉译本第173页。据藏文文献记载,萨迦北寺曾建有金顶,因此此塔不知是指北寺的金顶,还是指佛殿中的镏金佛塔,待考。

出中使赍黄金五百两乘传往召”身居尼泊尔的妻子前往元朝。[①] “(至元)十年(1273),立诸色人匠总管,银章虎符,命公长之,统四品以下司局十有八。铸黄金为太子宝、安西北安王印、金银字海青圆牌、内廷大鹏、金翅雕、尚酝巨瓮。又创为镔铁自运法轮,行幸揭以前导。”此后,阿尼哥便开始了大规模的艺术创作活动。据《凉国公敏慧公神道碑》统计,阿尼哥至1306年去世为止,除“内外朝之文物礼殿之神位、官宇之仪器组织、熔范、抟埴、丹粉”、亦即绘画雕塑作品外,一共主持并亲自参与了15项大型建筑的修建,“最其平生所成,凡塔三、大寺九、祠祀二、道宫一。”《凉国公敏慧公神道碑》对这些大型艺术工程进行了详细的记载,现兹引于下:

十一年(1274),建乾元寺于上都,制舆仁王寺等。上都国学始成,肖祀夫子十哲,诏公为之。赐宅京师咸宜里,金币皆有差。十三年(1276)建寺于涿州,如乾元制……十五年(1278),诏公返初服,授光禄大夫、大司徒,兼领将作院印,秩皆视丞相,赐冕服、玉带、锦衣、金带、燕衣二十四袭、貂裘帽、鞍辔、车马,妻以宋景献太子孙女郡主赵氏。凡景献府库、田宅,悉赐之。十六年(1279),建圣寿万安寺,浮图初成,有奇光烛天。上临观,大喜,赐京畿良田亩万五千,耕夫指千,牛百,什器备。十七年(1280),建城南寺。二十年(1283),建兴教寺。二十八年(1291),创浑天仪及司天器物。世祖上宾,公于私第为水陆大会四十九日以报。又追写世祖、顺圣二御容,织帧奉安于仁王、万安之别殿。元贞元年(1295),建三皇庙于京师,又建万圣祐国寺于五台。裕圣临幸,赏白金万两,妻以戚里女囊和尔沁,资送中给。崇真万寿宫成,诏公位置像设。大德五年(1301),建浮图于五台。始构,有祥云瑞光之异。又命织成裕宗、裕圣二御容,奉安于万安寺之左殿。六年(1302),国学文庙成。复命为之肖,位遵先酋也。公奉诏感激,益尽心思焉。八年(1304),建东花园寺,铸丈六金身。九年(1305),建圣万寿宁寺,造千

---

①《凉国公敏慧公神道碑第84页。

手眼菩萨，铸五方如来。[①]

遗憾的是，除北京的妙应寺白塔（即引文中之“圣寿万安寺浮图”），在北京原来修建的建筑大都未能有幸保存下来。阿尼哥的才能主要体现在绘画和雕塑上，其中对金铜佛像的浇铸尤为见长。除《凉国公敏慧公神道碑》1305年在记述建圣万寿宁寺时提到他铸造千手千眼观世音菩萨和五方如来佛像以外，《元代画塑记》还记录了一些他创作或在他主持之下创作的一些雕塑作品。大德三年（1299）北斗殿前三清殿左右廊完工之后，阿尼哥奉旨主持立塑了其中的房真像191尊，同时创作了64扇壁饰。[②] 大德八年（1304），城隍庙东面新建的三清殿完工后，阿尼哥再次奉旨立塑其中的塑像并修补其他殿堂受毁的塑像。阿尼哥“补塑修装一百八十一尊，（其中）内正殿一十三尊，侧殿西廊九十三尊，侧殿东廊七十三尊，山门神二尊。并造三清殿圣像及侍神九尊。”[③]大德九年（1305），阿尼哥等奉皇后懿旨用铜铸造中心阁佛像，共“铸造阿弥陀佛等五佛，各带光焰莲花座；塑造千手千眼大慈悲菩萨及左右菩萨。”[④]正因为如此，《元史·方技传》才留下了“凡两京寺观之像，多出其手”的记载。大德十年（1306）闰正月丁酉，阿尼哥去世，享年62岁，5月，葬于北京宛平县香山乡冈子原。阿尼哥一生致力于艺术创作，尤其是对藏传佛教艺术在元朝宫廷的传播起到了极其重要的作用，朝廷对他的艺术贡献不仅作出了“盖自列圣肇基往往草创，至我世祖，始建都邑，统一函夏中外，刈宁年谷屡熟，故得以日力之余展其工事。又得不世之巧智，如凉国公者，奉而成之，可谓天地之盛时，今古之庆会也”的高度评价，而且于“至大四年（1311），加赠公开府仪同三司、太师、凉国公、上柱国，赐谥敏慧，”[⑤]对其一生的艺术创作予以了高度的

①《凉国公敏慧公神道碑》第84–85页。

②《元代画塑记》第8–9页。该著第9–10页中详细记录了这些雕塑和壁饰所消耗的材料，可参。

③《元代画塑记》第11–12页。该著第12–13页同时对所消耗的材料也进行了详细的记载。

④《元代画塑记》第29页。其所用材料可参第29–30页的记载。

⑤《凉国公敏慧公神道碑第86页。《元史·方技传》第4546页也有与此相同的记载。

赞扬。

阿尼哥在进行艺术创作的同时,还坚持教徒授业,培养了一大批才华横溢的弟子。他们为阿尼哥所开创的“西天梵相”艺术风格的持续传播和发展作出了重大的贡献。其中,阿尼哥的儿子阿僧哥和刘元在其中发挥了极其重要的作用。

阿僧哥,生卒年不详,据《凉国公敏慧公神道碑》,为阿尼哥长子。① 阿僧哥的艺术活动主要集中在大都,据《元代画塑记》,其艺术活动主要如下:至大三年(1310 年)1 月 21 日,奉武宗皇帝之命,与虎坚帖木儿丞相、搠思吉、月节儿与帝师商议,“依佛经之法,拟高良河寺并五台佛像从其佳者”创作新建寺后殿铜像,共浇铸“正殿三世佛三尊,东西走殿内山子二座,大小龛六十二,菩萨六十四尊;西洞房内螺髻佛并菩萨一百四十六尊;东西殿九圣菩萨九尊,罗汉一十六尊;十一口殿菩萨一十一尊,药师佛殿佛一尊;东西角楼魔梨支王四尊,东北角楼尊胜佛七尊,西北角楼无量寿佛九尊,内山门天王一十二尊。”“仁宗皇帝皇庆二年(1313)八月十六日,敕院使也讷:大圣寿万安寺内,五间殿、八角楼四座,令阿僧哥提调其佛像,计并禀搠思哥、斡节儿、八哈失塑之。”总共“塑造大小佛像一百四十尊”。② 从以上记载可知,阿僧哥主要负责主持佛像的塑造事务,其作品在文献中无载。据《凉国公敏慧公神道碑》,阿僧哥曾官至“荣禄大夫、大司徒。”③

刘元,生卒年不详,④是元朝宫廷继阿尼哥之后兴起的一颗璀璨的

---

①据《元史·方技传》第 4546 页,阿尼哥膝下有 6 个儿子。其中只提到了两个儿子的名字,即:“阿僧哥,大司徒;阿述腊,诸色人将总管府达鲁花赤。”而据《凉国公敏慧公神道碑》前引,第 86 - 87 页,阿尼哥一共娶了 10 个妻子,膝下共有 6 男 8 女。

②所塑详细佛像名和数量参见《元代画塑记》第 13–15 页。

③《凉国公敏慧公神道碑》第 86 页,同时参见《元史·方技传》第 4546 页,但只提到“大司徒”,而无“荣禄大夫”之载,此从《凉国公敏慧公神道碑》之载。

④据虞集《道园学古录》卷 7《刘正奉塑记》第 123 页之载:“至元七年(1270),世祖皇帝始建大护国仁王寺,严梵天佛家以开教于天下,求奇工为之,得刘正奉于黄冠师,先事青州把道录,传其艺非一。及被召,又从阿尼格(即阿尼哥)国公学西天梵相,神思妙合,遂为绝艺。凡两都名刹,有塑土、范金、抟换为佛者,一出正奉之手,天下无与比者。由是,上两赐宫女为之妻,又命以官长其属,迨今四十余年”和第 124 页之载:“正奉,名元,字秉元,蓟之宝坻人,年七十矣”这两句来看,似乎应生活在 13 世纪 40 年代末至 14 世纪 20 年代左右。

艺术明星，其艺术活动主要集中在至元年间，一度曾非皇帝之旨而不许为人造像，并两度受赐宫女，行幸必从，其技艺之精，地位之高于此也可见一斑。据《元史·方技传》，"有刘元者，尝从阿尼哥学西天梵相，亦称绝艺。元字秉元，蓟之宝坻人。始为黄冠，师事青州把道录，传其艺非一。至元中，凡两都名刹，塑土、范金、抟换佛像，出元手者，神思妙合，天下称之。其上都三黄尤古粹，识者以为造意得三圣人之微者。由是两赐宫女为妻，命以官长其属，行幸必从。仁宗尝敕元非有旨不许为人造他神像。后大都南城作东岳庙，元为造仁圣帝像，巍巍然有帝王之度，其侍臣像，乃若优深思远者。始元欲作侍臣像，久之未措手，适阅秘书图画，见唐魏征像………即日成，士大夫观者，咸叹异焉。其所为西番佛像多秘，人罕得见者。元官为昭文馆大学士、正奉大夫、秘书卿、以寿终。"①

其中，其所造仁圣帝像为其代表之作，有口皆碑，观者莫不深为其技艺所折服，并传为佳话。元人虞集在其著作《道园学古录》中对刘元创作此作的经过以及他个人的亲身感受都进行了记载，并对刘元的作品进行了高度的评价：

将作院经历洛阳田君博物，君子也。尝谓予言，大都城南长春宫都提点冯道颜始作东岳庙于宫之东，谋其徒，曰不得。刘正奉，名手，无以称。吾祠且正奉尝从吾徒游将无勒乎，即诣正奉言之，正奉以前敕未之许也。是时，庙禾成，民间以灵异祸福相恐动，事未甚显。灼冯去后，正奉果恍惚若有所感者，病不知人者三日，或为之祷，乃起。谓其门人子孙曰："速为我御，我且之东岳庙。"至庙疾良已。会立庙事奏御，正奉祝曰："愿亲造仁圣帝象。"既而疾大安。又进秩二品，益喜，曰：'是神之赐也。'因又造炳灵公司命君象，而佐侍诸神有弗当其意，悉更之，盖几有神助者。延佑四年(1317)春，予游长春，因即而观焉。凡廊庑时共称好者，皆市井物怪，情状盖易以悦人。及仰瞻仁圣帝，巍巍乎帝王之度矣。

①《元史·方技传》第4546–4547页。

余皆称其神之所以名者。予尤爱其盛服,立侍侃侃,若不胜忧深思远之至者。乃叹曰:'运思一至此乎'。田君曰:'初,正奉欲造侍臣象,心计久之,犹未措手也。适阅秘书图画,见唐魏征象,乃瞿然曰:'得之也,非如此莫称为相臣者。'遽走庙中为之,即日成,异哉,非直艺矣。'正殿仁圣帝、两侍女、两中侍、四丞相、两介士。其西炳灵公、两侍女、两侍臣。其东司命君、两道士、两仙官、两武士、两将军,皆正奉之手。善观者知非他工所可杂其间也。长春之白云观,金人、汾王先生十一曜,奇妙为世所称道。今随配之,略不可优劣也。予所见又有上都三皇庙,尤古粹。造意得三圣人之微者,亦正奉之所造也。而梵佛多秘,不得观。予尝读张彦远《名画记》,录两京寺观祠宇画者数十人,塑者一二耳。计其运神之妙,致思之精,心手相应,二者略无彼此,而传世者多少悬绝如此,良由画可传玩摸拓久远,塑者滞一处,好事识者或不得而览观,使精艺不表白于后世,诚可慨也。故田君请著为刘正奉塑记。①

虞集虽因"其所为西番佛像多秘,人罕得见"而未能亲自见到刘元创作的佛像作品,但甚为有幸的是,《元代画塑记》为我们留下了刘元这部分相关艺术杰作的珍贵史料。"延佑四年(1317)八月十一日,中政院使阔阔觫奏,青塔寺山门内四天王,今已秋凉,正可兴工,未审命谁塑。奉旨,刘学士塑之,合用塑画匠令阿哥拔。"同年"十月二十五日,香山四天王,命刘总管塑之。阁下毗卢佛,两旁添塑立菩萨二,文殊菩萨一,用物于省部需之。文殊菩萨一尊,高九尺,普贤菩萨一尊,高九尺。火焰二扇,各高一丈五尺,阔七尺五寸。"

与此同时,《元代画塑记》对刘元弟子创作的佛像也进行了记载。据该文献,"(延佑)七年(1320)四月十六日,诸色府总管朵儿只等奏,八思吉、明里董阿二人传旨:'于兴和路寺西南角楼内,塑马哈哥剌佛及伴绕神圣,画十护神,全期至秋成。塑工命刘学士之徒张提举,画工命尚提举,二人率诸工以往。所需及饭膳,皆令即烈提举应付。秋间朕至

①《道园学古录》卷7《刘正奉塑记》,第123-124页。

时作庆赞，毋误也。’马哈哥剌一，左右佛母二，伴绕神一十二圣。画三扇，高一丈五尺，阔一丈六尺。”①

《元史》中将上述宫廷创作的藏传佛教艺术称之为“西天梵相”，因此，西方不少西藏艺术研究者都将其称之为“尼泊尔－西藏艺术”或“尼泊尔－西藏风格”。与此同时，国内外有部分研究者对“西天梵相”一词望文生义，甚至认为它是印度或尼泊尔佛教艺术（或喜马拉雅山佛教密宗艺术）。实际上，它是指在藏传佛教艺术的基础上融合内地和尼泊尔艺术因素而形成的一种宫廷藏传佛教艺术流派。② 这一流派不仅对同时期西藏本土的艺术创作产生了重要的影响，同时还影响到了明清时期宫廷的藏创佛教艺术创作。

原文刊于《中国藏学》2008 年第 3 期第 60－71 页。

①《元代画塑记》第 17、20 和 21-22 页。

②关于“西天梵相”的外延和内涵的具体分析，参见熊文彬，《元朝宫廷的“西天梵相”及其艺术作品》，《中国藏学》2000 年第 2－3 期。

西藏夏鲁寺艺术中的汉族艺术因素与元代汉藏艺术交流

夏鲁寺位于西藏自治区日喀则地区,最早由当地望族、夏鲁万户长的先祖介尊·喜饶琼乃建于公元11纪中叶。13世纪末,由于介氏家族同萨迦派之间特殊的姻亲和宗教关系,在萨迦派的支持下,介氏家族在元朝中央政府册封西藏十三万户时被封为夏鲁万户长,寺院同时在元朝中央政府的支持下经过了重新扩建(参见图版1)。整个建筑从11世纪中叶的始建到14世纪中叶的定型,前后经历了两个重要的历史时期。第二个时期的修建又分为4个阶段,即贡波贝时期的小规模扩建(13世纪90年代期间)、扎巴坚赞时期的大规模维修和扩建(1306年以后)、贡噶顿珠和布顿活佛时期的维修(1333–1335年)①和益西贡噶时期的最后维修(1355年后)。其中,第二阶段的大规模维修形成了现存夏鲁寺的主体建筑和主要壁画。1320年,卫藏地区闻名遐尔的佛学大师布顿·仁钦珠(1290–1364)出任该寺堪布后,从而使夏鲁寺在卫藏宗教界名声大振,对藏传佛教产生了重要的影响。与此同时,该寺的建筑、壁画和雕塑影响到了随后藏传佛教艺术的创作,从而引起了中外艺术史界的高度重视。在此,笔者

①See Roberto Vitali, Early Temples of Central Tibet, Serindia Publications, Enland, 1990, p. 112. 其中,该著未将益西贡噶时期的维修列入。

以数度实地调查的资料结合前人研究的成果①,拟就夏鲁寺艺术中的内地艺术风格因素及其渊源进行一此探讨。

重檐琉璃歇山顶建筑

夏鲁寺现存建筑由墙体和重檐琉璃歇山顶建筑两部分组成,堪称藏汉建筑合璧的典型成功范例。其中重檐琉璃歇山顶建筑是扎巴坚赞在位期间(大约1306-1333年)在元朝中央政府财力、人力和物力的直接支持下修建而成的,为典型的元官氏建筑,与藏文文献《后藏志》和《夏鲁寺编年史》等史籍所载吻合。其中,《后藏志》云:

在夏鲁寺南面修建了犀牛门殿,在东面修建了护法神殿,同时在现在的北面月城铺设了一条大道。南方的军队和属民一起为此搬运了大量的木料,同时从东面的汉、蒙之地邀请了技艺精湛的工匠前来参加修建。在汉式琉璃歇山顶屋顶之上建造了四个大的屋脊金瓶,四面的佛殿也采用了琉璃建筑样式,同样在屋脊装饰了屋脊金瓶。金殿为三层汉式歇山顶建筑,其余为二层歇山顶建筑。② 殿内绘有一百零一铺如来彩色壁画,不可思议,精美无比;③尤其是在犀牛门殿中(绘塑)有三世

①关于夏鲁寺研究的重要论著,主要由王毅《西藏文物见闻记(二)》(《文物》,1961年3、4期合刊),宿白《西藏日喀则地区文物调查记》(见同一著者著作《藏传佛教寺院考古》,文物出版社,1997年),陈耀东《夏鲁寺——元官式建筑在西藏的珍遗》(《文物》1994年第5期)和 Roberto-Vitali, Early Temples of Central Tibet。

②佘万治译《后藏志》(西藏人民出版社,1994年)的92页将此译为"金殿为三层汉式屋顶,别处的建筑均无双层汉式屋顶格式。"笔者窃以为不确,因其原文为:"gser khang rgya phugs gsum brtegs su yod pa/gzhan rnams rgya phugs gnyis brtsegs pa med la/"。因为这种建筑样式一直保存到了今天,即东面金殿(又称神变门楼)为三层建筑,南、西、北三面为二层建筑,均为琉璃歇山顶建筑。

③此句原文为:"nang na mtshon sga brgyad rtsa gcig gis spras pavi de bzhin gshegs pavi sku bsam gyis mi khyab pa bzhugs/"佘译文前引第92页将其译为:"金殿内供养着八十一种兵器的如来佛像无数。"笔者以为不确。其一,藏文"tshon"出兵器之外,还有色彩之意,在此应为后者,否则不知所云。此外,"brgyad"(八),据布顿仁钦珠著作《无量宫殿题记》(Zha luvi gtsug lag khang-gi Zhal yas khang nub ma byang na shar mar lho ma rnams bzhugs pavi dkyil vkhor sogs kyi dkar chag bzhugs so,载《布顿大师全集》tsa 函,百藏丛书第57卷,新德里,1957年)第26、36页,为"brgya"(一百)。显然为笔误或校对错误。原因是指集会大殿回廊壁画,此101铺释迦牟尼佛本生故事壁画基本完整保存至今,详见下文。

佛像，供有一百零八部金汁缮写的《甘珠尔》和《八千颂般若波罗蜜多经》；①在西面的两座佛殿中，其中一座佛殿的主尊为自现观世音菩萨像，另一座主尊为大日如来佛像；南面佛殿的主尊为三世佛，北面佛殿的主尊为释迦牟尼佛，东面佛殿的主尊为般若波罗蜜多佛母；该殿楼下护法神殿主尊为多闻天王，四周为其眷属，均用各种珠宝绘制。同时，在四个角上建有四座佛塔。②

《夏鲁寺编年史》对此也有大致相同的记载：

后来，他（扎巴坚赞）在南面、即中间回廊殿修建了犀牛门，在东面殿门入口的佛殿修建了护法神殿，在现在的北面修建了通向大殿和四面佛殿的入口。金殿为三层汉式琉璃歇山顶，屋脊装饰有金瓶和各种彩饰砖瓦，其余各殿为两层汉式歇山顶建筑。殿内用 101 种颜色绘制了无数如来佛像，特别值得一提的是，在犀牛殿门上绘制了 108 身三世佛画像。③

从夏鲁寺现存建筑来看，底层和二层的部分布局和建筑为藏式风格。集会大殿为一层的中心，东面原为入口，在扎巴坚赞扩建时改为护法神殿，将入口移到现在的北侧。南、西、北三面为佛殿，即南面为犀牛门佛殿，西面为南佛殿和北佛殿，北面为三门殿。中间为 36 根柱头面积的大殿，大殿中心为天井。三面佛殿面积较小，但净空高，比大殿高出近 2 米，在此三面 4 座佛殿外侧，建有一条封闭的环形转经道。墙体为夯土墙，外墙四周无窗户，内部梁柱和门等建筑也为传统藏族样式。

①此句藏文原文为："gser las bzhengs pavi bkav vgyur brgyad stong brgya rtsa brgyad/"佘万志将其译为："金分书写的《甘珠尔经》八千一百零八函（见佘万治译《后藏志》第 92 页，西藏人民出版社，1994 年）。"笔者认为恐不确，其原因是：众所周知，《甘珠尔》通常为一百零八函，因此不可能有八千多函。这里的八千，似乎应为《八千颂般若波罗蜜多经》，因为后者在藏文中通常也略写为"brgyad stong"。

②《后藏志》前引第 168–169 页。

③《夏鲁寺编年史》第 30b–31b 页，参见杜齐英译文（Tucci, Tibetan Painted Scrolls, vol. 2, Roma, 1949, p. 659）。由于他没有给出藏文原文，因此不知其 101 种颜色是否是指 101 铺壁画。据《无量宫殿题记》，应指集会大殿回廊壁画。

二楼以天井为中心排列的4座佛殿殿门、楼梯、雨蓬、前面的环形转经道和东面般若波罗蜜多佛母殿内所设封闭性的环形转经道也是西藏寺院的传统布局。一层东面护法神殿、即传统所谓之“神变门楼”的门和法轮、双鹿等无庸讳言,也是藏式传统流行的做法。部分西方学者认为,从布局和托木、柱式等木结构来看,11世纪的建筑、即介尊·喜饶琼乃时期修建的西佛殿中的南、北佛殿、般若波罗蜜多佛母殿和护法神殿同西藏西部和后藏地区同一时期的寺院建筑相同,尤其是同江浦寺建筑接近,为“混合建筑风格”,其中融合了西亚－印度和唐朝内地的建筑风格。①

所谓的元官式建筑主要体现在整个建筑的屋顶,即二楼天井四周的4座无量宫殿建筑极其建筑装饰上。从空中俯视或从底层外围远视,除东面的“神变门楼”屋顶为三重琉璃歇山顶外(参见图版1),南西北三面屋顶均为双重琉璃歇山顶,与前引《后藏志》和《夏鲁寺编年史》等著作所载扎巴坚赞扩建后的形制完全相同。由此可知,尽管此后有所维修,但仍比较完整地保存了扎巴坚赞时期的面貌。

这组建筑由墙体、殿堂、柱头、梁架、托木、斗拱(参见图版2)、琉璃瓦、屋脊(包括垂脊和斜脊)、沟头、滴水和拱眼壁等建筑单元组成,王毅、宿白和陈耀东三位先生先后撰文对其形制及其与元代内地相同形制的建筑进行了研究和比较。② 其中,陈文对其结构、斗拱进行了实测和研究,并与山西芮城永乐宫三清殿进行了详细的比较,对于弄清这组建筑与内地建筑之间的关系以及元代中原文化对西藏的影响都具有重要的参考价值。

①See Philip Denwood, Architectural Style at Shalu, in Tibetan Art Towards a Definition of Style, edited-by Jane Casey Singer & Philip Denwood, 1997, pp. 229, details see pp. 222-228.

②参见王毅《西藏文物见闻记(二)》前引第59页,宿白《西藏日喀则地区文物调查记》前引第87-96页,陈耀东《夏鲁寺——元官式建筑在西藏的珍遗》,《文物》1994年的5期的4－23和36页。

4 座佛殿的面积据陈文实测,①东无量宫殿为 3 间,中间大,实测总面阔(柱中至柱中,以下同)8.50、进深 7.44 米。南、北无量宫殿相同,面阔均 3 间,左侧明间实测 4.19 米,左右次间各为 3.86、3.85 米;进深两间,前深 2.80、后深 2.77、总进深 5.57 米,均分为每间 2.785 米;柱高 3.49 米。西无量宫殿为 3 间,从左至右每间面阔实测 4.93、4.94、4.95 米,应调整为每间 4.94 米。深两间,前深 3.76、后深 3.71、总进深 7.47 米,调整为每间 3.72 米。柱高为 4.21 米,角柱正面由 17 厘米的侧脚,约合百分之四。柱断面方形,四角抹园,每面宽约 23 厘米,实际上是由直径 30 厘米的圆木加工而成。

这 4 座佛殿普遍采用了斗拱,用材和做法都完全相同。视角特点是"五铺作重拱出双昂,里转五铺作重拱出两抄,并计心造。但在外面是出假昂,在昂下精心刻出'华头子'形象。"②据实测,上述斗拱尺寸分别为:"普柏枋 21 ×11.3 厘米,柱头栌斗与补间栌斗大体相同,总高 20 厘米,其中上耳高 8、中平 4.5、下欹 7.5 厘米,斗方 29.2、斗底四面各杀 4.3 厘米。里跳出 31、外跳 36 厘米。斗口宽约 11-11.5 厘米,单材广(高)17、梨 7 厘米。泥道拱、瓜子拱长 73.5、令拱长 91.5、出跳慢长 115.5、泥道拱上慢拱长 170.5 厘米。"其具体分布为东无量宫殿中间及左右侧殿即南、北无量宫殿的补间铺作均一朵,西无量宫殿前檐补间铺作每间各两朵,两侧及后檐均一朵。两侧殿每间一朵。③

殿堂均为四椽小殿,特点是在檐柱上面没有榑,在外第一跳素枋上有牛脊榑,第二跳令拱上油撩檐枋;斗拱上的素枋上皮在同一水平线上,在

---

①陈文前引将 4 座佛殿分别称之为前殿、后殿(正殿)和左、右侧殿。其中前殿第 3 层指东无量宫建筑,藏文为 gzhal yas khang shar ma,该殿同时又有丹珠尔佛殿或布顿拉康(bu ston lha-khang)之称;后殿或正殿指西无量宫殿,藏文为 gzhal yas khang nub ma;左侧殿指南无量宫殿藏文为 gzhal yas khang lho ma;右侧殿指北无量宫殿,藏文为 gzhal yas khang byang ma。关于此 4 座佛殿的名称,参见布顿活佛著作《无量宫殿题记》藏文本前引第 1a-47a 页。

②陈文前引第 8 页,同时参见宿白《西藏日喀则地区文物调查记》前引第 91 -93 页。宿文在第 91 页论述东无量宫殿斗拱时还指出:"值得注意的是有的假昂上皮还留出了凤凰台,此较晚出现之装饰手法,说明部分铺作 14 世纪以后曾有拆换。"同时参见第 115 页注释 8:"假昂上皮前端和齐心斗之间,出现凤凰台,准内地官式建筑应始于明代。此处凤凰台长度较短,且斜杀作法亦未显著,知属凤凰台的初期样式。"

③陈文前引第 8 -9 页,同时参见图版 6- 7、9,表一,图 21 - 26。

其上放四椽栿(圆木,直径约25厘米);在四角放抹角梁(圆木,直径约23厘米),在梁中置驼峰,上置大斗,大斗上施斗拱,再上置平槫(圆木,直径20–21厘米);脊槫下有抹颏拱及蜀柱(直径约18厘米的圆木砍成近方形)、叉手及左右蜀柱间的襻间用单材,普柏枋的接头在铺作大斗之下,用“勾头搭撑法”。陈文前引第9页,同时参见的20页图27和28。

宿白先生对东、西无量宫殿斗拱形制及其具体作法进行了详细地描述:东无量宫殿无内柱,“檐柱上施阑额、普柏枋。角柱出头处,普柏枋垂直截去,阑额自中部以下斫作协面。普柏枋上置铺作。柱头组织为双下昂重拱计心五铺作,昂皆琴面,系假昂做法,内转为华拱。第二跳内转华拱上承平棊枋。假昂下皮假华头子曲线皆延至上面交互斗斗底中点之出……上跳假昂之上置耍头,内转为第三跳华拱,上承四椽通栿,再上为平棊所掩。中心间设补间铺作,其组织除耍头内转仍为耍头外,余同柱头。”西无量宫殿檐柱上阑额、普柏方形制与东无量宫殿上檐者相同。檐下铺作中心间补间二朵,尽间各一朵,斗拱组织与细部作法也与东无量宫殿上檐者相同,“唯柱头铺作耍头后尾仍作耍头,贴置于梁头伸出檐柱之外的四椽通栿之下。堂内二柱系后加。四椽通栿之上施托脚、平梁,平梁上方正中立柱,柱上栌斗置泥道拱,与前后之翼形拱相交,泥道拱上置散斗接襻、脊槫,脊槫两端设较粗大之叉手。堂内四壁上方用佛道帐作法,设小木座屋檐一匝,檐下铺作单抄单昂上置耍头,插置壁内。”①

由此可见,“夏鲁寺与已知的元代建筑做法极为相似,如铺作的做法,特别是其中昂的做法就与山西芮城县永乐宫三清殿及山西洪洞县广胜下寺大殿的做法相似,而且各种构件用材偏小。”通过与元代内地建筑的详细比较,于是可以得出如下结论:“正、侧殿的总进深与总面阔之比为1∶2。唐代建筑间广(面阔)200至300份之间较多,之后逐渐加大,但仍在450份以下。夏鲁寺的正殿明间面阔最大,为428份,仍在450份的范围以内。正、侧殿的柱高与明间面阔之比分别为1∶1.17、1∶1.19,符合宋制

①宿白《西藏日喀则地区文物调查记》前引第91、93页,同时请参见图3–2:1,3–4和3–5:2。

‘柱高不过间广’的规定。”显而易见,这4座佛殿为内地汉式殿堂建筑结构。[①]

接着,陈耀东先生对夏鲁寺的斗拱进行了进一步的横向和纵向比较。通过与永乐宫三清殿、纯阳殿、重阳殿和宋《营造法式》斗拱材份的比较后认为,“夏鲁寺除令拱比永乐宫三清殿稍长外,其他都大致相近,而且和宋制也极相近。在我国北方建筑中,宋元的权衡是一脉相承的,而夏鲁寺的细部做法,也和内地一样。夏鲁寺的这组很成熟的榫卯结合的坡顶木构架建筑,极有可能是从内地请来的工匠所为。”[②]与此同时,将夏鲁寺斗拱与西藏现存建筑中的斗拱也进行了纵向的研究,指出:“西藏在建筑上使用斗拱最早似为元代萨加北寺的列昂殿,而形制最为圆熟的是元代夏鲁寺按宋制制作的斗拱。”并且从斗拱的形制、制作精致的程度等多方面因素分析,“夏鲁寺、白居寺的斗拱似系内地汉族工匠制作。”[③]这一结论与藏文文献的记载完全吻合,因为前引《后藏志》等藏文文献对此有明确的记载,即扎巴坚赞在1306年之后扩建夏鲁寺时邀请了内地的工匠参加。毋庸置疑,夏鲁寺的这组元宫式琉璃歇山顶建筑出自内地工匠之手。

实际上,夏鲁寺不仅整座琉璃歇山顶建筑的布局和修建都出自内地工匠之手,而且部分建筑装饰纹样和建筑装饰材料也出自内地工匠之手。夏鲁寺琉璃歇山顶建筑中的装饰纹样主要由屋顶的鸱吻、正脊的宝瓶(参见图版1、3)、正脊和重檐脊的琉璃砖浮雕(重檐脊浮雕现已不存)、瓦当和滴水琉璃瓦浮雕和拱眼壁琐纹菱格木窗等。其中,鸱吻大致有三种造型,一种与山西芮城县永乐宫的鸱吻造型极其相似;一种为龙首套饰,一种饰以上升之螺状卷云,其端且竖有铁拒鹊者。[④] 正脊琉璃砖浮雕为模印图案,纹样有十一面观音立像、化生、摩尼宝珠、莲

①陈文前引第8-9页,同时参见宿白《西藏日喀则地区文物调查记》前引第91-93页。
②陈文前引第19页,同时参见的20页表三夏鲁寺与内地元代建筑都拱材份比较表。
③陈文前引第21-22页。
④前者见陈文前引图版12-13夏鲁拉康吻兽和山西芮城永乐宫正吻,请注意比较二者造型;后者见宿白《西藏日喀则地区文物调查记》前引第93页图3-3:5、6和94页图3-5:1。

花、走狮、奔虎、宝幢、玉兔和摩羯鱼等(参见图版3),①其中玉兔和其他

---

①参见宿白《西藏日喀则地区文物调查图版36–37,陈文前引第12页图版14–17和彩插2。宿白《西藏日喀则地区文物调查记》前引第96页,并且说:"此种纹饰繁缛的琉璃饰件与西藏其他早期寺院易琉璃瓦为金顶后,脊、瓦纹样日趋一致者不同。"瓦当及薄砖造型及其纹样,请参见陈文前引的21页图版29;陈文前引的19页、13页图18:1–3所作纹饰比较。关于夏鲁寺木窗纹样,同时参见宿白《西藏日喀则地区文物调查记》前引第94页图3–5:4;关于琉璃瓦,请详细参见陈文前引的23页;See Early Temples of Central Tibet, op. cit. pp. 106, 37–68; pls. 50–51, 65, 29–34. On the Wall paintings of Drwa thang Monastery, also see Micheal Henss, A Unique Treasure of Early Tibetan Art: The Eleventh-Century Wall Paintings of Drathang Gonpa, Orientations, vol. 25, no. 6, June 1994, pp. 48–53. 关于扎塘寺壁画,同时参见金维诺主编《中国美术分类全集·中国壁画全集·藏传寺院3》图版1–39,天津人民美术出版社,1992年;图版参见 Early Temples of Central Tibet 前引第48–49;图版参见 Early Temples of Central Tibet 前引第71–72。同时参见金维诺主编《中国美术分类全集·中国壁画全集·藏传寺院4》图版1–24,天津人民美术出版社,1993年;这4处题记分别为:"mChims pa bSod-nams bris","(mChi) ms (pa) bSod nams vbum kyis bris","bSod nams vbum gyis bris"和"bSod nam(s) vb(u)m gyis bris"。从题记的拼写来看,有些不规范,显然4处所题人名均为同一人;般若波罗蜜多佛母殿壁画题记分为两个部分,即由壁画中的尊像题记和壁画下的墙裙题记两部分组成。一般多为墙裙的题,但《须摩提女请佛故事》和《释迦牟尼佛父子相见》等壁画二者兼而有之。笔者于1988年、1992年和1997年曾对夏鲁寺进行了3次实地考察,曾先后笔录了这些题记。但由于题记量很大,在此难以一并发表,甚为抱歉。关于该殿壁画图版,参见 Early Temples of Central Tibet 前引第60–69,《中国美术分类全集·中国壁画全集·藏传寺院4》前引第44–73;藏文题记参见熊文彬《西藏夏鲁寺集会大殿回廊壁画内容研究》,《文物》1994年第5期第86页注释7;据让琼多杰著作《本生百品》,见青海民族学院1989年铅印本《释迦牟尼佛传》藏文本,第74品为《敦厚本生》,第79品为《虚空王本生》,第75品为《六牙象本生》,第80品为《吉祥军本生》,第81品为《大胆本生》,第86品为《狮子本生》,第82品为《月光王本生》,第87品为《商主募化本生》。同时参见《西藏夏鲁寺集会大殿回廊壁画内容研究》前引第81页;有关集会大殿的壁画,参见《西藏夏鲁寺集会大殿回廊壁画内容研究》前引图版第3–8,封底1,《中国美术分类全集·中国壁画全集·藏传寺院4》前引第25–43,Early Temples of Central Tibet 前引第52–59;内容见前述,同时详细参见《无量宫殿题记》前引第1a–47a页;其布局同时参见宿白《西藏日喀则地区寺庙调查记》前引第91页表3–1,佛塔参见第90页图3–2:5。图版参见 Early Temples of Central Tibet 前引第73–74;图版参见 Early Temples of Central Tibet 前引第48–49。同时参见第109–110页文字;图版参见《中国美术分类全集·中国壁画全集·藏传寺院4》前引第42、53、56、57–59,Early Temples of Central Tibet 前引第53、57。同时参见熊文彬《西藏夏鲁寺集会大殿回廊壁画研究》前引封底彩色图版。关于内地菱纹窗户造型,参见陈耀东著作前引第13页图18:1–3;参见《中国美术分类全集·中国壁画全集·藏传寺院4》前引第53–56;《中国美术分类全集·中国壁画全集·藏传寺院4》前引第45–52;参见《中国美术分类全集·中国壁画全集·藏传寺院4》前引图版第64–69;参见《中国美术分类全集·中国壁画全集·藏传寺院4》前引图版第51,Early Temples of Central Tibet 前引图版第53、55;参见宿白《西藏日喀则地区文物调查记》前引第93页图3–3:2第一层经堂(即集会大殿)壁画中的蒙古和汉装人物局部速写;图版参见《中国美术分类全集·中国壁画全集·藏传寺院4》前引图版第5–24,Early Temples of Central Tibet 前引图版第71–74;如第28品题记结尾为:"bzod par smra bavi skyes pavi rabs ste nyi shu rtsa brgyad pavo//rin chen shakyva bris//……"意为:"第28品《忍言本生》,仁钦释迦画。"又如第34品《啄木鸟本生》题记为:"bya shing rta mo skyes pavi rabs ste sum bcu rtsa bzhi pavo// skyes pa …… kyi rgyud slob dpon dpav bos sbyar rdzogs sho//dgevo//rin chen shakyva bdag gis bris he//"意为:"第34品《啄木鸟本生》完。马鸣大师著作《……本生续》就此结束。善哉!由仁钦释迦我绘。"关于题记中bris一词的讨论,参见熊文彬《西藏夏鲁寺集会大殿回廊壁画研究》前引第85–86页;参见熊文彬《西藏夏鲁寺集会大殿回廊壁画研究》前引第85页及注释中的藏文原文;参见熊文彬《西藏夏鲁寺集会大殿回廊壁画研究》前引第86页及注释中的藏文原文;Early Temples of Central Tibet 前引第105–106页认为,参加夏鲁寺修建的内地艺术家就是直接来自元朝宫廷将作坊的艺术家;《西藏日喀则地区文物调查记》前引图版36–37,陈文前引第12页图版14–17和彩插2;

图案中的云纹为典型的传统汉式纹样。瓦当、滴水纹样有佛塔、摩尼宝珠、莲座、莲花、四瓣花、走狮和兽面等(参见图版 4),“从纹饰内容形制观察,疑多旧物或据旧物复制者。”①显而易见,瓦当和滴水并在其上模印图案的做法也是传统内地的做法。北无量宫殿外墙的拱眼壁璜纹菱格木窗的纹样也与元代至今内地建筑中习见的双交四碗花窗图案,如与山西省洪洞县赵城广胜寺元代复交四碗橄稔纹菱花心图案和双交四碗嵌橄璜纹花槛窗极其接近。此外,4 座佛殿殿顶及重檐所施琉璃瓦,垂脊和斜脊上用红、黑色及绿色薄条砖以及部分用板瓦叠压而成的做法,也是宋元以前内地的做法。②

琉璃瓦是夏鲁寺重檐歇山顶建筑中使用最多的建筑材料之一,同时也是内地同类造型建筑的标志之一。据专家初步测算,夏鲁寺所需瓦件总重量约在 200 吨左右,而此前西藏没有烧制此瓦的工艺,加之西藏与内地当时的交通状况不允许如此大宗数量的运入,因此这些琉璃瓦是由内地工匠在西藏或在内地工匠的指导之下烧制而成的。③

综合上述,1306 年开始扩建、并基本完整保持至今的夏鲁寺建筑,是继萨迦寺之后融藏汉建筑艺术于一体的成功实例。这一建筑样式的出现并非出于艺术原因,也非出于纯粹的宗教原因,它的出现,是西藏纳入中国版图,中央政府对西藏进行全面施政的产物。就其建筑本身而言,正如前引大量藏文文献所载,它的出现并非夏鲁寺世俗首领扎巴坚赞个人行为,而是以隶属于元代中央政府之下的西藏地方政府正式官员夏鲁万户长的身份在中央政府财力和人力的支持下修建而成的。正是由于这一政治的因素,从元代开始,汉藏文化之间的双向交流日趋频繁,规模空前。仅就西藏艺术的发展史而言,这一点在随后明清西藏的建筑、绘画和雕塑中得到了具体而又充分证明。与此同时,元代内地

①宿白《西藏日喀则地区文物调查记》前引第 96 页,并且说:“此种纹饰繁缛的琉璃饰件与西藏其他早期寺院易琉璃瓦为金顶后,脊、瓦纹样日趋一致者不同。”瓦当及薄砖造型及其纹样,请参见陈文前引的 21 页图版 29。

②陈文前引的 19 页、13 页图 18:1- 3 所作纹饰比较。关于夏鲁寺木窗纹样,同时参见宿白《西藏日喀则地区文物调查记》前引第 94 页图 3-5:4。

③关于琉璃瓦,请详细参见陈文前引的 23 页。

艺术对西藏的影响并非仅局限于夏鲁寺的建筑，其影响是全面的，多方位的，夏鲁寺同时期的壁画即是一个令人信服的明证。

壁画中的内地题材与风格

鲁寺壁画是西藏元代寺院中壁画保存的相对最为完整的寺院。在现存所有佛殿中，几乎每个佛殿中都保存有元代时期的壁画。这些壁画按前述整个夏鲁寺建筑分期，可以划分为两个阶段，即介尊·喜饶琼乃创建夏鲁寺时期（1027–1045 年）的壁画和元代扩建时期（1306–1355 年）的壁画。其中，创建时期的壁画遗存较少，主要留存于护法神殿中，而大量的壁画则为元代时期的壁画。此时期的壁画，按文献所载的建筑分期，主要创作于扎巴坚赞在位阶段（1306–1333 年）和贡噶顿珠与布顿活佛主管夏鲁寺阶段（1333–1335 年）。与此同时，上述元代时期的壁画又由重绘和新绘两部分组成：前者主要集中在创始时期的佛殿中，而后者主要集中在当时扩建的佛殿中。

护法神殿是夏鲁寺保留创建时期壁画的唯一一座佛殿，也是夏鲁寺时代最早的壁画。正如前述，这座佛殿在创建时期为转经道，在扎巴坚赞扩建时期改为护法神殿，并对其中的原有壁画进行了重绘。但令人欣慰的是，对正壁、即西壁未经改动墙体上的部分壁画没有进行重绘，从而使夏鲁寺早期的部分壁画得以留存至今。西壁南、北二侧现存壁画两铺，均为释迦牟尼佛说法图。其中，南壁壁画除主尊释迦牟尼佛重绘之外，其他部分未经改动；而北壁说法图的主尊和胁侍都经过了重绘。这两铺壁画的构图大致形同，中间为主尊释迦牟尼佛，两侧为数排闻法弟子和菩萨，均面对释迦牟尼佛而坐，为四分之三侧面像。值得注意的是，南壁胁侍的造型和风格与扎巴欧协 1081 年始建、完成于 1093 年的山南扎塘寺同一题材的壁画极其相似，体现出极为纯正的古典波罗艺术风格；[①]与此同时，尤其是菩萨的造型，与敦煌

①See Early Temples of Central Tibet, op. cit. pp. 106, 37–68; pls. 50–51, 65, 29–34. On the Wall paintings of Drwa thang Monastery, also see Micheal Henss, A Unique Treasure of Early Tibetan Art: The Eleventh-Century Wall Paintings of Drathang Gonpa, Orientations, vol. 25, no. 6, June 1994, pp. 48–53. 关于扎塘寺壁画，同时请参见金维诺主编《中国美术分类全集·中国壁画全集·藏传寺院 3》图版 1–39，天津人民美术出版社，1992 年。

吐蕃帛画的风格也极其相似。

据藏文文献,夏鲁寺现存扎巴坚赞时期的壁画主要分为两部分:其中之一为重绘,另一部分为新绘。重绘部分主要为护法神殿、犀牛门殿和般若波罗蜜多佛母殿。护法神殿除保留前述部分早期的说法图之外,重绘了金刚手、多闻天王、龙凤(参见图版5)、供养人和其他护法神等题材壁画;[①]犀牛门殿以前所绘壁画文献不载,现存壁画为以大日如来、阿闳佛、宝生佛、无量光佛和不空成就佛等五方佛为首的单尊佛像。[②] 般若波罗蜜多佛母殿由内转经道和内殿组成。殿门西向,入殿为一封闭形正方形转经道。转经道四方内墙组成了一内殿,内殿殿门东向。据载,早期供奉有四臂般若波罗蜜多佛母及其胁侍十方菩萨的雕像,但现在除其中的坛城壁画外,雕像俱已不存。内殿坛城壁画大多已经斑驳陆离,难以辨认。与内殿壁画相比,转经道内外墙壁画保存极其完整,而且技艺极为超群,为夏鲁寺壁画杰作。转经道外墙壁画,据壁画藏文题记,题材主要为《须摩提女请佛故事》(参见图版6)、《释迦牟尼佛父子相见》和《释迦牟尼佛演大神》变等佛传故事;转经道内墙壁壁画除西壁模糊不清外,其他三壁均十分完整,每壁4铺,主要构图为主尊与左右二胁侍。题材主要为诸佛菩萨等单尊画像。据题记,主要有观音菩萨、弥勒菩萨(参见图版7)、文殊菩萨(参见图版8)、阿闳佛、大日如来佛、释迦牟尼佛等。其中,在南壁的弥勒和释迦牟尼佛像等4铺壁画中分别题写有一处画家题记,均为"钦巴·索南邦画(参见图版7)。"[③]与此同时,按题记,这些壁画分别按《须摩提女请佛故事》

①图版参见 Early Temples of Central Tibet 前引第48-49。同时参见 Hugo Kreijger, Mural Styals at - Shalu, in Tibetan Art: Towards a Definition of Style, op. cit. pp. 170 - 172, pls. 191 - 193. 和 Hugo Kreijger, Shalu: An Art Historical Treasure House, pp. 104-106, pls. 4-9, 18-20, in Arts of A-sian, vol. 26, no. 2, 1996.

②图版参见 Early Temples of Central Tibet 前引第 71 - 72, Mural Styals at Shalu 前引 199 - 201, Shalu: An Art Historical Treasure House 前引 10- 14。同时参见金维诺主编《中国美术分类全集·中国壁画全集·藏传寺院4》图版1-24,天津人民美术出版社,1993年。

③这4处题记分别为:"mChims pa bSod nams bris","(mChi) ms (pa) bSod nams vbum kyis bris","bSod nams vbum gyis bris"和"bSod nam(s) vb(u) m gyis bris"。从题记的拼写来看,有些不规范,显然4处所题人名均为同一人。

（Ma ga dha bzang mo （rtogs）pa brjiod pa）、《三聚经》（Byang chub sems dpav ltung ba bshags pavi mdo）和《世尊父子相见大乘经》（vPhags pa yab dang sras mjald ba zhes pa bya ba theg pa chen povi mdo）等经典内容绘制而成。①

扎巴坚赞时期的新绘壁画主要集中在今天的集会大殿回廊、亦即转经道外壁。东、西、南、北四壁一周绘满了上下双铺大型壁画，共 101 铺（参见图版 9、10）。每铺壁画由壁画和墨书藏文题记两部分组成，其中上层壁画的墨书题记具有分割上下铺壁画的构图功能。壁画略呈长方形，画面尺寸约为 218×100 厘米，加上题即约为 218×163 厘米，构图十分巨大。据最后一铺壁画的题记、即："愿此清净善德，使无边有情众生广行菩提，证获言词、咒语和六十支音，坚信不疑地证获佛身！上师规范师马鸣所著三十四品《本生续》和让琼多杰为圆满精进十度、十地，后来依据诸佛典、菩萨行和甚深教典妙法所著六十七品（本生）完"②可知，此 101 铺壁画为按印度佛学大师马鸣和噶玛噶举派黑帽系三世活佛让琼多杰（1284－1339）所著本生和佛传故事绘制而成。与此同时，题记内容也与《后藏志》前引有关回廊壁画内容的记载完全吻合，表明回廊壁画确为扎巴坚赞扩建时期的作品。

据笔者调查，其中现存壁画从殿门左侧、即东壁南侧开始，据壁画题记按顺时针方向从上到下依次分布如下：第 1 品《母虎本生》，第 6 品《兔本生》，第 2 品《尸毗王本生》，第 7 品《阿迦达本生》，第 3 品《瞿萨罗王本生》，第 8 品《慈力王本生》，第 4 品《商人本生》，第 9 品《度一切王本生》，共 8 铺。

①般若波罗蜜多佛母殿壁画题记分为两个部分，即由壁画中的尊像题记和壁画下的墙裙题记两部分组成。一般多为墙裙的题，但《须摩提女请佛故事》和《释迦牟尼佛父子相见》等壁画二者兼而有之。笔者于 1988 年、1992 年和 1997 年曾对夏鲁寺进行了 3 次实地考察，曾先后笔录了这些题记。但由于题记量很大，在此难以一并发表，甚为抱歉。关于该殿壁画图版，参见 Early Temples of Central Tibet 前引第 60－69，《中国美术分类全集·中国壁画全集·藏传寺院 4》前引第 44－73，Mural Styals at Shalu 前引 203。

②藏文题记参见熊文彬《西藏夏鲁寺集会大殿回廊壁画内容研究》，《文物》1994 年第 5 期第 86 页注释 7。

南壁壁画依次为:第 5 品《慈和商主本生》,第 10 品《胜施本生》,第 11 品《梵天本生》,第 16 品《鹧鸪本生》,第 12 品《婆罗门本生》,第 17 品《瓶本生》,第 13 品《酒仙女本生》,第 18 品《豪储本生》,第 14 品《妙度本生》,第 19 品《莲根本生》,第 15 品《鱼本生》,第 20 品《商人本生》,第 21 品《虔信本生》,第 26 品《奴奴兽本生》,第 22 品《天鹅本生》,第 27 品《猴王本生》,第 23 品《大菩提本生》,第 28 品《忍言本生》,第 24 品《大猴本生》,第 29 品《梵天本生》,第 25 品《舍罗婆兽本生》(壁画已毁),第 30 品《大象本生》,第 31 品《优陀萨子本生》(壁画、题记均毁),第 36 品《商主大精进本生》(壁画、题记均毁)。南壁共绘壁画 24 铺,其中现存 21 铺。

西壁壁画依次为:第 32 品《往生金室本生》,第 37 品《妙色王本生》,第 33 品《摩诃本生》,第 38 品《均提兽本生》,第 34 品《啄木鸟本生》,第 39 品《恶种本生》,第 35 品《狮子王誓坚本生》,第 40 品《比丘称光本生》,第 41 品《家主好静本生》,第 46 品《坚施王本生》,第 42 品《灯光王本生》,第 47 品《乐施本生》,第 43 品《兔菩萨好静本生》,第 48 品《比丘妙光本生》,第 44 品《普会王本生》,第 49 品《莲花本生》,第 45 品《双童本生》,第 50 品《好世王本生》(壁画已毁),第 51 品《梵施王本生》,第 56 品《婆罗门本身》,第 52 品《好寻法菩萨本生》,第 57 品《寂慧本生》,第 53 品《具慧本生》,第 58 品《龙王本生》,第 54 品《云本生》,第 59 品《鹧鸪本生》,第 55 品《镜面本生》,第 60 品《智慧导师本生》,第 61 品《慈悲商主本生》,第 66 品《舞蹈家本生》,第 62 品《慈悲童王本生》,第 67 品《乳轮王本生》,第 63 品《星童本生》,第 68 品《龙王本生》,第 64 品《帝释天本生》,第 69 品《胜肢王本生》,第 65 品《婆罗门导师本生》,第 70 品《婆罗门子云童本生》。南壁共绘壁画 38 铺,现存 37 铺。

北壁壁画依次为:第 71 品《具光王本生》,第 76 品《梵志邬陀夷本生》,第 72 品《婆罗门巨声本生》,第 77 品《具财王本生》,第 73 品《赌徒本生》,第 78 品《婆罗门好月本生》。其后为 21 行 17 列的千佛画像,为后绘。此后为第 83 品《尸毗王本生》,第 88 品《善财本生》(系后来重绘),第 84 品《轮辋导师本生》,第 89 品《苏夏提婆本生》,第 85 品《忍辱菩萨本生》,第 90 品《福力王本生》,第 91 品《善光本生》,第 96 品《骆驼和驴本生》。北壁原绘壁画 22 铺,现存壁画 13 铺(不含重绘者)。其中,第 74、79、75、80、81、86、82、87 共 8 铺壁画后来被改绘为千佛壁画。①

东壁北侧、即殿门右墙壁画依次为:第 92 品《仙人本生》,第 97 品《边辋王本生》,第 93 品《顶慧本生》,第 98 品《比丘青莲颜本生》,第 94 品《夜本生》,第 99 品《勇力菩萨本生》,第 95 品《乞日本生》,第 100 品《威光王本生》,第 101 品为 12 段的释迦牟尼佛传记故事。北壁共绘壁画 10 铺,其中本生故事 8 铺。如是,整个回廊现存扎巴坚赞时期绘制的壁画 89 铺,本生故事壁画 87 铺。②

夏鲁寺第 4 座无量宫殿尽管为扎巴坚赞时期扩建,但据前引文献,其中的坛城壁画为贡噶顿珠时期的作品。这些壁画都是由布顿活佛设计,并在其指导下创作而成的。③ 其中,东无量宫殿、即丹珠尔佛殿或布顿拉康除坛城壁画外,还会有世自在菩萨、佛塔和萨迦派祖师等画像。该殿的结构与二层的般若波罗蜜多佛殿的结构相同,整个佛殿由内转经道和佛殿组成。世自在菩萨和佛塔等题材壁画位于转经道内墙,萨迦派祖师等壁画位于转经道外墙,而坛城壁画则位于佛殿四壁,大小共 25 铺。④ 遗憾的是,其中的坛城壁画与其他佛殿的同类题材壁画一样,已经严重脱落,漫患不清。

①据让琼多杰著作《本生百品》,见青海民族学院 1989 年铅印本《释迦牟尼佛传》藏文本,第 74 品为《敦厚本生》,第 79 品为《虚空王本生》,第 75 品为《六牙象本生》,第 80 品为《吉祥军本生》,第 81 品为《大胆本生》,第 86 品为《狮子本生》,第 82 品为《月光王本生》,第 87 品为《商主募化本生》。同时参见《西藏夏鲁寺集会大殿回廊壁画内容研究》前引第 81 页。

②有关集会大殿的壁画,参见《西藏夏鲁寺集会大殿回廊壁画内容研究》前引图版第 3-8,封底 1,《中国美术分类全集·中国壁画全集·藏传寺院 4》前引第 25- 43 , Early Temples of Central Tibet 前引第 52-59。

③内容见前述,同时详细参见《无量宫殿题记》前引第 1a-47a 页。

④其布局同时参见宿白《西藏日喀则地区寺庙调查记》前引第 91 页表 -1,佛塔参见第 90 页图 3-2;5。图版参见 Early Temples of Central Tibet 前引第 73-74。

从夏鲁寺现存上述壁画结合文献可知，这些壁画绘于介尊·喜饶琼乃和扎巴坚赞至贡噶顿珠时期，即大约分别绘于 1027–1045 年和 1306–1335 年之间。从题材和风格上来看，既有 11 世纪的作品，也有 14 世纪的作品。其间既有印度波罗艺术风格的典型因素，也有尼泊尔艺术明显的笔触。这些都是不容否认的事实，但其中最为典型的、也是最为重要的一点，即是其中同时也吸收了大量的内地题材和风格，这同样也是不容否认的事实。尽管部分西方学者对此也有所认识，但也仅仅停留在风格的排比上，而对于为什么内地艺术突然在元代对以夏鲁寺为首的西藏寺院艺术产生如此之大的影响及其由此对后来西藏艺术的发展所产生的重要影响则认识不足。

夏鲁寺现存 14 世纪的壁画总体上按风格大致可以划分为 3 种类型：第一种为典型的内地汉族艺术风格作品，第二种为受尼泊尔和印度波罗艺术影响较深的作品，第三种为混合风格因素的作品。

护法神殿北壁、东壁和三层顶层的丹珠尔佛殿（或布顿拉康）北壁中的部分壁画就明显属于第一种类型壁画。护法神殿北壁整壁表现的是一铺双龙和双凤或双朱雀戏珠的场面（参见图版 5）。上壁为一对青龙，下壁为一对朱雀或凤，二者均分别相向而腾飞于空中，中间分别为带有火焰纹的摩尼宝珠。青龙圆瞪双目，红唇大开，龇牙咧嘴，龙爪飞舞，造型十分夸张；朱雀或凤则双脚后收，展开双翅，同时驰向中心的火焰纹摩尼宝珠，动作十分轻盈。显而易见，无论是青龙、朱雀或凤造型的本身，还是二龙戏珠的母题都是典型的汉族艺术母题和风格。东壁为护法神多闻天王及其胁侍以及供养人像，背景为一片浩瀚的云海，连续不断的布满了整个背景的所有空间，其造型为内地典型的祥云纹样。多闻天王头著头盔，身着铠甲，右手持宝幢，左手抱吐宝鼠鼬，骑于青狮之上。面部造型为国字脸，倒八字眉，八字胡须。供养人为女性，立像，褒衣薄体，衣裙飘举。胁侍均手执武器，身着铠甲，骑于马上，人物的面部造型也与主尊相同。[①] 毋庸置疑，不仅多闻天王及其胁侍的服饰和面

①图版参见 Early Temples of Central Tibet 前引第 48–49。同时参见第 109–110 页文字。

部造型为典型的汉族母题和风格，甚至连供养人的服饰也具有浓郁的汉族服饰韵味。整铺壁画从装饰纹样到人物的描写都呈现出一派汉族风格。丹珠尔佛殿或布顿拉康殿汉式风格的壁画为北壁萨迦派鼻祖肖像之间的树木纹样(参见图版11)。树木造型不仅写实，而且其造型与内地国画中的树木、花草极其相似，显然受到了内地情绿山水画法的强烈影响。与此同时，树木、花草在此不仅具有装饰作用，而且具有构图功能，这一点也与国画中树木、花草所具有的功能相同。

实际上，内地母题和风格对夏鲁寺壁画的影响主要体现在混合风格因素中。在这种混合风格因素中，不仅有藏式母题与风格，也有尼泊尔和印度佛教艺术的母题和风格，同时也有大量的汉式母题与风格。这种风格的壁画在夏鲁寺壁画中占据了主要的位置，也是夏鲁寺壁画的主要特点。这些不同的风格因素已经有机地融为一体，很难孤立地划分。尽管如此，从中仍然能看到内地艺术影响的明显痕迹。从表现题材来看，内地艺术的影响可以划分为装饰纹样和人物两类。

夏鲁寺壁画中的汉式装饰纹样主要由建筑(参见图版10)、风景(参见图版10、11)、云纹(参见图版6)、龙纹(参见图版5、10)、动物、器物等组成。建筑纹样在集会大殿回廊本生故事和佛传故事的叙事性画面中极为流行。其造型与夏鲁寺4座琉璃歇山顶建筑的造型完全相同，从中不仅能清楚地看到屋脊的鸱吻、琉璃瓦和斗拱等建筑装饰部件，同时还能清楚地见到与夏鲁寺无量宫殿建筑中相同的菱纹窗户，建筑内外装饰的龙纹(参见图版10)。龙纹为典型的内地造型，与护法神殿双龙的造型完全相同。与此同时，琉璃歇山顶建筑不仅有单檐建筑，同时也有重檐建筑。① 值得注意的是，汉式建筑在此已经开始民族化进程，与藏式建完美地筑融为一体。风景纹样的表现也占有十分突出的地位。尽管壁画中大多数山水树木纹样仅从造型来看与内地同一时期

①图版参见《中国美术分类全集·中国壁画全集·藏传寺院4》前引第42、53、56、57-59，Early-Temples of Central Tibet 前引第53、57。同时参见熊文彬《西藏夏鲁寺集会大殿回廊壁画研究》前引封底彩色图版。关于内地菱纹窗户造型，参见陈耀东著作前引第13页图18:1-3。

同类题材的造型有别，如夏鲁寺壁画中的树木主要呈蘑菇状或伞状造型，给人一种“人大于山，水不容泛”的感受，但从这些纹样在壁画中所占的巨大比例来看，显然受到了内地艺术的强烈影响。内地艺术中利用风景纹来丰富和组织画面、营造空间、使画面从而具有三维空间感的这种做法在回廊壁画中得到了普遍运用。① 对内地艺术这一因素的吸收，在明清对西藏绘画产生了十分重要的影响，从而使西藏绘画中发展出了一个新的艺术流派，如噶玛噶智画派就是其中较为典型的例证。云纹是夏鲁寺壁画中最具普遍意义的内地艺术因素，几乎出现在夏鲁寺每一铺壁画的装饰纹样中。尽管目前对这种纹样在何时传入西藏尚没有定论，但从夏鲁寺壁画可知，至少在元代这种纹样不仅在西藏广为流行，而且得到了进一步地丰富和发展。夏鲁寺壁画中的云纹与内地典型的云纹，如居庸关过街塔塔基云纹相比，更富于变化和装饰性，一方面向几何形方向发展，一方面更具有体积感，具有云团或烟云的效果。前者在集会大殿回廊和二层《须菩提女请佛故事》等叙事性的壁画中比较明显，②而后者则在二层般若波罗蜜多佛母殿单尊佛像的装饰纹样中得到了集中体现。③ 此外，在一层集会大殿回廊壁画中还可以看到骆驼、团扇等动物和器物纹样，显而易见，这些母题也源于元代内地艺术的影响。

在夏鲁寺壁画中具有内地人物风格的壁画主要包括汉装、蒙古装的世俗人物和胁侍菩萨、四大天王等部分佛像。汉装和蒙古装人物主要出现在集会大殿回廊和《须菩提女请佛故事》等叙事性画面中（参见图版6、9），他们包括王公大臣、豪门望族、武士和普通百姓，大都以供养人的身份出现，着装是其中最典型的特征。王公大臣一般都戴有官帽，身着官服，而武士则头著头盔，身着铠甲。服装都多为交领长袍、广袖，

①参见《中国美术分类全集·中国壁画全集·藏传寺院4》前引第53-56。
②《中国美术分类全集·中国壁画全集·藏传寺院4》前引第45-52。
③参见《中国美术分类全集·中国壁画全集·藏传寺院4》前引图版第64-69。

腰束腰带，有的腰带飘垂叠结，宽衣薄体，衣褶繁密、流畅，裙裾飘举，[①]尤其是整个男性的装束和风格使人情不自禁地联想到同一时期山西芮城永乐宫中著名道教神仙壁画。蒙古装人物，男性头戴圆盘帽，前额和两鬓露发，同时有两缕发辫飘垂于双肩之上，身着交领长袍，束带，整个装束显然为蒙古装。[②] 此外，壁画中还有一些具有西北少数民族人物面相特征的人物，他们它都蓄有短而整齐的胡须。对夏鲁寺佛像的影响主要集中在四大天王的造型上，其中前述护法神殿多闻天王及其胁式的造型最为典型。实际上，从藏文文献的记载和缂丝唐卡可以清楚得知，内地罗汉的造型对西藏也产生了普遍的影响，遗憾的是，目前在夏鲁寺中已经见不到贡噶顿珠时期创作的罗汉像了。尽管如此，但在护法神殿说法图中有一身胁侍菩萨的造型极具唐宋仕女特点。[③] 菩萨双颐十分丰满，双目微启，樱桃朱唇，袈裟褒衣薄体，裸露前胸，与唐宋国画中的仕女造型如出一辙。显而易见，为扎巴坚赞时期受内地艺术风格影响的典型作品。

当然，在夏鲁寺中，同时也有不少具有明显尼泊尔和印度佛教风格的壁画。除在前述混合风格因素中有不少相关因素，如集会大殿回廊棋格式的构图形式、佛像的面相特征、说法图中的扇形或半圆形构图、佛塔和修行者以及部分装饰纹样外，其中较为典型的是丹珠尔佛殿中的单尊造像、佛塔纹样和一楼南侧犀牛门佛殿中的壁画五方佛。[④]

从夏鲁寺上述扎巴坚赞扩建夏鲁寺时期的壁画风格和纹样来看，内地、西藏、尼泊尔和印度艺术在此得到了完美、有机地融合，形成了具有夏鲁寺特点的绘画风格。尽管部分壁画在风格上有所不同，但整体风格仍基本一致，是在同一风格基础上形成的不同变体。这表明这些

---

①参见《中国美术分类全集·中国壁画全集·藏传寺院 4》前引图版第 51，Early Temples of Central Tibet 前引图版第 53、55。

②参见宿白《西藏日喀则地区文物调查记》前引第 93 页图 3-3：2 第一层经堂（即集会大殿）壁画中的蒙古和汉装人物局部速写。

③图版参见 Mural Styals at Shalu 前引 191 和 Shalu：An Art Historical Treasure House 前引 6。

④图版参见《中国美术分类全集·中国壁画全集·藏传寺院 4》前引图版第 5-24，Early Temples of Central Tibet 前引图版第 71-74。

壁画出自一群具有相同艺术背景的画家之手,他们不仅熟悉西藏、内地的艺术和世俗生活,而且同时也熟悉尼泊尔和印度佛教艺术。据般若波罗蜜多佛母殿前引画家题记和集会大殿回廊画家题记来看,至少是这两个佛殿的壁画都出自藏族艺术家之手。因为除般若波罗蜜多佛母殿壁画题集中提到的画家"钦巴·索南邦"以外,在集会大殿回廊的壁画题记中至少还提到了5处画家的名字。其中第28品《忍言本生》、第34品《啄木鸟本生》和第37品《妙色王本生》3处壁画题记相同,为仁钦释迦。[①] 第40品《比丘称光本生》壁画为"仁钦□□",题记为:"第40品《比丘称光本生》完。《月亮》、《往生金室》、《摩诃》、《啄木鸟》、《誓坚》、《商主》、《妙色王》、《均提》、《恶种》、《称光》共十品……由仁钦□□我画,吉祥如意。"[②]从第34品和37品壁画题记可知,尽管第40品题记中的人名正好脱落,但此处的"仁钦□□"显然就是"仁钦释迦"。此外,在第78品《婆罗门好月本生》壁画题记中也有一处画家题记,遗憾的是人名完全脱落,无法辨认。[③] 从集会大殿回廊壁画题记来看,毋庸置疑,仁钦释迦为藏人。尽管文献对其缺乏记载,但可以肯定他也是当时一位极其著名的绘画大师,因为据题记,他不仅创作了第28品本生故事壁画,还创作了第31–40品共10品的本生故事壁画,其中第34和37品出自其一人之手。

由此可知,当时的夏鲁寺汇集了一大批像钦巴·索南邦和仁钦释迦这样具有多种艺术、文化和生活背景的艺术大师。元朝当时能具备这种独特艺术、文化和生活背景的唯一地方就是首都大都。

---

①如第28品题记结尾为:" bzod par smra bavi skyes pavi rabs ste nyi shu rtsa brgyad pavo// rin chen shakyva bris//……"意为:"第28品《忍言本生》,仁钦释迦画。"又如第34品《啄木鸟本生》题记为:" bya shing rta mo skyes pavi rabs ste sum bcu rtsa bzhi pavo// skyes pa …… kyi rgyud slob dpon dpav bos sbyar rdzogs sho// dgevo// rin chen shakyva bdag gis bris he//"意为:"第34品《啄木鸟本生》完。马鸣大师著作《……本生续》就此结束。善哉!由仁钦释迦我绘。"关于题记中bris一词的讨论,参见熊文彬《西藏夏鲁寺集会大殿回廊壁画研究》前引第85–86页。

②参见熊文彬《西藏夏鲁寺集会大殿回廊壁画研究》前引第85页及注释中的藏文原文。

③参见熊文彬《西藏夏鲁寺集会大殿回廊壁画研究》前引第86页及注释中的藏文原文。

大都——夏鲁寺艺术的重要风格渊源之一

随着蒙古元朝统一西藏，藏传佛教传及其艺术开始大规模地传入内地。由于政治和宗教实践的需要，元朝在两都和江南等地展开了大规模的藏传佛教艺术的创作活动。其中，元朝的历代帝师、来往于西藏和大都之间的其他藏传佛教高僧，尤其是宫廷艺术家阿尼哥及其弟子发挥了重要的作用。据文献，仅大都当时所建藏传佛教的重要寺院就有 1270 年 12 月至 1274 年 3 月修建而成的大护国仁王寺①，1279 年修建的大圣寿万安寺②，1308 年修建的大承华普庆寺③，1326 年更名的大天源延圣寺④，1329 年至 1330 年间建成的大承天护圣寺⑤，以及大崇恩福元寺、圣安寺、庆寿寺、兴教寺、西僧灌顶寺、城南寺、东花园寺和圣万寿宁寺等等。其中，大圣寿万安寺中的白塔历经各朝的维修，得以保存至今。与此同时，元朝在工部和将作院等机构之下设置了相关专门的机构负责宫廷藏传佛教艺术的创作。1264 年，元朝首任帝师八思巴的弟子、尼泊尔艺术家阿尼哥在八思巴的举荐下来到朝廷之后，先后在这些机构中供职并陆续培养出了刘元等著名的弟子，主持创作了众多的藏传佛教艺术品。对此，《元代画塑记》进行了详尽的记载。⑥ 仅阿尼哥在 1306 年去世前主持参加的大型艺术工程，除“内外朝之文物礼殿之神位、官宇之仪器组织、熔范、抟埴、丹粉”、亦即绘画雕塑作品外，一共有 15 项：“最其平生所成，凡塔三、大寺九、祠祀二、道宫一。”⑦《元

---

①《元史》，卷七·本纪第七·世祖四，第 132 页和卷八·本纪第八·世祖五，第 154 页，中华书局，1983 年本。

②程钜夫：《雪楼集》卷七《凉国公敏慧公神道碑》，《四库全书·集部 141·别集类》，卷 1202，上海古籍出版社影印本，第 85 页。

③姚燧：《牧庵集》卷十一《普庆寺碑》，见《四部丛刊》影印《武英殿聚珍版丛书》，转引自宿白《藏传佛教寺院考古》，文物出版社，1997 年，第 335-336 页。

④《元史》前引，卷三十·本纪第三十·泰定帝二，第 668 页。

⑤虞集：《道园学古录》卷二十五《大承天护圣寺碑》，《四库全书·集部 146·别集类》，卷 1207，上海古籍出版社影印本，第 359 页。

⑥详细参见《元代画塑记》第 1－37 页，人民美术出版社，1964 年。

⑦《凉国公敏慧公神道碑》前引，第 85 页。

史》将这些宫廷藏传佛教艺术品称之为“西天梵像”或“西番佛像”。[1]

据《元史》、《元代画塑记》和《凉国公敏慧公神道碑》等文献记载,“西天梵像”或“西番佛像”是藏传佛教艺术和内地艺术互相融合而形成的一种宫廷藏传佛教流派,具有明显的汉族艺术特征。其原因是阿尼哥及其弟子们不仅熟悉藏传佛教艺术、尼泊尔艺术,而且还同时精通汉族艺术。

阿尼哥本人幼年聪慧,读尺寸经,长善画塑,及铸金为像,对尼泊尔艺术极为熟悉。1260 年、即 17 岁时应邀前往西藏萨迦寺建造金塔,随后成为元朝第一任帝师八思巴的弟子,并随八思巴学习藏传佛教典籍:“帝师见而异之,因使督役。明年,浮图成,自请归养。帝师奇其材,勉以入见天子,且为祝发,授以秘典。日诵数千百言心印大明慧解殊胜,因以荐闻。”[2]由此可知,阿尼哥抵达萨迦寺后开始了藏传佛教教义和典籍的学习,从而为他艺术生涯的黄金时期的到来奠定了重要的基础。在 1264 年抵达宫廷至 1306 年去世这段长达 42 年的宫廷生活中,不仅对汉族文化有了逐步的了解,而且擅长书法,精通国画。据研究,台北故宫博物院珍藏的忽必烈及其皇后察比的肖像即出自阿尼哥之手。[3]在进行“西天梵相”艺术创作的同时,还进行儒教和道教题材的雕塑创作。如据《元代画塑记》,大德三年(1299 年),阿尼哥奉旨为“三清殿左右廊房(创作)真像一百九十一尊,壁饰六十四扇。”大德八年(1304),又奉旨为三清殿“补塑修装一百八十一尊,内正殿十一尊,侧殿西廊九十三尊,侧殿东廊七十三尊,山门神二尊,并造三清圣像及侍神九尊。”[4]正因为如此,《元史》才留下了“凡两京寺观之像,多出其手”的记载。其弟子阿僧哥和刘元也十分熟悉和精通藏汉艺术。据《道园学古录》,其著名的弟子刘元也不仅创作“西天梵相”,同时也创作道教作品。他

①《元史》卷二零三·列传第九十·方技,前引第 4547 页。
②《凉国公敏慧公神道碑》前引第 84 页。
③See Jin Anning, The Portraits of Khubilai Khan and Chabi by Anige (1245 – 1306), A Nepali Artist at - the Yuan Court, Artibus Asiae, vol. 54, 1994, Figs. 1 – 2, p. 71 – 78.
④《元代画塑记》的 8 – 9 页和 11 – 12 页,人民美术出版社,1964 年。

在大都城南长春宫东面的东岳庙所创作的“仁圣帝、两侍女、两中侍、四丞相、两介士,其西炳灵公、两侍女、两侍臣,其东司命君、两道士、两仙官、两武士、两将军”等雕塑精美绝伦,即被世人传为佳话。①

尽管阿尼哥及其弟子们的作品大多现已不存,但从现存北京居庸关过街塔浮雕和宫廷缂丝唐卡中,可以清楚看到宫廷在藏传佛教艺术基础上融合汉族艺术而形成的“西天梵相”的面貌。

由元顺帝下令大丞相阿鲁图、左丞相别儿怯不花、平章政事帖木儿达识、御史大夫太平、南星剌麻其徒日亦恰朵儿、大都留守赛罕、资政院使金刚吉、太府监卿普贤吉、太府监提点八剌室利和帝师喜幢吉祥贤等于1342至1345年间修建的居庸关过街塔②,是与“西天梵相”密切相关的重要艺术工程,同时也是汉藏艺术融合的典型例证。现存浮雕主要分布在券门、券顶和券壁。券门浮雕题材主要为佛教的六拏具、云纹、卷草纹和交杵金刚等装饰纹样,与藏传佛教佛像背光形制相同。券拱顶部中心为迦搂罗(一译大鹏,一译金翅鸟),左右为龙王。十分有趣的是双翼上方分别刻有两个圆圈,其中右侧圆圈之内雕有一只兔子,左侧圆圈之内雕有一只三足乌鸦。显而易见,分别为月亮太阳,为典型的汉族文化母题。其中的大象、兽王、童子、摩竭鱼、龙王和迦搂罗题材为藏传佛教造像中常见的背光母题(参见图版12),其造型上与1280年修建的萨迦南寺集会大殿佛像中的背光相近。③ 塔基南北券门东西两壁壁面浮雕由底部的四大天王、顶部的十方佛和贤劫千佛组成,为居庸关浮雕中最为精彩部分。其中,四大天王浮雕的具体分布为:东壁左侧、即东北为东方持国天王(参见图版13),东壁右侧、即东南为南方增长天王(参见图版14),西壁左侧、即西南为西方广目天王,西壁右侧、即西

①《道园学古录》卷七《刘正奉塑记》,《四库全书·集部146·别集类》,卷1207,上海古籍出版社影印本,第123-124页。

②参见宿白《居庸关过街塔考稿》,《藏传佛教寺院考古》前引第338-364页。村田治郎著作分为两编,由《居庸关过街塔》和《门洞内刻文》组成,京都大学工学部,昭和三十二年(1958)三月。宿白先生文章原载《文物》1964年第4期第13-29页,后经增补,收集在《藏传佛教寺院考古》前引第338-364页中。

③其含义参见工布查布《造像量度经解》,金陵刻经处刻本,同治十三年(1874)本。

北为北方多闻天王,东西构图对称。每位天王的构图略成梯形,下大上小,上宽约4米,下宽约4.34米,高2.82米,构图十分巨大,可谓巨制宏幅。无论是造型、装束,还是装饰纹样云纹都呈现出一片典型的汉族艺术风格。而门券东西两壁四大天王顶部的十方佛和贤劫千佛浮雕以及券顶的五铺曼荼罗则为典型的藏传佛教艺术造型和风格。

现存居庸关过街塔塔基浮雕的题材,除四大天王外,无庸讳言均与元代盛极一时的萨迦派密切相关,因为设计者之一的大元帝师就出自萨迦派。萨迦派是藏传佛教后弘期西藏各个教派中以宏传密宗曼荼罗而著名的教派,同时也是以擅长绘制曼荼罗而声明远扬的教派。曼荼罗是藏传佛教密宗体系中的重要内容之一,萨迦派的早期传人不仅为与此密切相关的密宗四部的译入和宏传乃至于系统的形成作出了重要贡献,而且无上瑜伽续部中父续、母续和不二续的划分就是由萨迦派率先进行的。① 萨迦南寺建成之后就在南寺中绘制了不少曼荼罗壁画,现存大殿顶层的139铺曼荼罗壁画据载就是当时绘制而成的。萨迦派的曼荼罗壁画同时对同一时期的夏鲁寺也产生了重要的影响,因为夏鲁寺的曼荼罗壁画是由布顿大师设计的,而布顿大师则与萨迦派的教法密切相关。由此可知,居庸关过街塔塔基券顶的五铺曼荼罗浮雕应按萨迦派相关的曼荼罗仪轨雕塑而成。

显而易见,过街塔浮雕有汉藏两种风格混合的明显特征:一种是来自遥远边陲的陌生风格,具有尼泊尔风格痕迹的藏式风格;一种是在中原内地发展形成的汉式风格。券拱的五铺曼荼罗和其下的十方佛与贤劫千佛为藏式风格的代表,其下的四大天王为汉式风格的典范,而券门的六拏具则是这两种风格走向融合的明显例证。实际上,综观元代内地藏传佛教艺术史,这一特点是元代内地藏传佛教艺术创作的最大特点和艺术倾向,1282-1292年创作的杭州飞来峰密宗艺术遗迹是这两

①For detail, see BSod nams rgya mtsho, Introduction, p. 9, The Ngor Mandalas of Tibet, by bSod nams rgya mthso and Musashi Tachikawa, Bibliotheca Codicum Asiaticorm 2, The Center for East Asian Studies, Tokyo, 1991.

种风格融合的又一成功范例。①

实际上,大都会艺术博物馆珍藏的元代宫廷制作的须弥山缂丝唐卡②更具说服力,现存唐卡为正方形,长和宽均为83.3厘米。构图由圆形和方形交替构成,画幅没有人物形象,题材为藏传佛教教义中想象的宇宙世界。画面的中心为一片波涛汹涌的大海,蓝色、倒圆锥形的数重须弥山矗立在大海中央,顶端为八瓣花瓣组成的莲花,束腰部分为汉族神话中的传统母题,右侧为月亮,月亮中绘有桂树和玉兔,左侧为红色的圆形太阳,中间位三足鸡,以分别代表日月。在中心的大海之外,由里到外依次构图了7重正方形的大海和山峰。在第7重山峰之外,又是一片汪洋的大海,同时在东南西北四方的海洋中分别矗立起了1大2小3座山峰,共4大8小12座山峰。显而易见,分别代表佛教宇宙世界中的四大洲和八小洲(参见图版15)。其中,东面白色海洋中升起的大山象征东胜神州,南面蓝色的海洋中升起的大山象征南瞻部洲,西面红色的海洋中升起的大山代表西牛贺洲,北面黄色的海平面中矗立的大山象征北俱卢洲。在大海之外,为两道圆形的山峦。山峦之外四角中央,分别绘有一只宝瓶,莲花从中生长而出,并向左右蔓延呈两道圆圈,同时在宝瓶内侧的圆圈之内分别绘有一个图案。图案为华盖、双鱼、海螺、法轮、吉祥结、宝幢、莲花和宝瓶等藏传佛教的8中吉祥图案。无庸讳言,此幅缂丝唐卡为元代汉藏艺术文化融合的典型代表作。四角的宝瓶和卷草纹的莲枝、八瑞物图案和整个画面的构图是典型的藏式画法,尽管卷草纹莲枝等造型还具有印度波罗艺术风格影响的明显痕迹;而日月的造型和代表四大洲、八小洲的12座山峰则为典型的汉族艺术风格。其中,日月的造型与居庸关过街塔券门顶部日月的造型完全相同。12座山峰无论构图、透视、设色,还是其中的建筑纹样显然为内地青绿山水画派的风格,与此时期国画青绿山水作品一脉相承。

---

①飞来峰藏传佛教密宗造像图版参见黄涌泉《杭州元代石窟艺术》图版1–56,中国古典艺术出版社,1958年。

②See James C. Y. Watt & Anne E. Wardwell, When Silk Was Gold, Central Asian and Chinese Textiles, The Metropolitan Museum of Art, 1997, p. 101, Figure 26.

至此,从藏文文献中有关内地艺术家参加夏鲁寺扩建的记载和夏鲁寺建筑和壁画中存在大量明显的汉族艺术风格因素中不难推断出,钦巴·索南邦和仁钦释迦等参加夏鲁寺艺术创作的艺术家们应该与宫廷的将作坊密切有关。一方面,他们有可能在宫廷的将作坊中受过正规的训练,因此对各种文化、艺术和生活都极为熟悉;①另一方面,他们很可能随元朝的帝师们到过大都,并在大都参加过诸如妙应寺、居庸关等之类的藏传佛教寺院等工程的修建。总之,他们应该与大都密切有关,并且在修建夏鲁寺时作为内地工匠的一部分参加了夏鲁寺的修建。他们笔下的作品,尽管吸收了一些尼泊尔佛教艺术的内容和形式,但从作品本身来看,内地艺术因素明显在其中发生了潜移默化的主导作用,从而使夏鲁寺壁画形成了一种独特、崭新的风格和样式。

实际上,从下面部分西方学者对夏鲁寺壁画的评论中也可以清楚地看到这一点。罗伯特·威塔利认为般若波罗蜜多佛母殿壁画、尤其是署名"钦巴·索南邦"的壁画是元代宫廷"西天梵相"的代表作(参见图版7),具有三大特点:一、善相神头部和身体上椭圆形线条的运用②是般若波罗蜜多佛母殿回廊壁画在风格上的最大独创。一方面,这些线条使画面充满了生机勃勃的活力,另一方面又保持了藏传佛教善相神具有的静穆特点。二、与传统尼泊尔艺术相比,它另外一个突出的风格特点是对不同颜色进行有机的组合。壁画中对半透明、甚至是亮丽色彩与柔和淡蓝色、淡红色、奶油色和浅绿色的有机组合,从而打破了尼泊尔艺术中色彩较为厚重、色调很深的典型色彩搭配模式。三、在日常生活场景和宗教场景的画面中,风景纹样的表现占有十分突出的地位。因此,根据风景来重新组织画面空间,注重利用局部的刻画来丰富画面的空间感就成为回廊壁画的第三大独创。例如,对体积感的塑造,运用黑色细小的轮廓线来勾勒圆形树木茂密的树叶,从而使树木具有三维

①Early Temples of Central Tibet 前引第 105 – 106 页认为,参加夏鲁寺修建的内地艺术家就是直接来自元朝宫廷将作坊的艺术家。

②参见 Early Temples of Central Tibet 前引图版第 63 和 69。

空间立体效果的做法,都是旨在营造画面自由的空间。从夏鲁寺自己艺术家的作品来看,他们从中受益非浅。中国古典国画中的装饰纹样云纹在此占有重要的比例,表明受过尼泊尔艺术熏陶的元代宫廷艺术家们十分熟悉古典国画,但对云彩造型的组织和安排、即从"烟云"造型向几何形造型的转换则体现出了艺术家们个人的非凡独创性。佛陀的袈裟造型丰富,通常都饰有几何形的花边或锦缎图案,有时,通过色彩的搭配来强调内衣和外衣的对比。这些做法都同他们的基本原则一脉相承,亦即强调对元代内地艺术因素的吸收,尽管从袈裟的造型上来看,此处的造型较之于内地传统的袈裟造型更为贴体,而没有宽衣薄带的过分铺陈。对拟人化动物椭圆形轮廓,尤其是"心"形状的头部和躯干等造型的表现也是此处壁画最为明显的风格特点。如:欲闭又启、弯曲的双眼,有时用两条直线来象征的、长而灵敏的鼻子,细小的嘴唇,纤细而又垂有大耳垂的双耳,厚重、极其简洁的头发和圆润的双肩以及细小的手臂等。此外,立式菩萨的身材极为修长苗条,同它们圆润娇好的面容形成了鲜明的对比。

与此同时,在具有元代宫廷尼泊尔艺术风格特点的作品中也能找到传统尼泊尔艺术原型影响的痕迹。如:部分叙事性画面中采用的条格式分割构图的模式,尽管这一模式在此运用得较为灵活、更富于协调性。此外,还有在尼泊尔艺术传统中长到运用的波罗风格冠冕,背光的造型,占据整个神像背部空间的团花纹样,莲瓣色彩对比强烈的简洁莲花座造型以及寺院装饰中的彩带和扇形装饰纹样等等。同时,次要人物身着的羽翼式服饰也令人回想起尼泊尔风格的金翅鸟造型。总之,上述这些造型和纹样都具有明显的尼泊尔艺术风格特征。无论二者之间是如何相似,但此处的造型和纹样通过元代宫廷艺术家之手已经形成了自己的基本语言,已经在其间融入了自己的审美观念。

从署名钦巴·索南邦壁画的艺术风格来看,[①]钦巴·索南邦充分发挥了自己画派的表现技巧,并在壁画在元代宫廷尼泊尔风格的基础上已

①参见 Early Temples of Central Tibet 前引图版第67-68。

经形成了不同的风格变体。这些变体在保持原有风格特征的同时又出现了许多微妙的变化，越来越向传统的尼泊尔艺术原型靠近，即从阿尼哥将作坊中演变而出的风格变体逐步向传统尼泊尔艺术风格靠近。

其中的两铺释迦牟尼佛壁画是根据主体艺术风格创作的，而两位相向而视的文殊菩萨和弥勒菩萨壁画（参见图版7）则是其中出现的第一种风格变体（同主体风格最相似的变体）。后者的人物造型体现出系列独特的造型因素，如：在甜蜜、平面的面部造型中见不到常见的椭圆形线条；同常见造型相比，鼻子趋于细小、眼窝深大、下颚突出、双肩瘦削、冠冕上绘有日月纹样、耳环又圆又大。另外一铺没有署名的文殊菩萨壁画的风格也与此完全相同，两侧胁侍菩萨甜蜜、平面的面部造型也如出一辙。略微不同的是，描写的是正面造型，造型较为呆板，腿部显得极其僵硬。

阿閦佛①和大日如来佛壁画是钦巴·索南邦第二种风格变体的典范之作。其中，最明显的特征是柔和色彩的运用，对暗红色、白色和墨绿色的中和处理，从而与尼泊尔艺术原型中浓艳、厚重的色彩形成了强烈的反差。在肖像的处理方面，在面部通常占有主要地位的基本语言椭圆形线条已经被圆形线条取而代之，鼻孔也较为开豁。侧面像中对圆瞪的双目、尖削的下颏和鹰钩鼻等面部五官造型的刻画颇具戏剧化效果。此外，对华丽项链、手镯、臂钏和服饰等饰物的着力表现，也是这种风格变体的一大特点。

无量寿佛壁画是钦巴·索南邦第三种风格变体的典范之作。此作的风格与传统尼泊尔艺术的风格极其相近，与第二种风格变体相比大体相同，只是在其中柔和了一些纯正的尼泊尔造型因素而已。这些因素包括色彩搭配、佛像圆形的面部造型、立式菩萨的姿势、丰富而又简朴的装饰纹样和背光造型等。背光造型中神秘动物的尾巴在此变成了圆盘形，同时，在其间绘有大量的涡卷形卷草纹样。回廊内墙壁画中分

---

①Early Temples of Central Tibet 前引第108页将阿閦佛误认为药师佛。因为据壁画题记，此铺佛像为阿閦佛。

别出现的这三种风格变体同时也出现在回廊外墙的壁画之中。与内墙壁画略微不同的是,三种风格变体在此不是互相独立的,而是有机地融合到了一起。①

从上述西方学者对般若波罗蜜多佛母殿、尤其是对钦巴·索南邦署名的壁画也可以清楚看到,夏鲁寺的壁画尽管有不少尼泊尔佛教艺术的风格因素,但实际上与原有的、传统的尼泊尔佛教艺术风格已经有了很大一段距离。与传统尼泊尔佛教艺术相比,夏鲁寺壁画在构图、风景和色彩地运用方面已经突破了尼泊尔佛教艺术模式,形成了一种崭新的样式,而这种样式和风格的最终形成得益于内地艺术的丰富养料,内地艺术的丰富养料很大程度上又来自于元朝宫廷的藏传佛教艺术、即“西天梵像”。换言之,正是由于元朝统一了西藏,推崇藏传佛教,藏传佛教通过西藏本土和西夏故地传入到宫廷,元朝出于政治和宗教的需要,在藏传佛教艺术的基础山融和汉族艺术从而此形成了一种崭新的宫廷藏传佛教艺术“西天梵相”,而这种艺术反过来又对同一时期西藏本土艺术的创作作产了重要的影响。夏鲁寺壁画艺术正是得益于元代西藏本土和内地宫廷之间的汉藏艺术交流。实际上,纵观元、明、清三朝西藏本土和宫廷藏传佛教艺术的发展史,汉藏艺术文化之间肇端于元代大规模的相互交流不仅影响和决定了宫廷藏传佛教的发展倾向,同时也影响和决定了西藏本土藏传佛教艺术的发展倾向。

原文刊于《艺术史研究》2000 年第 2 辑第 489–517 页。

①请详细参见 Early Temples of Central Tibet 前引第 108–109 页。

江孜白居寺吉祥多门塔
——西藏造型艺术的丰碑

江孜几乎是西藏地区妇孺皆知的地名，她之所以如此闻名遐尔，得益于她得天独厚的自然条件：美丽、宽阔的江孜平原和平原上蜿蜒起伏的年楚河。正是这条昼夜不息流淌的年楚河水为肥沃的江孜平原提供了连绵不断充沛的血液，不仅哺育了勤劳、勇敢、智慧的江孜人民的成长，同时也造就了历史悠久、别具一格的江孜文化。正是江孜人民的勇敢，巍峨壮丽的江孜宗山城堡不仅在英国人的入侵中抗御了现代化的洋枪、洋炮，同时也在江孜人民的心中重新筑起了一座坚不可摧的精神城堡；正是江孜人民的智慧，造就了这座西藏历史文化上著名的艺术丰碑白居寺吉祥多门塔。

白居寺吉祥多门塔位于江孜镇宗山城堡西北脚下，与三层大殿建筑一起构成了著名白居寺的主体建筑。正座建筑西面临水，东南北三面环山，依山而建。在巨大的城墙中央，吉祥多门塔、三层大殿、扎仓和僧舍建筑错落有致，矗立其间，寺中藏塔、塔中有寺，寺塔天然浑成，相得益彰，形成了一座规模宏大、造型优美的综合建筑群。这种塔寺结合的建筑布局是藏传佛教寺院典型的建筑样式，其建筑不仅充分代表了13世纪末至15世纪中叶后藏地区寺院建筑的独特样式，而且也是其中唯一一座寺塔都完整保存至今的塔寺建筑，被誉为中国独一无二集宗教和艺术于一身完整保存具有纪念碑性质的大型建筑群。

建筑面积直径为62米、高13层42.5米的吉祥多门塔是白居寺建筑群中最高的建筑,也是造型最为优美的建筑之一。分别由十三层石阶、塔基、塔腹、塔瓶、十三天、宝盖及金幢等几个建筑单元组成。一至五层塔腹和塔瓶建有石墙泥面围栏、墙檐。塔腹分为东、西、南、北四面,每面开殿五间;塔瓶东、西、南、北四面各开大殿一间,全塔开门108间、实为76间。塔心为实心,立有中木。塔形下大上小,递层逐渐上收。塔东面建有通往各层直至塔尖的门殿和石阶,称为入大解脱城门。通过入大解脱城门,可以从塔的底层一直依次进入塔顶,俯视美丽、富饶的江孜平原和蜿蜒而去的年楚河水。在各个佛殿中,不仅塑有各种精美的雕塑,同时在佛殿四壁还绘满了金碧辉煌、栩栩如生的诸佛菩萨壁画,因而又有"十万佛塔"的美誉。同时由于塔身通体白色,又有白塔之称。

以吉祥多门塔为主的白居寺不仅将建筑、雕塑和壁画艺术完美地融为一体,而且其炉火纯青的技法,绝妙的布局和神奇的造型令人叹为观止,赞不绝口……对江孜白居寺历史和藏传佛教艺术史有着开拓性研究的国际知名学者G·杜齐先生认为"江孜白居寺壁画也许是我们所知的藏族艺术家们自己创作的、有自己鲜明特色、具有纪念碑式最为重要的藏族艺术杰作。"对早期汉藏艺术和早期藏族艺术做过专门研究的法国藏学家海瑟·噶尔美博士也给予了高度的评价,认为它是"藏族艺术家们创造的前所未有最为重要的纪念碑式杰作……76座小殿中无数宏伟壮丽的绘画作品,反映出十分成熟和最为光辉灿烂的早期藏传佛教艺术。"正是其悠久的历史、精美完整的建筑和特殊的宗教价值、及寺塔内保存相当完好、难以数计精美绝伦的壁画和造像,以吉祥多门塔建筑为主的白居寺被列为西藏自治区重点文物保护单位,并且陆续得到了维修,从而使这座历经近600年风雨和战火洗礼的文化艺术宝库焕发出更加灿烂迷人的艺术灵光。

江孜法王与白居寺吉祥多门塔的修建

据藏文文献记载,白居寺由江孜法王饶丹贡桑帕(1389–1442)和一世班禅大师克珠杰(1385-1438)首创于1418至1436年间,后经江孜法王传人扩建修葺定型。

江孜法王饶丹贡桑帕于藏历第六饶迥阴土蛇年即公元1389年出生于江孜甲仲,其母玛吉桑莫贝在其弟出生后不久染疾病逝。饶丹贡桑帕自幼聪睿伶俐,敏求好学,诵读经文、书写算学莫不过人。据说3岁时便从当时著名的佛学大师法宝学习佛法,14岁正式拜师于法宝大师门下。1412年9月5日其父去逝后,继承父位,于1413年25岁时登上了江孜夏卡哇家族的宝座,开始了他一生在政治和宗教文化方面富有开创和影响的生涯。

稳固并拓展其祖先留下的基业和修建白居寺是饶丹贡桑帕在政治和宗教上的两大卓越贡献。饶丹贡桑帕生活的14-15世纪正是西藏历史上变革的重要历史时期。由于1368年中央政府的改朝换代,与饶丹贡桑帕家族关系密切的原西藏地方政权萨迦政权也与元代中央政府一样入日西下,逐渐被山南地区崛起的帕莫竹巴势力所取代。在这种特殊历史背景下,饶丹贡桑帕显示出卓越的政治才能,一方面继续保持着父辈们同萨迦建立的良好关系,倚重萨迦派的宗教声望,并赢得了萨迦派的信任和器重;另一方面刚柔并用,不仅成功地与帕莫竹巴势力改善了关系,而且还使自己的实力得到了更大的扩展,曾一度达到了与帕莫竹巴势力相抗衡的程度,并且得到了明朝中央政府的承认。1413年,饶丹贡桑帕被明朝中央政府封为“永乐大司徒”,其弟饶觉帕巴也被敕封为囊钦。在成功地稳固和扩大自己势力的同时,饶丹贡桑帕大力致力于辖区内农业、经济和交通的发展,实行轻徭薄赋政策,减轻农牧民的负担,刺激了农牧业经济的发展,江孜地区的社会经济从而得到了增长,出现了一段比较清明的时期,为发展宗教文化事业奠定了良好的基础。正是在此安定的社会环境和丰富的物质基础上,饶丹贡桑帕决定修建闻、思、修研习佛学之所白居寺并组织财力、人力缮写佛经,对十五世纪的宗教和宗教艺术作出了重大贡献,因而被世人冠以“法王”的称号,世代受到人们的敬重。

据博东班钦·晋美札巴著作《江孜法王传》和觉囊派大师多罗那他著作《后藏志》等藏文文献,白居寺的修建分为前后两个阶段。三层主殿是白居寺建筑中建造最早的建筑,由江孜法王1413年邀请一世班禅喇嘛克主杰大师到江孜主持佛教事务其间开始共同主持修建而成。1418年仲夏月6月2日,在一世班禅喇嘛克主杰大师的策划之下,江孜法王将前后藏地区的著名工匠召集到江孜,在柳园举行了盛大的奠基仪式,拉开了白居寺修建的序幕。1419年江孜法王前往仁钦孜,看到仿印度菩提伽耶修建的大菩提塔后,决定扩建主殿。1420年2月,在已建成的10根大柱的大殿和48根立柱面积回廊的基础上向东西两厢扩建,东西各增建一间6根立柱的配殿,从而形成一座占地150根立柱面积的大殿建筑规模。同年3月8日,在查布巴工匠的主持下,大殿完成仿菩提伽耶塔量度释迦牟尼佛金身一躯,耗去铜1000克、黄金800钱。1422年完成大殿西配殿金刚界殿,1423年2月14日夏鲁寺古相·却杰南喀为该殿举行了开光仪式,史称白居寺建筑十八圆满中之第二圆满。同年3月完成大殿东侧配殿法王殿工程,史称第三圆满。1424年完成大殿二层罗汉殿建筑。1425年完成8根大柱、架构10层木椽的三层建筑无量宫殿、上师宫殿和金色空行寝宫。同时在寺院周围修建了一条长达1120庹的四方形大城墙和东西两座花园建筑。并城墙上建有7个望楼,东西两面开有东西两道城门,史称第六圆满。从1418年到1425年,平面为坛城模型、上下三层、由底层大殿及东西配殿、回廊和二层道果殿、罗汉殿、二楼回廊及三层无量宫殿等主要建筑单元组成的白居寺三层主殿历时8年圆满完成修建,并一直巍然屹立至今。

1427年,经过两年短暂的修养之后,江孜法王开始了白居寺第二大重要建筑、即吉祥多门塔的修建。由于江孜法王在一些问题上与一世班禅喇嘛克主杰大师发生了较大的分歧,因此一世班禅喇嘛克主杰大师在完成三层主殿建筑之后便离开了白居寺,未能主持完吉祥多门塔的最后修建。经过10年的艰苦努力,高大雄壮的吉祥多门塔终于在江孜平原上拔地而起。1436年5月11日,江孜法王邀请贡噶坚参贝桑波为首的卫藏著名佛学大师夏鲁古相·却勒南杰、大轨范师旃檀果弥、喇钦·贡波坚参贝桑波和法王贝丹勒巴等众多圣贤大师出席并主持了盛大的开光仪式,宣告吉祥多门塔的修建顺利完成。据《江孜法王传》,吉祥多门塔的修建一共花费“黄金3666两、银器25件、水银2000两、金箔1050卷、铜1055克、青稞2553钱。食用青稞1007000克、酥油48500克、珠宝、酥油、衣物、食具、粮、米等(价值)12400钱”,耗资十分巨大。由此可见,吉祥多门塔堪称江孜地区15世纪财富和江孜人民勤劳、智慧的象征。

白居寺吉祥多门塔建筑造型源自是藏传佛教八大佛塔中的吉祥多门塔造型,这种建筑形式于14、15世纪在后藏地区广为流行。与雕塑和绘画中常见布局的不同之处在于,它以独立大型建筑的形式出现,并将艺术性与实用性圆满地融合到了一起,可谓匠心独运,构思极为巧妙。在后藏地区除江孜吉祥多门塔外,还有觉囊大塔、江塔和日吾且塔,它们采用的都是吉祥多门塔建筑形式,规模也十分宏大。除觉囊大塔、江塔已变为一片废墟外,日吾且塔仍然还矗立在藏北昂仁县多白区的日吾且村。其中,由笃补巴·喜饶坚参(? -1361)在1330年至1354年间建成的觉囊大塔建造最早,位于拉孜县境内的江塔和日吾且塔也分别于1415年和1396年或1456年相继建成。从塔形和结构来看,日吾且塔形与觉囊大塔十分接近,不仅塔瓶相同,各层佛殿的开间也基本相同,没有大殿和矗立二层的顶阁建筑。江塔结构与觉囊和日吾且不同之处在于二层辟有一层大殿的顶阁建筑,这一结构与白居寺吉祥多门塔又完全相似。但三塔与白居寺塔相比,四层塔腹的收幅不大,上层和底层佛殿开间面积基本一致。

白居寺主体建筑完工之后,又相继修建了修建了17个扎仓和众多僧舍等附属建筑,并开始招收僧人诵读佛经、研习佛典和进行宗教实践。这17个扎仓分属萨迦、夏鲁和格鲁派3个教派,由3个寺院定期派出各自的堪布协同白居寺大堪布一同管理。其中,格鲁派的扎仓最多,为7个,萨迦派有3个,夏鲁派最少,只有1个。由于白居寺精美的建筑,无教派偏见,良好的管理和学习条件以及强大的经济实力,在短短数十年内,就吸引了不少德高望重的高僧在此传授佛学,同时也吸引了大量的僧人在此学习。到饶丹贡桑帕侄子扎西饶丹贝桑波(1427-1484?)时期,在此学习的僧人多达千人,白居寺从而一跃成为15世纪后藏地区具有强大影响的寺院之一。

吉祥多门塔壁画艺术的题材与风格

壁画艺术是吉祥多门塔造型艺术的主体,不仅所表现的人物远远超过了雕塑形式,而且大都保存得十分完整。人物造型千姿百态,丰富多姿,置身其间,扑朔迷离,仿佛进入了佛教世界神奇的迷宫。画面中的造型既有遥远佛国世界里崇高、静穆的诸佛菩萨,慈悲、威猛的金刚、护法,神格化的教派祖师、高僧大德,也有尘世的凡夫走卒,黎民百姓和形形色色具有灵性的动物,令人目不暇接。

按题材,这些形形色色的人物和动物造型据壁画题记大致可以归结为显宗、密宗和历史人物三大类别。其中,显宗题材又可以细分为经变故事、佛传故事和佛本生故事三类,大都出自《贤愚因缘经》、《如意藤》、《月灯经》、《华严经》、《大悲白莲花经》和《弥勒请问经》及本行经等故事经集。与三层主殿相比,吉祥多门塔此类题材的表现较少,画面主要集中在画面主要集中在一层东西净土殿和兜率宫等殿,内容分别为西方净土变和弥勒本生及传记;历史人物主要指为宗教传人和为藏传佛教的发展做出重大贡献的高僧大德、教派祖师、译师、法王等杰出人物,画面主要集中在第四层各个佛殿之中;密宗题材根据密宗四部又可以细分为行部、事部、瑜伽部和无上瑜伽部四类,主要根据《成就法海》、《入行论》、《莲花网鬘》、《不空羂索仪轨》、《文殊智慧菩萨金刚藏庄严续》和《圣最胜》等密宗四部经典、仪轨绘制,为吉祥多门塔壁画和雕塑表现的重点和主体。据《江孜法王传》统计,从一层至塔幢各殿分别按事部、行部、瑜伽部和无上瑜伽部等次第总共绘有诸佛菩萨画像

27529 身。其中一层绘有 2423 身、二层绘有 1542 身、三层绘有 3400 身、四层绘有 1278 身、五层绘有 18886 身、横斗绘有 321 身、十三法轮绘有 677 身、塔幢绘有 127 身。全塔绘塑诸佛菩萨画像近 30000 余身,吉祥多门塔因而不愧为"见闻解脱十万佛塔"的美誉。

构图常常是体现艺术风格、反映画家个性的表现形式之一,由于它涉及作品主题的确切表达和艺术形式与内容关系的处理,因此成为艺术家创作前苦心孤诣构思的对象,白居寺吉祥多门塔壁画的创作也不例外。吉祥多门塔壁画与西藏其它寺院一样,除考虑壁画本身的构图外,首先要通盘架构壁画与佛殿内部建筑结构和佛像雕塑关系的处理。因为每一座寺院都是一座集雕塑、建筑和绘画艺术为一体的精美的艺术宝库,每一座佛殿都要涉及到殿堂结构与壁画和造像关系的处理,这本身就是一种总体构思。由于吉祥多门塔各个佛殿建筑面积,开间和壁面的差异,从而形成了丰富多彩的结构形式。一般而言,殿堂和壁面的大小同壁画与造像的构图成正比。吉祥多门塔一、三层和二、四层及五层佛殿之间的大小和内部结构就不太相同,至少有四种佛殿模式。一、三层佛殿结构和规模又分为两类,一类是正东、正西、正南、正北四间大殿,佛殿一直延伸到二、四层,其高度和面积为左右普通佛殿的两倍以上。二、四层正东、正西、正南、正北四间小殿从外观上看与普通佛殿结构和规模相同,实际上是一、三层正中大殿的延伸。五层为四间大殿,其高度同一、三层大殿虽然接近,但面积却比较小,因为吉祥多门塔整个建筑上小下大,逐渐向上递层收分,尽管彼此之间结构相同,但面积和空间不同。由于佛殿规模和结构的差异,塑像主尊立塑的位置不同,一般分为正壁和侧壁两种。正东、正西、正南、正北四方正殿一般采用正壁立塑主尊的方法,而其余周围诸殿大多采用侧壁立塑主尊的方式。塑像主尊为佛殿供奉和描绘的中心,佛殿大多也因主尊来命名,主尊按佛殿面积和空间通常为三尊一铺、五尊一铺或九尊一铺。四周壁面的内容和表现的主题和构图都根据主尊的要求来处理。无论吉祥多门塔佛殿结构和面积之间有多大的差异,主尊立塑的立意却完全相同,采用的构图都是以主尊为中心，突出主尊、众星拱月的中心构图形式。这种构图形式的特点就是塑像和壁画相互辉映，既浑然一体，又能独立成章。一般而言，由于雕塑和壁画内容之间关系十分紧密，无论是从壁画内容出发，还是从主尊内容出发，都能推断出雕塑和壁画表现的内容。这不仅是白居寺佛殿整个殿堂内部构图的特点，也是藏传佛教寺院遵循的佛殿构图的基本形式。

具体到壁画构图本身，由于艺术形式的不同又显示出各自与众不同的特点。吉祥多门塔壁画的构图除注重与主尊造像和佛殿结构的谐调外，通常可分为中心构图、叙事体构图和二者相互结合等三大构图形式。无论采用何种构图模式，艺术家在创作前首先根据题材和壁面确定上下装饰条带位置和主要人物和次要人物之间的关系。上层装饰条带一般由三层组成，绕壁一周，通常包括云纹、金刚纹、梵文、藏文和下层三色折式垂帐或连珠纹；底部装饰条带通常占壁面的四分之一左右，由梵文经咒、藏文题记和墙裙组成，也绕壁一周。在上下装饰条带确定的基础上，根据表现题材内容的需要构图中心人物同其他人物的位置和关系。

白居寺绝大多数佛殿、尤其是吉祥多门塔表现的题材由于都是坛城，因此中心构图法在白居寺成为一种十分流行的构图样式。这种构图法则形式上同坛城的结构十分吻合，最适宜于坛城诸尊的表现，是一种以主要或中心人物为圆心来组织画面较为传统的构图手法。吉祥多门塔坛城壁画与大多数寺院表现的同类题材不尽完全相同，不是强调传统中业已规定的结构和模型图式，而是打破了程式化四方形线条的界构，按各种坛城仪轨的规定，强调诸佛菩萨等人物的表现。典型的中心构图法通常将壁画主体划分为三个部分，即左、中、右三块。壁中为立式或坐式的大型尊像，占据整个画面中心，通常是画面表现的主尊像。而左、右两个部分则构置与本尊相关的人物和眷属，构图强调平行与对称。由于这部分构图中的人物比中心人物小，因此通常按眷属的数量从壁顶到壁底分为数层来表现。第一层一般为该坛城付法传承中的历代高僧和大成就者。从第二层开始,分别构置仪轨中规定的眷属,包括诸佛、菩萨、弟子、明王和供养天。而下壁或主尊宝座左右肩部通常安排有一至二身与该主尊有关的传法高僧或大成就者。上下左右都递层环绕中心主尊排列,形成众星捧月之势,同通常的唐卡构图十分接近。但由于壁面和坛城规模的差异,中心构图法在形式上发生相应的变化。壁面较大的佛殿,通常表现不只一铺坛城。据壁画题记,有的壁面至少绘制了 4 至 5 铺坛城,场面十分宏大。如金刚界坛城,它实际上由中心的大日如来佛坛城,南方的宝生佛坛城,北方的不空成就佛坛城,东方的阿閦佛坛城和西方的无量光佛坛城等 5 个坛城组成。因此在构图上就形成东西南北四方按中心构图法绘成的四方佛坛城围供中心大日如来佛坛城的形式。当然,有时也限于壁面,不可能在一壁上绘出仪轨规定的所有眷属,因此构图就采取在侧壁构图表现的形式,使构图富于变化,打破了较为单一雷同的构图图式,体现出统一中求变化,在变化中求统一的构图原则。

叙事体构图也是白居寺壁画中常用的一种构图手法。较之于中心构图法,其特点是能有效地展现情节的继承性和事件的因果关系,因而十分适合于佛传故事和佛本生故事的构图,三层大殿二层回廊和吉祥多门塔一层兜率宫殿采用的即是这一构图手法。同早期其它藏传寺院同类题材的构图相比,构图形式在传统棋格式形式基础上有了较大的发展,即不再简单遵循棋格的单一线框的限制和这一线框之内主尊位于壁中而其它环围四周的中心构图法则,而是根据每一个故事自身情节的发展和容量处理。形式通常采用“之”字形的连续性小画面,小画面之间用故事情节中给出的山石树木和亭台楼阁等自然场景隔离,整个画面情节和谐完整、自然连贯。由于每铺壁画边缘都充分发挥和利用自然景色和题材中规定的特定场景的装饰性,因此每铺壁画之间的棋格式分隔单线已暗然失色,失去了早期壁画中显眼的构图功能。山石树木和亭台楼阁等装饰纹样的构图功能在二楼回廊东侧外壁的佛传故事中得到了充分圆满的运用,依靠画面情节发展的自身特有场景来连续和推移每一情节单元的发展。这种构图不仅打破了传统程式化的棋格模式,而且创造性地将中心构图法和叙事体构图融为一体,产生出圆满的艺术效果。

吉祥多门塔一层东大殿兜率宫殿壁画就是这种构图的典范。兜率宫殿根据《月灯经》、《大方广佛华严经》、《弥勒请问经》和《大悲白莲花经》等经描绘的是弥勒经变和本生故事。北壁和东北壁两铺壁画的构图十分有特点,壁中心分别为一面两壁黄色弥勒交脚菩萨四分之三像和三面六臂黄色弥勒报身佛坐像,两尊佛像的构图都十分巨大,占据了壁画正中的主要位置,是典型的中心构图法。与流行的中心构图法不同之处是,左右构图不是与主尊有关的单尊眷属或胁侍的简单排列,而是各自独立成幅的弥勒本生画面和经变画。每一幅独立的故事情节画面根据情节的展开从上到下对称地构图在主尊两侧。在每幅画面下都标有说明此铺壁画内容的金底墨书长方形藏文题记,利用题记将上下铺画面自然分开,同时利用中心人物及其背光将两侧的画面分开,从而形成了融中心构图法和叙事体构图法特点于一身的全新构图模式。画面既突出了主题弥勒菩萨的表现,同时又交待了主尊与周围画面之间的关系。从总体来看,整个壁画描写的是一铺结构连贯、十分完整的大型壁画;从局部来看,每铺画面又自成一体、别具特色,表现出白居寺壁画创作者高超的构图技巧和十分谐和的审美观念。

与大多数壁画一样,线条和色彩的处理和运用是白居寺壁画的主要语言和基本手段,色彩和线条贯穿壁画创作始终,二者之间有机的组合和巧妙的穿插组成了一铺铺色彩绚丽、造型优美的壁画。色彩与线条的穿插和组合通常包括壁画起稿、设色、晕染、勾色线和上金等几大重要的技法程序。壁画经过磨光、上胶、确定构图位置后,第一道技法内容通常就是起稿。根据粉本用炭条勾勒出主要人物、陪衬人物和与画面主题相关的山水云雾、花草树木、亭台楼阁和飞禽鸟兽轮廓。由于起稿在整个壁画过程中担任着骨架作用,决定着壁画技法的优劣,传统上,一般都是由线描功底深厚的画师起稿。在白居寺壁画中,绝大多数作品都是师徒合作创作的,因此,师傅在壁画的定稿过程中扮演了极为重要的角色。定稿后,沿轮廓线勾设墨线,为设色作好准备。设色通常分干、湿两种,干画法色彩浑厚沉重;湿画法清新明快,一般根据主题和造型确定。设色先设底色,第一步先染天空,多用蓝色,由浅及深,下浅上深。然后染地,多用绿色,蓝色和绿色构成了壁画底色的主要基调。接着分设云雾、背光、头光、和山水树木、亭台楼阁等装饰纹样。云雾一般敷设白色,背光多用石青和红色。最后才为人体设色。色彩的基调一般都要根据造像仪轨中不同神像特点的身色进行敷设。设色完成后根据画面和题材的需要进行晕染。晕染主要是加强空间透视和强调人体结构的变化。根据景物的远近、明暗、向背和骨格、肌肉的变化进行由浅入深的分染。由于设色和晕染会掩盖原先勾勒的轮廓墨线,因此晕染之后,必须重提墨线,同时反衬晕染的效果。之后根据画面题材的需要描金。描金部位一般包括衣纹、装饰品、背光、宝座、法器和金顶等装饰纹样。最后画龙点睛,勾勒和设色,晕染人物的面部和眼睛。整个壁画从起稿到最后完成,分别经历了线条→色彩→线条→色彩的反复处理和组合,因此线条勾勒的技巧和设色的水平直接影响到壁画的艺术水平、画家的技法特点和艺术风格的表现。

在白居寺壁画造型中,线条的勾勒和色彩的运用完美地融合在一起。线描十分丰富,其中钱线描和游丝描最富有特点。铁线描一般用于人物轮廓的勾勒,常常是廖廖数笔,但对人物形体的把握却十分准确。尤其是护法神的勾勒,大刀阔斧,一气呵成,十分有力,不仅十分准确地抓住了人物的形体结构和变化,而且把护法神那种粗狂、勇捍、不可一世的内涵刻画得入木三分。而背光、水波、叶茎和装饰纹样则采用游丝描,与简洁明快、富有力度的轮廓线形成鲜明的对比。这种线描的特点是,线条十分精细、圆润流畅,在运动中富于变化,极富装饰情调。背光卷草纹和火焰纹线刻十分富有代表性,如行云流水、蜿蜒起伏、自然流畅、十分精致,表现出较高的线描水平。与线描相比,壁画中的色彩造型更具特点。如果说线描是人体轮廓的把握,塑造人体的骨胳,那么色彩晕染则是塑造人体的血肉。白居寺壁画人体的塑造中,色彩晕染得到了较为广泛的运用,在双颊、眼、鼻、下颏、颈、胸、双乳、腹部乃至于四肢都能发现色彩晕染的明显效果,使单线平涂的二维空间逐步过渡到三维空间。白居寺壁画中的线条和晕染十分有特点,它不同于内地式的单线平涂、以线描造型为主的古代国画,也不同于以晕染造型为主的西画,而是介于二者之间,将两种技法的特点融为一体。吉祥多门塔一层大力明王殿中的大力明王、马头明王殿中的马头明王和不动明王等护法神的形体塑造中,晕染和线描的处理堪称白居寺壁画中的佳作。尤其是上下肢和面部,腹部的晕染,不仅表现出骨节的转折和肌肉的表化,使肌肤富有质感,更重要的是通过晕染加强和突出了四肢造型的力度和气势,与健劲的轮廓线紧密配合,有力的刻画出护法神内在的气质,达到了绝妙的艺术效果。

18 世纪著名的色彩学家杜玛格西·丹增彭措(1725 – ?)撰著的《彩绘工序明鉴》在对藏传佛教绘画晕染和色彩实践经验进行系统的总结和研究的基础上,对凹凸明暗、即晕染的理论和技法进行了纲要性的论述,提出了“明面由暗面表现,凸处由凹处体现”的理论原则,并且以木板画晕染为例,阐述了具体的晕染技法。认为“所有色彩勾勒者均用彩色表现凹凸,即用本身的原色来表现凹凸。如胭脂红、墨、蓝色勾勒者则用各自本色表现凸面;肉色凸面用肉色加重即成,红、白色的肌肤则用胭脂红和黄丹色表现凸面;肝、棕黄色的云层,大部分用黄丹色表现凸面;烟色、白云用墨表现凸面,或用黄色和黄丹色……蓝、绿、玉一类浅白色以上的蓝色凸面用绿色掺入黄色表现;黄红、鹅黄、棕色的凸面一般用朱砂色表现;火山红只用黄、白调合色表现,或用黄丹色、四浅色表现。各自逐层从上往下涂抹,胭脂红、蓝色紧接着,浅红,三浅色直至无色如水之光泽;涂多层颜色者要逐层递减,最后淡如水。表现凸面的笔要干,切忌过湿。底层颜色强而光润,最后减退,薄薄一层几乎看不出来,此为佳品。”杜玛格西·丹增彭措这段对晕染的论述尽管针对木板画而言,但其理论和技法无疑有助于进一步加强我们对白居寺壁画晕染的认识。白居寺壁画底色丰润、富有光泽,晕染层次丰富清晰,不仅塑造出精美的人体造型,同时加强了壁画的空间感、开始形成透视的空间效果。

色彩的运用和处理是白居寺壁画的又一显著特点之一。在白居四壁画中,色彩十分丰富,赤橙黄绿青蓝紫无所不有。浅蓝、红色、黄色和绿色、金色运用最多,构成壁画色彩中跃动的主旋律。也许是青藏高原蔚蓝的天空、青翠的草地和皑皑的雪山之间色彩的和谐和巨大反差启迪了高原艺术家们对色彩独特的感受和处理能力,和谐和对比构成了白居寺壁画色彩运用和处理的一大特色。在白居寺壁画中,通常运用浅蓝或灰褐色作底色,除偶尔用绿色外,一般为冷色调。然后根据造像仪轨中规定的不同身色来巧妙处理背光和其它装饰纹样色彩,利用色彩和谐和反差的属性来达到预期的艺术效果。诸佛菩萨和坛城中佛国世界神灵们的色彩在造像量度经典中有明确的规定,同时具有独特的象征意义和宗教内容,因此不能凭画家对色彩的个人感受随意发挥,必须遵循造像仪轨规定敷设色彩。以金刚界坛城中的五方佛为例,中心的大日如来身白,为太阳之色,象征大日如来佛源于太阳神;东方的阿閦佛,身兰、象征东方黎明时的色彩;南方宝生佛,身黄,代表日中太阳之色;北方不空成就佛,身绿或身黑,代表夜晚天空之色。尽管如此,这并没有限制白居寺画家们色彩能力的高度发挥。吉祥多门塔一层回遮殿八臂白伞盖佛母壁画的用色体现出白居寺色彩处理和运用的一般原则。此铺壁画底色为浅蓝色,主尊为白色。在巨大的背光顶上艺术化的菩提树龛造型中运用红绿色彩来处理红花和绿叶,菩提树边缘绘一道白色的云彩,与底色形成强烈的对比,烘托出菩提树造型。背光为一片跳跃的红色,与主尊背光左右的底色和主尊身色也形成鲜明的对比。身光和头光的处理又与背光色彩形成反差,为一片冷色调的蓝色。主尊上身裸露,为白色,下系绿色基调的短裙,双肩飘垂着红色的天衣,头著金黄、红色和蓝宝石镶间的三叶宝冠,双耳、项脖、双臂和双手、及脚腕分别佩戴着金色的耳环、项链、手镯、臂钏和脚镯。无庸讳言,装饰品中的红、绿、金色又与身光、头光中的蓝色色彩形成反差,有力突出了主尊的人物形像。正是这种利用色彩不同的冷暖属性和饱和度的层层铺陈和渲染,形成了白居寺壁画色彩运用和处理的突出特点。

实际上,白居寺壁画色彩处理和运用的特点不在于色彩之间所表现出的和谐和对比,而在于通过色彩的对比与和谐来达到深化主题这一目的,使形式和内容完美结合,从而达到较高的艺术性和审美效果。诸佛菩萨色彩的运用比较适度、注重色彩的夸张和强烈对比的分寸,通常给一人种宁静、肃穆而又详和的色彩感受,有力表现出佛的五蕴皆空和菩萨的慈悲和悦。而明王、护法色彩的处理和运用则十分夸张,对比也非常强烈。与诸佛菩萨对比与和谐并重用色的特点相比更强调对比色彩的使用。通常运用冷色来突出暖色,强调护法神、明王的力度和动势。在白居寺大殿一层东配殿法王殿的十一面观世音菩萨的色彩中可以看到浅蓝色底色和红色大背光中衬托出的白色十一面观音菩萨立像,尽管蓝红白三色对比十分明显,红色格外耀眼,但头光中的蓝色和背光顶部圆形团花组成的龛形纹样中的浅蓝底色、和蓝里禄面的金色团花天衣、及下身红底绿花的短裙、金色的装饰品使对比色彩减弱,达到中和,同主尊面部双目下视、含而不露的笑意所表现出的和悦、慈祥的气质互为表里,殊途同归。吉祥多门塔一层不动明王殿和马头明王殿壁画色彩的运用与壁画主题尽管互为表里,但由于主题的差异,在色彩的表现上就呈现出迥然不同的特点。不动明王殿中的蓝色不动明王在一片巨大的红色背光和浅蓝的底色衬托下十分耀眼夺目,除主尊身色外,周身为一片暖色所笼罩,头部为黄色的卷发、腰系黄黑相间的虎皮裙、身环绿色天衣、佩戴着金、红色相间的珠宝璎珞。暖色在底色和主尊身色冷色的映衬下格外奔放热烈,占据着画面的主要位置。尤其是背光中的红色,在卷草纹向上卷曲夸张的线描造型衬托下,红色犹如一丛丛向外喷射的熊熊烈焰,同不动明王圆睁的眼睛,挥动的臂膀和跃动的双脚相应成趣,有力强化出护法神具有的捍卫佛法、伏诛一切鬼魔应有的粗犷、刚烈、威猛的气度。

在长期的艺术实践中,高原艺术家们对色彩和颜料的制作和搭配进行了深入的研究,形成了一套独特的颜料制作和色彩搭配体系。白居寺壁画中的色彩处理和运用就是得益于这种探索和努力的结果。藏族艺术家认为,白、黄、红、蓝、绿五色是一切色彩调配的基色,而把桔黄、紫黄、粟色、土色、紫色、翠绿等九色看成是色彩调配中仅次于五色的重要色彩。通过这些色彩的相互搭配,可以调制出白色、白黄色、红白色、水晶色;黄色、淡黄色、金黄色、桔黄色;红色、粉红色、紫红色、胭脂红;蓝色、浅蓝色、深蓝色、翠绿色;和绿色、浅绿、草绿、深绿;及粟色,黑色、肉色、茶色、灰白色、紫色、紫黑……等160多种不同的色彩。可见,西藏艺术家对色彩的调制、区别和颜料的研制已经达到了相当深的程度,令人叹为观止。藏族艺术家不仅精通色彩之间的渊源关系和色彩搭配,而且表述生动准确,十分生动有趣。如杜玛格西·丹增彭措著作《彩绘工序明鉴》就是其中的典型代表,他不仅对色彩之间的调配和形成用血亲关系进行了生动的比喻,而且对各种色彩的性能和审美效果进行了总结。他说,蓝、黑二色是色中之“父”,无论涂到什么地方都显得威严光亮;绿色为“叔叔”,无论与哪种色彩相遇都有利。这两种色彩属于“父系”,多用些好。白色为色中之“母”,一切复合色均由她而生。砒石黄色是“小偷”,涂多了对画面整体有害无益。墨黑色是“保管员”,涂到那里那里油亮;红色是“盗贼”,所到之处呈威风,偷走邻色更美丽;紫色为色中“武官”,涂多了则占据该地杀“盗贼”(指减弱红色);褐色为色中“祖母”,涂到何处都适合,使邻色光泽鲜明;粉红色是“比丘尼”,自我约束,有利于其它颜色;桔黄色是“比丘”,与任何色彩搭配都增加光彩……奶色(乳黄色)是“太阳”,涂到那里那里亮;青灰色是“乞丐”,多了使画面肮脏;浅绿色是“败家子”,与它相遇有益无害;茶色是“黑暗”,与它相遇则被遮盖;金色是色中“月亮”,由于它的升起可使夜晚变成白天;胭脂红是色中“油脂”,涂到那儿,那儿就柔润光亮。

与此同时,《彩绘工序明鉴》在设色和色彩间具体的搭配上十分讲究和注重色彩的和谐效果,认为“色彩谐和犹如彩虹东升,不和谐则如仇敌相遇”格格不入。它根据色彩的性能分别总结出一系列和谐与不和谐的色彩搭配体系。指出“红黄相配是色彩中的‘师徒’,黑白相间是色彩中的‘主仆’,红紫相配犹如‘父亲’和‘兄长’,蓝白相间犹如‘叔侄’,白红相配犹如‘夫妻’,白黄相配是‘好友’,白绿相配是‘姐弟’,红绿相间是‘鹦鹉’,蓝红相配如‘表亲’,鹅黄和绿色相配是‘姐妹’,黄黑相配如‘舅甥’,蓝灰和褐色相配是‘兄弟’,蓝灰与大蓝相配如‘母子’,翠绿和浅绿搭配是‘父子’,翠绿和正蓝相配似‘堂兄’,鹅黄与正黄相配是‘朋友’。”用血亲中的“父子”、“母子”、“姐妹”、“甥舅”、“叔侄”、“姐妹”、“兄弟”等系列亲密关系乃至于“朋友”之间的和睦关系来形象比喻黑白、红绿、蓝红等色彩间搭配的和谐效果。与此同时,还用“盲人”、“窃贼”、“病人”等为喻,指出了切忌搭配的色彩。这些不宜搭配的色彩有黄白二色、蓝绿二色、蓝黑二色、绿黑二色、浅蓝和浅绿、红黑、红紫、玉绿和翠绿、玉绿和蓝色、紫黑、金色和黄色等色。它们之间相互搭配的效果是:黄白相遇犹如“盲人”;蓝绿相遇犹如“窃贼”;蓝黑搭配犹如“睁眼瞎”;绿黄搭配恰似“病人”;绿黑相遇如“死人”;浅蓝和浅绿相遇如“灰土一堆”;红黑搭配为一片“黑暗”;红紫相遇“阴影”一片;玉绿和翠绿搭配恰是“一对”(色相近);玉绿和蓝色搭配如“豺狼”相遇;紫黑搭配如“敌人”或“强盗”内哄;金黄二色相配“彼此彼此”,毫无作用。毋庸置疑,建立在藏族艺术家们长期以来在唐卡和壁画色彩实践经验上的这一系列关于色彩研制、调配、搭配及其性能、审美的理论无疑是对18世纪前色彩理论及其实践经验的高度总结,因此也是对白居寺壁画色彩处理和运用的最好评价。

造型优美、精致华丽的各种装饰纹样是白居寺壁画表现题材中不可分割的一部分。白居寺壁画中的装饰题材十分丰富,大体可以分成壁画上下装饰条带垂帷、背光、宝座、花草树木、亭台楼阁和飞禽走兽几大部分。

装饰条带垂帷,藏语称之为Sham-bu,是一种源于门楣、窗户顶部的垂帷、即一种有规则折纹的长方形装饰布帷,后来逐渐发展成为壁画中的装饰纹样。通常在壁画创作中,最先确定的就是上下装饰带垂帷的位置,因此除装饰性外,还具有构图的作用。传统的垂帷一般都由三色条带组成,约占壁面的六至八分之一左右。最上一层蓝色条带书写梵文或藏文经咒,下面两层为红绿两色组成的折形垂帷,垂帷上没有纹样,风格简洁朴素。大多数装饰条带都在垂帷与木椽之间加一条装饰带木椽间纹,并且二者之间组成了下列4种常见的样式。第一种比较简洁朴素,由木缘间纹云纹和金色兰扎体梵文及垂帷组成。第二种除垂帷相同外,上层的木缘间纹由云纹变化为八瓣莲花纹样。第三种除木椽间纹外,底层的垂帷发生了很大的变化,由原来的两色布帷发展成为黄底白色的横式金刚纹和兽面衔连珠、中心夹系日月、系立式金刚、莲花组成的流苏条带。第四种除流苏外,与第三种相同。流苏由第三种纹样变为兽面衔连珠、日月系铃铛,中心夹托摩尼宝珠莲花纹样造型。第三、四种装饰条造型十分精美,以白色为主要基调,庄重典雅、富有浓郁的装饰情调。与壁顶装饰条带相比,下层装饰条带十分简朴,通常由一周的三色条带与金色兰扎体梵文和墨书藏文题记组成。

背光是白居寺壁画装饰内容中的一大重要题材,由头光和身光两部分组成。白居寺壁画中常见的背光有龛形、舟形和马蹄形、椭圆形几种,特点是造型讲究对称、纹样丰富、制作精细,色彩对比强烈而又和谐,给人一种庄重、高雅、精美的风格感受。其主要种类及其造型如下:

(1)火焰纹背光。多呈椭圆形或马蹄形状,没有头光,为一片巨大的红色色块,用状如游丝似的线描来刻画火焰纹样,造型十分夸张。红色的火焰随着向上卷曲蜿蜒的线描在阵风下熊熊燃烧,向四周强劲蔓延,有规律的向空中喷发,在冷色调的浅蓝色的衬托下,犹如一堆旺盛的烈火,十分富有气势。与主尊善相怒相兼具的本尊神和护法神在形式和内容上达到了完美的统一,产生出强烈的艺术感染力。

(2)马蹄形背光。这种背光多见于白居寺各佛殿主尊左右千佛形排列的诸佛菩萨造型中,背光略成正方形,由马蹄形或椭圆形的头光和马蹄形身光组成。头光通常为红色、绿色或蓝色,身光通常为白色、或蓝色。整个背光没有装饰纹样,主要用一层层的色块对比来衬托主尊,具有宁静肃穆,单纯质朴的效果。

(3)龛形背光。这种背光造型同佛龛造型十分接近,是白居寺壁画中运用较多的背光造型之一。与通常的马蹄形背光不同之处是,在背光上部运用了三叶拱或五叶拱造型,背光边缘配置"持宝光边",背光中心勾有十分精致的卷草纹样。同时在整个背光顶部绘有菩提树造型,使背光与菩提树巧妙的结合在一起,构思精巧。吉祥多门塔一层回遮殿中的六臂白色白伞佛母背光运用的就是这种造型。龛形背光在白居寺背光中占有重要的地位,成为大多数背光变化造型的母题。通过上部三叶拱或五叶拱和下部立柱的发展延伸,形成了各种不同的造型。吉祥多门塔一层不动明王殿眷属和三层大殿一层金刚界殿贤劫菩萨的背光可能就是由龛形背光发展而来最简洁的样式。上部为三叶拱造型,下部延伸为莲花柱。立柱矗立在瓶基上,从瓶基飞出两枝艺术化的莲叶,攀柱上长,衬托出莲柱柱顶一朵盛开的莲花。整个造型犹如瓶中生长盛开的一朵莲花,构思极为新颖。莲花上托横木,横木上分托三叶拱,左右对称,十分优美。

(4)兽面衔六拏具背光。这种背光由第三种背光变化而来。第三种背光造型下部的单瓶柱在这里变化为双瓶柱造型,同时上部的三叶或五叶拱发展成为兽面衔双龙、双摩羯或兽面衔双龙、双大鹏鸟等造型。利用摩羯尾等兽纹自然盘曲形成双环或四环来代替龛形背光中的侧拱,从而发展成为瓶基→立柱→莲花→立柱→莲花→托木上承兽面衔双摩竭或大鹏鸟、或龙的造型。即保持了传统背光中摩羯等六拏具装饰纹样六种纹样,又与龛形背光遥相呼应,可谓别开生面,匠心独运。

(5)团花和六拏具组成的背光。这种背光造型的特点是,第四种背光的兽面衔六拏具吉祥兽的造型变化为团花和六拏具造型。用莲梗将花卉和吉祥兽巧妙的结合在一起,同时运用夸张的手法,将莲梗蔓延生长为无数个环,环内盛开莲花,形成团花造型,来象征背光中的拱型。由于处理得十分巧妙和自然,部背光中的团花犹如是从底部双瓶柱的瓶中长出后沿双柱攀附蔓延而成、十分奇特。

(6)宝珠和六拏具相结合的背光。这种背光造型除上部与第四种背光基本相同外,下部变化很大。上部从第四种背光的兽面系双摩羯的造型变化为宝珠衔双童、双摩羯等纹样造型。下部的双瓶柱变化为四拏具。分别为象王承狮、狮承兽王、兽王承童子、童子承上部双摩羯的造型。

(7)塔龛背光造型。塔龛造型在白居寺壁画背光中较少。其特点是利用龛形背光和佛塔相结合,犹如一座完整的佛塔造型。实际上,在藏传佛教中,一般佛塔,尤其是灵塔都要在腹部开龛,供奉佛像、舍利或高僧大德圣像,其龛形与龛形背光中的龛形一致。在白居寺壁画中,有两种塔龛背光造型,一种为单塔龛背光造型,另一种为五方佛塔龛背光造型。单塔龛背光的龛形为三叶拱造型,绿色头光,下部为蓝色身光,背光中勾有精细的卷草纹。下部实际上构成了塔瓶造型,顶部为十三天和日、月,瓶颈菩提树呈伞形结构,与下部的龛形保持协调。整个造型十分优美、自然,极富装饰韵味。吉祥多门塔一层摩利支天佛母殿中的三面六臂黄色摩利支天佛母的背光采用的就是这种造型。五方佛塔龛背光与单塔龛背光相比,最明显的特征就是顶部的 5 座佛塔。分别象征中心的大日如来佛、东方的阿閦佛、南方的宝生佛、西方的无量光佛和北方的不空成就佛。另外运用了单檐琉璃歇山顶建筑纹样和连珠纹,使整个背光富丽、庄严,别具一格。

(8)菩提树和宝幢背光。这种背光造型也很有特点,它将菩提树、宝幢和背光揉合在一起,别有情趣,通常出现在白居寺壁画的佛陀背光中。菩提树和宝幢在佛教中都具有特殊的内容,是佛教的象征物之一。

(9)彩虹背光。彩虹背光也是白居寺壁画中经常运用的背光造型之一,主要出现在诸佛菩萨单尊造像中。通常有两种造型,一种为圆形,如吉祥多门塔一层净土殿无量光佛背光;另一种为椭圆形,如三层宝生佛殿的普贤背光。其特点是用蓝、红、黄、绿等不同色彩的线条或色带来象征圣像体内散射而出的圣光,犹如一轮红日,光线从中心主尊向四周迸射而出，形成万道光芒。由于色彩艳丽，状如彩虹，因此称为彩虹背光。

宝座通常是背光不可分割的一部分。在白居寺壁画中，大部分宝座都为莲花座。胁侍、眷属乃至于一些主尊的宝座都没有座基，通常是一枝莲梗，上托一朵盛开的莲花，这朵盛开的莲花就构成了莲花宝座。这种莲花座的造型，注重利用莲花梗向周围蔓延的自然特点，巧妙的将胁侍和主尊结合在一起，自然协调。主尊宝座的造型则十分精美华丽，与简洁明快的胁侍莲座正好形成对比。诸佛菩萨明王力士的宝座在造像仪轨中尽管有不同的规定，但佛的宝座一般都由坐垫、莲花、座基和背光等四个单元组成。在白居寺壁画中，造型通常呈“亚”字形。座基通常由基座、三层台阶、“东钦”、“松玛”、小莲、和宫殿几个层面组成。上下两层通常装饰有莲珠纹样，其它层分绘莲花和菱形花纹。在基座正前方通常铺盖有一块“盖座”，挡住中心部分。在“东钦”两侧根据造像仪轨，分绘有双狮、双象、双马、双孔雀等坐乘支撑，分别代表宝座中的主尊。如双狮为大日如来佛的坐乘；双象为阿闳佛的坐乘、双马为宝生佛的坐乘，双孔雀为无量光佛的坐乘，并且都有一定的象征意义。狮子象征“四无畏”，大象象征力量、孔雀象征长寿等。基座上方为莲花座，通常有单重仰覆瓣莲叶或双重仰覆瓣莲花几种造型。莲花色彩十分丰富，晕染层次清晰，造型美观大方。莲花座上为坐垫，分日垫和月垫几种，按造像仪轨规定，只有达到圣者果位的神灵或圣者才能使用。一般来说，静相神为月垫，如须日垫，则置于月垫之下；猛相神为日垫，如须饰月垫，则置于日垫之下。三层的莲座、日、月垫最上层敷金，代表太阳，中间设白色，代表月亮，最下层莲花可设各色。日、月垫和空座与背光装饰都象征着主尊应具有的成就。佛教的主要成就有三种，即菩提心、空和厌离心。月垫象征菩提心，太阳象征空，而莲座则象征厌离心。在白居寺壁画中，很少看到日、月垫的具体画面。

亭台楼阁、山石树木、花卉云彩在白居寺壁画装饰纹样中也占有重要的地位。尤其是在大殿二层回廊、吉祥多门塔一层净土殿、兜率宫殿等佛传故事、佛本故事和经变中比例最重，刻画得也尤为精彩。它们不仅根据情节的需要增加了情节的场景和时空感，而且还充当组织画面构图的角色。在造型上的共同特点是都不采用写实手法，色彩丰富，清新艳丽，因此极富装饰特点。宫殿采用藏式建筑和中原宫庭建筑相结合的造型。兜率宫释迦说法中采用的就是这种黄墙重檐琉璃歇山顶式的三层建筑和藏式栏循、墙垣相结合的造型。一二层的汉式青砖琉璃瓦凝重、肃穆，顶层的藏式金幢光彩流溢、壮丽辉煌。较之于山水纹样，宫殿建筑趋于写实，刻画工整、精细，门阙、斗拱不仅十分清楚，屋脊吻兽和窗棂等建筑纹样都历历在目。山水的描写同内地早期山水的风格比较相近，唯一不同的地方是，在白居寺壁画山水中出现了比较明显的晕染痕迹。大多数都采用单线平涂的手法，山体的向背明暗远近高下尽管通过线条的勾勒和晕染出现了一定的透视空间感，但仍给人一种“人大于山，水不容泛”的感受。树木通常为蘑菇状造型和伞状造型，用线勾勒出树干、树枝和外形轮廓后，也主要采用单线平涂手法。花卉的造型很有特点，尤其是莲花座中的莲花，晕染和线条结合得十分完美。

艺术家及其风格渊源

据不完全统计，在白居寺吉祥多门塔的 59 个题有题记的佛殿中，其中有 47 个佛殿书有画家和雕塑家的名字。尽管十分遗憾的是在相关文献中缺乏有关这些画家和雕塑生平、作品和风格的记载，但这些壁画题记中的名录仍具有重要的价值，因为据此白居寺所有的壁画和雕塑都出自藏族艺术家之手。

据壁画题记，前后一共有 30 多位知名的画家参加了白居寺壁画的创作，并在题记中留下了他们的名字，而更多的则由于地位、身份和艺术声望等原因未能留诸青史。他们一般都按地域、师徒或亲属关系进行组合，共同绘制某一佛殿的壁画，如吉祥多门塔二层无量寿佛殿壁画是由拉孜县德庆村的南卡沃色兄弟共同创作的。三层宝部佛殿壁画是由拉孜县夏才村的扎西桑波师徒创作的。这种按同一地域或师徒或亲属共同创作的壁画在风格上都同体现出比较相近的艺术渊源,表明他们都受到同一艺术传承或同一艺术文化的熏陶和影响。也有跨地区的合作,如吉祥多门塔普贤菩萨殿的壁画就是由当时江孜地区乃宁村的普觉增勒和尼木县桑日村的查布、格年喇嘛衮合作完成的。不同的地域必然在艺术背景上和风格上带来差别,这种跨地区的合作加强了不同地区艺术家相互学习交流和切磋技艺的机会,使绘画风格逐渐趋于统一。下面绘出的是一份根据壁画题记制作的白居寺画家及其作品表,通过他们的地域关系和作品可以更进一步弄清白居寺壁画的风格及其渊源。

画家名字	地域	村镇	作品	数量
他尔巴师徒	拉孜		吉祥多门塔一层白伞盖佛母殿、净土殿、二层观音菩萨殿、三层金刚勇识殿和四层如意宝殿	5
南卡沃色兄弟	拉孜	德庆	吉祥多门塔二层无量寿佛殿	1
顿日顿巴顿珠桑波	拉孜	德庆	吉祥多门塔一层星曜佛母殿(与扎西桑波合作)、大力明王殿、不动明王殿、三层普度三途殿、持佛国王殿和有诸形佛殿(与却贡扎西合作)	6
格年兄弟	拉孜		吉祥多门塔四层阿底峡殿	1
罗顿饶色堪布本格哇兄弟	拉孜	德庆	吉祥多门塔四层上师殿和二层度母殿	2
贝钦	拉孜	宗雪	吉祥多门塔三层焰火金刚细微相殿	1
却贡扎西	拉孜	夏才	吉祥多门塔三层有诸形佛殿(与顿日顿巴大师合作)	1
扎西桑波师徒	拉孜	夏才	吉祥多门塔三层宝部佛殿和一层幢顶臂严佛母殿(?)	2

勒巴师徒	拉孜	萨珑	吉祥多门塔三层焰火金刚殿	1
格龙	拉孜		吉祥多门塔一层不动明王殿(与顿日顿巴大师合作)	1
卓杰旺秋	拉孜	康萨	吉祥多门塔三层般若波罗蜜多佛母殿	1
扎西桑波	拉孜		吉祥多门塔一层星曜佛母殿(与顿日顿巴大师合作)	1
班觉仁钦巴	康马	乃宁	大殿一层法王殿和吉祥多门塔二层文殊菩萨殿(与索南班觉合作)	2
仁钦班觉	康马	乃宁	吉祥多门塔四层智慧殿(与其子拉益坚赞合作)	1
班觉哇师徒	康马	乃宁	大殿二层道果殿和吉祥多门塔一层兜率宫殿(父子合作)	2
格西索南班觉哇	康马	乃宁	吉祥多门塔五层西无量宫殿和二层文殊菩萨殿(与班觉仁钦巴合作)	2
普觉曾勒	康马	乃宁	吉祥多门塔二层无垢殿、普贤菩萨殿(与桑日查布和格年喇嘛衮合作)和善趣金刚手殿(与南卡贝合作)	3
南卡贝	康马	乃宁?	吉祥多门塔二层善趣金刚手殿(与普觉曾勒合作)	1
普觉觉色罗追格玛哇	康马	乃宁	吉祥多门塔二层不空绢索殿	1
顿珠查布师徒	江孜?	卡尔卡	吉祥多门塔四层戒师传承殿、如意宝殿和道果殿	3
雅德巴师徒	尼木	雅德	吉祥多门塔二层阿閦佛殿	1

查布	尼木	桑日	吉祥多门塔二层普贤菩萨殿(与普觉曾勒和格年喇嘛衮合作)、文殊狮子殿、三层摧破金刚手殿(父子合作)和三层大殿一层金刚界殿?	4
格年喇嘛衮	尼木?		吉祥多门塔二层普贤菩萨殿(与普觉曾勒和尼木查布合作)	1
贡却桑波师徒	拉孜	觉囊	吉祥多门塔二层不空绢索殿(与桑木丹桑波等人合作)和三层六面文殊智菩萨殿	2
桑木丹桑波	日喀则?	加唐	吉祥多门塔二层不空绢索殿(与贡却桑波等人合作)	1
喜饶贝桑波师徒		吕杰康	吉祥多门塔二层黑色马头明王殿、作明佛母殿、三层普明佛殿和无量寿佛殿	4
喜饶嘉措兄弟		桑丹	吉祥多门塔一层增禄佛母殿和二层白度母殿	2
喜饶贝			吉祥多门塔一层马头明王殿	1
岗桑			大殿金刚界殿(与尼木画家合作)	1
贝佩哇兄弟			吉祥多门塔一层多闻天殿	1

由此可知,拉孜县、康马县、尼木县、日喀则县、江孜县等几个县的画家是白居寺壁画的主要创作队伍。其中拉孜县的画家最多,有10余位,分别来自拉孜县当时的德庆、夏才、宗雪、萨垅等几个村镇,他尔巴大师和顿日敦巴顿珠桑波大师师徒是其中的佼佼者,分别创作了5个和6个佛殿的壁画;其次是康马县的画家较多,都来自于乃宁地区;再次为尼木县和日喀则地方的画家,比重大不。还有桑丹、卡尔卡、吕杰康等几个村镇的画家也参加了白居寺壁画的创作,尽管他们的来源尚不清楚,从整个画师队伍的来源推断,似乎都来自后藏这一大的区域。

白居寺的雕塑家也与画家一样,也主要来自后藏这一广大地区,大多数系拉孜县和江孜周围地区人氏。其中拉孜德庆的雕塑家南卡桑波师徒和康马县乃宁雕塑家拉益坚参创作的作品最多。据壁画题记,吉祥多门塔二层善趣金刚手殿、三层持佛国王殿、有诸佛形殿、宝部佛殿、焰火金刚殿、金刚勇识殿、四层如意宝殿、上师殿、如意宝殿、戒师传承殿等10余个佛殿中的佛像都是由拉孜德庆大师南卡桑波师徒立塑的;吉祥多门塔一层大力明王殿、二层度母殿、不空绢索殿、文殊菩萨殿、观音菩萨殿和五层南无量宫殿等6个佛殿的雕塑是由乃宁大师拉益坚参立塑的。拉益坚参不仅擅长雕塑,而且也能绘画,吉祥多门塔四层智慧殿壁画就是他和他的父亲仁钦班觉大师共同创作的。此人学识渊博、技艺精湛,在当时后藏地区艺术界颇负盛名,因此,吉祥多门塔三层文殊菩萨殿壁画题记称他为"学识渊博、技压群芳的雕塑大师",而称他父亲仁钦班觉为"画王"。他们在吉祥多门塔创作的雕塑作品分别如下:

佛殿名称	位置	雕塑名称	数量	雕塑家	籍贯
回遮殿/白伞盖佛母殿	一层	三面六臂摧破星曜白伞盖佛母、白色无能胜明妃、黄色大邬摩天女、焰火明妃、绿色大力明妃	5	噶卡巴……玛达萨	?
马头明王殿	同上	一面两臂黄色马头明王及其眷属	3	村巴父子	?
不动明王殿	同上	一面两臂蓝色不动明王及其眷属	3	索南坚赞	拉孜
大力明王殿	同上	一面四臂蓝色大力明王、金刚手大势至、世自在菩萨	3	拉益坚赞	乃宁
幢顶臂严佛母殿	同上	三面四臂紫黑色幢顶臂严佛母及其使者、使女	3	格西杰协	?
无量寿佛	二层	无量寿佛及其着属	5	曾巴师徒	

度母殿	同上	担木度母、摩利支天、颦眉度母	3	拉益坚参	乃宁
不空绢索殿	同上	不空绢索观音及其眷属	5	拉益坚参	乃宁
摧破金刚殿	同上	摧破金刚、妙音天女和金刚度母	3	达那巴师徒	?
白度母殿	同上	白度母、颦眉度母、摩利支天、黄色和绿色祛毒佛母	5	强卡巴	拉孜
普贤菩萨殿	同上	普贤、弥勒和观音	3	曾巴父子	?
善趣金刚手殿	同上	善趣金刚手及其眷属	3	南卡	拉孜
文殊狮子语殿	同上	文殊狮子语、圣贤帕当巴、财贤童子、耄耋仙人和导狮蒙王	5	拉益坚赞	乃宁
观音菩萨殿	同上	一面四臂调伏众生大慈大悲观音、六字观音和持宝太子	3	拉益坚赞	乃宁
焰火金刚细微相殿	三层	焰火金刚细微相、金刚橛和摧破微尘金刚佛母	3	措波巴·贝…师徒	拉孜
持法国王佛殿	同上	持法国王佛及其左右胁侍	3	南卡桑波师徒	拉孜德庆
有诸佛形殿	同上	大日佛及其左右胁侍	3	南卡桑波师徒	拉孜德庆
宝部佛殿	同上	大日佛及其胁侍	3	南卡桑波师徒	拉孜德庆
焰火金刚殿	同上	焰火金刚、金刚军持和持矛佛母	3	南卡桑波师徒	拉孜德庆
金刚勇识殿	同上	大乐金刚勇识、金刚橛和金刚念	3	南卡桑波师徒	拉孜德庆
如意宝殿	四层	菩提萨埵、莲花生大师、噶玛拉锡拉大师、仁钦波大译师和俄·罗丹喜饶大译师	5	南卡桑波师徒	拉孜德庆

戒师传承殿	同上	大班智达释迦吉祥贤、大堪布强秋贝、绛央仁钦坚赞	3	南卡桑波师徒	拉孜德庆
阿底峡殿	同上	至尊阿底峡大师、仲敦巴·杰微琼乃、那措译师楚成杰哇	3	土智	卡尔卡
如意宝殿	同上	底洛巴、那若巴、玛尔巴、米拉日巴和塔波仁钦	5	南卡桑波师徒	拉孜德庆
上师殿	同上	喜饶坚参、克主·却勒南杰、堪钦聂本、贝丹勒巴和绛央贡却桑波	5	南卡桑波师徒	拉孜德庆
南无量宫殿	同上	释迦牟尼、观音主眷三身和十方佛、十六罗汉、三法王等(主尊)	3	拉益坚参	乃宁

毋庸置疑,白居寺艺术主要由后藏地区艺术家完成的,尽管尼木县属于拉萨地区,但处于拉萨与后藏地区交界地带,可能受到后藏大的艺术背景的影响。与此同时,在后藏地区以拉孜县为中心的拉堆和以乃宁为中心的康马县产生了两个成熟的艺术流派,对白居寺壁画和雕塑产生了最为直接的影响。因此,从某种角度上而言,白居寺艺术不是某一个人或某一流派艺术的体现,而是15世纪前后藏地区所有艺术风格的集中体现。

白居寺艺术出现之前的13至14世纪,正是藏传佛教艺术开始逐步走向民族化、地方化,并日益繁荣的历史时期,阿里古格壁画、萨迦寺壁画、夏鲁寺壁画都是此时期的代表作。尽管诸佛菩萨的造型,如坐姿、立式、手印和部分母题纹样以及构图等还具有印度、尼泊尔波罗艺术风格的影响,但与后弘期早期的艺术相比,已经明显减弱。而始于元代大规模的宫廷藏传佛教艺术在此时期走向了鼎盛阶段,由于元明两代中央和西藏地方频繁的政治和经济文化交流,宫廷的佛像创作反过来也影响到了此时期藏区佛教艺术的创作。这些因素都直接或间接的影响到了白居寺吉祥多门塔艺术的创作,其中萨迦寺和夏鲁寺艺术、拉堆艺术、乃宁寺艺术和中原内地艺术对吉祥多门塔的艺术产生了更为直接的影响。

吉祥多门塔壁画的风格因素最早可以追溯到萨迦寺和夏鲁寺壁画。二寺对吉祥多门塔壁画的影响主要体现在坛城题材和风格两个方面。吉祥多门塔以坛城题材的表现为主要对象,而萨迦寺不仅以坛城作品的创作而著名,实际上,萨迦派13世纪藏传佛教密宗体系的确立的,尤其是无上瑜迦部坛城的译入、介绍和宏传作出了杰出的贡献。无上瑜伽部中母续、父续和不二续的坛城分类就是由萨迦派率先划分的。萨迦派早期的坛城绘画作品主要集中在萨迦寺,在萨迦本钦阿仑扎西时期维修萨迦南寺时,就绘有639幅坛城壁画,至今在大殿顶层还比较完整的保存了100余铺坛城壁画。夏鲁寺主持、著名佛学大师布顿大师(1290–1364)在佛学、尤其是密宗方面造诣极深。1320年,他出任夏鲁寺主持之后,在夏鲁寺大规模的扩建活动中,亲自主持在东、西、南、北4个无量宫殿中绘制了大量的坛城壁画。与此同时,还编辑了不少重要的坛城仪轨著作。萨迦派大师和布顿大师的相关著作最后成为吉祥多门塔创作的基础。如据白居寺壁画题记,吉祥多门塔五层东无量宫殿北壁根据瑜伽续摄根本续第一品绘制的以金刚界大手印为主的根本大坛城壁画就是根据萨迦派坛城仪轨绘制的,一层增禄佛母殿的红色大象鼻天等壁画也是根据萨迦派样式绘制的坛城尊像作品;而五层南无量宫殿、北无量宫殿和东无量宫殿的大部分坛城壁画则“根据布顿大师所著的十万尊像坛城仪轨绘制而成”。与此同时,二寺、尤其是夏鲁寺在风格上对白居寺壁画也产生了影响。夏鲁寺对白居寺壁画风格的影响主要体现在民族化风格的进程上。夏鲁寺风格的特点是将尼泊尔波罗佛教艺术风格与中原内地艺术风格完美的融合在一起,集会大殿100铺本生故事棋格式的方形构图,胁侍菩萨的三折枝造型,高僧大德的着装和红色底色背景的表现,尤其是《舞蹈家本生》人物造型中较为明显的南亚人特征都传递出印度波罗艺术的气息;而二楼般若波罗蜜多佛母殿回廊朝佛行列中比较明显的元代中原着装和璃琉歇山顶建筑纹样的描写则体现出中原艺术的影响。无论这种响是分别来自于印度、尼泊尔、和中原,还是来自于元朝宫廷中受阿尼哥影响的宫廷佛教艺术,都掩盖不住夏鲁寺壁画中悄然出现的一种具有内在力度刻画、朝气蓬勃新风格的形成。夏鲁寺集会大殿二楼般若波罗蜜多佛母殿回廊壁画释迦牟尼、药师佛、文殊、大日如来、弥勒等作品就是这种风格的代表作。这一批作品不论是在造型、色彩的处理,还是在线条的勾勒、色彩的晕染方面都展示出精湛的技巧,尤其是通过面部的描写对佛教教义所要求的诸佛、菩萨人物内心的揭示和体现而出的活力都是同期壁画中无与伦比的杰作。这些风格通过拉堆地区和乃宁地区的艺术家传到了江孜白居寺吉祥多门塔。

江孜西北地区的拉孜和觉囊等地艺术家是白居寺艺术创作的主体。14、15 世纪时期,由于在这一地区产生了诸如觉囊大塔、江寺和日吾且寺等系列精美宏大的塔寺建筑和壁画,形成了比较一致、具有地方特色的艺术风格,因此有人按传统的地理划分,笼统地把这些艺术称为拉堆艺术风格。拉堆艺术除在寺塔建筑造型外,对白居寺壁画和雕塑的创作也产生了直接的影响。觉囊大塔和江塔一层回廊描绘的题材是佛传故事,采用的是棋格式构图模式,而日吾且塔大部分内容为坛城壁画。质朴自然,一挥而就,粗犷流畅的线条和大胆色块的运用及富有抽象意味的几何形装饰纹样、胁侍厚重粗大轮廓线的勾勒构成了拉堆艺术风格的主要旋律。觉囊塔壁画风格较之于江塔和日吾且塔趋于稚拙古朴,装饰纹样简洁明了,富有几何形抽象风格,与夏鲁寺金殿部分壁画风格十分接近。略为不同的是,比夏鲁寺壁画同一风格更趋于圆润和自然。而江塔画风较之于觉囊大塔,趋于精细和富丽,造型更加优美和谐。菩萨和罗汉的塑造更具有情感,形神的塑造达到了相当的高度。江塔第四层第六佛殿罗汉的描写就体现出这种风格。这位罗汉为四分之三画面,结双跏坐式,左手下垂后上扬,掌心向外,略呈施无畏印;宽额浓眉大眼,满头银发,表情持重,双唇微启,双眼下视,目光炯炯有神,充满了睿智和灵光,俨然是一位学识渊博、阅历丰富的藏传佛教高僧。

袈裟和躯体轮廓主要用铁线描勾勒，简洁利落，与人物神情的刻画相互辉映，更加衬托出聪睿和练达，十分传神。这种用简洁的线条刻画、竭力揭示人物内心感受的传达、趋于写实传统的风格在江孜白居寺同类题材中可以看到，甚至在雕塑中也能见到。白居寺十六罗汉塑像的塑造把这种风格体现得淋漓尽致，几乎达到了完美无缺的程度。因此，杜齐对江塔壁画给予了很高的评价，他说江塔壁画中看不到任何一种西藏域外艺术风格影响的明显痕迹，甚至在明显的尼泊尔造型中，也看不到尼泊尔风格的明显影响。这表明江塔壁画开始形成了具有独特地方风格的艺术传统，向西藏佛教艺术化的道路上迈出了重要的一步。与觉囊、江塔相比，日吾且塔坛城壁画也具有自已的特点，由于日吾且塔佛殿里没有塑像，因此在佛龛壁面上经常采用三尊一铺的构图形式，中心为主尊，两侧为胁侍，色彩经常采用红、蓝、绿三色作为基调，造型不刻意追求细节表现，较为灵活自由，线条自然流畅，富有清新的活力和想象的余韵。尤其是树木和云彩等装饰纹样，造型奇特，采用彩色圆点构图，轮廓墨线的勾勒浓重，给人一种反古典和具有地方特点的清新之感。画面中的人物造型，尤其是高僧喇嘛的塑造具有明显的萨迦寺风格。在白居寺吉祥多门塔壁画中，我们不仅能够找到与觉囊大塔胁侍菩萨造型接近的五叶冠、三层半圆形的胁侍听法构图，而且还能在江塔三层四殿中找到夏鲁、古格壁画中经常出现的由莲梗发展而来的连续性圆形构图；在人物造型轮廓上不仅能看到质朴有力、一气呵成的铁线描，而且也能看到拉堆壁画和古格壁画中常常点缀在画面中的六瓣团花纹样，甚至还能找到很多与日吾且塔二层第16殿佛龛坛城壁画造型一致的佛陀彩虹背光。不过值得注意的是，白居寺壁画中的拉堆艺术风格因素与觉囊、江塔、日吾且所代表的拉堆艺术本身相比，风格有了十分明显的变化。变化的总趋势就是拉堆艺术质朴自然、稚拙自由的风格在白居寺壁画中逐步趋于圆润典雅，精美富丽。树木、云彩粗重凝厚的轮廓墨线开始减弱，团花、莲花和树木等装饰纹样造型由简洁明了走向繁密华丽，人物造型更加注重形与神之间关系的处理。吉祥多门塔一层净土变壁画比较全面的反映了这一变化的面貌,同乃宁画家笔下的白居寺壁画开始走向了融合的倾向。

当时江孜的乃宁(现属康马县)和相邻地区即拉萨尼木地区的艺术家是白居寺吉祥多门塔艺术的又一批重要艺术家。白居寺大殿一层法王殿、二层道果殿、吉祥多门塔一层兜率宫殿、二层文殊菩萨殿、无垢殿、普贤菩萨殿、善趣金刚手殿、不空绢索殿、阿闳佛殿和三层摧破金刚手殿、四层智慧殿及五层西无量宫殿等壁画和雕塑均出自乃宁和尼木画家之手。其中乃宁画家创作的作品最多,在白居寺各个地区创作的壁画中,仅次于拉孜画家,作品数量位居第二。乃宁、尼木画家笔下的白居寺壁画与拉孜、觉囊笔下的壁画相比,色彩更加富丽和谐,菩萨秀丽典雅,纹样繁缛华丽,给人一种清秀柔美的审美感受,与拉堆艺术家创作的质朴自然、简洁明了、有力度的风格相应成趣。一层兜率宫殿壁画不仅展示出乃宁画风这种细腻精致的特点,而且反映出诸佛菩萨娟秀柔美的格调。北壁的交脚弥勒和东北壁的弥勒报身佛的刻化尤为出色。北壁的弥勒交脚相袒露上身,下着细花短裙,高髻、三叶宝冠、柳眉细眼、双目低垂、丰颐薄唇、下颏微启,双手作转法轮印,身披绿色花纹天衣,佩饰耳、项圈、手镯、臂钏和脚环。造型端庄秀丽,神态亲切动人。充满笑意的双眸,微闭的双唇和唇角掠过的那一丝藏而不露的微笑十分微妙,将弥勒刻画成一位五蕴皆空,充满慈母情怀,含笑众生的救世主,十分具有艺术魅力,堪称白居寺壁画中的精典佳作。这幅画像除天衣和构图的差异外,与夏鲁寺般若波罗蜜多佛母殿回廊由钦巴·索南邦描绘的弥勒菩萨风格十分相近,表明乃宁画家受到了夏鲁寺壁画的影响。正是这一风格的影响构成了白居寺壁画风格的又一大源泉。因此部分西方学者认为,夏鲁寺般若波罗蜜多佛母殿回廊的这些壁画在江孜白居寺达到了全盛阶段,发展成为一种生机蓬勃、格调高雅、完臻成熟的艺术风格。不过,这种影响不是夏鲁寺直接影响的结果,而是影响乃宁画家、通过乃宁画家的手笔展现出来的。

白居寺壁画除受到萨迦、夏鲁寺壁画和拉堆艺术及乃宁艺术的地方风格因素影响外,还体现出中原内地艺术风格的一些特点。据壁画题记和《江孜法王传》记载,吉祥多门塔一层多闻天殿的多闻天壁画和二层作明佛母殿中的汉式度母壁画就是根据内地艺术风格描绘的。白居寺壁画中的中原艺术风格主要体现在部分人物造型和装饰纹样的表现上。从壁画具体风格来看,不仅多闻天和度母的人物造型受到了中原内地风格的影响,实际上整个四大天王的刻画都带有中原风格的痕迹。四大天王人物造型的国字脸、倒八字眉、八字胡须和宝冠、甲胄都体现出汉族艺术人物面部和服饰描写的特点,尤其是持国天手中的琵琶,则是中原内地典型的乐器造型。白居寺壁画中的这些中原艺术风格的影响大体来源于两个渠道。第一种渠道来自萨迦、夏鲁寺壁画,也就是说,白居寺壁画在接受萨迦和夏鲁寺壁画风格影响的同时,接受了这两个寺院中中原艺术的某些风格和表现语言。其中包括唐代时期唐蕃艺术相互影响的遗韵,诸如四大天王等造型的继承和元代中原对萨迦和夏鲁寺产生的较新影响。由于这两大寺院在元代经过大规模扩建时都邀请了中原艺术家参加,因此中原艺术的影响比较普遍和明显。元代中原艺术对萨迦和夏鲁壁画的影响主要也表现在人物造型和山水装饰纹样两大方面。人物造型主要是四大天王造型和本生故事、佛传故事中身着汉族服饰的俗人形像。山水等装饰纹样除集会大殿中的宫殿建筑外,夏鲁寺护法神殿北壁的青龙和朱雀纹样,和三层甘珠尔殿回廓北壁萨迦五祖壁画中的树木描写颇具特色。护法神殿北壁的青龙和朱雀的描写十分夸张,动感极强。青龙盘回腾飞于上壁,圆瞪双目,红唇大开,龇牙毕露,龙爪飞舞,气势恢宏。朱雀展翅青龙下壁,双脚后收、双翅展开,向火焰纹摩尼宝珠奋力疾驰,动作轻盈、造型十分优美。在古代内地国画中,经常可以看到类似的青龙和朱雀造型。在汉族文化中,青龙、朱雀和白虎、玄武是东西南北四方传说中的方位神。

白居寺壁画中中原艺术因素影响的另一渠道就是直接来自明代内地艺术、即明代宫廷藏传佛教艺术的影响。明代内地宫廷藏传佛教艺术流派源于元代。由于元代内地中央王朝极力推崇藏传佛教、礼遇萨迦派等各个教派的僧人,于是大批僧人往来于西藏和内地为元皇讲经说法、举行灌顶和超荐仪式等宗教活动,藏传佛教及其艺术开始在内地宫廷及其它各地得到传播,北京和江南的杭州逐渐成为藏传佛教艺术创作的两大中心。1271 年建造的北京北海妙应寺白塔、1343-1345 年由萨迦派僧人襄加惺机设计监制和贡噶坚参贝桑波(1310-1358)开光的居庸关密教石刻、1300 年由藏传佛教僧人管主巴在杭州大万寿寺主持的《西夏藏》大藏经密教部分木刻插图,和杨琏真加负责的杭州飞来峰密教石刻都是元代藏传佛教艺术在内地留下的重要作品。一些藏传佛教艺术的造像材料和技法也传入了内地,《元代画塑记》中记载的"西番碌"、"西番砂"、"西番颜色"和"西番水镀砑金"等颜料和技法就是由西藏艺术家传入内地的藏传佛教造像艺术重要的材料和技法。尼泊尔著名工匠阿尼哥(1244-1306)的入藏为藏传佛教的雕塑艺术注入了较新的血液,尤其是 1263 年经帝师八思巴的举荐来到元廷后,对元代宫廷和地方的藏传佛教艺术作出了重要的贡献。阿尼哥于 1261 年受大元帝师八思巴之请来到西藏建造萨迦金塔,后经帝师举荐进入元廷,以其雕塑方面的卓越才华博得了元皇的宠爱,先后曾为仁宗皇帝画像、参加三清殿的修葺和石刻的雕塑等重大艺术活动,并在内地广招弟子,将尼泊尔佛教艺术和藏传佛教艺术紧密地结合在一起,并逐渐中原艺术化,开始形成了一支具有汉族艺术特点、兼融藏传佛教艺术和尼泊尔佛教艺术的宫廷艺术流派"西天梵相"。

明朝时期,明代中央继续推行推崇藏传佛教、礼遇西藏高僧的政策以安定西藏、蒙古边疆,在具体的施政措施上吸取了元代治藏的经验,把元代独尊萨迦派一派的做法改为尊崇西藏各个藏传佛教派别,对西藏各个教派僧人实行多封众建政策。西藏各个教派的首领及其代表川流不息的往来于明廷和西藏之间,不仅加强了明代中央和西藏地方间政治经济的广泛交流,而且促进了藏传佛教艺术在西藏和明代宫廷的发展。因为明代中央和西藏地方各个教派首领和使节的每次交往中几乎都要相互赠送佛像和佛经。明代中央向西藏各首领及其代表封赐的礼物一般都有佛像、法器、袈裟、禅衣、绒绵、彩币、图书(佛经)等物,西藏方面向明皇室供奉的礼品有舍利、佛像和马匹等。明廷封赐西藏各教派的佛像(包括唐卡和雕塑)都是在明廷官方作坊中根据元代宫廷中形成的具有汉族风格特点的藏传佛教艺术风格创作的。同时随着明代同西藏地方藏传佛教艺术的密切交流,吸收了同时期西藏本土佛教艺术的风格因素,与西藏本土的佛教艺术创作保持着密切的联系。明廷创作的这些具有浓郁汉族风格的佛教艺术作品对西藏本土艺术反过来产生了重要的影响,白居寺壁画和造像艺术中的中原风格因素无疑受到了同时期明廷藏传佛教艺术的启迪。白居寺三层大殿二层南殿拉基会议厅中发现的一幅题写有《御制救母赞》和"大明永乐十四年四十七日施"的绀青纸地泥金救度佛母像就是白居寺艺术受到月同时期明廷藏传佛教艺术影响的例证。

实际上,白居寺壁画中的明代中原艺术影响可以同明廷封赐西藏的金铜佛像之间的风格比较来得到进一步的体现。海瑟·噶尔美在《早期汉藏艺术》中把西方各大博物馆收藏的金铜佛像和 1410 年北京版《甘珠尔》插图同白居寺壁画之间进行了一番比较后认为,它们都是同一时期风格十分相近的同源作品。永乐金铜佛像一般都在基座上镌有"大明永乐年施"的题记,佛像都由失蜡法浇铸而成,与西藏地方制作的金铜佛像相比,制作十分精美、华贵富丽,体现出皇家的气派。莲座通常为两种造型。大多数莲座为双重仰覆莲花造型,覆瓣莲叶细长,同白居寺壁画中大多数莲花座中的莲叶造型相同。通常在莲座上层和底层都镶嵌有两圈排列整齐有序的宝珠,与白居寺壁画中的莲座连珠纹一样,十分精美。人物造型柔顺优美,与白居寺壁画人物造型一样,体现出三折技造型特点。男性菩萨大都裸露上身躯干,穿着几乎一样的袈裟和佩戴着相同的饰物,僧裙在臀部用宝带紧扣在一起,正好在肚脐下形成系列对称的衣褶。汉族方形的披肩覆盖双肩,飘垂而下。珠宝饰物也非常相似。男性菩萨五叶冠中间的冠冕与白居寺壁画中常见的冠冕一样,由两侧突崛的冠叶装饰而成。耳珰通常为圆形、很大,十分简洁朴素,有的在耳珰下吊坠着宝珠,造型与白居寺壁画中的耳珰相似。项圈对称的悬垂在胸前,在中心悬垂着三个长长的圆形连珠纹珠宝。项链则一直对称地越过胸部,垂吊在肚脐上方。臂钏、手镯造型也同白居寺壁画相近。男性菩萨面部造型大多为方脸,度母则为圆脸。这种男性菩萨和女姓菩萨之间方脸和圆脸的面部造型区别在白居寺壁画中也描绘得十分清楚。海瑟·噶尔美对明代永乐金铜佛像和白居寺壁画之间的评价比较准确地反映出白居寺壁画同明廷藏传佛教艺术之间的关系。一方面明廷的宫廷藏传佛教艺术对西藏地方的藏传佛教艺术的创作产生了影响;另一方面,西藏本土的藏传佛教艺术也对明廷的创作产生了影响。这种影响是相互的,共同繁荣了西藏本土和明廷藏传佛教艺术的创作。

美学意蕴

在白居寺壁画中,人物形象十分众多,上至诸佛菩萨、金刚明王、本尊护法、天龙八部和供养诸天,下至高僧大德、仙人术士、黎民百姓等现实生活中的历人物。人物的造型大都各具特点、形神兼备、栩栩如生,不乏神话传说中诸佛菩萨、金刚力士等佛国世界人物造型上的浪漫夸张笔触;也不乏教派鼻祖,师徒传承等藏传佛教各派高僧大德造型上的写实传统。但在人物造型、尤其是形体刻化和服饰上看,佛国世界里众多的人物造型都具有两大显著的造型特征,即静相和猛相的区别,藏传佛教将这两种神像分别称之为“静相神”或“上像神”和“猛相神”或“怒像神”。

一般而言,“静相神”大多属于显宗里论及的诸佛菩萨、弟子、罗汉等造型;“猛相神”大多属于密宗典籍或被佛教降伏的西藏古老宗教本教中的一些神祇,一般包括本尊、明王护法等造型。但“静相神”和“猛相神”造型上的区别决不意味着藏传佛教显密二宗之间的分野。实际上,显宗里也有“猛相神”造型,密宗里也有“静相神”的造型。甚至在同一神像造型中也同时兼备了“静相”和“猛相”两种造型。如吉祥多门塔一层摩利支天佛母殿中的三面六臂摩利支天佛母,主面和左右系白色静相,而右面则为红色猛相。大清内阁掌译番蒙诸文西番学总管仪宾工布查布在其著作《造像量度经续补》一书中对“静相”和“猛相”的造型特征及其区别作了纲要性的阐述,他说:

凡言善相(即静相)者,其相貌庄严俱同菩萨相。言恶相(即猛相)者,同明王相。官扮者,着大领宽袂袍,宝带、朝靴。善相宝冠,忿怒相则用骷髅冠。武扮者,身着铠甲、宝带、朝靴、头或盔或冠,看随其宜也。

并且还提到“慈相”、“悲相(两眉微颦而无笑容)”、“喜相(具微笑容)”和“喜悦相”等造型分类及其表情特征。一些西方学者在介绍和研究藏传佛教图像学时,也看到了神像造型上的这些特征,并且从“猛相”和“静相”这两种显著的造型特征入手来划分藏传佛教显密二宗里的神像,以身着菩萨装的神像和护法神装的神像作为“静相”和“猛相”神分类的基准。菩萨装的特征是头戴五叶冠,佩饰耳珰、项圈臂钏、手镯、脚镯,著披肩、短裙,腿上饰花环,腰系腰带、饰带和花环等。把显宗中一面两臂佛像、密宗中一面多臂或多面多臂的佛像和欢喜佛等凡着菩萨装的佛像划分为静相神;护法神装的特征是头戴五骷髅冠、饰花环,佩戴手镯、脚镯、项圈、面部有第三眼、头发呈火焰纹光环,下身穿着虎皮或象皮裙,凡是具有上述特征的神像都属于“猛相神”。它也包括显宗中一面两臂佛像和密宗中一面多臂或多面多臂的佛像和欢喜佛三类。用这种方式来划分佛像的类别尽管不很科学,但捕捉到了佛像在造型上的明显特征,为我们了解佛像审美内容提供了有益的思考。

面部表情特征的刻画是区别静相神和猛相神造型的主要标志之一,它是白居寺壁画乃至于整个藏传佛教艺术刻意表现的中心,因为面部是人体中最能传递出人物内心情感世界和心理气质的关键部位,藏传佛教艺术的审美内容大都在这里得到了集中的体现。这一点同拜占庭的基督教艺术可以说是不谋而合。拜占庭督教艺术为了突出基督、圣母、圣知、使徒、圣者等非尘世超自然的“神性”,因此也强调面部的重要性,面部从而也得到了极端化的刻化,并且形成了一套程式化的固定模式。按基督教教义,超自然界是常住永恒的世界,因此将《圣经》里的人物和圣者都描写成静止不动的状态。因为“在拜占庭人的心目中,一个人当他内心充满着超自然的神秘感受时,当他在一定程度上沉浸于静谧的神秘生活时,处于不动状态。“面部凝视者的眼睛以大为夸饰而与众不同;仿佛无形的纤小的嘴唇失去可感性;鼻子以不明显的垂直的线条或略为弯曲的线条勾勒出来;前额很高,并且大于脸面的所有其余部分。”这一面部的独特刻化隐含着拜占庭基督教宗教内容和拜占庭画家对基督教本质的观察,即突出和强调圣像非尘世超自然的“神性”。藏传佛教艺术中的“静相”、“猛相”的独特描绘与拜占庭基督教艺术面部程式化独特描写一样,是建立在各自教义要求和画家对宗教本质观察基础上逐渐形成的程式化标准,目的旨在保证作品对信徒以明显直接的宗教影响,激发信徒的宗教感情。

无论是“悲相”、“喜相”或“喜悦相”等“静相”或“善相”的独特面部描绘,总体上都给人一种祥和、亲切、慈悦、静穆的审美感受,十分富有情感。白居寺大殿一层法王殿观音菩萨、吉祥多门塔一层兜率宫殿的弥勒菩萨,乃至于各个佛殿描绘的金刚界诸菩萨、贤劫菩萨、十六菩萨、八大菩萨、十二度菩萨、十二地菩萨等等逐渐趋于程式化的面部“善相”刻化,都包含着十分独特的审美内容,这即是“大慈大悲”和“五蕴皆空”特定的精神状态。佛教认为现实是苦海,要遭致生老病死种种痛苦的罹难,由于种种因缘,在六道轮回中无休无止的流转往迁,前世积下的业力和烦恼是导致人生之苦的根源,为了从苦海中解脱,必须断除轮回业力,皈依佛法,通过六度达到彼岸,脱离苦海。大乘佛教在主张独善其身的同时,尤其强调普渡众生,于是以智上求菩提,以悲下救众生的菩萨便应运而生。菩萨在追求终极成佛的同时,不忍有情众生罹难苦海,于是产生慈悲之心,决心以慈悲为怀,引导冥冥苦海中的芸芸众生破除无明的黑暗,解脱苦海、觉悟成佛,因此菩萨详和的面部刻化的审美内容之一是下救众生。为了体现菩萨的大慈大悲和对众生的爱怜,把菩萨刻画成面带微笑峈,慈眉善目、通达圆悟慈祥亲切之相,使苦海中的有情众生感到一种亲切感和亲近感,从而皈依佛门,沿着佛教倡导的一套闻思修途径的正确努力,实现成佛的目的。祥和的另外一种审美内容是“五蕴皆空”,表现菩萨用智上求菩提,追求成佛的一种精神境界,这种境界即是“无缘慈悲”、即“离一切差别,心无所缘”。也就是断除生死轮回和烦恼分别诸念后获得的一种神秘的精神境界。

在白居寺壁画中,与这种详和的审美感受形成鲜明对比的是给人一种怖畏、森严、甚至是恐惧的“猛相”刻化,在明王、护法和一些本尊造型中得到了独特的表现。工布查布在《造像量度经续补》中比较详细的给出了这些造像的量度和表现特征,这几种常见的“猛相”或“怒相”造型特征如下:

1)夜叉怒相,其表现特征之一是微怒和悦容,通身不露骨筋脉络,明王多用此相。

2)罗刹怒相,亦称之为甚怒大恶相。特征之一是鼻孔反豁、手足筋皆暴露、指甲类似虎爪。护法神多用此相。

3)仙人怒相。

4)大怒明王相。

5)常相,为调伏诸异怪而现,如罗刹、鬼王,因具十头以自慢。

总体造像面形特征是男方女圆,三目圆瞪、头毛直立,须髭毛发赤黄、炽燃如火焰、张口呲牙卷舌,以五骷髅为冠、虎皮或象皮为裙,蛇为络腋,火焰纹为背光。整个造型和装饰孔武有力、森严怖畏。

明王、护法、本尊这种怖畏、森严、孔武的审美感受同样也来源于藏传佛教膜拜职能的需要。从教义来看,佛教认为烦恼和欲望是阻止众生脱离苦海,佛教徒顺利成佛的大敌。烦恼和诱惑等诸杂念聚于一心,不可能证得佛界的最高境界;从历史上来看,佛教在印度的发展和在西藏的传播过程中都受到了来自于其它宗教的干扰。因此帮助佛教徒断除烦恼、灭除杂念和消灭侵犯佛教世界里的各种神灵鬼怪的明王、护法应运而生。由于这种特定内容的需要,明王、护法变化展示出各种凶猛、怖畏、甚至是狰狞的形象。工布查布在《造像量度经续补》中一语道破了它们的实质:“忿怒明王及恶相护法神,乃以慈力,为降服世间纯阴毒种,特变猛烈之相者也。”为了突出和强化这种特定的审美作用和艺术效果,藏传佛教对艺术家规定了一些专门的要求,对“怒相神”的塑造提出了总体的表现原则:“须得蓄威蕴怒,山临岳发之势方妙”。并且根据护法神的内容提出了九种与之相应的表现形式,用藏传佛教的语言来说,就是身语意三者达到完美的统一,才能达到怒相神塑造最完美的艺术效果。

“九势”分别包括身、语、意三门各三势,分别为:

仟仟——轩举状,仡仡——壮勇貌,桓桓——威武貌,身之三也;大笑、叱叱、可畏,语之三也;慈悲、浩然、寂然,心之三也。

这里对身和语的塑造我们暂且可以把它看成是外在的表现形式,而心则是身、语为之服务的表现内容。审美标准要求通过身语的轩举状、壮勇貌、威武貌和大笑、叱叱、可畏等外部造型的着力刻画来充分体现出怒相神内心的慈悲、浩然和寂然。这一点与静相神的内容大慈大悲和五蕴皆空的境界是共通的。在藏传佛教看来,静相和怒相在本质上是一致的,只是根据不同的审美作用、确切而言是功用才化现出两种外在的表现形式。静相的审美作用是引导众生脱离苦海,而怒相神的功用是以慈悲为怀以外部化现而出的怖畏、凶猛、孔武来护卫佛法和信徒的修炼。察雅活佛在其著作《西藏宗教艺术》中指出:“释迦牟尼佛解释密乘教法时,用那些狂怒的形象作为激发信徒对烦恼产生憎恶的工具。这种狂暴的憎恶本身恰好似灭除邪魔的工具。因而怒相本尊神令人恐怖的形貌表情是展现了本尊神对烦恼的憎恶。”由此看来,静相和怒相神在审美作用的终极意义上是殊途同归的。

从严格意义上讲，以白居寺吉祥多门塔壁画为首的所有藏传佛教造型艺术都从属于宗教艺术范畴，因此体现宗教教义的意境就成为宗教艺术审美的终极目标之一。从白居寺藏传佛教壁画艺术来看，佛身观想和本尊观想的宗教实践本身为宗教艺术的表现提出了客观直接的需要。换言之，壁画和雕塑等宗教艺术的创作是为了进行宗践实践，即借助于“相好”的修炼来迅速达到或证悟成佛的境界。因此，宗教实践的最高成就就成为白居寺艺术创作意图追求、刻画的最高旨趣和意蕴，这就是对涅槃境界的完美体现。白居寺壁画艺术人物造型中旨在刻画的内在气质和意蕴同藏传佛教僧人宗教实践所追求的最高理想涅槃的境界是相辅相陈的。因为白居寺壁画题记记载就是最好的说明。据题记记载，白居寺大部分壁画都是僧人画家创作的。这些画家不仅要学习显宗典籍，而且都要从事宗教实践活动，因此，对佛身观想等宗教修行的过程及其境界都有亲自的体验和领悟，宗教修行获得的感受自然流露于笔端。他们笔下的诸佛菩萨造型因而十分注重人物内心活动的表现和传达。诸佛下垂的低眉，修长端直的鼻梁、圆润丰满的双颐，尤其是微启下视的双目，欲闭又启的双唇和面部隐秘的笑意，都表现出一种平和静穆、宁静致远、物我两忘、空灵的精神状态，十分神秘，难以言传。吉祥多门塔一层东兜率宫殿的弥勒佛、西净土殿的无量寿佛就是这种意蕴的典型写照。这种精神状态用大乘空宗的语言来表述，就是空性，一种涅槃时特有的精神状态。菩萨的刻化，不仅强调这种“空性”的表现，而且也强调一种亲切、慈悦、悲怜的意蕴；明王护法，通过外形怒相、猛相的夸张来揭示内心的慈悲、寂然和浩然，尽管外型塑造与菩萨相比，更注重形体动态感、恐怖感、粗狂感、勇猛感的塑造，但传递出的内涵却与菩萨一脉相承，它用动态来描写静态，用威怒来表现慈悲，用憎恨来展示怜爱。正是金刚乘以大智故，不住生死；以大悲故，不住涅槃观念的体现。

从白居寺壁画艺术所表现的美学追求宏观来看，是同宗教修炼所追求的最高理想是一致的，但要深刻论述它们之间的关系，十分复杂，在此只能作一次简单的尝试,也许龙树大师在《根本中论无畏疏》(序品)中的论述能够充分阐释白居寺美学追求和宗教修行最高成就涅槃之间的关系。他说,"借助于具有施设的对如来称颂、敬礼的话语,便能对胜义谛作出全面的教示。"施设在这里包括语言、符号、艺术等一切方便。也就是说,就是要借助于造型,语言符号等手段等世俗谛的语言来体现胜义谛全部内容"空性"的真谛。从终极意义上讲,诸法皆空,包括语言、造型艺术中的相好、标帜,都没有自性,皆因缘而生;但从世俗或相对意义上而言,一切因缘法都可以借助于世俗名言(假名,具体到艺术即指相好、标帜、色彩)来体现。

主要参考书目:

晋美扎巴,《江孜法王传》,藏文本,西藏人民出版社,1987 年。

工布查布,《佛说造像量度经并附续补》,南京金陵刻经处刊刻本。

熊文彬,《中世纪藏传佛教艺术——江孜白居寺壁画艺术研究》,中国藏学出版社,1996 年。

Giuseppe Tucci, The Tibetan Painted Scrolls, Roma, 1949.

Heather Karmay, Early Sino-Tibetan Arts, Warminster, England, 1975.(同时参见熊文彬汉译本《早期汉藏艺术》,中国藏学出版社,1994 年。)

Lodan Sherap Dagyab, Tibetan Religious Art, Weisbaden, 1977.(同时参见谢继胜汉译本《西藏宗教艺术》,西藏人民出版社,1989 年。)

Robeto Vitali, Early Temples of Central Tibet, Lodon, 1990.

Franco Ricca & Erberto Lo Bue, The Great Stupa of Gyantse, London, 993.

Musashi Tachikawa & Akira Masaki, Iconographic Studies of the Stupa of Gyantse, Bulletin of the National Museum of Ethnology Special Issue, no. 18, Japan, 1997.

原文为西藏人民出版社、四川民族出版社《西藏江孜白居寺吉祥多门塔》一书《概述》),2001 年,第 11 -31 页。

《诸佛菩萨妙相名号经咒》木刻版画
——明代内地汉藏与藏汉艺术交流的重要遗珍

中国国家图书馆(下简称国图)珍藏有一部明代汉藏佛教及其版画艺术交流的重要书籍——刻本《诸佛菩萨妙相名号经咒》。该籍主要由汉文、兰札体梵文、藏文和蒙文四体合璧的前、后序,汉文佛经、经咒和汉藏风格的诸佛菩萨版画、名号及其经咒等三部分内容组成。其中的藏式风格版画按西藏噶玛噶举派黑帽系五世活佛、亦即明封大宝法王得银协巴所传样式创作而成。按前、后序,该籍于宣德六年、亦即1431年刊印于北京。毋庸讳言,对于研究明代汉藏佛教及其版画艺术的交流,藏传佛教在内地的传播及其影响,以及藏文和蒙文文字的演变,该籍都具有十分重要的学术价值。中国藏学出版社和中国国家图书馆在此对它的影印出版,无疑有助于上述领域学术研究的深入。

一、国图藏本的基本情况

实际上,在国图藏有一部半的《诸佛菩萨妙相名号经咒》。一部为四卷本,规格为26.4×17厘米,版心为20×14厘米,封面黄色,经过重装;另一部为两卷本,实际上只是四卷本中的前两卷,而缺后两卷,规格为29×17.5厘米,版心相同,封面蓝色,也经过重装。通过比较发现,四卷本的页眉和页脚在重装时经过裁剪。两卷本虽为四卷本的前两卷,但分卷不同。与此同时,两卷本的保存状况优于四卷本。除此之外,余皆相同,二者均出自同一个雕版。

国图的这两个藏本都没有连续、统一的页码,其中收录的每一部佛经都各自标注页码。加之,页码标注在折缝处,由于长期磨损,大多已模糊不清,因此编排显得有些混乱。现按原标页码,将这两个藏本各卷的主要内容和页数依次介绍如下:

四卷本现存 286 页,其中卷一 66 页,卷二 68 页,卷三 94 页,卷四 58 页。

卷一

1. "前序"1–8,共 16 页:1–4 页为汉文,其中汉文首页缺失;5–8 页为兰札体梵文,但 5–6 页和 7–8 页的页码排序颠倒了;9–12 页为藏文,13–16 页为蒙文。

2. "目录"1–3,共 6 页,为《诸佛世尊妙相番相名号》。

3. "佛相"1–32,共 64 页,为《诸佛世尊妙相番相名号》中的 63 幅版画,其中卷一在第 44 页分卷。

卷二

1. "佛相"23–32,《诸佛世尊妙相番相名号》版画。

2. "赞"1–20,共 40 页:第 1 页为《诸佛世尊妙相番相名号》最后一幅版画多闻天王,2 – 6 页为《一切如来金刚三业最上秘密大教王经诸佛集会三昧法金刚加持王分第七》(下简称《大教王经》)的 5 幅版画,7–40 页分别为《圣救度佛母二十一种赞经》中的版画以及汉文、兰札体梵文、藏文和蒙文四体文字经咒。

3. "金刚经相"1–2,共 4 页,配有 4 幅版画。

4. "心经"1–2,共 4 页,为汉文《般若波罗蜜多心经》。

卷三

1. "金刚经"1–24,共 48 页,为汉文《金刚般若波罗蜜经》。

2. "弥陀经"1–9,共 18 页:第一页为净土宗版画,2–18 页为汉文《佛说阿弥陀经》。

3. "观音经"1–10,共 20 页:首页为水月观音版画,2–20 页为汉文

《妙法莲花经观世音菩萨普门品》。

4."诸品咒"1-4,共8页,为汉文《吉祥神咒》等各品经咒。

卷四

1."楞严咒"1-12,共24页,为汉文《大佛顶首楞严神咒》。

2."三十五佛"1-14,共28页,为《三十五佛名经》中的版画。

3."藏经目录"1-9,共18页:分别为汉文《唐僧往西天取经目录》、塔名目录和对大宝法王、大乘法王等的赞词。

4."后序"1-3,共6页:1-2页为汉文,3-4页为兰扎体梵文,5-6页为藏文。

两卷本共125页,其中卷一85页,卷二40页。与四卷本的不同之处是,两卷本在"佛相三二"处分卷。与此同时,卷二截至"赞二十"、亦即《圣救度佛母二十一种赞经》版画及其四体文字经咒后结束。

实际上,在法国巴黎的集美博物馆也珍藏有一部两卷本的《诸佛菩萨妙相名号经咒》,编号为46348II。海瑟·噶尔美在《早期汉藏艺术》一书中对此进行了介绍和研究,不仅首次公布了汉文前、后序和藏文前序的拉丁撰写和英译文,同时还发表了其中的两幅木刻版画。[①] 根据海瑟·噶尔美的记述,集美博物馆藏本卷一在《圣救度佛母二十一种赞经》版画及其四体文字经咒后分卷,与国图两卷本的分卷相同。换言之,国图的两卷本正好是集美博物馆藏本卷一内容。另外,与集美博物馆藏本相比,国图四卷本缺失了最后3-4页,亦即蒙文后序、时间和韦陀版画等内容。[②]

二、《诸佛菩萨妙相名号经咒》的版画内容

中国国家图书馆藏本《诸佛菩萨妙相名号经咒》中的版画作品主要

①Heather Karmay, Early Sino-Tibetan Art, Warminster, 1975;同时参见熊文彬汉译本,《早期汉藏艺术》,中国藏学出版社,1994年,第121-135页。

②参见海瑟·噶尔美,《早期汉藏艺术》,熊文彬汉译本,中国藏学出版社,1994年,第125页。

由《诸佛世尊妙相番相名号》中的63幅版画(参见图1-2)、《圣救度佛母二十一种赞经》中的22幅版画(参见图4)和《三十五佛名经》中的36幅版画(参见图5)组成。与此同时,《大教王经》配有5幅版画(参见图3),《金刚般若波罗蜜心经》之前插有4幅版画(参见图6)。此外,在《佛说阿弥陀经》(参见图7)和《妙法莲花经观世音菩萨普门品》(参见图8)中各配有1幅版画。整部书籍共有版画插图132幅。除一幅版画表现的是噶举派黑帽系第五世活佛(参见图1)、亦即明封大宝法王得银协巴(1384-1415)外,其余版画表现的都是藏传和汉传佛教中的诸佛菩萨。这些版画表现的具体题材分别如下:

1.**《诸佛世尊妙相番相名号》版画**

《诸佛世尊妙相番相名号》共有63幅版画,其中前3幅版画没有题写相应的题记,而接下来的60幅版画都有汉文、藏文、兰札体梵文和蒙文的四体文字题记,题记内容包括名号和经咒。与此同时,在图像之前附有一个题为《诸佛世尊妙相番相名号》的目录,目录中给出的诸佛菩萨的名称与版画题记中的名称完全相同。现按照目录和版画的顺序,将此63幅版画一一例举于下:

1)文殊菩萨(参见图2),无题记,《诸佛世尊妙相番相名号》目录也不载。其造型一面二臂,双手当胸施转法轮印,并持莲枝,莲花与肩齐,左右分别托其象征法器剑和经书,结跏趺坐于须弥座上。

2)释迦牟尼佛与二弟子,无题记,《诸佛世尊妙相番相名号》目录也不载。主尊释迦牟尼佛右手施触地印,左手施禅定印,接跏趺坐于须弥座上,为成道相。左右二侧各有一位弟子,面向主尊侍立,应分别为弟子迦叶和阿难。

3)四臂观音,无题记,《诸佛世尊妙相番相名号》目录也不载。其造型一面四臂,结跏趺坐于须弥座上。其中主臂当胸,双手合十;另一右手上举持念珠,另一左手持莲花。

4)燃灯佛,造型一面二臂,双手当胸施转法轮印,结跏趺坐于莲台。带四体文字题记,其中汉文题记为“马儿灭赞即燃灯佛,心咒:唵哑的哪葛(二合)啰耶莎曷”。①

5)炽盛光佛,造型一面二臂,右手下垂施与愿印,左手施禅定印并持法轮,结跏趺坐于莲台。带四体文字题记,其中汉文题记为“叶耳结斡思弄即炽盛光王佛,心咒:唵哑哑蜜答巴斡吽”。

6)释迦牟尼佛,造型一面二臂,右手下垂施触地印,左手施禅定印,结跏趺坐于莲台。带四体文字题记,其中汉文题记为“沙加土巴即释迦牟尼佛,心咒:唵牟尼牟尼哈牟纳夷莎曷”。

7)药师佛,造型一面二臂,右手下垂施与愿印,左手施禅定印并持药钵,结跏趺坐于莲台。带四体文字题记,其中汉文题记为“思蛮剌即药师佛,心咒:唵牌拜节牌拜节麻曷牌拜节牌拜节啰捞萨牟忒(二合)曷喋莎曷”。

8)无量寿佛,造型一面二臂,双手于腰前持钵,立于莲台。带四体文字题记,其中汉文题记为“切黑八灭即无量寿佛,心咒:唵哑吧啰蜜答哑由而尼牙(二合)纳黑哩(二合)吽不隆(二合)莎曷”。

9)阿弥陀佛,造型一面二臂,双手于胸前施禅定印并持钵,结跏趺坐于莲台。带四体文字题记,其中汉文题记为“兀黑巴灭即阿弥陀佛,心咒:唵哑蜜答发黑哩(二合)莎曷”。

10)弥勒佛,造型一面二臂,双手当胸施印,结跏趺坐于莲台。带四体文字题记,其中汉文题记为“尚思巴即弥勒佛,心咒:唵哑即的哑即的哑巴啰谵捞夷曷啰曷啰蜜的哩(二合)哑斡卢吉的葛啰麻曷萨麻耶悉提发啰发啰麻曷菩提曼吒必节思麻(二合)啰思麻(二合)啰哑思麻(二合)甘萨而斡(二合)答塔葛达桑麻牙菩提菩提麻曷菩提牙莎曷”。

11)毗卢遮那佛,造型一面二臂,双手当胸施智拳印,结跏趺坐于莲台。带四体文字题记,其中汉文题记为“喃巴耳思囊咱即毗卢遮那佛,心咒:唵歪噜捞纳唵莎曷”。

12)东方不动佛,造型一面二臂,右手下伸施触地印,左手于胸前施禅定印,结跏趺坐于莲台。带四体文字题记,其中汉文题记为“沙耳米

①关于汉、梵、藏和蒙文的四体文字,参见转写。

失角巴即东方不动佛,心咒:唵哑芻毗牙(二合)吽莎曷”。

13)南方宝生佛,造型一面二臂,右手下伸施与愿印,左手于胸前施禅定印,结跏趺坐于莲台。带四休文字题记,其中汉文题记为“逻领占仲丹即南方宝生佛,心咒:唵啰得纳(二合)三发斡得览(二合)莎曷”。

14)西方阿弥陀佛,造型一面二臂,双手于胸前施禅定印,结跏趺坐于莲台。带四体文字题记,其中汉文题记为“纳都斡巴灭即西方阿弥陀佛,心咒:唵哑蜜答发黑哩(二合)莎曷”。

15)北方成就佛,造型一面二臂,右手当胸施说法印,左手于胸前施禅定印,结跏趺坐于莲台。带四体文字题记,其中汉文题记为“商都短岳古噜巴即北方成就佛,心咒:唵哑谟谒悉提哑莎曷”。

16)文殊菩萨,造型一面二臂,双手于胸前施转法轮印,并持莲枝,莲花齐肩,左右分别托有经书和剑,结跏趺坐于莲台。带四体文字题记,其中汉文题记为“盏阳即文殊菩萨,心咒:唵黑纥的麻灭的巴曼祖室哩牟黑纥不啰哩拶吒都黑纥莎曷”。

17)普贤菩萨,造型一面二臂,双手于胸前施转法轮印,并持莲枝,莲花齐肩,左右分别托有法器,结跏趺坐于莲台。带四体文字题记,其中汉文题记为“崑读儿藏卜即普贤菩萨,心咒:唵哑萨曼答发得啰(二合)莎曷”。

18)大悲观音,造型十一面八臂,主臂当胸合十,其余六臂于左右两侧或持法器,或施手印,结跏趺坐于莲台。带四体文字题记,其中汉文题记为“土儿只缠卜即大悲观音,心咒:唵嘛呢叭得弥吽(二合)”。

19)四臂观音,造型一面四臂,结跏趺坐于须弥座上。其中主臂当胸,双手合十;另一右手上举持念珠,另一左手持莲花。带四体文字题记,其中汉文题记为“土耳只缠卜插日瓦即四臂观音,心咒:唵卢葛纳塔蓝莎曷”。

20)文殊菩萨,造型一面二臂,右手持剑,高举于头部之上,左手当胸施说法印,结跏趺坐于莲台。带四体文字题记,其中汉文题记为“盏八剌即文殊菩萨,心咒:唵哑啰巴拶纳提”。

21）弥勒菩萨，造型一面二臂，双手于胸前施转法轮印，并持莲枝，莲花齐肩，其中左侧莲花托有其象征法器宝瓶，结跏趺坐于莲台。带四体文字题记，其中汉文题记为“尚思巴观卜即弥勒菩萨，心咒：唵埋得哩（二合）耶埋莎曷”。

22）文殊菩萨，造型一面二臂，双手当胸施转法轮印，并持莲枝，莲花齐肩，左右分别托有经书和剑，结跏趺坐于莲台。带四体文字题记，其中汉文题记为“展羊思麻剌性即文殊菩萨，心咒：唵曼祖室哩鎗莎曷”。

23）地藏菩萨，造型一面二臂，右手持锡杖，左手当胸施禅定印，并持钵，结跏趺坐于莲台。带四体文字题记，其中汉文题记为“失宁勺而加即地藏菩萨，心咒：唵哑屹撒（二合）牒葛而发（二合）屹沉（二合）吽”。

24）日光菩萨，造型一面二臂，双手于胸前施转法轮印，并持莲枝，莲花齐肩，其中右侧莲花托经书，左侧莲花托日轮，结跏趺坐于莲台。带四体文字题记，其汉文题记为“你麻答麻耳卜即日光菩萨，心咒：唵苏哩耶（二合）不啰（二合）发莎曷”。

25）月光菩萨，造型一面二臂，双手于胸前分别施与愿印和说法，并持莲枝，莲花齐肩，其中右侧莲花托月轮，左侧莲花托经书，结跏趺坐于莲台。带四体文字题记，其中汉文题记为：“呆洛瓦答葛麻耳卜即月光菩萨，心咒：唵赞得啰（二合）不啰（二合）发莎曷”。

26）大宝法王，造型一面二臂，双手于胸前施转法轮印，并持莲枝，莲花齐肩，其中右侧莲花托金刚杵，左侧莲花托金刚铃，结跏趺坐于莲台（参见图1）。带四体文字题记，其中汉文题记为“葛哩麻尚师即大宝法王，心咒：唵嘛呢叭得弥吽（二合）”。

27）般若佛母，造型一面四臂，结跏趺坐于须弥座上。其中主臂当胸，分别持经书和宝瓶。带四体文字题记，其中汉文题记为“云禅母即般若佛母，心咒：唵哑提莎曷”。

28）绿色救度佛母，造型一面二臂，呈右舒相坐于莲台之上，右手施与愿印,左手当胸施说法印,双手并持莲枝,莲花齐肩,花上无法器。带四体文字题记,其中汉文题记为“卓儿麻即绿色救度佛母,心咒:唵答哩谵莎曷唵答哩都答哩都哩莎曷”。

29)白色救度佛母,造型一面二臂,坐于莲台之上,右手施与愿印,左手当胸施说法印。带四体文字题记,其中汉文题记为“思果洛剌麻即白色救度佛母,心咒:唵哑揆列哑你密答巴哩吽吽发发莎曷”。

30)尊胜佛母,造型三面八臂,结跏趺坐于须弥座上。其中主臂当胸,其余六臂分持宝瓶、化佛、弓箭,或作手印。带四体文字题记,其中汉文题记为“南儿监即尊胜佛母,心咒:唵不隆莎曷”。

31)摩利支天母,造型三面二臂,呈右舒相坐于莲台之上,莲台之下为七猪所驾之车。三面中,其中右面为亥面。右手施与愿印,左手当胸施说法印。带四体文字题记,其中汉文题记为“摩儿节即摩利支天母,心咒:唵麻哩即嵡莎曷”。

32)伞盖佛母,造型一面二臂,双手持伞盖,结跏趺坐于须弥座上。带四体文字题记,其中汉文题记为“睹思加儿即伞盖佛母,心咒:唵答塔葛都瑟尼(二合)拶吽发吒莎曷”。

33)音声佛母,造型一面二臂,双手抚琴,呈舞姿立莲台之上。带四体文字题记,其中汉文题记为“养缠麻即音声佛母,心咒:唵必咀不啰(二合)尼牙(二合)斡而塔(二合)尼左剌左啰弥塔斡而塔(二合)尼提哩提斡而塔(二合)尼莎曷”。

34)树叶佛母,造型一面二臂,身披树叶,右手持树枝,左手当胸持钵,结跏趺坐于莲台之上。带四体文字题记,其中汉文题记为“灼瓦哩即树叶佛母,心咒:唵必沙即巴而纳(二合)斡哩吽发吒莎曷”。

35)金刚亥母,造型三面二臂,其中右面为亥面,右手上举持金刚钺,左手当胸持颅钵和锡杖,呈舞姿立于莲台之上。带四体文字题记,其中汉文题记为“朵儿只拔木即金刚亥母,心咒:唵斡资啰歪卢揆尼夷吽吽发吒莎曷”。

36)金刚勇识,造型一面二臂,右手当胸持金刚杵,左手持金刚铃,结跏趺坐于莲台之上。带四体文字题记，其中汉文题记为“朵儿只省思巴即金刚勇识，心咒：唵斡资啰（二合）萨埵吽”。

37）大持金刚佛，造型一面二臂，双手于胸前相交，分持金刚杵和金刚铃，结跏趺坐于莲台之上。带四体文字题记，其中汉文题记为“朵儿只唱即大持金刚佛，心咒：唵麻曷斡资啰（二合）塔啰耶吽发吒”。

38）坏相金刚，造型一面二臂，右手当胸持交杵金刚，左手于腿部持金刚铃，结跏趺坐于莲台之上。带四体文字题记，其中汉文题记为“朵儿只南专即坏相金刚，心咒：唵麻赞吒斡资啰（二合）孤噜（二合）塔耶乎卢乎卢的瑟吒（二合）瑟吒（二合）班塔班塔曷纳曷纳亚密哩（二合）的吽发吒”。

39）大轮金刚，造型三面六臂，呈展右姿手立于莲台。带四体文字题记，其中汉文题记为“可儿禅即大轮金刚，心咒：唵尼蓝巴啰塔啰斡资啰（二合）尼黑哩（二合）答牙麻曷孤噜（二合）塔萨埵吽发吒”。

40）喜金刚佛，造型八面十六臂四足，呈展左姿立于莲台。其中，主臂当胸持交叉持颅钵，其余十四臂呈扇形分布两侧，分持颅钵。带四体文字题记，其中汉文题记为“结朵儿即喜金刚佛，心咒：唵牒斡必祖斡资啰（二合）吽吽吽发吒莎曷”。

41）普觉众明主佛，造型四面二臂，双手于胸前施禅定印，结跏趺坐于莲台之上。带四体文字题记，其中汉文题记为“君宅即普觉众明主佛，心咒：唵萨而斡（二合）月忒（二合）萨而斡（二合）哑斡啰纳月束塔耶曷纳吽发吒”。

42）六十二佛，造型四面十二臂，呈展左姿立于莲台。其中主臂当胸相交，分持金刚杵和金刚铃，其余十手于两侧呈扇形分布，分持法器。带四体文字题记，其中汉文题记为“典勺即六十二佛，心咒：唵室哩（二合）斡资啰（二合）兮兮噜噜甘吽吽发吒（二合）吒吉尼拶辣三巴啰莎曷”。

43）黑色怖畏，造型一面二臂，双手于胸前相交，分持金刚钺和颅钵，呈展右姿站立于莲台之上。带四体文字题记，其中汉文题记为“哑蛮答葛即黑色怖畏,心咒:唵哑蛮答葛曷吽发吒”。

44)红色怖畏,造型一面二臂,右手高举持杖,左手于胸前持颅钵,呈展右姿站立于莲台之上。带四体文字题记,其中汉文题记为“哑蛮答葛即红色怖畏,心咒:唵黑哩(二合)瑟支哩(二合)月屹哩(二合)塔纳纳吽吽发吒莎曷”。

45)金刚藏菩萨,造型一面二臂,右手于膝施触地印,左手当胸施说法印,双手并持莲枝,莲花齐肩,右侧托金刚杵,左侧托金刚铃,结跏趺坐于莲台。带四体文字题记,其中汉文题记为“朵耳只宁卜即金刚藏菩萨,心咒:唵萨哩斡答塔葛答马曷由吉沙啰吽(二合)斡资啰(二合)塔都吽”。

46)金刚手菩萨,造型一面二臂,菩萨装,右手当胸施说法印,左手当胸施与愿印,双手并持莲枝,莲花齐肩,右侧托金刚杵,左侧托金刚铃,结跏趺坐于莲台。带四体文字题记,其中汉文题记为“商那朵耳只即金刚手菩萨,心咒:唵赞吒马曷噜�纳吽发吒”。

47)金刚手菩萨,造型一面二臂,明王装,右手高举持金刚杵,左手当胸施期克印并持金刚杵,呈展右姿站立于莲台。带四体文字题记,其中汉文题记为“商南朵儿只即金刚手菩萨,心咒:唵斡资啰(二合)巴尼吽”。

48)吉祥菩萨,造型一面二臂,菩萨装,右手前伸持萝卜,左手当胸持颅钵,结跏趺坐于莲台。带四体文字题记,其中汉文题记为“错达即吉祥菩萨,心咒:唵耶吧啰即答耶即牒莎曷”。

49)四臂吉祥,造型一面四臂,菩萨装,结跏趺坐于莲台。其中,主臂右手前伸持萝卜,左手当胸持颅钵;另一右手上伸持念珠,另一左手上举持金刚斧。带四体文字题记,其中汉文题记为“错答沙日瓦即四臂吉祥,心咒:唵葛纳巴牒莎曷”。

50)六臂马哈葛剌,造型一面六臂,明王装,展右姿。其中主臂当胸,右手持金刚钺,左手持颅钵;最上一双手持象皮,右手同时持䥈鼓,左手同时持锡杖;另一右手持念珠,左手持羂索。带四体文字题记,其中汉文题记为“尚竹巴即六臂马哈葛剌,心咒:唵斡资啰(二合)马曷葛剌屹沉(二合)沙吒(二合)月克难(二合)月耶葛吽吽发吒(二合)发吒(二合)莎曷”。

51)四臂马哈葛辣,造型一面四臂,明王装,主臂当胸,右手持金刚钺,左手持颅钵;另一双手上举,其中右手持宝剑,左手持三叉戟。带四体文字题记,其中汉文题记为“赊日巴即四臂马哈葛辣,心咒:唵斡资啰(二合)麻曷葛辣耶吽吽发吒”。

52)二臂马哈葛剌,造型一面二臂,明王装,双手当胸持槌,同时右手持金刚钺,左手持颅钵。带四体文字题记,其中汉文题记为“观观即二臂马哈葛剌,心咒:唵室哩(二合)马哈葛啰耶吽吽发吒莎曷”。

53)宝王菩萨,造型一面二臂,明王装,右手持颅钵,左手持吐宝鼠鼬,展右姿。带四体文字题记,其中汉文题记为“黑色昝巴辣即宝王菩萨,心咒:唵昝巴剌耶莎曷唵昝龙莎曷”。

54)宝藏菩萨,造型一面二臂,明王装,右手施与愿印,左手持吐宝鼠鼬,结半跏趺坐于莲台。带四体文字题记,其中汉文题记为“黄色昝巴辣即宝藏菩萨,心咒:唵昝巴辣拶憐得啰(二合)耶莎曷”。

55)马项忿怒,造型一面二臂,头部带马头,明王装,右手高举持杖,左手持羂索,展右姿。带四体文字题记,其中汉文题记为“丹葛令即马项忿怒,心咒:唵曷扬屹哩(二合)瓦乎卢乎卢吽发吒莎曷”。

56)不动忿怒,造型一面二臂,明王装,右手高举持宝剑,左手当胸施期克印,展右姿。带四体文字题记,其中汉文题记为“米约瓦即不动忿怒,心咒:唵赞吒麻曷噜拏纳吽发吒莎曷”。

57)狱帝主,造型一面二臂,牛首,明王装,右手高举持杖,左手持羂索,展右姿立于牛身之上。带四体文字题记,其中汉文题记为“来圣即狱帝主,心咒:唵葛剌噜巴耶麻啰拶吽发吒”。

58)毗沙天王,造型一面二臂,武士装,右手持宝幢,左手持鼠鼬,坐于狮身之上。带四体文字题记,其中汉文题记为“南垛色思即毗沙天王,心咒:唵马哈啰拶牙夷彻(二合)萨麻耶唵歪沙啰(二合)斡纳耶即答啰得纳(二合)萨哩斡(二合)悉提撈撈”。

59)韦驮尊天,造型一面二臂,明王装,右手高举持宝剑,左手当胸施期克印。带四体文字题记,其中汉文题记为“白色不动忿怒即韦驮尊天,心咒:唵赞吒马曷噜拜纳吽发吒”。

60)东方持国天王,造型一面二臂,武士装,右手当胸持宝剑。带四体文字题记,其中汉文题记为“沙耳灼思永渴耳春即东方持国天王,心咒:唵忒哩(二合)答啰瑟吒(二合)啰耶莎曷”。

61)南方增长天王,造型一面二臂,武士装,右手高举持蛇。带四体文字题记,其中汉文题记为“脱灼思发思结思卜即南方增扎天王,心咒:唵月噜茶葛耶莎曷”。

62)西方广目天王,造型一面二臂,武士装,右手当胸持宝幢,左手持鼠鼬。带四体文字题记,其中汉文题记为“努灼思密密藏即西方广目天王,心咒:唵月噜巴屹彻(二合)耶莎曷”。

63)北方多闻天王,造型一面二臂,武士装,双手当胸抚琴。带四体文字题记,其中汉文题记为“赏灼思喃脱思刺即北方多闻天王,心咒:唵歪沙撈(二合)麻纳耶莎曷”。

在此值得一提的是,此处部分佛像名称的汉译体现出元、明时期的特点,如“坏相金刚”和“金刚勇识”等,一直沿用至今,成为现在通行的译名之一。但是,其中也有部分译名与现行通用的译名不同。如:“尊圣佛母”,现在通行的译名为“尊胜佛母”;“伞盖佛母”,现在通行的译法为“白伞盖佛母”或“大白伞盖佛母”;“树叶佛母”现在一般译为“叶衣佛母”;“六十二佛”现在一般译为“胜乐金刚”或“上乐金刚”;“吉祥菩萨”一般译为“象鼻天”;“马哈葛辣”一般音译为“马哈葛剌”、“玛哈葛剌”等,更多则意译为“大黑天”;“宝王菩萨”一般译为“布禄金刚”;“宝藏菩萨”一般译为“黄布禄金刚”或“黄财神”;“马项忿怒”现在通行的译法为“马头明王”或“马头金刚”;“不动忿怒”则通行译为“不动明王”;“韦驮尊天”,现在一般都译为“白色不动明王”。这些译名虽然大多未能沿用至今,但体现出译名发展的历程和时代的一些特点,对于元、明时期汉译藏传佛教典籍的阅读和研究有所帮助,因此仍在此保持了原来的译法。

2.《大教王经》版画

该经《诸佛集会三昧法金刚加持王分第七》品共有五幅版画,表现的是释迦牟尼佛邀请五方佛集会并赞叹诸佛的内容。此五幅版画也有汉文、兰札体梵文、藏文和蒙文的四体赞词。

1)东方不动尊如来,造型一面二臂,菩萨装,右手前伸施触地印,左手于胸前施禅定印,结跏趺坐于莲台。其中画幅左侧汉文题记为:“赞东方不动尊如来”,右侧赞词为:“不动金刚大真智,于金刚界大稀有,上三金刚三坛最,金刚妙音称赞礼”。

2)中央毗卢遮那如来,造型一面二臂,菩萨装,双手当胸施金刚吽迦罗印,结跏趺坐于莲台(参见图3)。其中画幅左侧汉文题记为:“赞中央毗卢遮那如来”,右侧赞词为:“毗卢遮那大清静,金刚柔善大欢悦,自性光明最上胜,金刚演说称赞礼”。

3)南方宝生如来,造型一面二臂,菩萨装,右手前伸施与愿印,左手于胸前施禅定印,结跏趺坐于莲台。其中画幅左侧汉文题记为:“赞南方宝生如来”,右侧赞词为:“宝生王胜甚深妙,金刚虚空离垢翳,自性清净无垢染,金刚身者称赞礼”。

4)西方无量寿如来,造型一面二臂,菩萨装,双手于胸前施禅定印,结跏趺坐于莲台。其中画幅左侧汉文题记为:“赞西方无量寿如来”,右侧赞词为:“大金刚王无量寿,离诸疑念金刚持,贪欲得证到彼岸,金刚宣说称赞礼”。

5)北方成就如来,造型一面二臂,菩萨装,右手当胸施与愿印,左手于胸前施禅定印,结跏趺坐于莲台。其中画幅左侧汉文题记为:“赞北方成就如来”,右侧赞词为:“不空王者正等觉,一切思念悉圆满,自性清净皆出现,金刚萨埵称赞礼”。

3.《圣救度佛母二十一种礼赞经》版画

此处收录有22幅版画插图,《圣救度佛母二十一种礼赞经》中每一赞都对应有相应的造型,亦即创作有 22 种度母的版画。所有版画也分别题有汉文、兰札体梵文、藏文和蒙文的四体赞词。

1)多哩速疾勇,造型一面二臂,菩萨装,右手施与愿印,左手当胸施说法印,呈右舒相,右脚踏莲花。其中画幅左侧汉文题记为:“总赞绿色一面二臂正主尊”,右侧汉文赞词为:“唵敬礼多哩速疾勇,咄多哩者除怖畏,咄哩能授诸胜义,具莎诃字我赞礼”。

2)救度速勇母,造型一面八臂,菩萨装,结跏趺坐于莲台。最上两臂上举过头,呈合十印,其余六臂于左右两侧分持弓、箭、羂索等法器。其中画幅左侧汉文题记为:“赞赤色一面二目八臂第一”,右侧汉文赞词为:“敬礼救度速勇母,目如刹那电光照,三世界尊莲花面,从妙花中现端严”。

3)百秋朗月母,造型三面十二臂,菩萨装,主臂当胸合十,其余十臂分布两侧,分持各种法器,立于莲台之上。其中画幅左侧汉文题记为:“赞白色一面二目十二臂第二”,右侧汉文赞词为:“敬礼百秋朗月母,普遍圆满无垢面,如千星宿俱时聚,殊胜威光超于彼”。

4)紫磨金色母,造型一面十臂,菩萨装,结跏趺坐于莲台。主臂右手当胸施说法印,左手持骷髅,其余八臂于左右两侧分持弓、箭、羂索、宝剑、金刚杵和花等法器(参见图 4)。其中画幅左侧汉文题记为:“赞黄色一面二目十臂第三”,右侧汉文赞词为:“敬礼紫磨金色母,妙莲花手胜庄严,施精勤行柔善静,忍辱禅定性为境”。

5)如来顶髻母,造型一面四臂,菩萨装,结跏趺坐于莲台。主臂右手施与愿印,左手施禅定印并持净瓶,另一右手上扬持念珠,左手持槌。其中画幅左侧汉文题记为:“赞黄色一面二目四臂第四”,右侧汉文赞词为:“敬礼如来顶髻母,最胜能满无边行,得到彼岸尽无余,胜势佛子极所爱”。

6)怛啰吽字母,造型一面二臂,菩萨装,右手施无畏印,左手当胸作说法印,结跏趺坐于莲台。其中画幅左侧汉文题记为:“赞金色一面二目二臂第五”,右侧汉文赞词为:“敬礼怛啰吽字母,声爱方所满虚空,运足遍履七世界，悉能钩召摄无余”。

7）释梵火天母，造型一面四臂，菩萨装，结跏趺坐于莲台。主臂右手持金刚杵，左手当胸施期克印，另一右手上举持宝剑，左手持羂索。其中画幅左侧汉文题记为：“赞赤色一面二目四臂第六”，右侧汉文赞词为：“敬礼释梵火天母，风神自在众俱集，部多起尸寻香等，诸药叉众作称叹”。

8）特啰月氏发母，造型一面四臂，明王装，呈展左姿立于莲台。主臂左手持法轮，右手持蛇，另一左手上举持宝剑，右手施期克印。其中画幅左侧汉文题记为：“赞青色一面三目四臂第七”，右侧汉文赞词为：“敬礼特啰月氏发母，于他加行极摧坏，展左踡右作足踏，顶髻炽盛极明耀”。

9）都哩大紧母，造型一面四臂，菩萨装，结跏趺坐于莲台。主臂右手施说法印并持莲枝，左手上举持宝瓶，另一右手施与愿印，左手持莲枝。其中画幅左侧汉文题记为：“赞红色一面二目四臂第八”，右侧汉文赞词为：“敬礼都哩大紧母，勇猛能摧怨魔类，于莲花面作颦眉，摧坏一切冤家众”。

10）三宝严印母，造型一面四臂，明王装，结跏趺坐于莲台。主臂双手当胸，施期克印，另一右手上举持念珠，左手持花。其中画幅左侧汉文题记为：“赞红色一面二目四臂第九”，右侧汉文赞词为：“敬礼三宝严印母，手指当心威严相，严饰方轮尽无余，自身炽盛光聚种”。

11）威德欢悦母，造型一面四臂，菩萨装，主臂右手施与愿印，左手持莲枝，另一双手高举过头，呈合十印。其中画幅左侧汉文题记为：“赞红色一面二目四臂第十”，右侧汉文赞词为：“敬礼威德欢悦母，宝冠诸鬘众光饰，最极喜咲睹怛哩，镇世间魔作摄伏”。

12）守护众地母，造型一面二臂，明王装，右手上举持宝杖，左手当胸持羂索，呈展左姿立于莲台。其中画幅左侧汉文题记为：“赞青色一面三目二臂第十一”，右侧汉文赞词为：“敬礼守护众地母，亦能钩召诸神众，摇颦眉面吽声字，一切衰败令度脱”。

13)顶冠月相母,造型一面八臂,菩萨装,右手从上到下分持宝剑、金刚杵、宝杖和三叉戟;左手从上到下分持宝瓶、骷髅杖、羂索和摩尼宝珠,结跏趺坐于莲台。其中画幅左侧汉文题记为:“赞金色一面二目二臂第十二”,右侧汉文赞词为:“敬礼顶冠月相母,冠中现胜妙严光,阿弥陀佛髻中现,常放众妙宝光明”。

14)如尽劫火母,造型一面四臂,明王装,主臂右手持箭,左手持摩尼宝珠,另一右手上举持宝剑,左手持弓,呈展右姿立于莲台。其中画幅左侧汉文题记为:“赞赤色一面三目四臂第十三”,右侧汉文赞词为:“敬礼如尽劫火母,安住炽盛顶髻中,普遍喜悦半趺坐,能摧灭坏恶冤轮”。

15)手按大地母,造型一面六臂,明王装,主臂右手持宝剑,左手持颅钵,另二右手分持拂尘和宝杖,另二左手分持法轮和羂索,呈展右姿立于莲台。其中画幅左侧汉文题记为:“赞青色一面三目六臂第十四”,右侧汉文赞词为:“敬礼手按大地母,亦足践踏作镇压,现颦眉面作吽声,能破七险镇降伏”。

16)安隐柔善母,造型一面六臂,菩萨装,主臂右手持念珠,左手持莲花,另二右手分持三叉戟、施与愿印,另二左手分持经书和宝瓶,结跏趺坐于莲台。其中画幅左侧汉文题记为:“赞白色一面二目六臂第十五”,右侧汉文赞词为:“敬礼安隐柔善母,涅槃寂灭最乐境,莎诃善哉具真实,善能消灭大灾祸”。

17)普遍极喜母,造型一面二臂,明王装,右手持三叉戟,左手持莲枝,结跏趺坐于莲台。其中画幅左侧汉文题记为:“赞白色一面三目二臂第十六”,右侧汉文赞词为:“敬礼普遍极喜母,诸怨肢体令脱离,十字咒句妙严布,明咒吽声常朗耀”。

18)都哩巴帝母,造型一面二臂,明王装,双手当胸持颅钵,结跏趺坐于莲台。其中画幅左侧汉文题记为:“赞黄色一面三目二臂第十七”,右侧汉文赞词为:“敬礼都哩巴帝母,足摄相势吽字种,弥噜曼陀结辣萨,于此三处能摇动”。

19）萨啰天海母，造型一面四臂，菩萨装，主臂双手当胸合十，另一右手施与愿印，左手持宝杖，结跏趺坐于莲台之上的鹅乘之上。其中画幅左侧汉文题记为："赞白色一面三目四臂第十八"，右侧汉文赞词为："敬礼萨啰天海母，手中执持神兽像，诵二怛啰作发声，能灭诸毒尽无余"。

20）诸天集会母，造型一面二臂，菩萨装，双手当胸持火焰纹摩尼宝珠，结跏趺坐于莲台。其中画幅左侧汉文题记为："赞金色一面二目二臂第十九"，右侧汉文赞词为："敬礼诸天集会母，天紧那罗所依爱，威德欢悦若坚铠，灭除斗诤及恶梦"。

21）日月广圆母，造型一面二臂，菩萨装，双手当胸持宝瓶，结跏趺坐于莲台。其中画幅左侧汉文题记为："赞黄色一面二目二臂第二十"，右侧汉文赞词为："敬礼日月广圆母，目睹犹胜普光照，诵二喝啰咄怛哩，善除恶毒瘟热病"。

22）具三真实母，造型一面二臂，明王装，右手当胸施无畏印，左手持三叉戟，呈右舒相坐于莲台。其中画幅左侧汉文题记为："赞色一面三目二臂第二十一"，右侧汉文赞词为："敬礼具三真实母，善静威力皆具足，药叉魑魅尾怛辣，都哩最极除灾祸"。

4."金刚经相"插图

在《圣救度佛母二十一种礼赞经》和《般若波罗蜜多心经》之间汉文页码标为"金刚经相"1-2 页中配有 4 幅版画插图，为一幅插图的四个部分，内容应为《般若波罗蜜多心经》插图《释迦牟尼佛说法图》（参见图 6）。

1）-3）释迦牟尼佛说法图，正如海瑟·噶尔美所指出，这幅插图实际上为释迦牟尼佛说法图的三个组成部分①。其中，插图 2）为说法图的中心部分：表现的是释迦牟尼佛右手施说法印，左手施禅定印，结跏趺坐端坐于须弥座上，正在布道。其弟子阿难和迦叶侍立在左右两侧，与此同时在正前方，表现的是一位正面向释迦牟尼佛受法的弟子。插

①参见海瑟·噶尔美，《早期汉藏艺术》，熊文彬汉译本，中国藏学出版社，1994 年，第 123 页。

图1)为说法图的右侧部分,其中构图了三排15位人物,绝大多数人物都面向右侧,而插图3)则为说法图的左侧部分,其中构图了三排14位人物,绝大部分人物都面向左侧。两幅插图的构图基本对称。受法的人分别为菩萨、天王、罗汉、弟子和供养的世俗人物。

4)牌匾,在工字形须弥座和四条龙组成的宝座上供奉有"皇图永固,帝道遐昌,佛日增辉,法轮常转"的牌位,以称颂皇帝江山稳固,佛教昌盛。

5.《佛说阿弥陀经》插图

位于《金刚般若波罗蜜多经》和《佛说阿弥陀经》之间,表现的是西方净土变的场面,为《佛说阿弥陀经》插图(参见图7)。构图由三个部分组成:远景为云雾缭绕的歇山顶宫殿建筑群。中心为阿弥陀佛和两位胁侍、即观音和大势至菩萨。阿弥陀佛双手结禅定印,结跏趺坐,端坐于中央,观音菩萨持柳枝和净瓶,位于左侧,大势至菩萨右手施说法印,左手持经箧,位于右侧,而菩萨均面向中心的阿弥陀佛而坐。云雾将中景和前景隔开,前景表现的是栏循环绕的方形水池,水池中盛满莲花,八位化生(三位俗人、五位僧人弟子)从莲花中化现而出,正在聆听阿弥陀佛说法。与此同时,在栏循周围的云雾上,绘有孔雀、迦陵频迦鸟等各种动物。

6.《妙法莲花经观世音菩萨普门品》插图

插图位于《普门品》卷首,表现的是常见的水月观音题材。观音菩萨构图在高大的悬崖下的一个巨石上,巨石三面环水,背面为升腾的云雾和依稀可见的远山。观音菩萨呈舒相坐姿,右手搭在右腿之上,左手伸向身后,支撑身体,身后左侧岩石上的颈瓶和其中插入的柳枝为其象征法器。前方左侧为善财童子,右侧描绘的供养天(参见图8)。

7.《三世五佛名经》插图

该部经典共有36幅插图,除汉文名号题记外,无其他文字题记。三十五佛的造型基本相同,造型一面二臂,只是手印和坐姿不同。按题记,三十五佛依次为释迦牟尼佛(参见图5)、金刚不坏佛、宝光佛、龙尊王佛、精进军佛、精进喜佛、宝火佛、宝月光佛、现无愚佛、宝月佛、无垢佛、离垢佛、勇施佛、清净佛、清净施佛、娑留那佛、水天佛、坚德佛、旃檀功德佛、无量掬光佛、光德佛、无忧德佛、那罗延佛、功德花佛、莲花光游戏神通佛、财功德佛、德念佛、善名称功德佛、红炎帝幢王佛、善游步功德佛、斗战胜佛、善游步佛、周匝庄严功德佛、宝花游步佛、宝莲花善住娑罗树王佛和法界藏身阿弥陀佛。

三、版画的艺术特点

《诸佛菩萨妙相名号经咒》中的这些木刻版画均为黑白单色版画，规格大致有两种：一种较大，规格为 20×14 厘米，占据了整幅页面；另一种尺寸较小，为 13×10 厘米，为绝大多数版画流行的规格。这些作品体现出高超的艺术技巧，不仅代表了明代藏传佛教木刻版画艺术的杰出成就，而且也是明代藏区和内地整个藏传佛教版画艺术创作的一个完美的缩影。从中不仅可以清楚地看到藏区版画艺术创作的面貌，而且也可以领略到内地汉式版画艺术的神韵。更为重要的是，还可以从中清楚地看到自西夏以来内地藏传佛教版画创作发展的重要结晶：汉藏和藏汉艺术的水乳交融。因为在艺术上，这些木刻版画作品明显地体现出三种互有关联而又不同的风格。其中，第一种是受内地因素较少、藏式风格突出的版画，第二种是典型的汉式风格版画，第三种是受藏式因素较少、汉式风格突出的版画。

1. 藏式风格突出的版画

藏式风格突出的版画作品是《诸佛菩萨妙相名号经咒》中收录的版画主体，主要包括《诸佛世尊妙相番相名号》中的 63 幅版画、《圣救度佛母二十一种赞经》中的 22 幅版画和《三十五佛名经》中的 36 幅版画。

从风格上来看，这些藏式版画虽然在构图、人物造型和装饰纹样等方面都基本保持一致，但仔细观察，却呈现出不同的风格变化。这些不同的变化，按构图、人物造型、背光和莲座大致可以细分为如下两类：

1)造型精美,装饰繁复

这一风格的作品主要是《诸佛世尊妙相番相名号》中的前三幅作品,亦即四臂观音、文殊菩萨和释迦牟尼佛(参见图2)。在题材上,释迦牟尼佛版画表现的是一佛二弟子,而文殊菩萨和四臂观音表现的则是单尊造型;在构图上,除释迦牟尼佛略为不同外,其余二者相同。将佛与菩萨构置在完整的大型背光和宝座之中是这一风格版画显著的构图特点。中心主尊人物的刻画比例协调,造型庄重、典雅,肃穆之中不乏慈睿的表现。四臂观音和文殊菩萨均为坐式造型,菩萨装束、面部圆润、丰颐,弯眉低目,樱桃小唇,高髻,头戴五叶冠;丰胸细腰,上身裸露,双肩披帛;下著短裙裤,其上绘满精美、繁复的花纹;佩戴精致的耳珰、臂钏、手镯、脚镯和繁复的项链。整个造型和装饰传递出几许女性的柔美。与此相对,释迦牟尼佛则展示出健壮的阳刚之美。释迦牟尼佛也为坐式造型,为佛装,螺发高髻,袒露右肩,身著百衲袈裟,尤其是俯视有神的双眼的刻画、圆润的双肩和宽实的胸膛的表现以及健壮有力的右手的表现,充分体现出释迦牟尼佛追求成佛的坚毅和信心。背光正中的上方、亦即佛与菩萨的顶部为大鹏鸟,其下左右两侧的台座上分别构图有一只摩羯鱼,摩羯鱼的尾部如缠枝纹一样,艺术化地形成两道对称的圆圈,与大鹏鸟喙中所含双蛇的身躯巧妙地融合在一起。台座之下,从上到下,分别构图有狮羊、狮子和大象等三只瑞兽,左右对称。这些瑞兽在十八世定型成六拿具。在左右三对瑞兽的中心、亦即佛与菩萨的下方,构图的是莲花座。莲花座呈椭圆形,由仰瓣和覆瓣莲花组成,莲瓣巨大,瓣尖状如如意云头,造型朴素大方。在莲花座下方,构图的是工字形的须弥宝座,其上精雕细琢,装饰有动物、植物和珠宝等各种纹样,其中在宝座的上层中央,悬瀑着一块绘有莲花纹样的盖布,十分醒目。中心的人物均饰马蹄形身光和桃形头光,二者除边缘一周饰有纹样外,均为素面。整个构图完整、对称、协调,一气呵成,装饰精美、繁复,线条的勾勒流畅,如行云流水,起承转折富于变化,体现出高超的艺术技巧。在构图上,三幅作品的不同之处是,在释迦牟尼佛版画中,其两侧的立式弟子取代了四臂观音和文殊菩萨版画中背光两侧的三对瑞兽。

通过类比，这3幅作品的风格显而易见受到了元代内地版画艺术传统的直接影响。我们不仅在元代《碛砂藏》和《普宁藏》大藏经的木刻版画中找到与此相似的风格(参见图10–11)，而且发现二者的某些构图和造型都如出一辙，例如此处释迦牟尼佛一佛二弟子的构图与《普宁藏》"教主释迦牟尼佛说经处"版画中心部分的构图完全一致。[①] 与此同时，这三幅作品的宝座和背光，除其中的瑞兽和部分装饰纹样不同外，也与《碛砂藏》和《普宁藏》大藏经的木刻版画极其相似。

2)造型简朴，装饰艺术化

造型简洁、朴素和装饰纹样趋于艺术化，是《诸佛菩萨妙相名号经咒》绝大多数版画作品的特点。这些作品包括《诸佛世尊妙相番相名号》的后60幅作品以及《大教王经》、《圣救度佛母二十一种赞经》和《三十五佛名经》中的所有版画作品(参见图1、3–5)。

与前一种风格相比，这些版画除主尊人物的表现外，在构图和装饰纹样的表现上都趋于简洁。

首先在题材上，这些作品表现的都是诸佛菩萨和明王的单尊形象。其次在构图上，精美、繁复的大型完整背光在此消失，取而代之的是简洁的马蹄形大背光；宝座也趋于简洁，只剩下莲花座，并且除《大教王经》中的5幅版画作品的莲花座为双重仰覆莲瓣外，其余作品的莲花座均为覆瓣莲瓣。再次，前一种风格中菩萨装人物胸前佩戴的精美繁复的项链和项圈在此也被简化。更为重要的是，绝大多数版画背光边缘的火焰纹和背光中的缠枝纹趋于抽象化和概念化，更富有装饰韵味。

虽然这些藏式风格的版画呈现出不同的变化，但在构图、人物造型和装饰上仍体现出一种统一的格调。从整体来看，其中尼泊尔艺术的因素十分突出，波罗艺术的特征逐渐消失，而汉式艺术的因素逐步增强。例如，从菩萨装的菩萨和佛母等题材的作品来看，人物的造型及其装饰都具

①参见石守谦、葛婉章主编《大汗的世纪——蒙元时代的多元文化与艺术》，台北故宫博物院，2001年，第257页插图7。

有显著的尼泊尔艺术的特征。人物丰胸、细腰和宽臀的造型，五叶冠和项链、项圈、手镯、臂钏和脚镯的形制都充满了浓郁的尼泊尔艺术的情调。不仅如此，一些装饰纹样的造型也是如此，尤其是背光边缘的火焰纹装饰和背光中的缠枝纹装饰体现出明显的尼泊尔艺术的特征。与此相对，在西夏时期内地版画中比较流行的印度波罗艺术的特征在此几乎消失殆尽，其中唯一的遗韵，如果能够完全确认，就是背光背部背景中装饰的宽大的热带植物。与此同时，汉式艺术的特征开始大量出现。实际上，《诸佛菩萨妙相名号经咒》版画所体现的这种风格特点，与明代西藏壁画、唐卡和雕塑的特点基本吻合。如以壁画为例，其中许多版画作品完全可以与西藏江孜 1418–1436 年间创作的白居寺壁画媲美。

这些版画作品所谓藏式风格突出，是指无论诸佛菩萨的构图，人物的造型和装束，还是背光、身光、头光、莲座等装饰纹样都体现出浓郁的藏式风格韵味，但其中也融入了汉式艺术的因素。这些汉式风格的因素主要体现在莲瓣的造型、主尊身后背光两侧云纹的表现和背景的补白上。例如，《大教王经》和《圣救度佛母二十一种赞经》版画背光两侧的云纹（参见图 3–4），《诸佛世尊妙相番相名号》后 60 幅作品和《三十五佛名经》36 幅作品在背光两侧对称装饰的补白花卉（参见图 5）。其中，利用花卉装饰来补白值得一提。在《诸佛世尊妙相番相名号》作品中，左右对称地装饰有 3 对，而在《三十五佛名经》作品中，只对称的装饰有 2 对。这些花卉只勾勒轮廓，造型非常简洁，其造型和这种做法应源于内地，在西安出土的唐代《金刚般若波罗蜜经》版画中不仅能看到其雏形（参见图 12），同时在西夏时期的版画中也非常流行（参见图 13）。①

实际上，除装饰纹样外，部分神灵的造型也受到了汉式艺术的影响，《诸佛世尊妙相番相名号》最后 4 幅作品四大天王就是其中的例证。与内地传统四大天王的造型相比，这 4 幅作品的人物造型虽然并不典

①宿白，《唐宋时期的雕版印刷》，文物出版社，1999 年，第 137 页图版 22a，同时参见参见韩小忙、孙昌盛、陈悦新，《西夏美术史》，文物出版社，2001 年，第 59 页图二黑水城出土的《佛说阿弥陀佛经》版画和第 60 页图三黑水城出土的汉文《注清凉心要》版画。

型,但从此也可以强烈地感受到比较浓郁的汉式艺术特征。以面部造型为例,内地传统的方形国字脸在此虽然有些变化,但其原形仍依稀可辨。五官的特征也是如此,虽然经过改造,但仍似曾相识。头盔、铠甲等装束的表现也是如此,铠甲中内地典型的锁子甲纹样虽然已被替换,但靴子等部分服饰仍体现出内地传统造型的特点。四大天王是藏传佛教艺术诸佛菩萨题材中造型深受内地艺术影响的题材之一。从此可以清楚地看到,这一题材经过历代的不断吸收和融合,已经与藏族文化水乳交融。其造型虽然源于内地,但与内地传统的造型相比已有很大的不同,其中已经融入了藏族的审美文化。

2. 汉式风格版画

《诸佛菩萨妙相名号经咒》除大量的藏式风格突出的版画作品外,其中还收录有两幅典型的汉式风格版画作品。它们分别是《佛说阿弥陀经》插图《西方净土变》(参见图7)和《妙法莲花经观世音菩萨普门品》插图《水月观音》(参见图8)。

首先,《佛说阿弥陀经》插图《西方净土变》从构图、题材、人物造型、背景和装饰纹样的表现等方面来看,也是典型的汉式风格作品。从构图来看,云雾缭绕的歇山顶宫殿建筑群、中心的一佛二菩萨和其前的水池、化生和人物等安排,为内地净土变题材中典型的远景、中景和近景构图模式。在敦煌净土变壁画和汉传佛教净土变绘画艺术中,这一模式非常流行。从题材来看,阿弥陀佛和胁侍观音和大势至菩萨的组合也是汉传佛教中流行的题材,在藏传佛教中绝少能见。从人物造型来看,一佛二菩萨的造型及其装束,也是典型的汉式风格。最后,从纹样来看,亭台、楼阁、栏循、水池、云彩、莲花、宝座和动物等纹样也呈现出一片汉风。不仅如此,这种构图模式在明代内地的版画创作中也非常流行。①

与《佛说阿弥陀经》插图一样,《妙法莲花经观世音菩萨普门品》版画也是典型的汉式风格的作品。从题材上看,水月观音是汉传佛教中常见

①如对照1416年僧录司刊印的《念佛法门往生西方公据》插图(一),周心慧主编《中国古代佛教版画集》,卷二,学苑出版社,1998年,第18页图版。

的题材，而在藏传佛教中绝少表现；从构图上看，作品也是按远景、中景和前景的模式构图；从人物造型来看，观音菩萨、供养天和童子的相貌及其装束与藏传佛教艺术无关，也是定型的汉式人物造型；从背景和装饰纹样来看，风景在作品中具有构图的特殊功能，并非仅为装饰，这是汉式绘画的显著特征之一。不仅如此，山石、云纹、水波、莲花和竹子等风景要素的表现也是典型的汉风。有趣的是，在内地创作的与藏传佛教艺术相关的作品中，《普门品》水月观音题材比较流行。例如，在元代杭州飞来峰 1282－1292 年间创作的藏传佛教风格的石雕作品和甘肃永登县红城镇 1492 年修建的感恩寺壁画中都有这一题材的表现。[①]

3. 汉式风格突出的版画

《诸佛菩萨妙相名号经咒》除上述两大风格的版画作品外，还有一些汉藏两种风格融合于一体，但汉式风格十分突出的版画作品。这种风格的作品主是组成释迦牟尼佛说法图完整画面的 4 幅《般若波罗蜜多心经》插图《释迦牟尼说法图》。从总体风格来看，汉式风格在其中居于主导的地位。首先，左、中、右的构图形式是传统内地版画的典型构图形式之一。其特点是中心购置主尊人物，两侧构图胁侍人物。其次，大部分人物的面相和装束是内地汉传佛教常见的形式，尤其是释迦牟尼佛、罗汉、四大天王和部分菩萨的造型及其装束非常典型。在此，背景中大量如意云纹的表现和佛座的造型也源于典型的汉式传统。整个风格令人想起唐宋以来的内地佛教艺术（参见图 6）。另外，“皇图永固”牌匾从形制到内容都是典型的汉式风格。从形制上看，该牌匾成长方形，由牌匾和基座两部分组成。其中，牌匾部分由中心长方形的文字和四周的装饰图案组成。值得注意的是，装饰部分由四条龙纹组成：顶部为二龙戏珠图案，而主体部分、即文字两侧则由一对对称的升龙组成，并且龙爪为五爪龙。按传统，五爪龙是皇帝的象征，只有皇帝才能享用，不能僭越。它在此的出现与文字中的“皇图永固、帝道遐昌”显然

---

①关于飞来峰水月观音，参见熊文彬，《元代藏汉艺术交流》，河北教育出版社，2003 年，第 145 页图版 58；关于其他题材及其论述，详见第 139－161 页。

吻合。牌匾之下为工字型的须弥座。牌匾和须弥座的这种组合在内地佛教文化中十分流行。大约从西夏开始,它出现在内地藏传佛教艺术的作品中,并且在随后的元、明、清三代的内地藏传佛教艺术中比较盛行。以绘画作品为例,我们不仅在1277-1290年间刊刻的《普宁藏》汉文大藏经和1295-1307年间刊刻的《河西字大藏经》插图版画中找到类似的题材和形制,①同时也可以1439年北京缮写的泥金《如来顶髻尊胜佛母现证仪》和《吉祥喜金刚集轮甘露泉》扉页插图中找到同一时期的作品,甚至在洪武年间刻印的汉文大藏经《南藏》中可以找到造型和文字内容都与此几乎相同的版画作品(参见图14)。② 与《普宁藏》和《如来顶髻尊胜佛母现证仪》和《吉祥喜金刚集轮甘露泉》等作品唯一不同之处是,在构图上将牌匾融于整个作品之中,同时将其置于作品的右边,而在此则由于排版空间的局限而被独立出来而已。《说法图》藏式风格的因素主要体现在右侧版画第一排中心的两位胁侍菩萨和左侧版画第一至二排三位胁侍菩萨的表现上。其中,高而尖锥状的顶髻和简洁朴素的五叶冠造型十分突出,尤其是五叶冠的造型还留有较浓的尼泊尔艺术的遗韵。这一装饰正好与造型繁复、样式截然不同的传统汉式菩萨的头饰形成鲜明的对比。

四、明初之前内地的藏传佛教木刻版画创作

众所周知,作为藏传佛教艺术的重要形式之一,木刻版画在藏传佛教的艺术史中占有十分重要的地位。这种随着雕版印刷术的发明和传播而兴起的艺术形式,显然源于内地的影响。迄今为止,学术界对版画

①关于《河西字大藏经》中这一题材的作品,参见周心慧主编《中国古代佛教版画集》,卷一,学苑出版社,1998年,第114页图版;关于《普宁藏》同一题材的版画,参见石守谦、葛婉章主编《大汗的世纪——蒙元时代的多元文化与艺术》,台北故宫博物院,2001年,第257页插图7;关于《如来顶髻尊胜佛母现证仪》和《吉祥喜金刚集轮甘露泉》扉画,同时参见该著第113页Ⅲ-9、114页Ⅲ-10图版和第323页由葛婉章撰写的图版说明以及在第257页中所做的比较。

②参见《六祖大师法宝坛经》卷首版画,周心慧主编《中国古代佛教版画集》,卷二,学苑出版社,1998年,第11页图版。

艺术在包括西藏在内的藏传佛教流行地区的传播历史知之甚少,但从现有资料来看,现存最早、具有明确纪年的藏传佛教风格木刻版画,是馆藏于俄罗斯圣彼得堡艾尔米塔什博物馆、创作于西夏正德十五年(1141)的《圣观自在大悲心总持功能依经录》经首版画①。在英国大英博物馆和法国集美博物馆收藏的大量的敦煌时期的藏传佛教文物中,尽管尚未发现这一艺术形式的作品,但这并不表明此时并没有木刻版画创作的藏传佛教艺术作品。众所周知,敦煌及其周围地区是唐朝时期汉藏文化交流的重要中心之一,雕版印刷在内地已流行,而敦煌又是佛教文化重要的缮写、印刷和传播中心之一,因此不能排除此时就有藏传佛教木刻版画作品存在的可能性。不过,从现存作品来看,至少从西夏时期开始,雕版印刷术就开始大规模地用于藏传佛教诸佛菩萨神灵的创作,雕版印刷术和木刻版画随之也传入西藏,并成为藏传佛教艺术中的一种重要的艺术种类和形式。

内地藏传佛教木刻版画的创作从西夏开始就一直方兴未艾,至元、明逐渐兴盛,并在清朝走向鼎盛。

现存西夏时期的藏传佛教木刻版画作品主要出自西夏故地、今内蒙古自治区阿拉善盟额济纳旗的黑水城,最早由俄国人科兹洛夫发现于1908年。由此开始,英国人斯坦因、瑞典人斯文·赫定相继前往,发现了大批西夏时期的文物,并将这些文物攫取到了各自国家。在出土的文物中,有一大批文物是包括雕塑、唐卡和木刻版画在内的藏传佛教艺术品。其中,俄国圣彼得堡艾尔米塔什博物馆收藏的文物最多。据相关统计,目前已知西夏木刻版画约有134件,按出土或收藏(发表)单位主要有:黑水城117件、北京图书馆8件、《西夏文专号》发表2件、敦煌研究院2件、宁夏贺兰县拜寺沟方塔2件、青铜峡一百零八塔2件、内蒙古额济纳旗绿城遗址1件。②

①谢继胜,《西夏藏传绘画——黑水城出土西夏唐卡研究》,河北教育出版社,2002年,第195页,图版90。作品有题记,内容参见注释34。

②参见韩小忙、孙昌盛、陈悦新,《西夏美术史》,文物出版社,2001年,第57-58页及其注释。

从公布的这些木刻版画和唐卡等与藏传佛教关系密切的作品来看，至少自仁宗(1139-1193)开始，西夏就有大规模的藏传佛教艺术活动。整体上，西夏时期木刻版画的风格大致可以划分为汉式风格、藏式风格和汉藏融合风格等三类作品。[①] 其中的藏式风格木刻版画带有浓郁的印度波罗艺术的特征。佛的造型大多为锥状高螺发，并且在侧面像中，螺发位于头部的后侧；面部略长，广额、尖颌；袒露右肩，袈裟通常镶边。菩萨为高髻，其上饰双层三角形三叶冠；面部圆润，身躯修长，呈三折枝造型；上身裸露，下身著裙裤，其上装饰繁复的花纹。佛和菩萨的身后通常都装饰马蹄形或椭圆形的背光、舟形头光和马蹄形身光，莲座精致，莲瓣宽大、简朴。护法神造型四肢粗壮、结实，怒发呈扇状，装饰简洁，强调力量的表现。[②] 汉藏融合风格的版画作品则将此种风格与汉式风格有机地融合于一体。以西夏乾佑二十年(1189)刊印的西夏文《弥勒菩萨上生兜率天经》卷首版画(参见图9)为例，[③]从中既可以看到带有浓郁波罗特征的藏式风格的弥勒佛、胁侍菩萨和佛塔，也能看到汉装人物、大量的汉式云纹、建筑和西夏装的世俗人物。这些不同的传统都在此水乳交融，自成一体，形成了一种新的木刻版画风格，并且对元代内地的藏传佛教木刻版画的创作产生了直接的影响。[④] 这种木刻版画新风的形成得益于西夏所处的特殊位置和历史上与汉藏民族之间长期、频繁的交往。尤其是在藏传佛教文化在内地的传播上，在唐·吐蕃和元朝之间的承上启下方面，西夏功不可灭。

现存元代内地的藏传佛教木刻版画主要由两部分作品组成。第一部分是在元朝首都大都(北京)刊刻的作品，主要为察必、卜鲁罕、亦乞烈和阔阔真皇后和元顺帝等皇室成员以及西藏的高僧们施刊，并且绝大部分都散存于哲蚌寺、白居寺等西藏各大寺院的八组藏文佛经中。

①值得说明的是，无论汉式、藏式，还是汉藏融合的风格的命名都不准确，因为这些风格已经本土化，其间融入了西夏民族固有的审美和文化，只是便于叙述的权宜之便。

②韩小忙、孙昌盛、陈悦新，《西夏美术史》，文物出版社，2001年，第75页图14。

③参见周心慧主编，《中国古代佛教版画集》，卷一，学苑出版社，1998年，第80-81页图版。

④有关西夏木刻版画对元代内地藏传佛教木刻版画的影响，参见熊文彬《从版画看西夏佛教艺术对元代藏传佛教艺术的影响》，《中国藏学》，2003年第1、3期。

这些佛经分别是1284年由察必和阔阔真皇后施刊的《正理宝藏》(tsad ma rigs pavi gter),1293年由西藏噶举派大师邬坚巴仁钦贝(O rgyan pa rin chen dpal)施刊的《时轮摄略经》(mchog gi dang povi sangs rgyas las phyung bavi rgyud kyi rgyal po dpal dus kyi vkhor lo zhes bya ba),1299年由卜鲁罕皇后施刊的《经庄严论》(theg pa chen bovi mdo sde rgyan)、《中观根本注》(dbu ma rts bavi vgrel ba tsig gsal zhes bya ba bzhugs so)、《大乘阿毗达磨集论》(chos mngon pa kun las btus pa)、《俱舍论》(mngon pa mdzod)、《量抉择论》(tsad ma rnam par nges pa bzhugs so)、《正理宝藏》和《三律仪论说》(sdom pa gsum gyi rab tu dbye ba bzhugs so),1311年由亦乞烈皇后施刊的《八支要义》(yan lag brgyad pavi snying po bzhugs so),1313 – 1314年由元仁宗施刊的《金光明经》(vphags pa gser vod dam pavi mdo bam po gcig pa bzhugs so),1317年由西藏宁玛派大师素尔·桑布贝(zur bzang po dpal)施刊的《本续密要释》(lam rnal par bkod pa),1351年由元顺帝施刊的《时轮摄略经》(dus kyi mkhor lovi bsdus pavi rgyud kyi rgyal po)、《时轮经·无垢光广释》(bsdus pavi rgyud kyi rgyal po dus kyi vkhor lovi vgrel bshad rtsa bavi rgyud kyi rjes su vjug pa stong phrag bcu gnyis pa dri ma med pavi vod)和《无垢光广释摄义》(vgrel chen dri me vod kyi bsdus don)。① 佛经的卷首,大都插有数幅木刻版画。② 按跋记,它们都刊刻于大都,并且许多佛经明确记载,写于白塔寺(mchog rten dkar po,即大圣寿万安寺,明代更名为妙应寺,又因寺内白塔俗称白塔寺),刊于青塔寺(mchog rten sngon po)。白塔寺和青塔寺都是元文宗时期(1329 – 1331年在位)时期由皇帝敕建的十二座皇家藏传佛教寺院之一,“旧额僧三千一百五十人,岁例给粮”。③ 另外十座寺院分别是大护国仁王寺(高粱河寺)、西镇国寺、大兴教寺、大承华普庆寺、大天寿万宁寺、大崇恩福元寺(南镇国寺)、黑塔寺、大天源

①详细参见西热桑布,《藏文“元版”考》,《中国藏学》,2009年第1期,第41–50页。

②相关木刻版画,参见西热桑布,《藏文“元版”考》,《中国藏学》,2009年第1期彩插图版和第46页插图。

③宋濂等,《元史》卷三十五《文宗四》,中华书局,1997年,第784页。

延圣寺、大承天护胜寺和寿安山寺(大昭孝寺、洪庆寺)。① 由此推测,这些藏文佛经和木刻插图的刊刻大都与这12座皇家藏传佛教寺院密切相关。与此同时,一些佛经的跋记明确提到,系汉族刻工刊刻而成。由此可见,至少其中的一些木刻版画出自汉族工匠之手。

元代内地创作的另一部分藏传佛教木刻版画作品主要保存在江苏和浙江刊刻的《大藏经》中,分别保存在1277-1290年刊刻的《普宁藏》汉文大藏经、1231-1322年刊刻的《碛砂藏》汉文大藏经和1231-1307年刊印的《河西字大藏经》等大藏经之中。其中的绝大多数作品是由由元代著名的佛学家管主巴先②后在江苏碛砂延圣寺和杭州路大万寿寺刊印于大德六年(1302)至大德十年(1306)年间。管主巴的生平不详,学术界多认为其为西夏人,时任松江府僧录,有广福大师之称。据载,其子管辇永星随后也刊印了诸多藏传佛教艺术的木刻版画。按1936年上海影印宋版藏经会影印的《碛砂藏》汉文大藏经,《碛砂藏》木刻版画共有8种样式。由于其中的每帙经典是按千字文顺序排列的,因此这8种样式的木刻版画以千字文中的每8个字为一单位循环排列。每幅插图均装帧成四折,画框尺寸为43.2-43.8×23.8-24.7厘米。以千字文开始的8个字即天、地、玄、黄、宇、宙、洪、荒为例,前8帙所附8幅版画分别为:天一《大唐三藏圣教序》佛说法图,画幅左底刊有“陈升画”、右底刊有“口玉刊”题记;地一《大般若波罗蜜多经》佛与高僧对坐说法场面;玄一《大般若波罗蜜多经》佛说法图,画幅右底刻有“陈升画”题记;黄一《大般若波罗蜜多经》佛说法图,画底右侧刻有“杨德春”,左侧刻有“杭州众安桥北杨家印行”题记;宇一《大般若波罗蜜多经》佛和高僧对坐说法场面;宙一《大般若波罗蜜多经》佛说法图,画幅

①关于白塔寺和青塔寺的考证,参见熊文彬,《元代皇室成员施刊的藏文佛经》,《中国藏学》,2009年第3期,第96-99页。

②管主八,是元代活跃于江南一带的著名藏传佛教高僧,其生卒年代不详。其名字,汉文又作管主八或管处八,于道泉先生将此对为藏文 bkav-vgyur-pa,为三藏法师之意。其出生地和所属教派也不见记载,宿白先生认为,“他即使不是当时帝师直系的萨迦喇嘛,也是萨迦一派重要高僧。”详细参见宿白《元代杭州的藏传密教及其有关遗迹》,载宿白,《藏传佛教寺院考古》,文物出版社,1996年,第378页。

右底刻有“雍庭李氏施财”,左底刻有“孙佑刊”题记;洪一《大般若波罗蜜多经》佛说法图,构图与玄一和宙一插图大致相;荒一《大般若波罗蜜多经》佛说法图,画幅左右两侧分别题有“陈升画”和“陈宁刊”题记。① 与此同时,管主八在 1302 年刊印的《西夏藏》大藏经中也配置有部分插图,其中有 2 幅插图已为人们所熟知,分别为《大般若波罗蜜多经》和《华严经》插图。② 这 10 幅插图都是管主八在大德十年(1302)撰写的《管主八愿文》中提到的“佛图”。③ 此外,在 1269-1286 年间在杭州大普宁寺刊印的《普宁藏》汉文大藏经中也有藏式风格的插图,胆巴国师为其中的施主之一。其中的《大集比喻王经》首页插图《教主释迦牟尼佛说经处》已为学界所知。④

从现存这些有限的作品看,元代大都和江南藏式风格木刻版画之间既有联系又有区别。在形式上,大都版画除传统的黑白单色版画外,还出现了朱色版画,如《时轮经摄略》卷首插图就是由朱砂印刷而成,而江南版画均为墨印单色版画;在题材上,大都版画基本上为单尊佛像,以诸佛、菩萨、佛母、护法和高僧为主,而江南版画多为以释迦牟尼佛为中心、人物众多的说法图;在风格上,江南版画具有较浓的波罗风格因素,同时还融合了浓郁的汉式风格特征,其中有大量汉式云纹的刻画,

---

①对于这些插图,国内外学者均有研究。国内学者的研究,详见宿白,《元代杭州的藏传密教及其有关遗迹》,载宿白,《藏传佛教寺院考古》,文物出版社,1996 年,第 376 -380 页,图版 18 - 6、18 -7 和 18 -8;国外学者的研究,参见 Sherman E Lee and Wai - Kam Ho, Chinese Art Under the Mongols: The Yuan Dynasty (1279 -1368), The Cleveland Museum of Art, 1968; Heather Karmay, Early Sino - Tibetan Art, Aris and Phillips Ltd, Warminster, England, 1975 (同时参见熊文彬《早期汉藏艺术》汉译本,中国藏学出版社,1994 年)图版 26-27、29-30。

②Heather Karmay, Early Sino - Tibetan Art, Aris and Phillips Ltd, Warminster, England, 1975; 同时参见熊文彬汉译本,中国藏学出版社,1994 年,图版 23、25。

③见上海影印宋版藏经会于 1959 年影印的《碛砂藏》大藏经第 586 册遵字 9《大藏圣教法宝标目》卷 9 末《管主八愿文》:“上师三宝加持之德,皇帝太子福荫之恩,管主八累年发心,印施汉本、河西字大藏经八(五)十余藏,华严诸经忏、佛图等西蕃字三十余件经文外,近(“近”后增“见”字)平江路碛砂延圣寺大藏经版未完,施中统钞贰佰锭及募缘雕刊,未及一年已满千有余卷,再发心于大都弘法寺取秘密经律论数百余卷,施财叁佰锭,仍募缘于杭州路,刊雕完备。续天下藏经悉令圆满,集于(是)功德,回向西方导师阿弥陀佛、观音、势至、海众菩萨;祝延皇帝万岁,太子诸王福寿千春,佛日增辉,法轮常转者。大德十年丙午腊八日,宣授松江府(路)僧录广福大师管主巴谨题。”

④石守谦、葛婉章,《大汉的世纪——蒙元时代的多元文化与艺术》,台北故宫博物院,2001 年,第 110 页图版 III-6 和第 321 页。此处认为《普宁藏》刊印于 1277-1290 年间。

道士装人物和汉式版画的构图模式，并且，作品多为汉族艺术家创作而成。整体上，从中可以明显感受到西夏藏传佛教版画艺术的影响。与之相比，大都版画则体现出较强的尼泊尔因素，与1354年北京居庸关云台浮雕和西藏以夏鲁寺为首的部分同时期的绘画作品保持着更加紧密的风格联系。明初内地的藏传佛教木刻版画创作进一步将元代的传统发扬光大，尤其是在汉藏艺术风格融合上，日臻完美。现存木刻版画也主要由两部分组成，第一部分为内地刊印的藏文大藏经和佛经插图，另一部分为汉文佛经插图。

现存明代内地创作最早的藏文佛经木刻版画插图为洪武二十九年(1396)山西太原"晋府印施"的藏文佛经插图，现存于意大利帕尔马中国艺术博物馆，佛经编号为cna0815-0818。据跋记和考证，这批佛经由安多地区著名僧人仲钦·贝丹嘉措(dpal ldan rgyal mtsho)等藏汉僧人主持刊印，先后于洪武二十九年和永乐五年(1407)两次付梓印刷。所印佛经共九种，分别为《如来顶髻所出白伞盖母无能胜陀罗尼》、《随念三宝经》、《宝积中优波离所问经所出忏悔三蕴》、《一切如来顶髻尊胜陀罗尼并仪轨》、《金刚催破陀罗尼》、《千手千眼圣观自在菩萨细分仪轨》、《薄伽梵母般若波罗蜜多心经》、《度母二十一礼赞颂》和《善说文殊名号经》。其中，《如来顶髻所出白伞盖母无能胜陀罗尼》和《随念三宝经》插有三幅木刻版画。前者位于千字文序号"地一"折页，两幅连在一起。第一幅木刻版画表现的是释迦牟尼佛及其弟子迦叶和阿难。释迦牟尼佛居中，结跏趺坐，施转法轮印；弟子于两侧相向而跪，双手合十。第二幅作品表现的是三面六臂大白伞盖佛母及其胁侍。大白伞盖佛母结跏趺坐，三面六臂，额开慧眼，左手法器从上到下依次为法轮、弓、羂索；右手法器依次为金刚钩、宝剑和横式金刚杵。二胁侍相向而立，其中左胁侍右手当胸持立式金刚杵，左手于腿部持金刚铃；右胁侍左手持莲茎，右手下垂，施与愿印。《随念三宝经》插有一幅版画，为一佛二菩萨，如来居中，结跏趺坐，施触地印，胁侍观音和文殊菩萨相向而立。①

①萨尔吉，《意大利帕尔玛中国艺术馆所藏藏文木刻本佛经》，《中国藏学》，2008年第4期，第69-74页。

与"晋府施印"的藏文佛经相比,1410 年永乐朝在南京刊印的藏文大藏经《甘珠尔》是明代内地规模最大的藏文佛经刻印工程。这部《甘珠尔》共 108 函,据研究,由明封噶举派大宝法王得银协巴(1384-1415)在南京朝觐期间按纳塘版《甘珠尔》写本主持刊刻,其中插有大量的木刻版画。每函均有永乐皇帝御制的《大明皇帝御制藏经赞》和《御制后序》,原板现已不存,西藏现存两套,其中一套藏于布达拉宫,共 106 函,另一套存于色拉寺,共 103 函。通过对木刻版画背光、人物造型和装饰的研究,海瑟·噶尔美认为,这些作品与元代居庸关浮雕和西藏江孜白居寺壁画的风格近似,具有浓郁的尼泊尔艺术特征,同时体现出较新的汉族艺术风格的影响。[①]

明初另一部分藏传佛教风格的木刻版画散存于当时刻印的各部汉文佛经中。从《中国古代版画集》中收录的这些作品来看,有如下一些特点:从题材上来看,这些木刻版画大致可以划分为说法、经变、单尊佛像和佛塔等四类。从施刊的情况来看,与元代皇室成员为主,扩大到了政府机构和普通信徒。在政府机构和皇室成员刊施的版画中,内府施刊的作品最多,分别为永乐十七年(1419)刊印的《妙法莲花经》、永乐二十一年(1423)刊印的《御制金刚般若波罗密经集注》、永乐年间(1403-1424)刊印的《妙法莲花经》和洪熙元年(1425)刊印的《华严玄谈会玄记》[②]。内府是明朝掌管宫廷事务的专门机构,宫廷的佛事活动也在它的权限内,因而扮演了极其重要的作用。从风格上来看,永乐和宣德以前创作的作品中的藏式风格比较显著,其中带有浓郁的尼泊尔特征,波罗因素几乎消失殆尽,与此时期西藏藏传佛教艺术保持着密切的联系,洪武二十四年刊刻的《七佛所说神咒经》、永乐元年刊刻的《佛说摩力支天菩萨经》和永乐二十一年刊刻的《御制金刚般若波罗蜜多经

①详细参见海瑟·噶尔美,《早期汉藏艺术》,熊文彬汉译本,中国藏学出版社,1994 年,第 107-120 页、图版 34-37。

②分别参见周心慧主编,《中国古代佛教版画集》,学苑出版社,1998 年,卷二,第 24、29、36 和 39 页图版。

集注》卷首插图就是其中的杰出代表,[①]而自宣德、尤其是在正统后,藏式风格特征越来越弱,汉式风格特征日益突出,除背光和宝座外,均是一片汉风,很难见到早期作品中那些具有明显藏式风格特征的人物造型。[②]

正是在这种悠久的木刻版画创作传统和西藏与内地之间持续不断地佛教文化交流的背景之下,修积善住于宣德六年(1431)在北京施刊了 1407 年到京朝觐的噶举派黑帽系第五世活佛、亦即明封大宝法王得银协巴所传教法《诸佛菩萨妙相名号经咒》及其木刻版画作品。

五、前、后序与风格渊源

《诸佛菩萨妙相名号经咒》均附有汉文、兰扎体梵文、藏文和蒙古文的前序和后序,详细交待了该部经像集刊印的缘由、内容、施主,以及所刻木刻版画的内容、风格及其来源、刊印地点和时间等要素,为该经像集及其木刻版画作品的研究提供了重要的可信材料。与此同时,从汉文和藏文的序的对比来看,[③]二者内容有所出入,因此有必要在此进行进一步的研究。

1. 前、后序

1)前序

(1)汉文前序

汉文序言部分不全,现存 3 页 17 行,其中四卷本和两卷本文字残存程度不同,正好可以互补。原文如下:

……等诸陀罗尼,是教传中国,利益弘多,流通特盛。菩萨戒弟子

①分别参见周心慧主编,《中国古代佛教版画集》,学苑出版社,1998 年,卷二,第 1、17 和 29 页图版。

②熊文彬,《明代汉文佛经中的藏式风格木刻版画初探》,谢继胜、沈卫荣、廖旸主编,《汉藏佛教艺术研究——第二届西藏考古与艺术国际学术研讨会论文集》,中国藏学出版社,2006 年,第 276-296 页。

③海瑟·噶尔美在其著作《早期汉藏艺术》一书中,只是介绍了汉文的序、跋和部分藏文序言,参见熊文彬汉译本,中国藏学出版社,1994 年,第 129-131 页。

修积善住,昔在灵山法会曾结般若胜缘,以致今生遭逢,圣代沾沐君恩,信乐上乘,深思弘济。是以捐资,命工以上法宝及圣救度佛母二十一赞,重寿诸梓,用广流通。上祝舆图一统,齐日月之照临。圣寿万年,同乾坤而悠久。慈云垂荫,家遂康宁。恩睠弥隆,身膺茀禄,资益二亲而神栖极乐,普沾群品而咸悟本明。是则寿梓流通之功用垂于永久,而利济于无穷也矣。时宣德六年岁次辛亥春三月吉日。

(2)藏文前序

藏文前序共4页,每页14行,其拉丁转写如下:

Om na ma shi ghu ru be srba bhu dha po dhi sadwa bhya/bsod nams ye she rgya mthsor nye bar vkhrungs/yon tan rin chen dpal gyis mngon par mtho/vphrin las vod zer bye ba brgya vgyed pa/thub dbang lhun povi zhabs la phyag vtshal lo/khyed gi①mthu yis srid pavi mtsho skems cing/ma rig mun pavi tshang tshing rnams bsregs nas/blo gros vdab brgya kun nas rgyas mdzas pa/bstan pa nyi vod rtag tu gsal gyur cig/chos rje kar ma tavi pavu hwa dbang la/chos lung thob pa rnams dang gzhan yang chos sna tshogs/lha sku laswo pavi dpav shing rgo shing bzhengs pa dang/dpar vdebs pa chos kyi sbyin pa btang bavi mthu la brten nas/spyin pavi bdag po byang chub sems dpavi rigs su khrung pavi skyes bu/sivu dzi shen cu/zhes bya bas de bzhin gshegs pavi gsungs rab/rgyud gyi nang du gsungs pa bzhin las dad vbras bu kho navi don la/vjig rten na dam pavi chos bston pa la/devi phyir du sems can thams cad gyi sdig pa spangs pa dge bavi lam bsgrubs cing/rnam rtog gcod cing sems nyid gsal ba/yang dag pavi sangs rgyas dang byang chub kyi sems skied/sa dang lam dang yang dag par rdzogs pavi sangs rgyas gyi go vphang thob par bya ba/gsungs rab nang du gsang sngags dang/phyivi chos kyi sgo gnyis la/pha rol du phyin pa rnams/gsang sngags dus gyi vkhoro nang du gsungs pa bzhin du gzungs sngags/dpar tu sgrub pa laswo bavi mthu la brten nas/sngas rgyas gyi bstan pa yun ring du gnas pa dang drin can pha mas gtso byas sems can thams cad la/phan pa rgya chen por gyur cig/de la byung bavi dge bavi mthu la prten nas/

①在藏文前、后序中的文字拼写上,多有不符合正字法之处,不一一注释,详细参见转写注释。

gong ma chos rgyal khri vtsho khri vtsho thub par vgyur pa dang/ yab sras sku tshe ring shing chab srid prtan par gyur cig/rgyu sbyor yon gyi bdag po gtso byas/ namkhvi mthav dang sems can thams cad/dus dang gnas skabs mi mthun pavi phyogs rnams kun zhi nas/ sgrib gnyis byang zhing tshogs rnam pa gnyis rdzogs te/ mthar thugs sangs rgyas kyis gong vphang thob par gyur cig/ ston mchog dam pa lha mis mchod vos pa/ sangs rgyas phyag vshal deng vdir bde legs shog/ sems can gang dag vgro dang mi vgro pa/ de dag thams cad vdir ni bde gyur cig/ zhi ba chags bral lha mis mchod vos pa/ chos la phyag vtshal deng vdir bde legs shog/ sems can gang dag vgro dang mi vgro ba de dag thams cad vdir ni bde gyur cig/ tshogs kyi dam pa lha mis mchod vos pa/ dge vdun phyag vtshal deng vdir bde legs shog/ sems can gang dag vgro dang mi vgro ba/ de dag thams cad vdir ni bde gyur cig/ nyin mo bde legs mtshan bde legs/ nyi mavi gung la bde legs shing/ nyin mtshan rtag tu bde legs pa/ dkon mchog gsum gyis deng vdi rtsol/ zwo de lo drug pa phag lo zla bag sum pavi tshe grangs bzang po la bsgrub pavo// om ye dhama he du pra wa he tun de sha na/ tat ha ga ta hya ba dad te sha nytsa yo ni rod ha ae pam bha ti ma hva shra ma na ye swahva/ om su pra tashthi bdzra ye swahvu/ bstan pa rin po che dang sems can mang po la phan pa rgya chen po vbyung bar gyur cig/ mamghalambhuwatu shu-pam//

藏文前序译文：

唵，稽首一切上师诸佛菩萨。生于福德智慧大海，功德圆满无法比拟，事业之光充满宇内，释迦能仁足下我顶礼。祈愿您神奇之力，枯竭轮回之海，烧尽无明之黑暗，智慧之花竞相绽放，佛法之光永不磨灭。此将葛哩麻法王、即大宝法王所授诸法，与其他教法和佛像一道付之诸梓，并广施法本。施主修积善住出自菩萨世家，刊此如来经集、密续中之因果之义和高僧大德所传之法，旨在使一切有情众生消除罪孽，走向善道，断除虚妄，咸悟本明，发正等觉佛和菩提之心，并依此之道证获正等觉佛之果位。愿此所刊密续、戒律、般若和时轮中所述各种密咒之功德，使佛法长住，同时使恩重如山的父母为首的一切有情众生大有裨益。籍此善力,祈愿皇帝法王万岁万万岁,父子长寿,社稷永固。同时祈愿以施主为首的一切无边有情众生,消除一切长期和暂时的违缘,根除二障、圆满聚积二资粮,最终证获佛果。

2)后序

(1)汉文后序

汉文后序部分非常完整,共两页20行,文字略有残损。原文如下:

伏以佛□□(道以)[①]慈悲为本,利济为心,凡有皈依,无口口(不如)意。况兹《金刚》、《弥陀》、《观音》、《三十五佛》、《救度佛母二十一赞》、《藏经目录》、《心经》、《楞严》、《大悲》、《消灾》、《功德》、《如意》、《准提》、《无量寿佛》、《往生》、《解冤》诸品经咒,皆我佛祖哀愍众生,拔济群品,慈悲惠利,方便度人。实航苦海之津梁,烛迷途之慧炬也。修积善住生际,明时沐浴,清化仰惟。圣皇恩重,父母情深,欲报之德,昊天罔极。谨发诚心,绘画西来大宝法王所传诸佛世尊妙相番相,并书写诸品经咒,刊口(板)印施,流传持诵。广种福缘,上报口口(四恩),□□(下资)三有;没承利济,生享安荣。吉祥□□□(如意者)。宣德六年岁次辛亥春三月吉日谨施。

(2)藏文后序

藏文后序2页,每页17行,上部字体脱落较为严重。其拉丁转写如下:

…… re bhya/don gny(i)s[②]mthar phyin …… sangs rgyas gyi bstan pa la skyabs su vgro ba……sny(i)ngrj(e)gtsor byas pa la/sems can kho navi don……phyir yid bzhin du gru par shog/de ched gyi rdo rje gts(o)…… vod dpag med/thugs rje chen povi mdo/sangs(rgyas so)lnga/sgrol ma nyi shu rtsa gcig/bkav vgyur…… ngs dang/shes rab snying po gra lngavi gzungs/…… pa …… pavi gzungs/yon tan yi(d)bzhin kyi gzugs/…… s(d)ig pa grol bavi gzu(ng)s/

①□□表示残存部分,括号中内容系与海瑟·噶尔美所录巴黎集美博物馆藏本所补,参见海瑟·噶尔美,《早期汉藏艺术》,熊文彬汉译本,中国藏学出版社,1994年,第131页。
②此括号内部分文字,系笔者根据前后内容比定的结果。

sngags dang chos sna tshogs gyi (d) par vdebs/ rgyu sbyor bavi yon gyi bdag po/ si-vu dzi shen cu/ zhes bya baovi mi chen gyis bsam pa rnam par dag pas par du bsgrubs pa/ bdag gzhan rgyud la dge ba thob phyir du/ dpar vdebs mang po chos gy-is spyin pa btang/ de las byung bavi dg(e)bavi (ch) u rgyun gyis/ lus can mi dgevi dri ma rnams (da) g nas/ gdong nas dag pavi chos skuvi chu po dang/ lhan cig ku (n)mkyen rgya mtshor phyin par shog/ gong ma drin che bavi phyir/ …… la brten nas/ tavi ming chos rgyal yab sras rna (ms) …… cing chab srid brtan gyur cig/ pha ma gtso byas s (ems) can ‖ thams cad gyis/ gnas skabs mi thun …… kun zhi nas/ sgrib gnyis byangs zhing tshogs (gnyi) s rab rdzogs te/ mthar thugs sangs rgyas gong v (phang) thob par shog/ yang nub phyogs su byon pavi/ (tav) i pavu hva dbang gyi chos brel rgyud pavi/ lha laswogs …… sku bzheng (s) pa chos gzungs sngags rnams dpar shing rko ba vd (e) bs pa/ sems can thams cad la phan pavi phy-ir/ chos kyi sbyin pa rgyal chen btang bavi/ dge bavi rtsa bade dag gyi mthu dang nus pa la brten sa drin can pha ma gtso gyas nam mkhav dang mnym pavi sems can thams cad sangs rgyas gyi sa la bgod par byavo/ mamghalambhawatu/ shubam/ bkra shis bde legs so/ zwo de lo drug pa phag lo phyid kha vbrug zla ba tshes grangs bzang po la kun tshong chen po bavi pavi king vkhar nang nas bsgrubs pavi//

藏文后序译文：

……圆满二谛……皈依佛陀……以慈悲为本，利济……刊印《金刚》、《弥陀》、《观音》、《（三十）五佛》、《二十一救度佛母赞》、《藏经（目录）》……《心经》、《楞严》……《如意》、《功德》……《解冤》等诸品经咒法本，系贵人施主修积善住虔心刊印，并广为散施，以弘佛法。愿此功德，使有情众生清净无垢，眼前圣洁之诸佛菩萨之像之江河齐汇智慧之汪洋。皇帝恩重……大明法王父子……社稷永固。根除以父母为首之一切有情众生暂时之违缘，消除二障、圆满聚积二资粮，最终证获佛果。又，刻印西来大宝法王所传诸佛菩萨之像等佛经和经咒，并广为散施，以利一切有情众生。愿此善德之力，使以恩重如山之父母为首之一切无边有情众生证获佛果。吉祥，如意。宣德六年，岁次亥年春三月吉日,谨施于众聚之北京城内。

2. 前、后序相关内容

从汉藏文前、后序内容的比较可以看出,汉藏文前序内容的差别较大,后序的差别较小。更为重要的是,汉文前、后序都未记载刊印地点,而藏文和蒙文后序明确记载为“北京城内”。下面,结合汉藏文文献和艺术品,对前、后序中提到的相关人物和刻印地点进行一些介绍。

1)施主

在前、后序中都明确提到《诸佛菩萨妙相名号经咒》为施主“修积善住”出资刻印。令人遗憾的是,由于资料所限,对于他的身份及其历史,我们几乎一无所知。仅从名字本身来看,正如海瑟·噶尔美所言,也许是一个法号,而不是人名。由此看来,他似乎不是藏人,可能是一位汉族僧人。[①] 不过,从前、后序中,我们至少得知,他是噶玛噶举派黑帽系第五世活佛大宝法王的弟子或信徒。《诸佛菩萨妙相名号经咒》中所刻印的经、像多为大宝法王所授教法,因此在63幅《诸佛世尊妙相番相名号》中,专门为大宝法王创作了一幅肖像版画,亦即第26幅作品。在作品中,大宝法王造型一面二臂,双手于胸前施转法轮印,并持莲枝,莲花齐肩,其中右侧莲花托金刚杵,左侧莲花托金刚铃,结跏趺坐于莲台。汉文题记明确题为“葛哩麻尚师即大宝法王”,藏文题记也予以充分证实。另外,大宝法王1407年的内地朝觐之行并未到北京,而是在南京活动,因为明朝当时的首都仍在南京,因此修积善住是在南方与大宝法王结缘的,也许这就是汉文前序中“昔在灵山法会曾结般若胜缘”之所指。

2)大宝法王

大宝法王系明朝中央政府于1407年向噶玛噶举派黑帽系五世活佛得银协巴所封封号。藏文为“de bzhin gshegs pa”,汉语音译为“得银协巴”,后世多依此尊号来称呼,而他本人的名字则鲜为人知。由于他隶属噶玛噶举派,因此汉文史书又称之为“葛哩麻尚师”或“哈利麻尚

①海瑟·噶尔美,《早期汉藏艺术》,熊文彬汉译本,中国藏学出版社,1994年,第125-126页。

师”。据藏文文献，他本名却贝桑布（chos dpal bzan po），出生于1384年，父亲叫古如仁钦（gu ru rin chen），是娘波地区娘当（myang vdam，即今尼洋河流域）地方的一个专修密法的人，母亲叫拉姆吉（lha mo skyid）。[①]四岁时（1387），师从噶玛噶举派红帽系第二世活佛喀觉旺波（mkhav sbyod dban po）学佛，随后被认定为乳必多吉的转世，即五世噶玛巴活佛，先后学习《金刚鬘》、《纳若六法》和《时轮六加行》等密法。七岁（1390）在孜拉岗（rtse lha sgang）出家，命名为却贝桑布。十八岁时（1401）前往康区的馆觉、林（gling）、噶玛、类乌齐和工布等地传法，声望日显。

永乐皇帝即位之后，对西藏继续采取积极的政策，先后派遣智光、侯显等人前往西藏，继续诏谕西藏地方各大僧俗首领归附。1403年，永乐皇帝“遣礼监少监侯显赍书、币往乌思藏，征尚师哈立麻”。[②]据《贤者喜宴》，明成祖在诏书中说，“朕往日居北方时，即闻尚师令名，亟思一晤。今即大位，中土宇内，悉已绥定。久怀愿念，若涤去翳障，顿得朗悟，俾功德利益，溥及凡俗。昔我释迦牟尼佛以大慈悲心，利益一切有情。卿以修得佛法甚深成就故，与佛心无二，望秉此慈心，来此中土以弘扬世尊教法，朕当顾念邦国利乐，依从往昔心愿，随奉尚师。尚师务必莅临。先帝安邦经国于中土，于世尊教法，先前即怀敬信。皇考太（祖）皇帝及笃信佛法皇妣高皇后薨逝已久，朕思报恩，罔得其方，尚师卿于方便智慧功德等，修得无上之成就，即具佛之本性矣，切望速来为已薨者修成解脱仪轨，故此即遣司礼监少监侯显等赍信来请，愿尚师以慈悯喜乐为怀，尽速前来为要”。[③]

当时，在馆觉等地传法的五世噶玛巴得知皇帝派人到楚布寺的消

①拔卧·祖拉陈瓦（dpav－bo gtsug－lag phreng－ba），《贤者喜宴》（chos－byung mkhas－pavi dgav－ston），藏文本，民族出版社，下册，1986年，第992页。

②《明太宗实录》，永乐元年二月乙丑条。

③拔卧·祖拉陈瓦，《贤者喜宴》，藏文本，民族出版社，下册，第1001－1002页。译文参见邓锐龄，《〈贤者喜宴〉明永乐尚师哈立麻晋京记事笺证》，载《邓锐龄藏族史论文译文集》，中国藏学出版社，2004年，上册，第165页。据《贤者喜宴》所载诏书，随诏书一道带去的还有“压函礼物：银大锭三，共百五十两；诸色表里缎绢各十四；檀香一株；白香十斤；苏和香一斤；白茶一百五十斤等共六种（第1002－1003页）。”

息后,派人先行前往南京致谢。贡使一行于 1406 年抵达南京,而五世噶玛巴本人则于同年从楚布寺动身,并在康区的噶玛寺见到了侯显,领受诏书后,随侯显一道前往南京。途经青海抵达河州之后,再经陕西、河南、安徽,乘船经长江,于 1407 年藏历正月到达南京,①并驻锡在南京的灵谷寺。

据《明实录》记载,同年十二月乙酉,"尚师哈立麻至京,入见上于奉天殿",明成祖对他给予了很高的礼遇。随后,五世噶玛巴多次为明成祖诵经传法,明成祖赐予出行仪仗及金、银、绸缎、鞍马等。永乐五年二月庚寅,"尚师哈立麻奉命率僧于灵谷寺建普度大斋,资福太祖高皇帝、孝慈高皇后。"为此,大宝法王率众设胜海(rgyal -ba rgya -mtsho)、宝橛(ring -po -chevi phur -pa)、密集(gsans vdus)、秘扎(mitra)、金刚界灌顶(rdo -dbyings gsang -dbang)、喜金刚(kyee-rdor)、尊胜佛母(rje-btsun-ma)、普明(kun-rig)、药师佛(sman-bla)、度母(sgrol-mchog)和大悲观音(thugs-rje chen-povi gzungs-sgrub)等十二坛城,终日吁请高皇帝、高皇后之灵降临。整个超度法事前后历经 14 天,十分圆满,出现了霞光交错,天降花雨,皇帝和大宝法王等人都亲自看见了十六罗汉本尊等种种灵瑞之兆。这些灵异之事不仅是藏文文献中渲染的主题,也是汉文文献中大力渲染的对象。对此,明人黄瑜详细记载说,"自法事之始至于竣事,卿云天花,甘雨甘露,舍利祥光,青鸾白鹤,连日毕集,一夕桧柏生金色花,遍于都城,金仙罗汉,变显云表,白象青狮,庄严妙相,天灯导引,幡盖旋绕,亦既来下,又闻梵呗空乐,自天而降。群臣上表称贺。"②这些灵异之事最后都被绘成图画长卷,并书有汉、藏、阿拉伯、蒙古和维兀儿五种文字的题记,珍藏在楚布寺中。③ 不仅如此,五世噶玛巴还为高皇帝和高皇后之影像所进行的开光,并显示种种灵异之兆。对此,明成祖不仅专门写下了《御制灵谷寺塔影记》,而且还向时在五台山的五

①关于大宝法王前往南京的路线,参见《贤者喜宴》第 1002-1003 页记载,同时参见邓锐龄,《〈贤者喜宴〉明永乐尚师哈立麻晋京记事笺证》,前揭书,第 166-168 页的考证。

②(明)黄瑜,《双槐岁钞》,卷三,《圣孝瑞应》。

③该长卷原藏楚布寺,现藏西藏博物馆。

世噶玛巴告知此事："朕四月十五日，与弘济大师诣灵谷，观向所见塔影，文彩光明，珍奇妙好，千变万态，十倍于前，虽极丹青之巧，言论之辩，莫能图说其万一云云，此皆如来大宝法王大善自在佛，道超无等，德高无比……朕心欢喜，难以名言，略此相报，如来亮之。"①因此，"竣事，赐哈立麻金百两、银二千锭、彩币表里二十、马九匹。灌顶圆通善慧大国师答师巴·罗葛罗思等各银二百两、钞二百锭、彩币十、马三匹。余徒众赐赉有差"。② 五世噶玛巴除了率领僧众在灵谷寺设十二坛城为明太祖夫妇作超度法事 14 天外，还在皇宫中设坛为明成祖传授无量灌顶，讲经译经。

五世噶玛巴在南京所做的超荐法事和为明成祖传授灌顶等，自然不仅是一般意义上的佛教活动，当时明成祖刚刚用武力从他的侄子建文皇帝手中夺得皇位，在南京还面对着残留的建文皇帝的支持者的对抗和谴责，因此他急需利用从西藏招请来的噶玛巴活佛帮助他树立精神上的威望和表现他对其父母明太祖夫妇的思念和孝心。因此，明成祖对年轻的噶玛巴活佛表现了超乎寻常的倚重和尊崇。可能正是出于这样的考虑，明成祖决心对大宝法王给予超过明太祖对藏传佛教首领加封的惯例的封号。③ 永乐五年三月丁已，明成祖封尚师哈立麻为"万行具足十方最胜圆觉妙智慈善普应佑国演教如来大宝法王西天大善自在佛"，简称"如来大宝法王"或"大宝法王"，命他领天下释教，赐印、诰及金、银、钞、彩币、织金珠袈裟、金银器皿、鞍马，并封其徒孛隆逋瓦·桑儿加领真为灌顶圆修净慧大国师、高日瓦·领禅伯为灌顶通悟弘济大国师、果栾·罗葛罗监藏巴里藏卜（即答师巴·罗葛罗思）为灌顶弘智净戒大国师，并设盛宴于华盖殿，宴请噶玛巴师徒，以示庆祝。

同元世祖忽必烈赐给八思巴的封号"皇天之下一人之上宣文辅治大圣至德普觉真智佑国如意大宝法王西天佛子大元帝师"相比，明成祖

①（明）镇澄，《清凉山志》，卷三，《如来大宝法王传》，中国书店，1989 年，第 82 页。《御制灵谷寺塔影记》，见诸葛寅，《金陵梵刹志》，卷三，新文丰出版公司影印，1987 年，第 78-80 页。
②《明太宗实录》，永乐五年二月庚寅条。
③陈庆英、高淑芬，《西藏通史》，中州古籍出版社，2003 年，第 280 页。

给噶玛巴的封号中,“大宝法王”是沿用了元朝的内容,“西天大善自在佛”则比“西天佛子”更提高了一步,但是“大元帝师”及“皇天之下一人之上宣文辅治”等表示八思巴为皇帝之师及参政的内容则被除去。这说明明成祖在沿袭元制上有所取舍,封五世噶玛巴为“大宝法王”,主要是强调他的宗教领袖地位。因此,五世噶玛巴虽然有与元朝帝师相同的“大宝法王”的封号,但是并不具有元代帝师的掌管宣政院和藏族地区行政事务的权力。[①] 在受封为大宝法王的封号中,有“如来”二字,藏语对应词为“得银协巴”,从此得银协巴成为噶玛巴黑帽系五世活佛的常用名字,其原名却贝桑布反而不太通用。自从得银协巴受封为大宝法王名号之后,此号遂为噶玛噶举的黑帽系历辈转世活佛所承袭,终明之世,均自称大宝法王,按期遣使进贡。

永乐五年七月间,明成祖的皇后徐氏(是明初名将徐达之女)去世后,大宝法王奉诏先后在灵谷寺等寺院为她诵经超荐,后来又在山西五台山显通寺建立大斋法会,诵经超度亡灵。约在十月中,大宝法王从五台山返回南京。十一月二十四日,明成祖致书大宝法王,再次感谢他在五台山道场举办的超荐大典,并谓“法王返京,道路跋涉,劳顿良多,正宜从容休息,今遣皇太子高炽、汉王高煦、赵王高燧躬诣,请法王即就灵谷寺宣扬法教”[②]。十一月丙辰,明成祖又“赐如来大宝法王哈立麻彩币、法器、香果等物,及赐大国师果栾罗葛罗监藏巴里藏卜等彩币表里有差”。

噶玛巴得银协巴在南京、五台山等地停留达一年多,于永乐六年(1408)四月辞归,明成祖赐给他白金、彩币、佛像等物,并派中官护送。大宝法王回到拉萨和楚布寺后,向大昭寺的觉卧佛像献了无比珍贵的珍珠袈裟,并给前后藏各教派有五名僧人以上的寺院熬茶布施,拉萨地区的领主内邬巴把拉萨布达拉山上的庙宇供献给他作为驻锡之地。他

①陈庆英、高淑芬,《西藏通史》,中州古籍出版社,2003年,第280页。
②宋伯胤《明朝中央政权致西藏地方诰敕》,载中央民族学院藏族研究所编《藏学研究文集》,民族出版社,1985年。

给阐化王扎巴坚赞等人讲经说法。可是不久以后，大宝法王在藏历木羊年(1415)八月十五日因突然患病去世①。

大宝法王此次进京，掀开了明朝西藏地方与中央关系史上重要的一幕，从而具有重大的历史和政治意义，"使明廷对于西藏地方当时宗派并立的实况有了更清楚地了解，从而明确地制定了新的政策，它为此后历代皇帝所奉行，迄于明亡"。② 这个新政策就是多封众建，礼遇西藏的各大教派。不仅如此，大宝法王在内地的传法扩大了藏传佛教在内地的影响，与内地广大的信徒建立了法缘，并结下了深厚的友谊。毋庸讳言，修积善住即是其中之一，这也是他出资刊印大宝法王所传《诸佛菩萨妙相名号经咒》法本的主要原因。

3)刻印地北京与木刻版画的风格渊源

据藏文后序和蒙文前序，此部《诸佛菩萨妙相名号经咒》刻印于"北京城内"。由此可知，该部佛经是迄今已知明代北京刻印最早、规模最大的藏传佛教经像集。

作为明朝的首都，北京具有刊印这部经像集所需的得天独厚的条件。

1368 年，朱元璋建立明朝后，继续沿用元朝对藏区的管理办法，在藏区建立各级管理机构，任用藏族僧俗首领为官进行管理。明初先后设置了乌斯藏卫都指挥使司、多甘指挥使司(后改为行都指挥使司)，下设宣慰司、招讨使、万户府、千户府等，任命当地藏族地方首领为都指挥同知、都指挥佥事、指挥、宣慰、万户和千户等职。与此同时，封授藏区雄霸一方、具有一定实力和影响的地方势力首领。从 1406 年开始，分别封帕木竹巴首领扎巴坚赞为阐化王(1406 年受封)、灵藏首领著思巴儿坚藏为赞善王(1407 年受封)、馆觉首领宗巴斡即南哥巴藏卜为护教王(1407 年受封)、必立工首领领真巴儿吉监藏为阐教王(1413 年受

①拔俄·祖拉陈瓦，《贤者喜宴》，藏文版，民族出版社，下册，1986 年，第 1014-1017 页。
②邓锐龄，《〈贤者喜宴〉明永乐尚师哈立麻晋京记事笺证》，前揭书，第 164 页。

封)和达藏首领南渴烈思巴为辅教王(1413年受封)[①]。同时,封赐各大教派的宗教领袖,先后于1407、1413和1434年分别封授噶举派、萨迦派和格鲁派宗教领袖为“大宝法王”、“大乘法王”和“大慈法王”,推行“多封众建”的政策。

为了落实这一策略,与元朝一样,明朝同时在京城修建藏传佛教寺院,延请各派高僧主持,并依靠这些高僧来加强明朝与西藏和各个藏区之间的关系。妙应寺、大保安寺、大隆善护国寺、大能仁寺、大慈恩寺、宝庆寺、真觉寺、兴教寺、西域寺、双林寺和法海寺等寺院都是明代皇家藏传佛教寺院,或是与藏传佛教关系密切的寺院[②]。其中,犹以大隆善护国寺、大保安寺、大慈恩寺和大能仁寺地位最为显赫,其中驻锡的藏族僧人多达两三千人。[③] 除进行正常的宗教活动,为皇上和国家祝诔之外,他们最为重要的任务之一就是受明朝皇帝的派遣前往西藏和藏区各地执行任务,迎送、封赐、褒奖、安抚西藏和藏区各地的宗教和地方首领并代表皇帝巡视西藏和各个藏区,在明朝对西藏的稳固统治之间扮演了极为重要的角色。

与此同时,为了满足这些皇家藏传佛教寺院宗教修习和皇室成员宗教信仰的需要,明朝建立了创作藏传佛教法器和艺术的官方机构。他们“或印施经忏谶,或填写佛经,或为绘画之像,或造宝石之具”,[④]创作了大批藏传佛教的雕塑、唐卡、佛经和法器,用于宫廷和皇家藏传佛教寺院的供奉和赏赐西藏和其它藏区前来进贡的高僧。赏赐中最为重

①参见《明史》卷三三一《西域三》。

②关于这些寺院的详细材料及其考证,参见黄颢《在北京的藏族文物》,民族出版社,1993年,第1-36页。

③关于明朝时期在京藏传佛教僧人的人数,没有准确的统计,但据明英宗时期礼部尚书胡濙的议减人数来看,至少不下2000人。如据《明英宗实录》正统元年五月丁丑(1436年5月27日)记载,“减在京诸寺番僧。先是,番僧数等,曰大慈法王、曰西天佛子、曰大国师、曰国师、曰禅师、曰都刚[纲]、曰剌麻,俱系光禄寺支待。有日支酒馔一次、(二次、)三次,又支廪饩者,有但支廪饩者。上即位之初,敕凡事皆从减省。礼部尚书胡濙等议:“已减去六百九十一人,相继回还本处。其余未去者,命[待]正统元年再奏。至是,濙等备疏赐恩、隆善、能仁、宝庆四寺番僧当减去者四百五十人以闻。上命大慈法王、西天佛子二等不动,其余愿回者听,不愿回者,其酒馔廪饩令光禄寺定数与之。”

④《明宪宗实录》成化四年九月己巳条。

要的作品是1410年的藏文版大藏经《甘珠尔》和以永乐和宣德时期为代表的历朝宫廷藏传佛教金铜佛像，而英华殿、乾清宫和隆德殿则是宫中供奉这些佛像主要佛殿①。与此同时，明朝还专门在宫内设立了缮写藏文佛经的番经厂缮写、印制藏文佛经②。以明武宗为首的一些皇帝也笃信藏传佛教，对于"佛经、梵语无不通晓，"1510年自命为大庆法王，命铸大庆法王西天觉道圆明自在大定慧佛金印，定为天字一号，于宫内建镇国寺，"诵习番经，崇尚其教，常[尝]被服如番僧，演法内厂，绰吉我些尔辈出入豹房，与诸权贵杂处。"③在皇帝的垂范下，王子妃眷、王公大臣，乃至于太监都竞相崇奉藏传佛教，藏传佛教因此对明朝首都北京为首的内地产生了重要的影响。

另一方面，北京是北方重要的雕版印刷中心之一，具有悠久的历史和传统。1421年，明朝迁都北京后，北京迅速成为明朝北方的刊印中心，与南京为首的南方雕版印刷业并驾齐驱。在众多题材中，佛教版画艺术仍是明代一支独秀的奇葩。大藏经和单刻佛经仍然是明代佛教刻经中的主要对象。在大藏经方面，继南方1410年刻印的藏文《甘珠尔》大藏经和1412-1419年间刻印的《永乐南藏》外，永乐时期在北京又于1421至1440年间完成了《大明三藏圣教北藏》、亦即著名《北藏》的刻印工程。单刻佛经更是欣欣向荣，其中政府的刻书机构"经厂"扮演了重要的脚色。在刻经的带动之下，最早作为佛经插图形式的木刻版画艺术也得到了快速的发展。佛教版画从单幅插图发展到数十幅一气呵

①于敏中，《日下旧闻考》，北京出版社，2001年，第531页引《崇祯遗录》云："崇祯六年(1633)，乾清宫、隆德殿所供神佛像尽移朝天宫大隆善寺。"又引《芜史》云："隆德殿西北曰英华殿，以供西番佛像，有菩提树二株。"

②据明万历元年(1573)宰相大学士张居正的《番经厂记》碑，番经厂曾于穆宗隆庆六年(1572)重新。该碑云："番经来自乌斯藏，即今喇嘛教，达摩目为旁支曲窦者也。成祖文皇帝贻书西天大宝法王延致法尊法师等，取其经缮写以传。虽贝文梵字不与华同，而其义在戒贪恶杀，宏忍广济，则所谓海潮一音，醍醐同味者也。厂在禁内东偏，与汉经厂并列，岁久亦渐圮矣。穆宗庄皇帝尝出帑金，命司礼监修葺。今上登大宝，复以慈圣皇太后之命，命终其事。经始隆庆壬申，至八月而告成事，因为文镵于石，垂诸久远焉。万历元年四月八日，建极殿大学士张居正撰。"参见于敏中，《日下旧闻考》，北京出版社，2001年，第616-617页。

③参见《明武宗实录》正德五年六月庚子和正德十年二月戊戌条。

成、自成一体的连环画①和在汉文佛经中插入大量藏式风格的版画是明初以来北京佛教版画艺术的重要特点之一。②

毋庸讳言,作为首都的北京所具有的独特而又深厚的政治、经济、宗教、文化和雕版技术传统,为《诸佛菩萨妙相名号经咒》的刻印提供了最理想的环境。《诸佛菩萨妙相名号经咒》及其版画作品从而成为明代西藏和内地之间汉藏和藏汉文化大规模频繁交流的重要历史遗珍之一,弥足珍贵。

与郑堆合著,原文为郑堆、熊文彬主编《诸佛菩萨妙相名号经咒》一书《导论》,中国藏学出版社,2011 年,第 1-49 页。

①如宣德七年北京刻印的《观世音菩萨普门品经》就有 50 多幅版画,参见周心慧主编,《中国古代佛教版画集》,学苑出版社,1998 年,卷一,第 45-46 页,图版参见卷二,第 44-47 页。

②详细参见熊文彬,《明代汉文佛经中的藏式风格木刻版画初探》,谢继胜、沈卫荣、廖旸主编,《汉藏佛教艺术研究——第二届西藏考古与艺术国际学术研讨会论文集》,中国藏学出版社,2006 年,第 276-296 页。

西藏罗布林卡藏明代大慈法王像缂丝唐卡再探

西藏罗布林卡藏大慈法王像缂丝唐卡是明代宫廷创作的重要杰作之一,具有重要的历史、宗教和艺术价值,倍受学术界重视。本文以唐卡中题写的藏文题记入手,结合汉、藏文文献,对此幅作品的风格、题记和创作年代等相关问题再次进行一些探讨。

一、基本情况及前人研究综述

此幅缂丝唐卡通高 180 厘米、宽 90 厘米,画心高 109 厘米,宽 64 厘米,原藏于色拉寺①(图版 1)。大慈法王释迦也失位于画幅中心,头戴金边黑帽,身着龙纹和云纹袈裟,双眼平视,双手当胸作转法轮印,同时持莲茎。右侧莲花托立式金刚杵,左侧莲花托金刚铃。结跏趺坐端坐于华盖之下,带有龙头扶手的宝座之上。身后右侧绘供桌,其上置香炉和经箧等物。左侧为黑底金书藏汉文对照题记,其中汉文 3 行,藏文 10 行,为 1434 年明宣宗封赐释迦也为大慈法王封号的全称及其藏文译文。汉文题记为:“万行妙明真如上胜清净般若弘照普应辅国显教至善大慈法王西天正觉如来大圆通佛”。藏文题记为:“༄༅། །ཕྲིན་ལས་སྣ་ཚོགས། མཁས་ཤིང་གསལ་བ། ཆོས་ཉིད་དམ་པ། མཆོག་ཏུ་རྒྱལ་བ། ཤེས་རབ་རྣམ་དག་སྣང་བ་ཆེན་པོ། ཀུན་ཏུ་ཁྱབ་

①参见欧朝贵:《大慈法王释迦也失缂丝像》,《西藏研究》,1985 年第 3 期,第 126 页。

ཅིང་། རྒྱལ་ཁམས་བསྐྱབ་པ། བསྟན་པ་རྒྱས་མཛད། རབ་ཏུ་དགེ་བ། བྱམས་ཆེན་ཆོས་ཀྱི་རྒྱལ་པོ། ཞབ་ཀྱི་ཕྱོགས་སུ། རིག་པ་མཆོག་གྱུར། དེ་བཞིན་གཤེགས་པ། དཔང་ཕྱུག་དང་ལྡན། ཀུན་མཁྱེན་རྫོགས་པའི་སངས་རྒྱལ་ཆེན་པོ།།”(图版2)①。同时在唐卡左左侧织有“至善大慈法王之印”的朱印印文(图版3),系明宣宗在封授释迦也失为大慈法王时所颁赐印信的印文。此外,在唐卡画底边缘还题写有一行墨书藏文楷体题记,由于题记题写的位置不是十分显著,且头尾部分文字在装裱时被锦缎覆盖,因此直到近年来才受到学界的重视并加以研究。此则题记为:“སྐུ་འདྲ་འདི་དང་ལྷན་དུ། དུས་འཁོར། བདེ་མཆོག ཀྱེའི་རྡོ་རྗེ། འཇིགས་བྱེད། འཁོར་ཆེན་རྣམས་ཀྱི་སྐུ། ཀོན་དིང་གུའི་ཤྲི་ཨ་མོ་ག་དང་། གུའི་ཤྲི་བསོད་ནམས་ཤེས་རབ་གཉིས་ཀྱིས་ལྷག་བསམ་རྣམ་དག་གིས་བཞེ[ངས།།]”(图版4)。意为:“与此幅唐卡画像一起,还有时轮金刚、胜乐金刚、喜金刚、大威德金刚和大轮(金刚)等像,灌顶国师阿木葛和国师索南喜饶二人虔心敬[制]……”②。

此幅唐卡于1960年首次为学术界所知。在1960年第6期的《文物》上,王毅先生首次发表了此幅唐卡的照片,并正确指出此幅唐卡为缂丝织成,所表现的人物为大慈法王,左侧汉文题记系明朝皇帝封赐大慈法王的封号,右侧印文为颁赐给大慈法王印信的“印模”。③ 1985年,欧朝贵先生在《西藏研究》第3期上进一步指出:大慈法王在此幅唐卡中所著“僧服僧帽”系明宣宗“封赐他(释迦也市)为大慈法王时赐给”;朱印印文为“至善大慈法王之印”;汉藏文题记系明宣宗1434年封赐大慈法王封号的汉藏两种文字的全文,并首次发现唐卡题记中的汉文封号与史书所载存在一字之差,亦即唐卡题记中的“普应”在史书中记为“普惠”,并认为唐卡的记载更为可靠;同时首次注意到唐卡底部藏文题

①参见甲央、王明星主编:《宝藏》第三册,朝华出版社,2000年,图版55及其局部。通过封号的比对,二者存在一字之差,亦即此处的“普应”在文献记作“普惠”,参见欧朝贵:《大慈法王释迦也失缂丝像》,《西藏研究》,1985年第3期,第126页;陈楠:《明代大慈法王研究》,中央民族大学出版社,2005年,第132页。

②拉巴平措先生首次在其著作《大慈法王释迦也失》一书(中国藏学出版社,2012年,第90页)中给出了完整的译文。译文为“与本唐卡像一起,还有时轮、胜乐金刚、大威德及其主要随众的佛像。灌顶国师阿木葛和国师索南喜饶二人以虔诚无瑕之心(敬献)”。

③参见王毅:《西藏文物见闻记》(一),《文物》,1960年第6期,第51页和第42页图7。

记,“意思是与此唐卡一同保存的还有时轮多吉、节多吉、吉几多吉和其他佛像”,并说“后有‘固始’等字样,这是后来收藏者写的文字,并非当时的款识”。① 2006 年,色拉寺的阿旺达扎先生在其著作《色拉寺与大慈法王》一书也发表了此幅唐卡的照片,其中藏文和英文的图版说明都将此幅唐卡的创作年代标注为永乐时期,并说它是释迦也失第一次返藏时,“大明皇帝赠送的丝织唐卡像,原先是察底康村的主供佛像。原件现收藏于西藏博物馆”。还说,释迦也失所带的金丝边的五佛冠帽子也是当时赠与的。当时赐赠的帽子是五佛宝冠。② 2012 年,拉巴平措先生在其著作《大慈法王释迦也失》中也对此幅唐卡进行了专门的研究,结合汉、藏文文献,将大慈法王缂丝唐卡的研究推向深入。他首次发表、翻译了画幅底部的藏文题记,并对题记中涉及的施主阿木葛和索南喜饶二人进行了考证,指出此幅唐卡创作于宣德时期,现藏于罗布林卡,系阿木葛和索南喜饶二人“敬献的,而不是皇帝御赐的”。与此同时,他还对此唐卡与西藏博物馆藏的另一幅宣德时期的大慈法王唐卡进行了比较,认为西藏博物馆大慈法王唐卡藏品“可能是大慈法王圆寂后,经皇帝批准制作的唐卡像,也就是与宣德皇帝悼念大慈法王的御制赞词一起颁发的”。③ 由于拉巴平措先生认为大慈法王圆寂于 1435 年,因此西藏博物馆的大慈法王唐卡藏品应创作于 1435 年左右。

西藏博物馆珍藏的这幅大慈法王唐卡为刺绣,原藏色拉寺,高 162 厘米、宽 98 厘米。在作品中,大慈法王释迦也失身着金色和黄色交织的袈裟,头戴黑色金边法帽,结跏趺坐于莲台,双手当胸持莲茎并施转法轮印,莲花齐肩,分托金刚杵和金刚铃,表情凝重、肃穆,在黑色底色

①参见欧朝贵:《大慈法王释迦也失缂丝像》,《西藏研究》,1985 年第 3 期,第 126 页。其中的“时轮多吉、节多吉、吉几多吉”为音译,一般译为时轮金刚、喜金刚和大威德金刚;另外笔者未能见到其中所述“固始”题记,不知是否同为藏文音译,倘若如此,藏文原文疑为汉文国师的音译,待考。

②参见色拉格西阿旺达扎(སེར་སྨེས་དགེ་བཤེས་ངག་དབང་ཟླ་གྲགས):《色拉寺与大慈法王》(སེར་དགོན་པའི་གནས་བཤད་དང་རྗེ་བྱམས་ཆེན་ཆོས་རྗེའི་རྣམ་ཐར་ཀུན་ལས་བཏུས་པ་འབྲུལ་བྲལ་རབ་གསལ་མེ་ལོང་ཞེས་བྱ་བ་བཞུགས་སོ།།),藏文本,民族出版社,2006 年,封面图版及其说明和第 55 页。

③分别参见拉巴平措:《大慈法王释迦也失》,中国藏学出版社,2012 年,第 70–71 页和图五、88–91 页和题记图片。

的衬托下格外醒目。在大慈法王左右两侧各题有一则题记，其中左侧的汉文为“至善大慈法王大圆通佛”，系 1434 年明宣宗封授给他的封号“万行妙明真如上胜清净般若弘照普应辅国显教至善大慈法王西天正觉如来大圆通佛”的简称；右侧藏文题记为“བྱམས་ཆེན་ཆོས་ཀྱི་རྒྱལ་པོ་ཀུན་མཁྱེན་རྫོགས་པའི་སངས་རྒྱས་ཆེན་པོ།།”，①其意与汉文题记相同。身后为马蹄形背光，其上装饰六拏具，其造型与南京博物院现存的报恩寺大塔券门背光相同，莲花座的造型及其莲瓣也与永乐和宣德时期宫中造像如出一辙。在背光顶部两侧，各绘有一位菩萨小像。其外画心边缘题写有一周的金汁兰扎体梵文。画心装裱在黄色锦缎上，锦缎绣有二龙戏珠、如意云纹和吉祥结等图案，其中双龙均为五爪，体现出很高的规格（图版 5）。② 作品构图对称，人物比例协调，色彩明丽，工艺十分精美。从材料、工艺和装裱看，此幅作品显然出自明代宫廷艺术家的手笔。

二、题材与风格

罗布林卡缂丝唐卡表现的题材为大慈法王释迦也失。释迦也失是格鲁派创建者宗喀巴的弟子，格鲁派在拉萨三大寺之一色拉寺的创建者、明代著名高僧，曾先后于 1414 和 1429 年两次进京陛见明成祖和明宣宗，为明代多封众建治藏政策的实施和汉藏文化的交流做出了重要贡献。据藏文文献，释迦也失于藏历第六饶迥阳木马年（1354）出生于拉萨附近蔡公堂的一个官宦人家。蔡公堂是噶举派重要支系蔡巴噶举派的发祥地，同时也是元明时期前藏地方重要地方势力蔡巴万户的所在地。在明代，由于蔡巴万户支持格鲁派鼻祖宗喀巴大师，而宗喀巴大师又于 1381 – 1388 年之间在蔡公堂寺学习传法 9 年，③因此格鲁派与蔡巴万户和蔡公堂寺的关系十分密切。这一历史背景为出身于蔡公堂

①参见拉巴平措：《大慈法王释迦也失》，中国藏学出版社，2012 年，第 72 页和图 5。

②参见西藏博物馆编：《西藏博物馆》，北京：中国大百科全书出版社，2001 年，第 40–41 页和图版 3。

③王森：《西藏佛教发展史略》，北京：中国社会科学出版社，1997 年，第 317–324 页。

并且具有蔡巴噶举派背景的释迦也失成为日后宗喀巴的重要弟子和格鲁派的重要大师提供了重要的契机。释迦也失十二岁出家为僧,受沙弥戒,开始正式学习佛法。十八岁后,游历西藏各地,参谒各大名寺,拜访高僧大德学习显密经典。1384 年,已是名声鹊起的宗喀巴大师正在蔡公堂寺传法,释迦也失于是慕名追随,并因其显密方面渊博的学识成为宗喀巴的近侍弟子。此后,释迦也失一至追随宗喀巴大师左右,辗转西藏各地学法、讲经并举行各种佛事活动,帮助宗喀巴创建格鲁派并立下了不小的功劳。随着明代多封众建治藏政策的确立,格鲁派实力的日益壮大,明成祖从 1407 年开始陆续册封噶举派等西藏各大教派宗教首领之时,就自然考虑到了日益崛起的格鲁派,并先后于 1408 年、1414 年邀请宗喀巴入京。由于宗喀巴第一次因主办拉萨著名的祈愿大法会,第二次因身体不适均未能成行,这一重任于是就自然落到了其得力弟子释迦也失的身上。[①] 1414 年,释迦也失于是代表宗喀巴奉旨经五台山和四川前往南京觐见明成祖。1415 年五月,成祖封封他为“妙觉圆通慧慈普应辅国显教灌顶弘善西天佛子大国师,赐之诰命”。[②] 在南京期间,他为明成祖举行了长寿灌顶仪式,深得明成祖的赏识。1416 年六月,释迦也失“辞归。(明成祖不仅)御制赞赐之,并赐佛象、佛经、法器、衣服、文绮、金银器皿”,[③]而且还分别于 1417、1419 和 1421 年给他写了三封信,“遣使致慰”。[④] 1418 年,释迦也失按照宗喀巴大师的心愿,在拉萨修建了格鲁派三大寺中的色拉寺。1419 年宗喀巴大师圆寂

①关于宗喀巴未成行的原因及其对明成祖的回复,请详细参见于道泉:《译注明成祖遣使召宗喀巴纪事及宗喀巴复成祖书》,见王尧主编:《平凡而伟大的学者——于道泉》,河北教育出版社,2001 年,第 262-278 页。原文第一次发表在《庆祝蔡元培先生六十五岁论文集》,1935 年。

②《明太宗实录》卷 96,永乐十三年(1415)四月庚午条,见陈家琎主编:《明实录藏族史料》,拉萨:西藏人民出版社,1982 年,第 159 页。

③《明太宗实录》卷 101,永乐十四年(1416)五月辛丑条。藏文《大慈法王传》手抄本,大慈法王 1416 年返藏后就将明成祖皇帝的宫廷艺术品敬献给了宗喀巴。其中包括“皇帝赐予的十八罗汉丝织唐卡、木架帐篷(汉式帐篷)、镶满珠宝的金银曼陀罗以及大批量的这种绸缎”。译文见拉巴平措:《大慈法王释迦也失》,第 77 页

④据明代僧人镇澄撰写的《清凉山志》卷 5 记载,明成祖一共给释迦也失写了 4 封信,其中第一封写于 1415 年。

之后,释迦也失专门为宗喀巴大师修建了灵塔。1416 年释迦也失返回西藏之后,一直积极同明朝保持着朝贡关系。据《明实录》记载,他先后于 1417、1423、1426、1430 和 1431 年五次派人前往南京和北京朝贡,明朝中央政府也十分重视,给于了极高的礼遇。每次朝贡除给予大量的赏赐之外,同时决定再次邀请他入朝。1434 年,明宣宗封他为"万行妙明真如上胜清净般若弘照普应辅国显教至善大慈法王西天正觉如来大圆通佛",①即"大慈法王"。此后,大慈法王一直居住在北京的大慈恩寺。在北京期间,经常参与并主持朝廷和北京各大寺院的佛事活动。其中有两件大事见于记载,一是参与了北京法海寺修建的助缘活动,②二是主持了西天佛子大国师智光大师的荼毗法会③。1439 年,大慈法王圆寂于北京,④其弟子索南喜饶等人将其骨殖奉往青海建灵塔。1442 年,明朝将其地"黑城子厂房赐大慈法王释迦也失盖造佛寺",即大慈法王灵塔寺,并"赐名弘化,颁敕护特[持],"⑤以表彰他为建立格鲁派与明朝中央的封授关系和藏汉关系方面所做出的突出贡献。罗布林卡馆藏的此幅缂丝唐卡表现的正是 1434 年他受封为大慈法王之后的肖像,因此在他肖像的两侧分别织有明宣宗封授给他的封号及其藏文译文和颁赐给他的"至善大慈法王之印"的印信。

从作品的风格来看,此幅唐卡与明代宫廷创作的藏传佛教艺术一脉相承,并充分体现出宫廷流派汉藏艺术水乳交融的特点。整个作品除金边黑色的五佛冠、袈裟的样式、莲花等部分纹样造型外,均呈现出一片汉风。其面部描写具有强烈的写实性肖像画特点,寥寥数笔即将

①《明宣宗实录》卷 111,宣德九年(1434)六月庚申条:"遣成国公朱勇、礼部尚书胡濙持节封释迦也失为万行妙明真如上胜清净般若弘照普应辅国显教至善大慈法王西天正觉如来自在大圆通佛。"见《明实录藏族史料》,第 332–33 页。

②关于法海寺助缘名单,详细参见 1443 年所立的《法海禅寺记》碑阴铭文,见黄颢:《在北京的藏族文物》,民族出版社,1993 年,第 31 页。

③关于此次荼毗法会以及智光大师事迹,参见邓锐龄:《明西天佛子大国师智光事迹考》,《中国藏学》,1994 年第 3 期。

④关于大慈法王圆寂的时间,学术界存在 1435 和 1439 年两种说法。圆寂地点也有北京和返藏途中两种说法。关于对此的详细讨论和考证,分别参见陈楠:《大慈法王释迦也失研究》,第 190–195 页;拉巴平措:《大慈法王释迦也失》,第 50–51 页。

⑤《明英宗实录》卷 95,正统七年(1442)八月辛亥条。见《明实录藏族史料》,第 442 页。

其慈祥、睿智、坚毅的性格刻画得出神入化，栩栩如生，显示出炉火纯青的线描造型水平。大面积的黑色背景和金色袈裟的对比，犹如画龙点睛，突出了作品主题的表现。袈裟和宝座中笔触细腻、圆润、流畅、精致而又繁复、富丽的装饰纹样以及大面积金色的处理，在充分烘托人物崇高身份的同时，将明代宫廷的气派和华丽彰显得一览无余。总之，无论是从人物的刻画，还是从布局、用色和线条的处理来看，此幅作品都堪称明代肖像画作品中难得的杰作。与西藏博物馆大慈法王像藏品相比，此幅作品没有背光，须弥座更换成了华丽精美的龙头扶手宝座，与此同时，金边黑帽也变成了五佛冠。相形之下，西藏博物馆的大慈法王像藏品似乎更加凝重、肃穆，更具有浓郁的宗教氛围，而此幅作品则更加突出表现明朝皇帝对他的尊崇和礼遇及其在明朝享有的崇高的地位。

三、创作年代

此幅唐卡的创作年代一直比较含糊，有明朝之说、宣德（1426–1435年）之说，甚至被认为是永乐时期（1403–1424年）创作的作品。并且长期以来，此幅唐卡被认为是明朝皇帝的赏赐品。直到2012年拉巴平措先生首次根据画底藏文题记，才正确考证出此幅唐卡是大慈法王的弟子阿木葛和索南喜饶二人“敬献的”。笔者在此，结合汉、藏文献，对阿木葛和索南喜饶二人的生平略作梳理，以确定此幅唐卡较为精确的创作年代。

此则题记为：“སྐུ་འདྲ་འདི་དང་ལྷན་དུ། དུས་འཁོར། བདེ་མཆོག ཀྱེའི་རྡོ་རྗེ། འཇིགས་བྱེད། འཁོར་ཆེན་རྣམས་ཀྱི་སྐུ། ཀོན་དིང་གུའི་ཤྲི་ཡ་མོ་ཀྵ་དང་། གུའི་ཤྲི་བསོད་ནམས་ཤེས་རབ་གཉིས་ཀྱིས་ལྷག་བསམ་རྣམ་དག་གིས་བཞེ[ངས།]”。拉巴平措先生将此译为“与本唐卡像一起，还有时轮、胜乐金刚、大威德及其主要随众的佛像。灌顶国师阿木葛和国师索南喜饶二人以虔诚无瑕之心（敬献）”。笔者将此试译为“与此幅唐卡画像一起，还有时轮金刚、胜乐金刚、喜金刚、大威德金刚和大轮（金刚)等像,灌顶国师阿木葛和国师索南喜饶二人虔心敬[制]……”①。值得一提的是,题记中的最后一个字不全,后部分被装裱的锦缎覆盖,只能看到“བཞེ……”字。在藏传佛教雕塑、壁画和唐卡作品题记中,该字通常为“བཞེངས”,意味制造、修建和树立等意,②通常译为创作、制作,但在此应指施造。其原因是,此幅唐卡系缂丝工艺制作而成,并且自元代以来,通常都在朝廷设在杭州和苏州等地的专门机构织造,况且汉藏文献中未见灌顶国师阿木葛和国师索南喜饶二人精通缂丝工艺的记载,因此应为二人出资委托宫廷相关机构织造而成。

题记中所记灌顶国师阿木葛和国师索南喜饶二人,据藏、汉文文献,为大慈法王的弟子,③其事迹零散见载于《大慈法王传》和《明实录》等藏、汉文献。其中,阿木葛在明代又译为“亚蒙葛”或“哑蒙葛”,为西藏聂塘人氏,1421 年随其师来京。1426 年,他作为大慈法王的朝贡使臣再次到京,④并被封为“灌顶净修弘智国师”,⑤并赐“钞、綵币表里、纱罗、绫绢、文绮袭衣”等物。1429 年,随其师再次到北京朝贡。⑥ 之后,阿木葛长期居住在北京的大慈恩寺。据 1443 年法海寺所立《法海禅寺记》碑阴铭文,他在 1439 年与大慈法王一起参加了 1439 年动工修建的北京法海寺的助缘活动,并且在同年被加封为“西天佛子大国

①拉巴平措先生的译文参见《大慈法王释迦也失》第 90 页和题记图片。

②参见张怡荪主编:《藏汉大词典》,民族出版社,1986 年,第 2439 页。

③恰白·次旦平措、诺昌·吴坚:《西藏简明通史》,藏文本,中册,西藏藏文古籍出版社,1990 年,第 387 页云:“大慈法王的弟子有贤哲达藏巴、聂塘法王阿木葛、法王索南喜饶和法王旬努贝丹等众。”

④《明宣宗实录》卷 21,宣德元年(1426)元年九月壬寅条原文为:“……乌思藏大乘法王昆[昆]泽思巴遣国师阿木葛……等来朝,贡马及方物”;卷二二,宣德元年十月壬戌条原文为“赐……乌思藏国师阿木葛……等钞、綵币表里、纱罗、绫绢、文绮袭衣有差”。见《明实录藏族史料》,第 198 页。

⑤《明宣宗实录》卷十五,宣德元年(1426)三月庚子条云:“升乌思藏大宝、大乘、阐化、阐教、赞善五王及大国师释迦也失差来使臣阿木葛为灌顶净修弘智国师,锁南星吉为灌顶国师,俱赐二品镀金银印……”

⑥《明宣宗实录》60,宣德四年(1429)十二月乙未条云:“乌思藏国师领占端竹、阿木葛、大国师释迦也失并大乘法王、辅教王、阐化王使臣锁南领占等五百四十二人贡马及方物。”见《明实录藏族史料》,第 267 页。

师”,[1]其封号全称为“妙法清修净慈普应辅国阐教灌顶弘善西天佛子大国师”。[2] 1441 年,明英宗令会同馆配给他“馆夫十员”。[3]

题记中提到的索南喜饶,应为《明实录》和《法海禅寺记》中载及的“锁南舍剌”或“锁南释剌”其人。据藏汉文文献,1421 年,他同阿木葛一起随其师到北京,1426 年又随阿木葛一道代表大慈法王到北京朝贡,并被封为禅师,赐敕命和六品银印。[4] 之后,他也一直居住在北京的大慈恩寺,并活跃于正统、景泰和天顺年间。1439 年,他也随其师大慈法王和师兄阿木葛一起参与了法海寺的助缘活动。其师大慈法王圆寂之后,他与法王僧格藏布二人将大慈法王的骨殖迎往弘化寺[5]。1443 年,被明英宗封为“净修弘智灌顶国师,赐以诰命。”[6]1446 年,其弟子为其求袭为“西天佛子大国师”,但没有得到允准。[7] 1453 年,代宗升他为“灌顶大国师,赐之诰命。”[8]1456 年,被再次加封为“净修弘智灌顶大国

①《明英宗实录》卷 55,正统四年(1439)五月己巳条原文为“加封亚蒙葛为西天佛子大国师,赐以诰命”。见《明实录藏族史料》,第 380 页。

②黄颢:《在北京的藏族文物》,第 31 页。

③《明英宗实录》卷 79,正统六年(1441)五月甲寅条原文为“北京会同馆大使姬坚等奏:‘大慈恩等寺分住国师、禅师、剌麻阿木葛等三百四十四人,占用馆夫二百一十三人,有放回办纳月钱、牧放马匹及供给马草(者)。及至外国四夷使臣到馆,乏人供应,不得已而雇觅市人代之。乞取回在寺馆夫,议定多寡之数而与之。国师、禅师每员二人;觉义、都纲每员一人;剌麻十人共一人。务令恒在寺供应,不许疏放。今后朝贡番僧剌麻止在本馆安歇听赏,不许私自擅入各寺混杂生事。’上曰:‘大国师班丹札失、阿木葛每员与十人,剌麻十人与二人,其著为令。’”见《明实录藏族史料》,第 405 页。

④《明宣宗实录》卷 15,宣德元年三月庚子条:“升乌思藏大宝、大乘、阐化、阐教、赞善五王及大国师释迦也失差来使臣阿木葛为灌顶净修弘智国师,锁南星吉为灌顶国师,俱赐二品镀金银印……坚敦监藏、锁南失赖、领着领占、扎思巴、锁巴列陞禅师,赐敕命,皆赐六品银印……”。见《明实录藏族史料》,第 192 页。其中的“锁南失赖”疑为锁南释剌其人,其对音不仅与བསོད་ནམས་ཤེས་རབ完全吻合,而且与其师兄弟阿木葛出现在一起。

⑤恰白·次旦平措、诺昌·吴坚:《西藏简明通史》,藏文本,中册,第 386 页。黄颢:《在北京的藏族文物》,第 33 页。

⑥《明英宗实录》卷 104,正统八年(1443)五月壬午条:“封净修弘智国师锁南捨剌为净修弘智灌顶国师,赐以诰命”。见《明实录藏族史料》,第 430 页。

⑦参见《明英宗实录》卷 137,正统十一年(1446)正月辛卯条:“大慈恩寺僧吒失把为其师灌顶国师锁南释剌求袭为师祖西天佛子大国师,并剌麻桑加巴等各求授都纲等职。不允”。见《明实录藏族史料》,第 468 页。

⑧参见《明代宗实录》卷 228,景泰四年(1453)四月庚戌条“命灌顶大国师沙加为西天佛子大国师,灌顶国师锁南释剌为灌顶大国师,赐之诰命”。见《明实录藏族史料》,第 551 页。

师西天佛子”。[①] 1460 年,圆寂,英宗“遣官致祭”。[②]

按上述大慈法王像缂丝唐卡题记,在创作此幅唐卡时,阿木葛的封号是“灌顶国师”,索南喜饶的封号为“国师”。按《明史录》,明朝封授藏传佛教僧人的封号从禅师以上,通常依次为国师、灌顶国师、灌顶大国师、西天佛子和法王。据《明实录》,阿木葛于 1426 年被封为灌顶国师,其封号为“灌顶净修弘智国师”;而索南喜饶受封为国师一事,虽不见记载,但从《明实录》可以推出一个时间段。按《明实录》,他于 1426 年受封为禅师,1443 年受封为灌顶国师,其封号为“净修弘智灌顶国师”。其受封的时间和封号在北京法海寺正统八年(1443)所立《法海禅寺记》中所列助缘施主名单中也得到了进一步的佐证。在施主名单中,他名列第四,头衔为“净修弘智灌顶国师”。[③] 由此清楚可知,索南喜饶在 1443 年受封为灌顶国师,而国师封号的封敕应介于在 1426-1443 年间。鉴于 1434 年释迦也失才受封为大慈法王,此幅唐卡应绘制于 1434 年至其弟子索南喜饶受封为国师之间。换言之,此幅唐卡应创作于 1434-1443 年之间。

由此可知,此幅大慈法王缂丝唐卡由大慈法王的弟子灌顶国师阿木葛和国师索南喜饶二人出资,由明朝宫廷设在江南的织造厂创作于 1434-1443 年间。与此幅唐卡一起,还创作了时轮金刚、胜乐金刚、喜金刚、大威德金刚和大轮金刚等一批缂丝唐卡。甚为遗憾的是,除此幅大慈法王像外,其他唐卡不知所踪。加之,现存明代缂丝唐卡凤毛麟角,极其稀少,罗布林卡珍藏的此幅大慈法王像缂丝唐卡因此更显珍贵。

原文刊于《中国藏学》2014 年第 3 期 154-159 页。

---

①参见《明代宗实录》梁本卷 268,景泰七年(1456)七月辛巳条“命西番净修弘智灌顶大国师锁南捨剌为净修弘智灌顶大国师西天佛子,广通精修妙慧阐教西天佛子大国师沙加为广通精修妙慧阐教弘慈大喜[善]法王,剌麻占巴失念为崇修善道国师。加弘善妙济国师捨剌巴为灌顶弘善妙智国师。俱赐诰命”。见《明实录藏族史料》,第 571-572 页。

②参见《明英宗实录》卷 315,天顺四年(1460)五月辛巳条“灌顶崇善普惠净[静]修弘智西天佛子大国师锁南释剌卒,遣官致祭”。见《明实录藏族史料》,第 598 页。

③黄颢:《在北京的藏族文物》,第 31 页。

西藏山南贡嘎寺主殿集会大殿《如意藤》壁画初探

贡嘎寺位于西藏自治区山南地区贡嘎县岗堆镇，距离贡嘎县城和拉萨机场仅数公里之遥。该寺全名为贡嘎曲德寺（གོམ་དཀར་ཆོས་སྡེ）或贡嘎多杰丹寺（གོང་དཀར་རྡོ་རྗེ་གདན），①由贡嘎宗宗本贡噶南杰（ཀུན་དགའ་རྣམ་རྒྱལ，1431－1496）始建于阳木猴年（1464）。② 由于该寺为萨迦派晚期密宗支系之一、即贡嘎派的创建地和主要传承地，在萨迦派、尤其是萨迦派密宗中占有十分重要的地位。又因寺内的雕塑和壁画出自西藏著名艺术流派、亦即钦孜画派创始人钦孜钦莫大师及其弟子之手，因此在西藏艺术史上也占有十分重要的地位。更为重要的是，由于该派早期的作品和钦孜钦莫大师的真迹迄今已是凤毛麟角，因此弥足珍贵，故而成为

---

①藏文文献中对该寺全称的记载不太相同，除此二种外，尚有贡嘎曲扎（གོང་དཀར་ཆོས་གྲྭ）或吉祥不变金刚座大乐寺（དཔལ་ལྡན་རྡོ་རྗེ་གདན་མི་འགྱུར་བདེ་བ་ཆེན་པོའི་གཙུག་ལག་ཁང）等名字。与此同时，贡嘎一词，间或被称为岗嘎（གངས་དཀར），如司徒班钦在其著作中就将该寺称之为“岗嘎多杰丹寺（གངས་དཀར་རྡོ་རྗེ་གདན）”。参见噶托司徒·却吉嘉措（ཀ་ཐོག་སི་ཏུ་ཆོས་ཀྱི་རྒྱ་མཚོ）：《卫藏圣迹志》（ཀ་ཐོག་སི་ཏུའི་དབུས་གཙང་གནས་ཡིག），藏文本，西藏藏文古籍出版社，1999 年，第 113 页。

②参见嘉顿·强秋贝（རྒྱ་སྟོན་བྱང་ཆུབ་དཔལ）：《宗巴·贡噶南杰传》（རྫོང་པ་ཀུན་དགའ་རྣམ་རྒྱལ་གྱི་རྣམ་ཐར），藏文本，香港天马出版公司，2001 年，第 110–111 页。关于该寺的建成年代，学术界基于该籍的相关记载，目前有两种不同的说法。该籍第 112–113 页记载：“约经ལོ་སྐོར་གཅིག的修建，顺利地完成了祖拉康建筑和其中绘塑的所有佛像（ལོ་སྐོར་གཅིག་ཙམ་གྱི་བར་ལ་གཙུག་ལག་ཁང་རྟེན་དང་བརྟེན་པར་བཅས་པ་མ་ལུས་ཞིང་ལུས་པ་མེད་པར་ཆད་ཀྱི་མཚན་མ་ཙམ་ཡང་མེད་པར་ཡོངས་སུ་གྲུབ་པར་མཛད་ལ）”。其中的关键在于对“ལོ་སྐོར་གཅིག”的不同理解。第一种说法认为，应解释为“一周年”，即完成于 1465 年；另一种则认为，应理解为 12 年，因藏历按十二生肖纪年，一周正好 12 年。关于这两种说法的讨论，详细参见 Mathias Fermer, The Life and Works of Gong dkar rDo rJe gDan Pa Kun dGa ’ rNam rGyal （1432－1496）[《贡嘎寺创建者贡噶南杰（1432－1496）的生平与著述》]，汉堡大学硕士论文，2010 年，第 134 页 451 注释。

学术界近年来持续关注和研究的重点之一,相继对寺院的现状和历史、创建者和其中的艺术遗迹都进行了研究,取得了较为丰硕的成果。① 不过,现有成果大多对贡嘎寺集会大殿重要壁画《如意藤》的研究一笔带过,语焉不详。鉴于《如意藤》壁画对于进一步了解钦孜钦莫及其所创建的钦孜画派的风格和艺术成就以及该寺在历史上的变迁具有重要的学术价值,笔者在实地调查的基础上,结合相关研究成果,拟就集会大殿的现状与历史,《如意藤》壁画的分布、内容、年代及风格特点等相关问题进行初步的探讨。

一、主殿集会大殿现状

按《宗巴·贡嘎南杰传》等藏文文献记载,贡嘎寺建筑主要由中心的主殿、北部的贡桑孜(ཀུན་བཟང་རྩེ)、东面的仁钦岗(རིན་ཆེན་སྒང)、南面的洛林贡堂(སློབ་གླིང་ཀུན་ཐང)和西面的哲蚌(འབྲས་སྤུངས)及其系列附属建筑组成。其中,只有中心的主殿、北面的贡桑孜和西面的哲蚌这三座主要建筑一直保存至今,成为贡嘎寺的主体建筑(参见插图 1)。

主殿系贡嘎寺中保存最为完好的建筑,建筑坐东朝西,楼高二层(参见插图 2)。其中,集会大殿位于底层,由门廊、经堂及其回廊、配殿、后殿(གཙང་ཁང)②及其回廊等建筑单元组成。门廊设门二重,前门廊为 4 柱面积,四壁绘有四大天王像,后门廊 2 柱,后壁正中辟大殿大门。经堂面积为 49 柱,按 2009 年西藏自治区第三次文物普查,为七间六柱 15.2 米,柱距 2.92-3.4 米,进深九间八柱 20.4 米,柱距 2.68-3.43 米,方柱宽 0.25-0.35 米,其中中央三排 12 柱为长住,直通二层,承托天窗。大殿后部、即东面为净殿。该殿面积为 4 柱,方柱宽 0.2 米,殿外

---

①在此值得一提的是,近年推出了两篇大部头的硕士论文,其一为西藏大学嘉措的《贡嘎寺壁画研究》,其一为德国汉堡大学 Mathias Fermer 的《贡嘎寺创建者贡噶南杰(1432-1496)的生平与著述》,分别对贡嘎寺的艺术和历史进行了较为详细的研究,堪称近来学术界对该寺进行研究所取得的重要成果之一。

②གཙང་ཁང,指"寺庙中背靠大殿后面的内殿",参见张怡荪主编:《藏汉大辞典》,北京:民族出版社,1985 年,第 2189 页。

建有绕殿一周、东南北三面封闭的转经回廊。大殿两侧、亦即南北两翼各建有数个配殿。其中，北侧佛殿由西向东分别为典康（གདན་ཁང）、古如拉康（ཀུ་རུ་ལྷ་ཁང）、依怙殿（སྲུང་མ་ཁང）门廊和供品殿（མཆོད་རྫས་ཁང）等4座配殿；南侧配殿分别为甘珠尔殿（བཀའ་འགྱུར་ལྷ་ཁང）、大威德金刚殿（འཇིགས་བྱེད་ལྷ་ཁང）门廊和供品殿等3个配殿。除两侧的供品殿为1柱面积外，其他配殿均为2柱面积。此外，在大殿南北两侧还建有3座突出的建筑，南侧分别为东面的大威德金刚殿和厨房2座建筑，北侧东侧为依怙殿。其中，大威德金刚殿和依怙殿对称构置。与此同时，中心大殿四面外侧立柱与内墙之间形成一条开放的转经回廊，四壁均绘满壁画。其中，在此绘有两组同一题材的大型《如意藤》（དཔག་བསམ་འཁྲི་ཤིང）壁画，其中一组绘于现存集会大殿回廊四壁，另一组则绘于现存集会大殿两侧配殿的外壁。这一特点与同一时期其他寺院集会大殿所绘佛传故事和佛本生故事的情况大相径庭，令人十分惊奇。

二、《如意藤》壁画分布及其内容

1. 现存集会大殿回廊《如意藤》壁画的分布

现存集会大殿回廊四壁都绘满了壁画，除东面正中壁面外，东面北侧和南、西、北三壁壁画的题材均出自同一题材《如意藤》故事。壁画的构图十分恢宏，壁面中心绘有一周巨大的32身佛像（其分布见图示，括号内的数字即为每一位佛像的序号），《如意藤》各品故事的情节分别围绕每一身中心佛像展开，犹如众星拱月，为藏传佛教壁画典型的中心构图法（参见图版1）。32身佛像均为坐像，其身色、手印和法器等都有所不同，均未题写相应的题记，因此其身份难以确定，不过按现存清代同一题材的唐卡来看，似均应释迦牟尼佛。① 与巨大的32佛不同的是，围

①如图齐藏品参见，G·Tucci，Tibetan Painted Scroll，vol 3，plates. 101–130，Roma，1949；故宫藏品参见王家鹏主编：《故宫博物院藏文物珍品全集·藏传佛教唐卡》，北京：商务印书馆，2003年，图版56–86。

绕每一身佛像周围的情节画面都题写有相应的藏文题记。题记呈龛形,底色朱砂,字体金色,题写内容包括序号、名称和品数(参见图版2)。根据题记,按藏传佛教信徒朝拜的方向、亦即顺时针方向,四壁所描绘《如意藤》故事及其分布如下:

1)西壁壁画

西壁壁画分布于集会大殿殿门两侧,共绘有两铺大型壁画,共绘有33个如意藤故事(如插图3所示)。

(1)西壁第一铺壁画

按题记,西壁北段第一铺壁画绘有13个《如意藤》故事(从96-108品),其内容分别为:

96、第九十六品《大象》(གླང་པོའི་ཡལ་འདབ་སྟེ་དགུ་བཅུ་ཙ་དྲུག་པའོ),97、第九十七品《乌龟故事》(རུས་སྦལ་གྱི་རྟོ[གས]་པ་བརྗོད་པའི་ཡལ་འདབ་སྟེ་དགུ་བཅུ་ཙ་བདུན་པའོ)①,98、第九十八品《梅监故事》(སྨད་ཅན་གྱི་ཡལ་འདབས[འདབ]སྟེ་དགུ་བཅུ་ཙ་བརྒྱད་པའོ)②,99、第九十九品《梅监》(སྨད་ཅན་གྱི་ཡལ་འདབ་སྟེ་དགུ་བཅུ་ཙ་དགུ་པའོ)③,100、第一百品《福明王故事》(བསོད་ནམས་རབ་གསལ་ཡལ་འདབ་སྟེ་རྒྱ[བརྒྱ]་པའོ),101、第一百一品《具蓝故事》(སྟོ་སངས[བསངས]་[ཅན]་ཀྱི[གྱི]་རྟོགས་པ་བརྗོད་པའི་ཡལ་འདབ་སྟེ་རྒྱ[བརྒྱ]་དང་ཙ་གཅིག་པའོ),102、第一百二品《狮子故事》(སེང་གེ[གེའི]་རྟོགས་པའི་ཡལ་འདབ་སྟེ་རྒྱ[བརྒྱ]་ཙ་གཉིས་པའོ),103、第一百三品《喜丸》(དགའ་བའི་གུད་ཏོ་འི[གོང་བུའི]་ཡལ་འདབ་སྟེ་རྒྱ[བརྒྱ]་ཙ་གསུམ་པའོ),104、第一百四品《兔子故事》(རི་བོང་གི་རྟོགས་པ་བརྗོད་པའི་ཡལ་འདབ་སྟེ[བརྒྱ]་ཙ་ཞི[བཞི]་པའོ),105、第一百五品《罗婆达故事》(རེ[རི]་བ་རེའི[ཏའི]་རྟོགས་བརྗོད་ཀྱི་ཡལ་འདབ་སྟེ[བརྒྱ]་ཙ[རྩ]་ལྔ་པའོ),106、一百六品《金甲》(གསེར་གྱི་གོ་ཆའི་ཡལ་འདབ་སྟེ[བརྒྱ]་ཙ་དྲུག་པའོ),107、一百七品《净饭故事》(ཟས་གཙང་གི[མའི]་རྟོགས་པ་བརྗོད་པའི་ཡལ་འདབ་སྟེ[བརྒྱ]་ཙ་བདུན་པའོ),108、第一百

①题记中的藏文多有拼写错误和不规范之处,文中凡[ ]内者为订正者,凡{ }内者系按《如意藤》经典对缺失部分所作补充。

②此品名称与《如意藤》文献不同,按(印)善自在王著,匈顿·多吉坚赞、(印)拉喀迷迦罗译:《如意藤—释迦牟尼百行传》(དཔག་བསམ་འཁྲི་ཤིང),藏文本,西藏人民出版社,2004年,第442-443页,为《苦行者故事》(དཀའ་ཐུབ་པའི་རྟོགས་པ་བརྗོད་པ)。

③此品名称与《如意藤》文献不同,按《如意藤—释迦牟尼百行传》,藏文本,第444-445页,为《故莲具故事》(པད་མ་ཅན་གྱི་རྟོགས་པ་བརྗོད་པ)。

八品《云乘》(སྤྲིན་[ཀྱི་བཞོན]་པའི་ཡལ་འདབ་སྟེ་བརྒྱ་དང་ཆ་བརྒྱད་པའོ)。

(2)西壁第二铺壁画

西壁南段亦即第二铺壁画绘有 20 个《如意藤》故事(33 –52 品),其内容分别如下:52、第五十二品《增福故事》(བསོད་ནམས་མི་སྨན[དམན]་པའི་རྟོགས་བརྗོད་ཀྱི་ཡལ་འདབ་སྟེ་ལྔ་བཅུ་ཆ་གཉིས་པའོ),51、第五十一品《邬摩天女故事》(གསེར་ལྡན་མའི་རྟོགས་པ་བརྗོད་པའི་ཡལ་འདབ་སྟེ་ལྔ་བཅུ་ཆ་གཅིག་པའོ),50、第五十品《十业》(ལས་ཅུ[བ]་སྤྱོད་པའི་ཡལ་འདབ་སྟེ་ལྔ་བཅུ་ཐམ་པའོ),49、《具象故事》(གླང་པོ་ཅན་གྱི་རྟོགས་པ་བརྗོད་པ),48、第四十八品《如意成就故事》(དོན་ཀུན་གྲུབ་པའི་རྟོགས་བརྗོད་ཡལ་འདབ་སྟེ་བཞི་བཅུ་ཆ་བརྒྱད་པའོ),47、《芸香树干故事》(ཤ་ལའི་སྡོང་བུའི་རྟོགས་པ་བརྗོད་པ),46、《知恩故事》(བྱས་ཤེས་ཀྱི་རྟོགས་པ་བརྗོད་པ),45、第四十五品《未生怨弑父》(མ་སྐྱེས་དགྲས་ཕ་བསད་པའི་ཡལ་འདབ་སྟེ་བཞི་བཅུ་ཙ[ཆ]་ལྔ་པའོ),44、第四十四品《金手》(གསེར་གྱི་མག[ལག]་པའི་ཡལ་འདབ་སྟེ་བཞི་བཅུ་ཆ་བཞི་པའོ),43、第四十三品《妙色故事》(གསེར་མདོགི[མདོ་གི]་རྟོགས་བརྗོད་པའི་ཡལ་འདབ་སྟེ་བཞི་བཅུ་ཆ་༣①),42、第四十二品《贤哲故事》(མཁས་པའི་རྟོགས་པ་བརྗོད་པའི་ཡལ་འདབ་སྟེ་ཞི[བཞི]་བཅུ་ཆ་གཉིས་པའོ),41、第四十一品《优填王故事》(ཨུཏ[དྲ]་ཡནའི་རྟོགས་བརྗོད་ཡལ་འདབ་སྟེ་བཞི་བཅུ་ཆ་གཅིག་པའོ),40、第四十品《迦毗罗》(སེར་སྐྱའི་ཡལ་འདབ་སྟེ་བཞི་བཅུ་ཐམ་པའོ),39、第三十九品《善忍》(བཟོད་པ་དགའ་བའི་ཡལ་འདབ་སྟེ་སུམ་ཅུ་ཆ་དགུ་པའོ),38、第三十八品《哑巴瘸子故事》(ཡལ་འདབ་སུམ་ཅུ་ཆ་བརྒྱད་པ་ལྐུག[ལྐུགས]་པ་ཕྱེ[འཕྱེ]་བའི[པའི]་རྟོགས་བརྗོད),37、第三十七品《富楼那故事》(གང་པོའི་རྟོགས་པ་བརྗོད་པའི་ཡལ་འདབ་སྟེ་སུམ་ཅུ་ཆ་བདུན་པའོ)36、第三十六品《声调故事》(གདངས[གདེངས]་ཅན་གྱི་རྟོགས་པ་བརྗོད་པའི་ཡལ་འདབ་སྟེ་སུམ་ཅུ་ཙ[ཆ]་དྲུག་པའོ),35、第三十五品《家主好施》(ཁྱིམ་བདག་ལེགས་སྦྱིན་གྱི་ཡལ་འདབ་སྟེ་སུམ་ཅུ་ཆ་ལྔ་པའོ),34、《难陀与近侍故事》(དགའ་བོ་ཉེ་དགའི་རྟོགས་པ་བརྗོད་པ),33、《殊叶故事》(ཁྲདར[ཁྲད་པར]་ལོ་མའི་རྟོགས་པ་བརྗོད་པ)。

2)北壁壁画

北壁以集会大殿北侧配殿殿门为界,分别绘有 4 铺大型壁画,共绘有 31 个《如意藤》故事(其分布如插图 4 所示),其中,有 1 个故事的画面已经脱落。按题记,这些壁画从西向东依次如下:

①凡阿拉伯数字,在题记中均为藏文数字。

(1)北壁第一铺壁画

32、第三十二品《善行故事》(དགེ་བྱེད་ཀྱི་རྟོགས་པ་བརྗོད་པའི་ཡལ་འདབ་སུམ་ཅུ་རྩ་གཉིས་པའོd),31、第三十一品《金边故事》(གསེར་གྱི་ཟོགས་ཀྱི་རྟོགས་བརྗོད་ཀྱི་ཡལ་འདབ་སྟེ་སུམ་ཅུ་རྩ་གཅིག་པའོ),30、第三十品《迦尸则巴》(ཁ་ཤི་མཛེས་པའི་ཡལ་འདབ་སྟེ་སུམ་ཅུ་པའོ),29、第二十九品《护财故事》(ནོར་སྐྱོང་གི་རྟོགས་བརྗོད་ཡལ་འདབ་སྟེ་ཉེར་དགུ་པའོ)。

(2)北壁第二铺壁画

28、《两亿牛宿故事》(གྲོ་བཞིན་བྱེ་བ་ཉི་ཤུ་པའི་རྟོགས་པ་བརྗོད་པ),27、《释迦族源故事》(ཤཱཀྱ་བྱུང་བའི་རྟོགས་པ་བརྗོད་པ),26、第二十六品《伏魔》(བདུད་བཅོམས[མཚམ]་པའི་ཡལ་འདབ་སྟེ་ཉེར་དྲུག་པའོ),25、第二十五品《出家故事》(མངོན་པར་འབྱུང་བའི་རྟོགས་པ་བརྗོད་པའི་ཡལ་འདབ་སྟེ་ཉེར་ལྔ་པའོ),24、《度一切故事》(ཐམས་ཅད་སྒྲོལ་གྱི་རྟོགས་པ་བརྗོད་པ),23、《父子相见故事》(ཡབ་སྲས་མཇལ་བའི་རྟོགས་པ་བརྗོད་པ),20、第二十品《牛宿千金耳故事》(གྲོ་ཞུན་བྱེ་བ་རྣའི་རྟོགས་པ་བརྗོད་པའི་ཡལ་འདབ་སྟེ་ཉི་ཤུ་པའོ)。

此铺壁画如图示,其中的第(12)号佛像壁画已经脱落,但其原壁画位置清晰可见。

(3)北壁第三铺壁画

22、第二十二品《锡居祇陀林》(དུས་བྱེད་ཀྱི་ཚལ་ཡོངས་སུ་བཟུང་བའི་ཡལ་འདབ་སྟེ་ཉེར་གཉིས་པའོ),21、第二十一品《庵摩罗树女故事》(ཨ་མྲ་སྐྱོང་མའི་རྟོགས་པ་བརྗོད་པའི་ཡལ་འདབ་སྟེ་ཉེར་གཅིག་པའོ),19、第十九品《舍利弗出家》(ཤ་རི[རིའི]་བུ་རབ་ཏུ་བྱུང་བའི་ཡལ་འདབ་ཏེ[སྟེ]་བཅུ་དགུ་པའོ),18、第十八品《镜面》(མེ་ལོང་བཞིན་གྱི་ཡལ་འདབ་སྟེ་བཅོ་བརྒྱད་པའོ),17、《弥勒授记故事》(བྱམས་པ་ལུང་བསྟན་པའི་རྟོགས་པ་བརྗོད་པ),16、第十六品《投石》(ཐག་རིངས་བར་འཕངས་པའི་ཡལ་འདབ་སྟེ་བཅུ་དྲུག་པའོ),15、第十五品《天降故事》(ལྷ་ལས་བབས་པའི་རྟོགས་པ་བརྗོད་པའི་ཡལ་འདབ་སྟེ་བཅོ་ལྔ་པའོ),14、第十四品《演大神变故事》(ཆོ་འཕྲུལ་གྱི་རྟོགས་པ་བརྗོད་པའི་ཡལ་འདབ་སྟེ་བཅུ་བཞི་པའོ),13、第十三品《鬼子母故事》(སྲོག[འཕྲོག]་མའི་རྟོགས་པ་བརྗོད་པའི་ཡལ་འདབ་ཏེ[སྟེ]་བཅུ་བསུ[གསུམ]་པའོ),12、第十二品《增长天王故事》(འཕགས་སྐྱེས་པོའི་རྟོགས་བརྗོད་ཡལ་འདབ་སྟེ་བཅུ་བཞི་པའོ),11、第十一品《妙喜故事》(མཛེས་དགའ་བོའི་རྟོགས་པ་བརྗོད་པའི་ཡལ་འདབ་སྟེ་བཅུ་གཅིག་པའོ)。

(4)北壁第四铺壁画

10、第十品《胎生》（མངལ་ནས་འབྱུང་བ་བསྟན་པའི་ཡལ་འདབ་སྟེ་བཅུ་པའོ），9、第九品《火生故事》（མེ་སྐྱེས་ཀྱི་རྟོགས་པ་བརྗོད་པའི་ཡལ་འདབ་སྟེ་དགུ་པའོ），8、《吉祥护故事》（དཔལ་སྲུང་གྱི་རྟོགས་པ་བརྗོད་པ），7、第七品《珍珠藤故事》（མུ་ཏིག་འཕྲེ་ཤིང་གི་རྟོགས་པ་བརྗོད་པའི་ཡལ་འདབ་བདུན་པའོ），6、第六品《趋颜洲故事》（བ་ད་རའི་གླིང་དུ་དུ་བགོད་པའི་རྟོགས་པ་བརྗོད་པའི་ཡལ་འདབ་ཏེ［སྟེ］་དྲུག་པའོ），5、第五品《月光王故事》（ཟླ་འོད་ཀྱི་རྟོགས་པ་བརྗོད་པའི་ཡལ་འདབ་སྟེ༥པའོ），4、第四品《乳轮王故事》（ང་ལས་ནུའི་རྟོགས་པ་བརྗོད་པའི་ཡལ་འདབ་སྟེ༤），2、《吉祥军故事》（དཔལ་གྱི་སྡེའི་རྟོགས་པ་བརྗོད་པ）。如图所示，此铺壁画位于最东端，即供品殿门左侧的壁面上，此处部分壁画脱落。估计脱落部分壁画表现的应是《如意藤》故事第一品《波斯匿王故事》（རྒྱལ་པོ་རབ་གསལ་གྱི་རྟོགས་བརྗོད）。

（5）北壁第五铺壁画

实际上，这一铺壁画位于北壁东端转角向西的壁面上，亦即集会大殿净殿外壁的北段，正好位于净殿北侧封闭转经回廊的左侧。在这条狭长的壁面上，分别绘有三组题材的壁画。如图所示，其中的（21）号人物为佛像；佛像上方的 J 画面为年轻的五世达赖喇嘛及其经师；佛像的的右下方为《如意藤》第三品故事（参见图版 3）。按题记，为 3、《第三品髻宝故事》（གཙུག་ན་ནོར་བུའི་རྟོགས་པ་བརྗོད་པའི་ཡལ་འདབ་ཏེ［སྟེ］་༣པའོ）。

3）南壁壁画

以集会大殿南侧配殿的殿门为界，南壁共绘有 7 铺壁画，共 42 个《如意藤》故事（即 53–95 品），其分布如下图（插图 5）示。

（1）南壁第一铺壁画

如图所示，南壁第一铺壁画位于南壁最东端，与北壁第五铺壁画正好对应，实际上位于大殿净殿外壁的南段，正好位于净殿南侧封闭转经回廊的右侧。在此狭长壁面上绘有 4 组题材，其中并无《如意藤》故事的表现。它们分别是：E、长寿三尊，F、萨迦派上师肖像，G、中年五世达赖喇嘛固始汗父子，H、藏、蒙上层僧俗信众场画面。

（2）南壁第二铺壁画

53、第五十三品《寻箴言》（ལེགས་བཤད་འཚོལ་བའི་ཡལ་འདབ་སྟེ༥༣པའོ），54、第

五十四品《众生》(སེམས་ཅན་བྱ་བའི་ཡལ་འདབ་སྟེ་༥༤པའོ)。①

(3)南壁第三铺壁画

55、《施一切故事》(ཐམས་ཅད་སྟེར་བའི་རྟོགས་པ་བརྗོད་པ),56、第五十六品《调伏龙象护故事》({གླུ་བ}གླང་སྐྱོང་བརྟུལ་བའི་ཡལ་འདབ་སྟེ་༥༦པའོ),57、五十六品《佛塔故事》(མཆོད་རྟེན་གྱི་རྟོགས་པ་བརྗོད་པའི་ཡལ་འདབ་སྟེ་ལྔ་ཅུ[བཅུ]་ཙ[རྩ]་དྲུག་པའོ)②,58、第五十八品《福力》(བསོད་ནམས་སྟོབས་ཀྱི་ཡལ་འདབ་སྟེ་ལྔ་ཅུ[བཅུ]་ཙ[རྩ]་བརྒྱས[བརྒྱད]་པའོ),59、第五十九品《瞿罗罗故事》(ཀུ་ལྣ་ལའི་རྟོགས་པ་བརྗོད་པའི་ཡལ་འདབ་སྟེ་ལྔ་ཅུ[བཅུ]་དགུའོ),60、第六十品《龙童》(ཀླུ་གཞོན་ནུའི་ཡལ་འདབ་སྟེ་དྲུག་ཅུ་ཐམ་པའོ),61、第六十一品《农夫故事》(ཞིང་པའི་རྟོགས་པ་བརྗོད་པའི་ཡལ་འདབ་སྟེ་དྲུག་ཅུ་ཙ[རྩ]་གཅིག་པའོ),62、第六十二品《称施》(གྲགས་སྦྱིན་གྱི་ཡལ་འདབ་སྟེ་དྲུ[དྲུག]་ཅུ་ཙ[རྩ]་གཉིས་པའོ),63、第六十三品《大迦叶故事》(འོད་སྲུང[སྲུངས]་གི[ཀྱི]་རྟོགས་བརྗོད་ཀྱི་ཡལ་འདབ་སྟེ་དྲུག་ཅུ་རྩ་གསུམ་པའོ)。

(4)南壁第四铺壁画

64、第六十四品《财贤故事》(ནོར་བཟང་གི་རྟོགས་བརྗོད་ཀྱི་ཡལ་འདབ་སྟེ་དྲུག་ཅུ་རྩ་བཞི་པའོ),65、第六十五品《独角故事》(ར[རྭ]་གཅིག་པའི་རྟོགས་བརྗོད་ཡལ་འདབ་སྟེ་དྲུག་ཅུ་ཙ[རྩ]་ལྔ་པའོ),66、第六十六品《诗童故事》(གཞོན་ནུ་སྙན་དངགས་མཁན་གྱི་རྟོགས་བརྗོད་ཀྱི་ཡལ་འདབ་སྟེ་༦༦པའོ),67、第六十七品《僧护》(དགེ་འདུན་སྲུངས་ཀྱི་ཡལ་འདབ་སྟེ་དྲུག་ཅུ་ཙ[རྩ]་བདུན་པའོ),68、第六十八品《具莲》(པདྨ་ལྡན་གྱི་ཡལ་འདབ་སྟེ་དྲུག་ཅུ[བཅུ]་ཙ[རྩ]་རྒྱད[བརྒྱད]་པའོ),69、《法王开光故事》(ཆོས་ཀྱི་རྒྱལ་པོ་རབ་གནས་ཀྱི་རྟོགས་པ་བརྗོད་པ),70、第七十品《日中故事》(ཉི་མ་གུང་པའི་རྟོགས་པ་བརྗོད་པའི་ཡལ་འདབ་སྟེ་བདུན་ཅུ་ཐམ་པའོ),71、第七十一品《麻衣》(ཤྣ་ནའི་གོས་ཅན་གྱི་ཡལ་འདབ་སྟེ་བདུན་ཅུ་ཙ[རྩ]་གཅིག་པའོ),72、第七十二品《近护故事》(ཉེར་སྲས་ཀྱི་རྟོགས་བརྗོད་ཡལ་འདབ་སྟེ་བདུན་ཅུ་ཙ[རྩ]་གཉིས་པའོ),73、第七十三品《致龙书故事》(ཀླུ་ལ་སྤྲིངས་ཡིག་སྤྲིངས་པའི་ཡལ་འདབ་སྟེ་བདུན་ཅུ་རྩ་གསུམ་པའོ),74、第七十四品《献地》(ས་ཞི[གཞི]་ཕུལ་བའི་ཡལ་འདབ་སྟེ་བདུན་ཅུ་ཙ[རྩ]་བཞི་པའོ),76、第七十六品《毗度罗故事》(བི་དུ་རའི་རྟོགས་པ་བརྗོད་པའི་ཡལ

①此品名称与《如意藤》文献略有不同,按《如意藤—释迦牟尼百行传》,藏文本,第 270–272 页,为《众生药故事》(སེམས་ཅན་སྨན་ཞེས་བྱ་བའི་རྟོགས་པ་བརྗོད་པ)。

②题记载为第 56 品,但《如意藤—释迦牟尼百行传》,藏文本,第 278–279 页,应为第 57 品,但在图示中序号仍保持原状。

འདབ་སྐྱེ་བདུན་ཅུ་ཙ[རྩ] བདུན་པའོ),77、第七十七品《结纳雅噶》(གེ[གཻ] ་ན[ནེ] ་ཡ་ཀེའི[ཀའི] ་ཡལ་འདབ་སྐྱེ་བདུན་ཅུ་ཙ[རྩ] ་བདུན་པའོ),78、第七十八品《帝释天堕故事》(བརྒྱ་སྦྱིན[བྱིན] ་ལྷུང་བའི་ཡལ་འདབ་སྐྱེ་བདུན་ཅུ་ཙ[རྩ] ་བརྒྱད་པའོ)79、第七十九品《威福军》(བང་ཆེན་སྡེའི་ཡལ་འདབ་སྐྱེ་བདུན་ཅུ་ཙ[རྩ] ་དགུ་པའོ),位于甘珠尔殿门上方。

(5)南壁第五铺壁画

75、第七十五品《缘起》(རྟེན་ཅིང་འབྲེལ་བར་འབྱུང་བའི་ཡལ་འདབ་སྐྱེ་བདུན་ཅ་ཙ[རྩ] ་ལྔ་པའོ),80、第八十品《妙贤故事》(རབ་བཟང་གི་རྟོགས་པ་བརྗོད་པའི་ཡལ་འདབ་སྐྱེ་བརྒྱད་ཅུ་ཐམ་པའོ),81、第八十一品《因胜》(རྒྱུའི་མཆོག་གི་ཡལ་འབད་སྐྱེ་བརྒྱད་ཅུ་ཙ[རྩ] ་གཅིག་པའོ),82、第八十二品《前世地狱》(དམྱལ་བ་མངོན་ལྡན་གྱི་ཡལ་འདབ་སྐྱེ་བརྒྱ[བརྒྱད] ་ཅུ་ཙ[རྩ] ་གཉིས),83、第八十三品《罗睺罗》(སྒྲ་ཅན[གཅན] ་འཛིན་གྱི་འཆར་ཡལ་འདབ་སྐྱེ་བརྒྱད་ཅུ་ཙ[རྩ] ་གསུམ་པའོ),84、第八十四品《蜜音》(སྙང་སྡེའི་དབྱངས་ཀྱི་རྟོགས་པ་བརྗོད་པའི་ཡལ་འདབ་སྐྱེ་བརྒྱད་ཅུ་ཙ[རྩ] ་ཞི[བཞི] ་པའོ),85、第八十五品《益寻》(ཕན་པ་ཚོལ[འཚོལ] ་བའི་ཡལ་འདབ་སྐྱེ་བརྒྱད་ཅུ་ཙ[རྩ] ་ལྔ་པའོ),86、第八十六品《野黄牛》(བ་མེན་སོགས་ཀྱི་ཡལ་འདབ་སྐྱེ་བརྒྱད་ཅུ་ཙ[རྩ] ་དྲུག་པའོ),87、第八十七品《莲具》(པདྨ་ཅན་གྱི་ཡལ་འདབ་སྐྱེ་བརྒྱད་ཅུ་ཙ[རྩ] ་བདུན་པའོ)。

(6)南壁第六铺壁画,此铺壁画位于南壁西端转角向西的壁面上。

88、第八十八品《恶象》(ངན་པ་གླང་པོ[པོའི] ་ལྡན[སྡན] ་གྱི་ཡལ་འདབ་སྐྱེ་བརྒྱད་ཅུ་ཙ[རྩ] ་བརྒྱད་པའོ),89、第八十九品《法爱》(ཆོས་སྲིད[སྲེད] ཀྱི་ཡལ་འདབ་སྐྱེ་བརྒྱད་ཅུ་ཙ[རྩ] ་དགུ་པའོ),91、第九十一品《尸毗箴言》(ཤི་བི[བིའི] ་ལེགས་བཤད་ཀྱི་ཡལ་འདབ་སྐྱེ་དགུ་ཅུ་ཙ[རྩ] ་གཅིག་པའོ)。

(7)南壁第七铺壁画

92、第九十二品《密友女》(མཛའ་བའི[བོ] ་ཕྲེའི[བུ་མོ] ་ཡལ་འདབ་སྐྱེ་དགུ་ཅུ་ཙ[རྩ] ་གཉིས་པའོ),93、第九十三品《须摩提女请佛》(མ་ག་ཧ[དྷ] ་བཟང་མོའི་ཡལ་འདབ་དགུ་ཅུ་ཙ[རྩ] ་གསུམ་པའོ),94、第九十四品《善知识》(གྲགས་པའི་{ བཤེས་གཉེན} ་ཡལ་འདབ་དགུ་ཅུ་ཙ[རྩ] ་ཞི[བཞི] ་པའོ),95、第九十五品《母虎》(སྟག་མོའི་ཡལ་འདབ་སྐྱེ་དགུ་ཅུ་ཙ[རྩ] ་ལྔ་པའོ)。

2、集会大殿配殿《如意藤》壁画的分布

与此同时,在集会大殿南北两侧配殿外墙还残存有部分《如意藤》

故事壁画(参见图版4－7)。换言之,经调查,在北配殿典康的西壁和北壁、古如拉康的北壁、南配殿亦即大威德金刚殿前室的南壁、甘珠尔殿的南壁和西壁还保存有部分《如意藤》故事壁画。其构图与现存回廊同一题材壁画的构图相同。换言之,壁面中心为巨大的坐式佛像,而各品故事的情节则环绕佛像四周展开。现存壁画虽然并不完整,但从现存壁画和题记内容推测,与回廊现存壁画一样,此处原来也应绘有完整系列的《如意藤》壁画。也就是说,在南北两侧的其他配殿中原来也绘有《如意藤》其他各品故事的壁画,但现已经脱落或经重绘。

由于部分壁画和题记已斑驳,甚至脱落,加上部分壁画为后期所供奉的大型雕像所遮挡(如古如拉康),因此目前难以对所有的壁画进行全面的了解。现将部分壁画分布的结果介绍如下:

典康西壁和北部现存《如意藤菩萨本生》第93－98品壁画。按题记,分别为:第九十三品《须摩提女请佛故事》、第九十四品《善知识故事》、第九十五品《母虎故事》(参见图版4)、第九十六品《大象故事》(参见图版5)、第九十七品《乌龟故事》、第九十八品《苦行者故事》。

古如拉康北壁壁画由于被佛像遮挡,难见壁画和题记全貌。按所见题记,至少绘有第103－105品《如意藤菩萨本生》壁画,亦即:第一百三品《喜丸故事》、第一百四品《兔子故事》、第一百五品《罗婆达故事》。

大威德金刚殿前室南壁所绘《如意藤菩萨本生》壁画十分清楚,分别为第67–72品故事,即:第六十七品《僧护故事》、第六十八品《具莲故事》、第六十九品《法王开光故事》、第七十品《日中故事》、第七十一品《麻衣》、第七十二品《近护故事》。

甘珠尔殿南壁和西壁所绘《如意藤菩萨本生》壁画的分布迄今尚不清楚,其原因有二:其一,几乎所有壁画的题记都已斑驳或脱落,只残存数行;其二,该殿现为该寺的文物仓库,巨大的柜子遮挡了其中部分壁画。因此,此处所绘《如意藤本生》壁画的分布和内容尚不清楚。不过,从壁面空间推测,其中至少绘有10个左右故事。

上述南北两侧配殿壁画的题记为墨书,题于壁画下方与墙裙之间专门用于题写题记的条带上，行数多达4－7行不等。从字体来看，风格并不统一。同时结合部分壁画经过重绘推测，部分题记是在重绘时重新题写。与前述集会大殿回廊同一题材壁画题记的不同之处在于，此处的题记不仅载及了所绘壁画题材的名称、内容梗概和序号，而且还清楚地表明了题材的出处。如以大威德金刚殿前室《日中》壁画为例，该题记多达7行，其中清楚地记载了该故事的名称、内容梗概、序号和出处(参见图版6)。题记如下：从壁画看，部分作品显然经过重绘。

第一行：གང་གི་གྲགས་པའི་མཚན་ཉིད་ཁྱད་པར་རྣམ་པར་བཀོད་པ་ཡིས།། ས་བཞི་བསད{བསོད}་ནས[ནམས]་མཆོག་ནི་བསོད་ནམས་ལྷམ་པར་ཉེར་བསྐུན་ཞིང་།། རྒྱལ་བ་ལ་ནི་གུས་པར་ར{རབ}་སྐྱབས་བཀགས་ཆགས་བསྐྱེད་བྱས་པ།། དེ་དག་རྣམས་ཀྱི་མགོན་འདོད་ལེགས་བྱས་སྦྱོར་བ་རྒྱལ་གྱུར་ཅིག།

第二行：དེ་ཡང་དགེ་སློང་ཉི་མ་གོང་{པ་}ཞེས་བྱ་བ་ཞིག་རང་གི་བླ་མ་འཕགས་ཀུན་དགའ་བོས་བསྐུལ་བ་ལ་བརྟེན་ནས།། ཁ་ཆེའི་ཡུལ་དུ།། སངས་རྒྱས་ཀྱི་སྟན{བསྟན}་པ་འཛིན་ཕྱིར།། གཙུག་ལག་ཁང་ཆེན་པོ་རྩིག་པར་ཙམ་བ་ན།། ཡུལ་ཕྱོགས་དེར་གནས་པའི་ཀླུ་གདུག་པ་ཅན་གྱིས

第三行：མ་བཟོད་པར།། རྫུ་འཕྲུལ་འཕྲུལ་སྣ་ཚོགས་ཀྱི་མཚོན་ཆ་དེ་སྙེད་དང་།། མེའི་ཆར་པ་དུ་མ་ཕབ་པས།། དགེ་སློང་ཉི་མ་གོང་བས་སྐྱིལ་དཀྲིང་བཅས་པའི་སྤྱི་བོར་པད་མ་དང་ཨུཏྤལ་གྱི་ཕྲེང་བར་གྱུར་ནས་བབ་ཅིང་། ། ཆོས་གོས་ཀྱི་གྲྭ་ཙམ་ཡང་སྐྱུལ་པར་མ་ནུས་སོ། ། དེ་ནས་ཀླུ་རྣམས་ཀྱིས། དེ་ལྟ

第四行：བའི་མཐུ་ལ་ངོ་མཚར་བས། ། དགེ་སློང་ལ་ཏང་བར་བྱས་ཤིང་། ། ཁྱོད་གནས་འདིར་གཙུག་ལག་ཁང་མཛད་པར་བཞེད་ནས། ཁྱེད་རང་གི་སྐྱིལ་དཀྲིང་གི་ཁྱོན་ཙམ་ཅིག་འབུལ་ལོ་ཞེས་བརྗོད་པས། ། དགེ་སློང་གིས་རྫུ་འཕྲུལ་གྱིས་སྐྱིལ་དཀྲིངས་བཅས་ཏེ་ཡུལ་དབུའི་བར་ཁྱབ་པར་བྱས། ། དེར་གཙུག

第五行：ལག་ཁང་མཐའ་ཡས་པ་བྱས་ཤིང་། ། དགྲ་བཅོམ་པ་མང་དུ་ཡང་གནས་པར་བྱས་ཏེ། ། རི་བོ་སྤོས་དང་ལྡན་ནས། གུར་ཀུམ[གུམ]་གྱི་སོན་བླངས་ཏེ་ཁ་ཆེའི་ས་གཞི་ལ་བཏབ་ཅིང་། ། ཇི་སྲིད་བསྟན་པ་གནས་ཀྱི་བར་ཕྱོགས་དེར་གུར་ཀུམ[གུམ]་སྐྱེ་བ[བར]་བྱིན་གྱིས་བརླབས་སོ། ། བྱང་ཆུབ་སེམས་དཔའི་རྟོགས་པ་བརྗོད་པ་དཔག་བསམ་གྱི

第六行：འཁྲི་ཤིང་ལས། །ཉི་མ་གོང་བའི་རྟོགས་པ་བརྗོད་པའི་ཡལ་འདབ་སྟེ་བདུན་བཅུ་པའོ། །

汉文大意云：阿难嘱令其弟子比丘日中应在克什米尔之地弘扬佛法。比丘日中在克什米尔建寺之时，当地的恶龙之众十分不悦，幻化出各种武器，一时天降火雨，但这些不仅未伤正在禅坐的比丘日中的毫毛，并且最终在其头上变成了纷纷扬扬的莲花花环之雨。众龙见此神奇之力,倍感惊异,对比丘于是心生敬仰。比丘日中于是在克什米尔建立了众多寺院,以供众多阿罗汉们居住。同时在克什米尔种下了藏红花,并使藏红花开遍佛法弘扬之地。《如意藤菩萨本生》第七十品《日中故事》。

与《如意藤》经典相比,该故事的序号、品名和情节都大致相同。[①]毋庸置疑,该铺《如意藤》壁画也同样出自13世纪的同名藏文译本。不过,值得注意的是,题记使用的文本与译本出入较大。通过二者的比较发现,题记文字并非是对译本简单的压缩或节录,而更似对译本的改编。这一问题仍待于进一步深入的研究。

毋庸讳言,从集会大殿南北配殿的壁画题记清楚可知,这些壁画均按《如意藤菩萨本生》经典绘制而成。

3、集会大殿壁画题材与《如意藤菩萨本生》之间的关系

实际上,配殿壁画题记的内容与《宗巴·贡噶南杰传》等藏文史籍对集会大殿回廊壁画的记载完全吻合。该著在论述64柱集会大殿四壁所绘壁画时明确记载:“其(净殿)外长长的回廊壁面绘有正等觉佛的本生大传,按善自在王(ཡབ་དགེ་བའི་དབང་པོ)所著《如意藤》(དཔག་བསམ་འཁྲི་ཤིང)绘,从《波斯匿王故事》绘至《家主净饭故事》,共107品。为凑足108这一吉祥之数,绘有其子月自在(སྲས་ཟླ་བའི་དབང་པོ)所著《云乘故事》,共绘108品故事。每两品故事绘有一身巨大的主尊佛像,诸佛的造型和背光等皆各具特点。为了便于理解,在每个故事下都按原故事题写有简要的说明题记。”[②]由此可知,图像、题记和文献对此的记述都十分吻合,完全一致。在此值得一提的是,《宗巴·贡噶南杰传》中所载及的“长长的回廊”中的《如意藤》108品壁画是指集会大殿南北两侧配殿外壁的壁画,而非现存回廊中的同一题材壁画。关于这一点,将在下一节专门论述。

集会大殿南北两侧配殿壁画题记中明确记载的《如意藤菩萨本生》

①《如意藤—释迦牟尼百行传》,藏文本,第354页。
②嘉顿·强秋贝:《宗巴·贡噶南杰传》,藏文本,第138–139页。

和《宗巴·贡噶多杰传》中记载的《如意藤》为同一所指，前者是全称，后者系简称。该著是一部重要的佛传故事和佛本生故事集，由印度著名诗人善自在王（Kṣemendr/དགེ་བའི་དབང་པོ）用诗体写成，共 108 品，即 108 个故事(其中第 108 品亦即《云乘故事》出自其子月自在的手笔）。13 世纪由萨迦派大师雄顿·多吉坚赞（ཤོང་སྟོན་རྡོ་རྗེ་རྒྱལ་མཚན）与印度学者 Lakṣmīkara 一起翻译成藏文，并由却迥桑布（ཆོས་སྐྱོང་བཟང་པོ）在萨迦校订，后收入藏文大藏经《丹珠尔》的佛本行经内，其梵文名称为 Bodhiśattvadānakalpatā，藏文名称为 བྱང་ཆུབ་སེམས་དཔའི་རྟོགས་པ་བརྗོད་པ་དཔག་བསམ་འཁྲི་ཤིང་།।。①

作者善自在为 10 – 11 世纪印度克什米尔人，生卒年不详，但据研究，极有可能生活于 980 – 1003 年间，一生撰写了大量的诗歌。② 该著主要翻译者之一的雄顿·多吉坚赞则是 13 世纪西藏著名的大翻译家、文学家和佛学大师，一生著、译等身，以“雄顿译师”而著名。据研究，他于 1240 年出生于西藏的拉堆洛地区，1265 年前往尼泊尔学法，主修声明学，返回萨迦后，潜心于翻译事业，其所译经典《诗镜》（སྙན་ངག་མེ་ལོང）、《龙喜记》（ཀླུ་ཀུན་ཏུ་དགའ་བའི་ཟློས་གར）和《释迦牟尼百行赞》（བསྟོད་པ་བརྒྱ་པ་）等著作对藏族文学的发展产生了重要的影响。③ 尤其是《诗镜》的译入，肇开藏族文学的一代诗风，为藏族“年阿(སྙན་ངག)体”诗歌流派的形成奠定了重要的基础。

《如意藤菩萨本生》译入藏文之后很快就成为明、清时期西藏和其他藏区各大寺院壁画和唐卡创作的重要题材之一。以壁画为例，在建于 1420 – 1425 年间的西藏江孜白居寺主殿二楼回廊就按该著分别绘有其中的第 4 品《乳轮王故事》、第 30 品《伽尸则巴故事》、第 48 品《如意成就故事》、第 53 品《寻箴言王故事》、第 59 品《瞿罗罗童子故事》、

---

①该著现在有单行本出版，参见（印）善自在王著，雄顿·多吉坚赞、（印）拉喀迷迦罗译：《如意藤—释迦牟尼百行传》藏文本，西藏人民出版社，2004 年。

②On details, see Ksemendra, The Eleventh Century Kashmiri Poet: A Study of His Life and Works, by Uma Chakraborty, New Delhi, 1991.

③关于雄敦译师的生平和译著，参加东嘎·洛桑赤列：《东嘎藏学大辞典》，藏文本，中国藏学出版社，2002 年，第 2003–2004 页。

第85品《益寻太子故事》和第108品《云乘故事》等。又如,拉萨大昭寺主殿回廊也按此绘有完整系列的壁画。在唐卡方面,1731年,西藏郡王颇罗鼐(ཕོ་ལྷ་ནས་བསོད་ནམས་སྟོབས་རྒྱལ,1689-1474)出资在西藏纳塘寺创作并刻印了一套31幅的《如意藤》唐卡版画,其中部分木刻作品和按照木刻作品样式绘制的唐卡被意大利学者G·图齐收录在其著作《西藏画卷》之中。① 与此同时,四川德格八蚌寺的创建者司徒班钦·却吉迥乃(སི་ཏུ་པཎ་ཆེན་ཆོས་ཀྱི་འབྱུང་གནས,1700-1774)在1733-1737年间创作了25幅一套的《如意藤本生》唐卡,后经德格印经院雕版流传。② 此外,故宫博物院还保存有一套31幅完整的《如意藤》唐卡,自乾隆五十四年(1789)以来一直珍藏在宫中佛堂佛日楼上,名称为《释迦牟尼佛源流》,背面有汉、满、蒙、藏四体墨书题记"乾隆五十四年十一月初五日,钦命嘎尔丹锡呼图萨玛迪巴克什认看供奉利益画像《释迦牟尼佛源流》……"。③ 显而易见,《如意藤菩萨本生》的译入对西藏和其他藏区藏传佛教艺术的创作产生了十分深远的影响,而贡嘎寺主殿集会大殿所绘同一题材的壁画即是其中早期重要的实例之一。

至于集会大殿现存回廊中的《如意藤》壁画,题记虽然并未明确指出按《如意藤菩萨本生》经典绘制而成,但将题记中所载各个故事的名称、序号和内容同《如意藤菩萨本生》经典所进行的比对证实,除九十八

①关于图齐所收录的纳塘寺同一题材的版画,参见其著作 Tibetan Painted Scroll, vol 2, pp. 442-534, fig. 121, plates. 101-130, Roma, 1949.

②司徒班钦·却吉迥乃创作的《如意藤本生》唐卡及其说明现已出版,参见白玛曲批(པད་མ་ཆོས་འཕེལ):《释迦牟尼本生传》(སྐྱེས་རབས་དཔག་བསམ་འཁྲི་ཤིང),藏文本,四川民族出版社,1991年。

③此套唐卡,详细参见王家鹏主编:《故宫博物院藏文物珍品全集·藏传佛教唐卡》,商务印书馆,2003年,第64-95页,图版56-86。关于画面中的藏文题记,参见熊文彬、王家鹏:《故宫博物院藏清宫唐卡藏文题记释读》,《故宫学刊》,第二集,2005年,第255-263页。其中一些汉文译名不准,甚至有误,在此特别更正:其中第257页第八品"吉祥蛙"应为"吉祥护"、第十二品的"圣人"应为"增长天王"、第十六品"投崖"应为"投石",第258页地二十五品的"现显"应为"出家"、第二十八品"牛宿施金"应为"两亿牛宿",第259页第三十九品的"喜忍"应为"善忍"、第四十品的"数论师"应为"迦毗罗"、第四十六品的"作智"应为"知恩",第260页第五十品的"行十善"应为"十业"、第五十一品的"福不减"应为"增福"、第五十二品的"具金"应为"邬摩天女",第261页第六十九品的"善住法王"应为"法王开光"、第七十一品的"夏那衣"应为"麻衣"、第八十二品的"青狱"应为"前世地狱",第262页第九十四品"称友"应为"善知识"、第一百零一品"夜"应为"蓝具"。

和九十九两品故事的名称不同之外，其他都基本一致。显而易见，集会大殿回廊同一题材的壁画也是根据《如意藤菩萨本生》经典创作而成的。与此同时，比照《如意藤菩萨本生》，现存集会大殿回廊只缺一品故事壁画的表现，即第一品《波斯匿王故事》。其原因是，该位置的壁画现已脱落。另外，在题记中，有13个故事只有故事名称，而无序号：它们分别为：第八品、第十七品、第二十三品、第二十四品、第二十七品、第二十八品、第三十三品、第三十四品、第四十六品、第四十七品、第四十九品、第五十五品和第六十九品。与此相反，第二品的题记只载及了序号，而无品名。按《如意藤》，其名称应为《吉祥军故事》（དཔལ་གྱི་སྡེའི་རྟོགས་བརྗོད）。①

三、壁画的年代及其相关问题

根据文献、建筑布局和壁画风格，集会大殿的这两套《如意藤》壁画创作于两个不同的时代。

从建筑布局来看，集会大殿现存布局与早期建筑布局相比，已经发生了较大的改变。这些变化主要体现在以下几个方面：

首先，按《宗巴·贡噶南杰传》，初建时期的集会大殿的面积为64柱，②而现在实际面积如图所示为49柱面积，整个回廊的面积被缩小。

其次，在记述集会大殿的两侧的配殿时，该著只提到了回廊之外有两座配殿，亦即南侧的大威德金刚殿（འཇིགས་བྱེད་ལྷ་ཁང）和北侧的护法大殿（མགོན་ཁང་ཆེན་མོ），其中并没有提到集会大殿内南北两侧现存的配殿。该著还进一步指出，北侧的护法大殿为4柱面积，其中供奉的主尊塑像为大黑天宝帐怙主（གུར་མགོན་པོ），四壁绘有各种护法壁画；大威德金刚殿，又有大密宗殿（སྔགས་ཁང་ཆེན་མོ）或无上密宗殿（བླ་མེད་སྔགས་ཁང）之称，为2柱

①参见（印）善自在王著，匈顿·多吉坚赞、（印）拉喀迷迦罗译：《如意藤—释迦牟尼百行传》，藏文本，第5-12页。

②嘉顿·强秋贝：《宗巴·贡噶南杰传》，藏文本，第137页。

面积,殿内塑像主尊为大威德金刚。① 与文献记载相比,现存集会大殿外的南北这两座配殿仍基本保持了初建时的布局,只不过初建时期的壁画和雕塑大多现已不存。除北侧的护法大殿现在更名为依怙殿外,最大的不同在于两殿分别多了一个2柱面积的前室。换言之,现存北侧依怙殿的前室及其相邻的供品殿、古如拉康和典康这4座配殿,以及南侧大威德金刚殿的前室及其相邻的甘珠尔殿等配殿在文献中缺载,应为后来增建。

再次,现存集会大殿内南北配殿与集会大殿外墙之间的建筑关系进一步表明这些建筑为后来增建。正如前述,在集会大殿外墙内壁、亦即现存集会大殿南北配殿的外墙绘有另外一套《如意藤》壁画。通过实地调查发现,现存南北两侧配殿的隔墙直接紧靠在外墙的壁画及其题记之上,墙体因而直接遮挡了外墙内壁的部分壁画和题记。换言之,同一铺壁画及其题记被隔墙身首两端。从这一建筑关系来看,毋庸置疑,外墙内壁的壁画绘制在先,而隔墙修建在后。

简而言之,从上述文献和建筑关系来看,现存集会大殿内南北两侧配殿为后来增建。也就是说,现存集会大殿南北两侧配殿的外墙为初建时集会大殿的回廊,其上所绘壁画、亦即现存南北配殿外墙内壁上的《如意藤菩萨本生》壁画为集会大殿初建时所绘,而现存集会大殿回廊同一题材的壁画为配殿增建后所绘。

实际上,壁画的题材和风格也进一步证实了这一推断。

首先,从壁画的题材来看,现存集会大殿南北配殿外侧的题材十分统一,系《如意藤菩萨本生》壁画,但现存集会大殿回廊则包含初建和后来时期两种不同时代的题材。正如前述,现存集会大殿回廊除东壁(亦即后殿外壁)正中外,四壁均为《如意藤》故事壁画,而东壁正中壁画为萨迦派高僧画面,其内容与集会大殿回廊初建时期的记载完全吻合。《宗巴·贡嘎南杰传》明确指出,“后殿前面左侧绘有以至尊白衣三祖为

①关于这两座佛殿的详细记载,分别参见嘉顿·强秋贝:《宗巴·贡噶南杰传》,藏文本,第125-129页和133-135页。

中心的萨迦派道果法经典传承的历代付法喇嘛，右侧绘有以萨迦班智达、八思巴和喇嘛丹巴上师为中心的《根本续》传承中的历代付法喇嘛。在此二铺壁画下方四隅，绘有与世尊释迦牟尼佛同时诞生同时代的频婆裟罗王（rgyal po gzugs can snying po）、波斯匿王（རྒྱལ་པོ་གསལ་རྒྱལ）、夏尔巴王（རྒྱལ་པོ་ཤར་པ）和胜光王（རྒྱལ་པོ་གཏུམ་པོ་རབ་སྣང）等四位国王的立像，装束等均别具一格。”①由此可知，东壁正中以萨迦派高僧为主的壁画绘于初建时期，亦即15世纪中叶。

与此同时，在东壁正中南北两侧、亦即后殿两侧封闭型转经回廊出入口两侧狭长的壁画上，如前述，同时绘有《如意藤》第三品故事、五世达赖喇嘛（1617–1682）、固始汗（1582–1654）和其他藏族和蒙古族人物（参见图版3）。由此可知，除前述东壁正中外，现存集会大殿的《如意藤》故事壁画与五世达赖喇嘛和固始汗等藏族和蒙古族人物的壁画绘于同一时期。鉴于五世达赖喇嘛和固始汗主要活跃于17世纪中叶以后，因此这些壁画创作的上限不应早于此时。换言之，17世纪中叶以后，在贡嘎寺集会大殿回廊的南北两侧增建了数个配殿，从而使集会大殿64柱的原有面积缩小到现在的49柱面积，并形成了新的回廊。为了保持原有回廊壁画的面貌，新回廊于是按前制重新绘制了《如意藤》故事壁画、五世达赖喇嘛和固始汗等藏族和蒙古族历史人物，而原回廊同一题材的壁画则成为新增南北两侧配殿外墙壁画。

其次，集会大殿现存回廊和南北配殿同一题材壁画的风格也截然不同，系两个不同时期创作的作品。

通过部分同一品故事表现的比较来看，新回廊所绘壁画虽然是在配殿增建后所绘，但并非是对早期回廊同一故事壁画的翻版。如以集会大殿回廊南壁和典康西壁同一故事、亦即第95品《母虎》故事的表现为例（对比图版2和4），无论是从构图，色彩、线条，还是对情节的表现、装饰等元素的造型等来看，二者并非出自同一个粉本。换言之，为

①嘉顿·强秋贝：《宗巴·贡噶南杰传》，藏文本，第137–138页。

了保持原来回廊的面貌,新回廊只是采用了原回廊的同一题材而已。①

从整体风格来看,集会大殿配殿中的《如意藤》壁画与现回廊中的同一题材的壁画相比,创作水平高,设色更加柔和、雅致,风景在作品的构图和故事情节发展的表现中起着重要的作用,其中部分建筑(如琉璃歇山顶)、装饰纹样(如如意云纹),甚至是一些技法(如岩石的表现)的造型融入了浓郁的汉式艺术特点(参见图版 7),整个壁画具有浓郁的汉式青绿山水的格调,与二楼喜金刚殿中的部分青绿山水风格的壁画如出一辙。按文献记载,喜金刚殿的壁画也出自钦孜钦莫大师之手,虽然其中的绝大部分题材表现的都是密宗题材,并且钦孜钦莫本人也擅长于密宗题材的表现而著名于世,但其中一些局部也有风景的表现,如北壁的寒林场景,无论是设色、构图,还是线条的勾勒都与集会大殿配殿中的《如意藤》壁画一致。显而易见,集会大殿配殿中的《如意藤》壁画即是文献中载及的该寺初建时由钦孜钦莫大师创作的作品。与此相对,集会大殿回廊中的同一题材的壁画则与大昭寺和桑耶寺晚期部分壁画的风格类似,色彩艳丽,对比强烈,风景更具有装饰性特点。从壁画风格的差异也不难看出,集会大殿配殿和回廊的壁画也创作于两个不同的时期。

对于集会大殿面积缩小、亦即两侧配殿增建的时间,由于文献缺乏明确的记载,难以确定。仅从现存回廊壁画中的五世达赖喇嘛和固始汗等历史人物的出现来看,似乎其上限不应早于 17 世纪,但按照后世一些文献的记载,基本上可以确定是在 20 世纪 20 年代之后。其中最重要的文献就是噶托司徒·却吉嘉措(1880–1925)的《卫藏圣迹志》。该著对他在 1918 至 1920 年间在西藏地区朝圣时的所见所闻进行了记录,西藏名刹贡嘎寺自然也不例外。在记录该寺时,他明确提到集会大殿的面积为 64 柱,同时提到了大殿左侧一间 2 柱面积的配殿,但右侧有无配殿未曾提及。并且说集会大殿的壁画为钦孜钦莫大师手笔。②

①至于新回廊同一题材的表现所采用的粉本,尚不清楚,有待于进一步研究。
②噶托司徒·却吉嘉措:《卫藏圣迹志》,藏文本,西藏古籍出版社,1999 年,第 113–115 页。

显而易见，这一记载与前述《宗巴·贡噶南杰传》中对该殿初建时期的规模和布局的记载一致。由此可知，集会大殿的面积很可能是在20世纪20年代之后缩减的，换言之，其中的配殿增建于此后。①

四、小结

通过前面的调查和对文献的梳理，关于集会大殿中的两套《如意藤》壁画，可以得出如下初步的结论：

现存集会大殿两侧配殿大致增建于20世纪20年代之后，集会大殿初建时的64柱巨大空间从而缩小到现存面积。为保持初建时回廊的原貌，在完成增建工程之后，同时在配殿内墙、亦即现存回廊重新绘制了一套《如意藤》壁画，而配殿外墙则为集会大殿初建时的回廊，其上所绘同一题材的壁画为钦孜钦莫大师领衔创作的作品，亦即钦孜钦莫大师15世纪中叶的原作。尽管现存壁画并不完整，并且其中部分壁画后来经过重绘，但仍然保留了早期的布局和设色。

始建于1464年的贡嘎寺在萨迦派晚期密宗和15世纪的西藏艺术史上都占有重要的地位。按藏文文献记载，该寺创建时的壁画和雕塑艺术都出自西藏重要艺术流派之一钦孜画派的创始人钦孜钦莫及其弟子的手笔。钦孜钦莫，原名格年·南巴杰瓦（དགེ་བསྙེན་ནམ་པར་རྒྱལ་བ），生活于15-16世纪（具体生卒年不详），系贡嘎寺所在地贡嘎岗堆地方人氏。早期师从后藏地区著名画家多巴·扎西杰波学习，后来又拜贡嘎寺创建者贡噶南杰为师，并参加该寺的修建，正是他在贡嘎寺创作的壁画和雕塑作品使他名声鹊起，誉满西藏。除贡嘎寺外，他还相继参与了山南地区扎强巴林（གྲྭབྱམས་པ་གླིང）大塔、扎丁波且寺（གྲྭཐིང་པོ་ཆེ）和拉萨当雄地区羊八井寺（ཡང་པ་ཅན）的艺术创作，成为一代宗师。17世纪，其弟子参与

①部分西方学者也持这一观点，如参见 Kar– Heinz Everding, Tibet: Lamaistische Klosterkulturen, Nomadiseche Lebensformen und ba uelicher Alltag auf dem, Dach der Velt, Koln, 2005, pp. 97; Mathias Fermer, The Life and Works of Gong dkar rDo rJe gDan Pa Kun dGa ’ rNam rGyal （1432 – 1496）, 2010, pp. 137.

了布达拉宫和大昭寺的修、扩建等重要工程,[①]从而奠定了该画派与西藏著名的门塘画派和噶玛噶智画派在西藏画坛上的三足鼎立之势。但由于各种原因,钦孜钦莫的原作大多现已不存,贡嘎寺集会大殿的《如意藤》和二楼喜金刚殿的密宗壁画因此成为学术界公认的钦孜钦莫的唯一真迹。有鉴于此,笔者在此对集会大殿现存两套《如意藤》壁画的分布、内容和风格的初步研究,希望对钦孜钦莫大师及其所创画派早期艺术的进一步了解和研究有所裨益。

与哈比布、夏格旺堆合著,原文刊于《中国藏学》2012 年第 2 期 176–187 页。

①关于钦孜钦莫及其弟子的艺术活动,详细参见大卫·杰克逊著、向红笳、谢继胜、熊文彬译:《西藏绘画史》,西藏人民出版社、明天出版社,2001 年,第 118–132 页。

明代汉文佛经中的藏式风格木刻版画初探

藏传佛教木刻版画在中国木刻版画中占有十分重要的地位。从雕版印刷术发明以来,西藏和内地都创作了大量的藏式风格的木刻版画作品,无论从数量还是质量来看,其中都不乏上乘之作。尤其是从西夏时期开始,在内地创作的藏式风格木刻版画独树一帜,形成了独特的风格。其中,明代时期的木刻版画对于这一风格流派的继承和发展发挥了十分重要的作用。但由于各种各样的原因,除了为数不多的作品外①,绝大部分作品都没有受到应有的重视和研究。学林出版社 98 年出版周心慧主编的《中国古代版画集》中集中收录了 30 多幅明代汉文佛经中的藏式风格版画。尽管这些作品只是明代同类风格作品的冰山一角,但它们对于我们进一步了解明代宫廷以及内地具有明显藏式风格版画出现的原因及其发展都具有重要意义。本文主要通过这些作品的年代、施主、风格和画家来了解此时期版画的大致面貌。

1. 背景与年代

明代内地大规模藏式风格版画作品的出现,是整个明代政治、经济、宗教、文化和汉藏文化之间交流的直接结晶。1368 年,朱元璋建立明朝之后,用兵北方,武力和招抚并重,以乌斯藏地区故元摄帝师喃加

①关于明代藏式风格版画的研究,海瑟·噶尔美博士曾经对 1410 年永乐版藏文大藏经《甘珠尔》插图和 1431 年的《诸佛菩萨妙相名号经咒》插图进行了研究,尤其是对后者的研究比较详细。See Heather Karmay, Early Sino – Tibetan Art, Aris and Philips Ltd., Warminster, England, 1975, Chapter 3 and 4, plates 34–38, 44–48。同时参见熊文彬汉译本《早期汉藏艺术》,中国藏学出版社 1994 年版和河北教育出版社 2001 年版。

巴藏卜为首的各地藏族首领纷纷来降,在陆续成功地控制了藏族地区之后,继续沿用元朝对藏区的管理办法,在藏区建立各级管理机构,任用藏族僧俗首领为官进行管理。明初先后设置了乌斯藏卫都指挥使司、多甘指挥使司(后改为行都指挥使司),下设宣慰司、招讨使、万户府、千户府等,任命当地藏族地方首领为都指挥同知、都指挥佥事、指挥、宣慰、万户和千户等职。与此同时,对藏区雄霸一方、具有一定实力和影响的地方势力和高僧进行分封,从 1406 年开始,至 1413 年为止,分别封帕木竹巴首领扎巴坚赞为阐化王(1406 年受封)、灵藏首领著思巴儿坚藏为赞善王(1407 年受封)、馆觉首领宗巴斡即南哥巴藏卜为护教王(1407 年受封)、必立工首领领真巴儿吉监藏为阐教王(1413 年受封)和达藏首领南渴烈思巴为辅教王(1413 年受封)[①]。

宏观上,明朝与元朝一样,重视藏传佛教在统治藏区中的重要性,因而礼遇藏传佛教僧人,不过与元朝有所不同的是,不只礼遇一教一派,而是礼遇藏传佛教的各个教派,各个教派的首领和著名的宗教人物都先后受封为法王、王、西天佛子、灌顶国师、大国师、国师和禅师。除前面提到的五位"教王"之外,其中最为著名的是三大"法王",亦即噶玛噶举教派的大宝法王(1407 年受封)、萨迦派的大乘法王(1413 年受封)和格鲁派的大慈法王(1434 年受封),[②]因此后来一些学者把明代实施的这种治藏的政策总结为"多封众建"。为了进一步加强对西藏和整个藏区的稳固统治,与元朝一样,明朝同时在京城修建藏传佛教寺院,延请各派高僧主持,并依靠这些高僧来加强明朝与西藏和各个藏区之间的关系。妙应寺、大保安寺、大隆善护国寺、大能仁寺、大慈恩寺、宝庆寺、真觉寺、兴教寺、西域寺、双林寺和法海寺等等寺院都是明代皇家藏传佛教寺院,或是与藏传佛教关系密切的寺院[③]。其中,大隆善护国寺、大保安寺、大慈恩寺和大能仁寺是地位最为显赫的藏传佛教寺院。

---

①参见《明史》卷三三一《西域三》。
②参见《明史》卷三三一《西域三》。
③关于这些寺院的详细材料及其考证,参见黄颢《在北京的藏族文物》,民族出版社,1993 年,第 1-36 页。

这些寺院里面都住有大量的藏传佛教僧人①,他们平常除了进行正常的宗教活动,为皇上和国家祝诛之外,其中最为重要的任务之一就是受明朝皇帝的派遣前往西藏和藏区各地执行任务,迎送、封赐、褒奖、安抚西藏和藏区各地的宗教和地方首领并代表皇帝巡视西藏和各个藏区,在明朝对西藏的稳固统治之间扮演了极为重要的角色。

五使西藏的大隆善寺著名僧人班丹扎释(dpal-ldan bkra-shis)是其中的杰出代表。据《安多政教史》,班丹扎释为岷州藏族,1377 年出生,先后游学安多和卫藏,曾拜格鲁派创始人宗喀巴及其弟子贾曹杰、噶举派著名活佛大宝法王得银协巴和萨迦派著名僧人大乘法王昆泽思巴等学习佛学②,迅速成为一位显密兼通、学识渊博的著名高僧。1404 年随其师仲钦·班丹嘉措到达北京后,立即得到了永乐皇帝的器重。1403 年被任命为大宝法王的翻译,奉旨随侯显前往乌斯藏迎接大宝法王。1408 年,奉旨护送大宝法王返回。1413 年与中官杨三保一起奉旨完成了对乌斯藏阐化王扎巴坚赞的安抚。1414 年,再次与中官杨三保一起奉旨前往乌斯藏巡视,并封授各个首领。1424 年,奉旨前往乌斯藏审查大宝法王的转世灵童。由于班丹扎释的卓越贡献,先后被封为"净觉慈济大国师"、"西天佛子大国师"和"大智法王",③从而继得银协巴、昆泽思巴和释迦也失之后成为明朝的第四位法王。

在京的藏传佛教僧人正因为他们的特殊地位和作用,深受皇室器重和礼遇。他们中的不少人均因其对国家的贡献和高深的宗教造诣,

①关于明朝时期在京藏传佛教僧人的人数,没有准确的统计,但据明英宗时期礼部尚书胡濙的议减人数来看,至少不下 2000 人。据《明英宗实录》正统元年五月丁丑(1436 年 5 月 27 日)记载,"减在京诸寺番僧。先是,番僧数等,曰大慈法王、曰西天佛子、曰大国师、曰国师、曰禅师、曰都刚[纲]、曰剌麻,俱系光禄寺支待。有日支酒馔一次、(二次、)三次,又支廪饩者,有但支廪饩者。上即位之初,敕凡事皆从减省。礼部尚书胡濙等议:"已减去六百九十一人,相继回还本处。"其余未去者,命[待]正统元年再奏。至是,濙等备疏赐恩、隆善、能仁、宝庆四寺番僧当减去者四百五十人以闻。上命大慈法王、西天佛子二等不动,其余愿回者听,不愿回者,其酒馔廪饩令光禄寺定数与之。(梁本 17-6 馆本 17-5)"

②详细参见智观巴·贡却乎丹巴绕吉,《安多政教史》藏文本,甘肃民族出版社,1982 年,第 679-687 页,同时参见吴均、毛继祖、马世林汉译本,甘肃民族出版社,1989 年,第 640-644 页。

③关于班丹扎释五次西行的经过和封号封赐的时间,详细参见陈楠《大智法王考》,见陈楠《藏史从考》,民族出版社,1998 年,第 231-244 页。

受封为法王、西天佛子、大国师、国师、禅师,并且在明朝的中后期曾一度封赏泛滥。仅法王,先后就封赐了无数。据《明史》和《明实录》,除这四位法王外,其名好见载于史籍者尚有:1456 年封赐的大善法王沙加[①]、1460 年追封的大通法王智光[②]、1468 年封赐大能仁寺的大悟法王札巴坚参[③]、1473 年封赐大慈恩寺的大应法王札实巴[④]、1482 年封赐大济法王领占竹[⑤]、1513 年左右所封大隆善护国寺的大庆法王领占班丹[⑥]、1515 年左右所封保安寺大德法王绰吉我些尔[⑦]和大善法王星吉班丹[⑧]。不见封号者尚有 1484 年所封大慈恩寺的西天佛子札失藏卜、札

①详见《明代宗实录》景泰七年七月辛巳(1456 年 8 月 14 日)条记载:“命西番净修弘智灌顶大国师锁南捨剌为净修弘智灌顶大国师西天佛子,广通精修妙慧阐教西天佛子大国师沙加为广通精修妙慧阐教弘慈大喜[善]法王,剌麻占巴失念为崇修善道国师。加弘善妙济国师捨剌巴为灌顶弘善妙智国师。俱赐诰命。”

②参见《明英宗实录》天顺四年二月庚申(1460 年 3 月 5 日)条:“追封圆融妙慧净觉弘济辅国光范衍教灌顶广善大国师智光为大通法王,遣官赐祭。”智光是明朝所封法王中唯一一位汉族僧人,他在联系明朝中央和西藏地方之间的关系以及汉藏文化交流方面做出了重要的贡献。有关他生平事迹的考证,参见邓锐龄《明西天佛子大国师智光事迹考证》,《中国藏学》1994 年第 3 期。

③参见《明宪宗实录》成化四年四月庚戌(1468 年 5 月 12 日)条:“封西僧札巴坚参为万行庄严功德最胜智慧圆明能仁感应显国光教弘妙大悟法王西天至善金刚普济大智慧佛……”

④参见《明宪宗实录》成化九年正月庚戌(1473 年 2 月 15 日)条:“赐大慈恩等寺法王札实巴、灌顶大国师端竹也失、班著尔藏卜、国师乳奴班丹、加纳失哩诰敕、金印等物。”同时参见成化九年七月癸巳(1473 年 7 月 28 日)条:“大慈恩寺灌顶大国师端竹也失奏:‘往陕西河州等处治公事,乞以鸿胪寺冠带通事张志通偕行。‘既得旨允之,而本寺崇化大应法王札实(巴)复奏:‘陕西弘化寺乃至善大慈法王塔院,岁久损坏,乞敕镇守等官修筑城堡,如瞿昙寺制’……”

⑤参见《明宪宗实录》成化十七年十二月壬戌(1482 年 1 月 11 日)条:“赐番僧万行清修真如自在广善普慧弘度妙应掌教翊国正觉大济法王西天圆智大慈悲佛领占竹等十四人诰命。”

⑥参见《明武宗实录》正德八年二月辛亥(1513 年 3 月 18 日)条:“大隆善护国寺大庆法王领占班丹等谋往陕西洮、临巩、岷等处设熬广茶而还,因献驼马求赏。礼部执奏无例,诏特给之。”

⑦参见《明武宗实录》正德十年二月戊戌(1515 年 2 月 23 日):“保安寺大德法王绰吉我些尔,本乌思藏使也,上留之得幸……”

⑧参见《明武宗实录》正德十年五月辛亥(1515 年 7 月 6 日):“大护国保安寺右觉义班丹伦竹,为其祖师大善法王星吉班丹乞祭葬。礼部执奏无例。上特许之,命工部给葬价二千两。”星吉班丹封赐时间不确,其封号与沙加名号重复,待考。

失坚剉、乳奴班丹，大能仁寺的西天佛子锁南坚参、结斡领占①；1486年追封的端竹领占和卜剌加②；1492年追封的乳奴班丹③；1509年所封大隆善护国寺的著肖藏卜④；1510年升大能仁寺国师那卜坚参、禅师札巴藏播和大慈恩寺佛子乳奴领占、捨剌扎为法王⑤。仅法王有名有姓并见载于正史者就有二十五位，而"其他授西天佛子、大国师、国师、禅师者不可胜计。⑥"他们在宫廷享有很高的地位，"服食器用僭拟王者，出入乘棕舆，卫卒执金吾杖前导，达官贵人莫敢不避路。每召入大内诵经咒，撒花米赞吉祥，赐予骈蕃，日给大官酒馔牲饩至再，锦衣玉食者几千人。中贵人见辄跪拜，坐而受之。"⑦

朝廷除了修建藏传佛教寺院，承担僧人们的生活外，与元朝一样，还用大量的钱财制作藏传佛教佛像、佛经和法器，"或印施经忏谶，或填写佛经，或为绘画之像，或造宝石之具，"⑧在赏赐从西藏和各个藏区川流不息前来朝贡的僧人的同时，也在宫中和在京各大寺院供奉和使用。赏赐中最为重要的作品是1410年的藏文版大藏经《甘珠尔》和以永乐和宣德时期为代表的历朝宫廷藏传佛教金铜佛像，而英华殿、乾清宫和

①参见《明宪宗实录》成化二十年十一月丙戌(1484年11月20日)："太监覃昌传奉圣旨：陞大慈恩寺西天佛子札失藏卜、札失坚剉、乳奴班丹，大能仁寺西天佛子锁南坚参、结斡领占俱为法王……"其中，结斡领占，据［明］刘侗、于奕正的《帝京景物略》(上海古籍出版社，2001年，第302－302页)，一译"嘉勒干凌戬"，其中的"干"字应为斡的笔误，藏文对音应为gyal-ba rin-chen，意为佛宝。同时据此，他住在成化二十一年修建的兴教寺，所赐封号为"大兴法王"。同时参见［清］于敏中的《日下旧闻考》，北京出版社，2001年，卷97，第162页。

②参见《明宪宗实录》成化二十二年十一月丁卯(1486年12月21日)："太监韦泰传奉圣旨：追封已故西天佛子端竹领占为法王，赐祭一坛。"同时参见成化二十二年十一月己巳(1486年12月23日)："太监韦泰传奉圣旨：陞西天佛子卜剌加为法王……"

③参见《明孝宗实录》弘治五年十一月甲申(1492年12月6日)："大慈恩寺番僧国师乳奴班丹死，其侄都纲完卜沙加坚参奏乞袭职，并建塔祭葬。上特赠乳奴班丹为法王，余不允。"

④参见《明武宗实录》正德四年八月癸亥(1509年8月18日)："司礼监传旨：升大隆善护国寺国师著肖藏卜为法王……"

⑤参见《明武宗实录》正德五年四月戊戌(1510年5月20日)："升大能仁寺国师那卜坚参、禅师札巴藏播为法王……"同时参见正德五年六月壬辰(1510年7月13日)："升……大慈恩寺佛子乳奴领占、捨剌扎俱为法王……"

⑥《明史》卷三百十七，列传第一百九十五《佞幸·继晓》。

⑦《明宪宗实录》成化四年四月庚戌(1468年5月12日)条。

⑧《明宪宗实录》成化四年九月己巳(1468年9月28日)条。

隆德殿则是宫中供奉这些佛像主要佛殿[①]。与此同时,明朝还专门在宫内设立了缮写藏文佛经的番经厂缮写、印制藏文佛经[②]。藏传佛教因而对宫廷和上层社会都产生了广泛的影响。帝王妃眷、王公大臣,乃至于太监崇奉藏传佛教者在宫内宫外不乏其人。明武宗朱厚照在明代的皇帝中即以崇拜藏传佛教而著名,同时也遭到了汉族文人士大夫的攻击。他对于"佛经、梵语无不通晓,"1510 年自命为大庆法王,命铸大庆法王西天觉道圆明自在大定慧佛金印,定为天字一号,于宫内建镇国寺,"诵习番经,崇尚其教,常[尝]被服如番僧,演法内厂,绰吉我些尔辈出入豹房,与诸权贵杂处。"[③]

在此情况之下,大量的藏式风格版画作品在明代内地的出现也就不足为奇了。《中国古代版画集》中收录的绝大多数藏式风格版画的时间都可以考证,时间涵盖洪武、永乐、宣德、正统、成化、正德、嘉靖、隆庆、万历等各朝。其中,最早一幅作品为《七佛所说神咒经》插图(参见图 1),创作于洪武 24 年,即 1391 年,最晚一幅作品则为《论古今佛道论衡实录》插图,创作于万历(1573-1619)时期。大量的作品的创作集中在永乐、宣德和万历时期,这与明朝宫廷藏式风格金铜佛像作品创作的时间一致。

2. 题材与风格

《中国古代版画集》中收录的三十余幅具有藏式风格的版画,绝大多数都是单独汉文佛经刻本中的扉页画或插图,鲜有《诸佛菩萨妙相名

---

①于敏中,前揭书,第 531 页引《崇祯遗录》云:"崇祯六年(1633),乾清宫、隆德殿所供神佛像尽移朝天宫大隆善寺。"又引《芜史》云:"隆德殿西北曰英华殿,以供西番佛像,有菩提树二株。"

② 据明万历元年(1573)宰相大学士张居正的《番经厂记》碑,番经厂曾于穆宗隆庆六年(1572)重新。该碑云:"番经来自乌斯藏,即今喇嘛教,达摩目为旁支曲窦者也。成祖文皇帝贻书西天大宝法王延致法尊法师等,取其经缮写以传。虽贝文梵字不与华同,而其义在戒贪恶杀,宏忍广济,则所谓海潮一音,醍醐同味者也。厂在禁内东偏,与汉经厂并列,岁久亦渐圮矣。穆宗庄皇帝尝出帑金,命司礼监修葺。今上登大宝,复以慈圣皇太后之命,命终其事。经始隆庆壬申,至八月而告成事,因为文镵于石,垂诸久远焉。万历元年四月八日,建极殿大学士张居正撰。"参见于敏中,前揭书,第 616-617 页。

③参见《明武宗实录》正德五年六月庚子(1510 年 7 月 21 日)和正德十年二月戊戌(1515 年 2 月 23 日)条。

号经咒》式的图集(参见图8-9)。众所周知,明代内地的刻经和雕版印刷是继宋元以来的有一大高峰期,从种类和数量上看几乎是史无前例。付梓的各种图书都流行于刻附扉页画和插图,几乎达到了"无书不图"的地步。佛经的雕刻更是进入了一个新的时期,单是大藏经在永乐时期的刊印,汉文就有《南藏》和《北藏》,而藏文大藏经更是史无前例,刊印出了历史上的第一部刻本《甘珠尔》。单刻佛典更是不可胜纪。在前述藏传佛教文化和宋元以来的版画传统的强大影响之下,藏式风格版画刻附在汉文单刻佛典中就开始蔚然成风。

从题材上来看,这些版画大致可以划分为四类,与元代同一风格的作品相比,除经变题材之外变化不大。原因也许是目前所掌握的版画上不能代表整个明代藏式风格版画的全貌,因为要收集到所有现存刻附有藏式风格版画的单刻佛典决不是一件容易做到的事情。其中,第一类是说法题材(参见图1-2、5-7、10-13),第二类是经变题材(参见图3),第三类是单尊佛像(参见图4),最后一类则是佛塔。

说法题材基本上是汉传和藏传佛教艺术中不可或缺的重要题材,它在此也是表现最多的题材。在构图的处理上,在采用中心构图的同时,力求富于变化。主尊像都位于画面中心,通常由一佛或一佛二菩萨的形式出现,造型通常比较高大,占据了画面的主要位置。两侧一般配置的是菩萨、弟子和护法神四大天王,构图按照画面人物的多寡,分成一至数排。在画幅中心顶部左右两侧,有的版画构图有五方佛或飞天(参见图11-12),他们都端坐在云彩之上,为画面带来了一些动感。在主尊的前方,有的版画绘有供养人(如图5-6),而有的则构图巨大的西方净土,如永乐十四年(1416)僧录司刊刻的《念佛法门往生西方公据》(参见图2)。从整体上来看,画面的构图力求突出中心的主尊像,同时讲究左右和上下位置的对称与协调。《七佛所说神咒经》插图和就是此类题材的代表(参见图1)。

经变题材表现较少,主要表现的是《妙法莲花经观世音菩萨普门品》中的内容。《普门品》一直以来都是汉传佛教艺术表现的流行题材,在壁画和版画中都多有表现,在明代的佛经版画中也是如此。在此,有三幅版画带有藏式风格①。一幅表现的是龙鱼诸鬼难,画面分为上下两个部分。上面为十二臂观音菩萨,位于圆形背光之中,左右为日月;下面为巨浪滔天的大海,海中会有一条张雅舞爪的龙和一个人抱木在海中挣扎的场面。另外两幅表现的八臂观音,画面也由上下两部分构成。其中,一幅的上部为八臂观音,下部为四大天王和僧众环绕的说法场面,表现的是观世音菩萨即显佛身为众生说法。另一幅上部为八臂观音和两位胁侍,下部一分为二,左侧在波涛翻滚的大海上绘有一艘船,船上的人遇见了右侧的恶罗刹和毒龙诸鬼等众而跪于船头向观音菩萨祈祷(参见图3)。

单尊佛像的表现也不多,代表作为永乐元年(1403)的《佛说摩力支天菩萨经》卷首插图,表现的三面八臂摩力支天佛母像。三面八臂摩力支天佛母为三面八臂造型。主面和左面为善相,右面为亥面怒相,均额开慧眼,高髻,头戴五叶冠;主臂当胸,左手持立式金刚,右手持宝树,并作法印。其余六臂分置两侧,呈扇形分布,其中左侧三臂从上倒下分持针、箭和金刚钩;右面三臂从上到下分持线、弓和羂索。辫发垂肩,裸露上身,下身着团花裙裤,佩饰耳环、项链、手镯和臂钏,环披天衣,左脚踩塌莲花,呈左殊相端坐在莲花座上。身后为舟形头光、马蹄形身光和桃形背光,在头光、身光和背光之间绘有一个象征五方佛的巨大的五塔佛龛。莲花座下,为七只猪所牵引的车,两侧为巨大的车轮(参见图4)。

佛塔题材的表现也比较少,都不是对佛塔的专门表现,只是附带涉及而已。在《中国古代版画集》中,只有两件作品有所表现。其中一件作品是《佛说摩力支天菩萨经》卷首插图,它在表现五塔龛时涉及;另一件作品是万历年间金陵兼善堂刻本《金陵梵刹志》插图在描绘金陵寺院时涉及。这两件作品中塔的造型都相同,为藏式佛塔,与现金矗立在北京的妙应寺和白海白塔的造型相同。

汉藏风格合璧是明代内地这些版画风格的突出特点。如永乐二十

①图版分别参见周心慧,前揭书,卷二,第3-5页图。

一年(1423)内府刊刻的《御制金刚般若波罗蜜多经集注》插图就是其中的典型代表(参见图5)。在这幅作品中,人物被分成了上中下三组。中心一组为一佛二弟子二菩萨,释迦牟尼佛螺法、高髻,袒露右肩,左手作触地印,右手作禅定印并托钵,结跏趺端坐于莲花座上,身后佩饰圆形头光、身光和彩虹背光。两侧位相向而立两大弟子迦叶和阿难,均一手持锡杖,一手托钵,同时佩饰有圆形头光。在二弟子少前左右两侧为胁侍普贤和文殊菩萨。普贤和文殊菩萨在佛的左右两侧相向而坐。普贤菩萨位于左侧,左手持莲花,右手当胸持金刚杵;文殊菩萨位于右侧,双手当胸做说法印,并持莲枝,莲花齐肩,其中左侧莲花托智慧宝剑,右侧莲花托智慧经箧。两位菩萨都是高髻,头戴五叶冠,面形为典型的芝麻面,整个身躯略微弯曲,上身裸露,佩饰耳环、项链、手镯、臂钏,环披天衣,身后为原型的彩虹背光,整组人物的造型和装饰体现出典型的藏式风格特征。上部和下部两组人物则体现出典型的汉式风格特征。在释迦牟尼佛身后左右两侧的云团之上绘制的是四大天王,其中左侧为握龙的西方天王广目天和手持琵琶的东方天王持国天,右侧为手持宝幢和鼠鼬的北方天王多闻天和手持宝剑的南方天王增长天。他们均方面,为国字脸,头戴头盔,身穿铠甲。释迦牟尼佛正前方绘有一位礼拜者,正面向释迦牟尼佛双腿跪拜。在其前左右二侧绘有两身立式礼拜人物,均双手当胸持笏板致礼,这三位人物均身着典型的汉式服饰,长袍曳地,宽衣博带,一片汉风。

在明代汉文佛经中的藏式风格作品中,藏式风格的因素主要体现在佛、菩萨、佛母和胁侍菩萨、闻法僧众的造型、宝座背光的样式和佛塔等方面。佛一般为螺法、高髻,袒露右肩,如前述释迦牟尼佛;菩萨一般为多面多臂的密宗造型,如《妙法莲花经观世音菩萨普门品》的三面八臂观音菩萨;佛母也多为多面多臂造型,如《佛说摩力支天菩萨经》的三面八臂摩力支天佛母像;胁侍菩萨多为高髻、头戴五叶冠、面部呈芝麻造型,裸露上身,佩饰耳环、项链、手镯和臂钏,如前述金刚手和文殊菩萨;闻法僧众多为身着袈裟,袒露右肩,双手当胸成合十印,身后佩饰舟形头光和马蹄形背光,为藏传佛教作品中的僧人形象,如万历年间刊刻的《八十规矩随疏科释卷》卷首插图(参见图10);宝座背光的因素大致分为两大类,第一类是五塔龛宝座及其背光,如《佛说摩力支天菩萨经》中摩力支天佛母的宝座背光,但这种造型极少。另一类样式在明代汉文佛经中的藏式风格版画中十分流行,这类样式有可以大致细分为三种。第一种为马蹄形背光宝座,它由马蹄形大背光、舟形头光和马蹄形身光以及二者之间一周的缠枝团花纹样及工字形须弥座组成,如宣德元年(1426)刊刻的《大随求陀罗尼神咒经》卷首插图(参见图6)。第二种为桃形宝座背光,这种样式除背光中的马蹄形变化成桃形之外,其余大致相同,如万历年间(1573-1619)的《八十规矩随疏科释卷》卷首插图(参见图10)。这两种样式在背光的顶部有时配有宝盖(如图6-7)。第三种为椭圆形背光宝座。这种样式的不同之处除大背光为椭圆形之外,在背光上方佩饰的是菩提树式的宝盖,同时在背光和头光与身光之间没有一周的缠枝团花纹样,如《七佛所说神咒经》插图所示。

从《中国古代版画集》收集的这些作品来看,总体上尽管它们体现出同一风格,但每个时代都具有其不同的倾向。也就是说,随着时代的发展,作品体现出越来越浓的汉式风格倾向,具有明确的时代特征。简而言之,这些作品传递出这样的信息,相比而言,宣德以前的作品体现出较为浓郁的藏式风格特点,而从宣德以后则体现出越来越浓烈的汉式风格。我们可以比较清楚地看到,以洪武二十四年刊刻的《七佛所说神咒经》、永乐元年刊刻的《佛说摩力支天菩萨经》和永乐二十一年刊刻的《御制金刚般若波罗蜜多经集注》卷首插图为代表的明代早期的作品,更多地展示出的是藏式风格的因素。而从正统年间开始,藏式风格特征越来越弱,作品中藏式特征比较明显的因素也只剩下背光和宝座,除万历年间刊刻的《八十规矩随疏科释卷》卷首插图等极为少数的作品外,很难再见到早期作品中那些具有明显藏式风格特征的人物造型了(如图12)。

明代藏式风格版画作品的出现一方面渊源于西夏以来、尤其是元代以来内地藏传佛教艺术、特别是同类风格版画的传统。西夏是目前已知最早创作汉藏混合风格版画作品的朝代。由于西夏兼信汉传和藏传佛教，因此留下了为数不少这样的作品。其中现存已知最早的作品是创作于正德十五年（1141）的《圣观自在大悲心总持功能依经录》经首版画[①]。这些版画中融入的藏式风格更多体现出的是东印度波罗艺术的影响。元代在刊印西夏文大藏经、即《河西字大藏经》和《碛砂藏》汉文大藏经的时候，继承了这一传统。不过，风格开始出现了变化，藏式风格中的波罗风格开始逐渐让位于尼泊尔风格。入明后，尤其是在明初，这一传统仍然发挥了重要的作用。明代作品的基本构图和一些母题都能够在西夏和元代同类风格的作品中找它们的原型。首先，明代作品中的流行的中心构图法不仅在天盛十九年（1167）仁宗仁孝印施的汉文《佛说圣佛母般若波罗蜜多心经》经首版画中找到它的渊源，而且还可以在《碛砂藏》中找到它的变体[②]。因为中心构图法是西夏以来在版画中就一直颇为流行的构图方法。其次，《七佛所说神咒经》说法图和《佛说摩力支天菩萨经》中三面八臂摩力支天佛母像龛楣妙音鸟造型都可以在西夏和《碛砂藏》中找到相应的原型[③]。三面八臂摩力支天佛母像五塔龛之间呈放射状、宽大的棕榈叶也可以在西夏和元代作品中找到同样的造型[④]。再次，明代作品中流行的工字形须弥座和宝座的背光造型也一直是西夏和元代作品中的基本样式。还有，明代作品中艺术化的如意云纹也是西夏和元代版画中的流行母题。实际上，直到宣德年间还在翻刻《碛砂藏》中的版画，因为北京柏林寺中所藏该藏中的《大威德陀罗尼经》扉画说法图的卷尾有“‘宣德十年’（1435 年）经

①参见熊文彬《从版画看西夏佛教艺术对元代内地藏传佛教艺术的影响》，《中国藏学》2003年第 1 和 3 期，图版 1，同时参见图版 2 天盛十九年（1167）仁宗仁孝印施的汉文《佛说圣佛母般若波罗蜜多心经》经首版画和图版 3 乾佑二十年（1189）仁宗印施的西夏文《观弥勒菩萨上生兜率天经》经首版画。关于西夏同类风格版画，请参见海瑟·噶尔美，前揭书，图 16–22。有关分析，同时参见第 54–63 页文字。

②参见熊文彬，前揭书，图 9–10 和 12–14。

③参见海瑟·噶尔美，前揭书，图 19、22 和熊文彬，前揭书，图 5 和 14。

④参见海瑟·噶尔美，前揭书，图 21，熊文彬，前揭书，图 8、11–12。

牌,及明画风格的韦驮天像。”[①]与此同时,明代版画中的一些藏式风格因素还直接渊源于元代内地的其他藏传佛教艺术作品。例如,《大随求佛母陀罗尼神咒经》卷首说法图背光与头光和身光之间一周缠枝花纹的造型就可以在元代北京居庸关云台创作的五方佛浮雕中找到相同的造型[②]。

另一方面,具有藏式风格的这些明代版画与同一时期西藏的藏传佛教艺术保持着十分密切的关系。换言之,这些版画在继承西夏和元代版画和藏传佛教艺术传统的同时,也充分吸收了同一时期西藏藏传佛教艺术的营养。1410 年的永乐版藏文大藏经《甘珠尔》和宣德六年(1431)刊刻的《诸佛菩萨妙相名号经咒》图像集就是两个典型的例子。这两部著作都是在内地创作的,法国著名藏学家海瑟·噶尔美在其著作《早期汉藏艺术》中对其中的插图进行了研究。她在将《甘珠尔》插图与同一时期西藏江孜白居寺的壁画进行比较之后,得出了“1410 年版《甘珠尔》插图的艺术家们似乎紧紧遵从西藏中部同一时代的艺术风格创作了《甘珠尔》,”它们“体现出较新的汉族艺术风格”的结论[③]。《诸佛菩萨妙相名号经咒》按照施主的后记,则是施主修积善住“谨发诚心,绘画西来大宝法王所传诸佛世尊妙相番相,并书写诸品经咒,刊板印施”的[④]。显而易见,该著收录的 130 幅插图是按照 1407 年受封为大宝法王的噶玛派活佛得银协巴所传的“番相”、亦即西藏藏传佛教艺术风格创作而成的(参见图 7-8)。换言之,它们是按照同一时期西藏艺术的风格创作的。《中国古代版画集中》收录的这些明代汉文佛经中同一时代的藏式风格插图通过同上述二著中的插图相比,可以明显看出它

①葛婉章,《辐射与轮回:蒙元时期的藏传佛教艺术》,见石守谦、葛婉章主编《大汗的世纪:蒙元时代的多元文化与艺术》,台北故宫博物院,1999 年,图 III -7 和 321-322 页说明。

②参见熊文彬,《元代藏汉艺术交流》,河北教育出版社,2003 年,图 47。

③参见海瑟·噶尔美,前揭书,第 93 页,同时参见 84-92 页,图 34 -38

④参见海瑟·噶尔美,前揭书,第 169 页,同时参见 96-107 和图 44-47。海瑟·噶尔美研究的版本藏于法国吉美博物馆。实际上,在国家图书馆也藏有一部。经笔者核实,二者内容相同,应为同一版本。国家博物馆所藏版本分为四册,共收录有 130 幅插图,其中第一册 41 幅、第二册 52 幅、第三册 1 幅、第四册 36 幅。

们之间相似性。比如,在《甘珠尔》的担木度母和佛陀插图中可以找到《佛说摩力支天菩萨经》插图背光中的宝瓶柱式、缠枝团花纹样和龛楣上方的三叶拱的变体①,与此同时,在这两件作品中还能找到与《御制金刚般若波罗蜜多经集注》中一样的彩虹背光。《大随求陀罗尼神州经》和永乐十五年(1417)刊刻的《诸佛释尊如来菩萨尊者神僧名经》中的宝座与《诸佛菩萨妙相名号经咒》中四臂文殊菩萨和释迦牟尼佛的宝座几乎是如出一辙②(图6-7与图8对照)。这两件作品和《八十规矩随疏科释卷》中的背光与身光、头光及其二者之间的缠枝团花纹样也与《诸佛菩萨妙相名号经咒》中三十五佛作品几乎相同③(同时与图9比较)。实际上,汉文佛经中的这些藏式风格的版画还可以直接同西藏江孜白居寺1418-1436年创作的壁画进行直接比较。以《佛说摩力支天菩萨经》中的三面八臂佛母为例,我们不仅可以在白居寺中找到同一造型的宝瓶柱式和五塔龛造型,而且还可以在吉祥多门塔一层的摩力支天佛母殿找到同一造型的三面八臂佛母像。④

当然,明代西藏与内地之间藏传佛教艺术的影响是双向互动的。明朝宫廷创作的以永宣两朝为代表的金铜佛像艺术也对西藏本土的藏传佛教艺术产生了直接的影响,在江孜白居寺中就能找到很多这样的实例。双方之间的这种交流共同繁荣了明代的藏传佛教艺术创作⑤。

3.画家与施主

十分遗憾的是,在这些版画的题记中我们都没有找到画家的名字,更没有查阅到任何有关这些画家的文献资料。迄今为止,只有一点我

---

①参见海瑟·噶尔美,前揭书,图37-38。《甘珠尔》这两件作品中的三叶拱在《佛说摩力支天菩萨经》中顶部的一个拱在此变成了两个拱。

②参见海瑟·噶尔美,前揭书,图44-45。

③参见海瑟·噶尔美,前揭书,图47。

④熊文彬,《中世纪藏传佛教艺术——白居寺壁画艺术研究》,中国藏学出版社,1996年。关于宝瓶柱式,参见线描图2-3和5。其中的缠枝团花纹样也与《大随求陀罗尼神咒经》中的造型如出一辙。关于,五塔龛造型,参见线描图6。此外,《诸佛释尊如来菩萨尊者神僧名经》中的宝盖也与线描图7的造型相同。

⑤详细参见熊文彬,《中世纪藏传佛教艺术——白居寺壁画艺术研究》,前揭书,第156-161页。

们可以肯定,从作品的风格和施主题记来看,这些画家不仅熟悉藏传佛教艺术的传统,而且还精于汉族艺术的创作。并且,从元代宫廷藏传佛教的艺术创作来看,在某种程度上,其中的许多画家可能是汉族,而且它们多半与宫廷有关。因为在此前的元代和之后的清代,宫廷都有许多从事藏传佛教艺术创作的艺术家。从阿尼哥开始,宫廷就开始培养藏传佛教艺术人才,其中有不少的汉族弟子。其中,刘元就以擅长创作藏传佛教雕塑而闻名于元代。他们都具有良好的藏传佛教艺术和汉族艺术的深厚功底①。

幸运的是,《中国古代版画集》中的这些版画为我们提供了一些施主的名字,尽管其中大约只有三分之一的版画提到了施主的名字。按身份,这些施主大致可以划分为两部分:一部分施主出自内府和僧录司等明朝政府相关部门和宫廷皇室,另外一部分施主是普通的佛教徒。

在政府机构和皇室成员刊施的版画中,内府施刊的作品最多,分别为永乐十七年(1419)刊印的《妙法莲花经》、永乐二十一年(1423)刊印的《御制金刚般若波罗密经集注》(参见图5)、永乐年间(1403-1424)刊印的《妙法莲花经》、洪熙元年(1425)刊印的《华严玄谈会玄记》、嘉靖二十八年(1549)和万历二十一年(1593)分别刊印的《大般涅槃经卷》插图(参见图12)②。内府是明朝掌管宫廷事务的专门机构,宫廷的佛事活动也在它的权限内。显而易见,它扮演了极其重要的作用,实际上,许多作品都是内府按照谕旨刊印而成的。僧录司施刊的作品只有一幅,为永乐十四年(1416)刊印《念佛法门往生西方公据》插图(参见图2)。僧录司是掌管全国僧人的专门机构,于洪武十五年(1382)设,该机构施刊佛经版画自然在情理之中。皇室成员施刊的作品也只有一幅,为兴国太后于嘉靖二年(1523)的《佛说长寿减罪护诸童子陀罗尼经》卷首插图(参见图11)。此外,另外一幅作品也与宫廷密切相关,它

①有关元代宫廷藏传佛教艺术创作和刘元的情况,详细参见熊文彬《元朝宫廷的"西天梵相"及其艺术作品》,《中国藏学》,2000年第2期,第27-29页。

②图分别参见周心慧,前揭书,卷二,第24、29、36、39、86和114页。

即是著名太监和航海家郑和施刊的《佛说摩力支天菩萨经》插图(参见4)。

在中国历史上,郑和虽然以七下西洋而著名于世,但很少有人知道他还是一位藏传佛教信徒。据《明史》,"郑和,云南人,世所谓三保太监者也。初事燕王于藩邸,从起兵有功,累擢太监。"①从《明史》中对他的称谓"三宝太监"就可以看出,他是一位僧人,因为此处的"三保"应为意指佛、法、僧的三宝,而三宝在藏传佛教中占有十分重要的地位。同时结合永乐元年(1403)释道衍题《佛说摩利支天经》、郑和于永乐十八年(1420)题写的《五华寺大藏经发愿文》或《五华寺大藏经题记》和明初刻本《优婆塞戒经》卷七《题记》中有关郑和是一位"奉佛信官","法名速南吒释,即福吉祥"②的记载来看,他确实是一位藏传佛教信徒,因为"速南吒释",藏文为 bsod-nams bkra-shis,是一个藏族人的名字,意为福吉祥。并且,只有在皈依藏传佛教之后才能得到法名。据《优婆塞戒经》卷七《题记》,郑和在永乐五年(1407)开始到宣德五年(1430)期间,陆续刊施了十藏《大藏尊经》,在内地的各个寺院流通。由此可见,郑和施刊具有藏传佛教风格的《佛说摩力支天菩萨经》插图版画也就在情理之中。

在明代,由于各种原因,太监特别崇信佛教,因此留下了"中官最信因果,好佛者众,其坟必僧寺也"的记载,③郑和只是其中的代表之一。太监由于其独特的地位在明朝宫廷的藏传佛教信仰中扮演了比较重要的角色,在《明史》和其他汉文史籍中,有许多太监在明朝笃信佛教而"臭名昭著。"其中,比较著名的有梁芳、王振和刘瑾等人,他们在北京修

①《明史》,前揭书,卷三百四《宦官一》。

②关于"三保"应为"三宝"的看法,笔者同意陈楠《三宝太监郑和奉佛事迹考》的观点,参见陈楠《藏式丛考》,前揭书,第184页;关于这三篇文献,同时参见该著,第185、189和190页。

③[明]刘若愚《明宫史》卷七《见闻琐事杂记》,宣统庚戌校刊,国学扶轮社印行,第6页,见《中国野史集成》编委会、四川大学图书馆编《中国野史集成》卷39,第39页。

建和维修了众多的佛教寺院。①

政府和宫廷对藏传佛教的礼遇和信仰也带动了藏传佛教在民间的传播,信徒们也开始参与到佛经版画的施刊中来,如正德7年(1512)的《观世音菩萨普门品》就是由一位名叫朱氏的信徒施刊的(参见图13),万历年间(1573-1619)的《八十规矩随疏科释卷》卷首插图也是由信徒张永德和张成郎施刊的(参见图10)。对这些信徒的情况尽管我们一无所知,但从他们的名字来看,他们显然都是内地的汉族,这一点正好反证了明代藏传佛教确实已经开始深入到了内地普通百姓的生活之中。

总之,政府机构和皇室成员是版画的主要施主,这一点与金铜佛像创作的情况也大致相同。

4. 尝试性结论

明代西藏和内地之间大规模频繁的政治、经济、文化和宗教交流对内地以宫廷为首的藏传佛教艺术的发展产生了重要的影响。在此影响之下,藏、汉两种佛教艺术的紧密结合,形成了一种具有明显汉式风格特征的独特流派。这种新的流派对当时和随后西藏本土和内地藏传佛教艺术的创作都产生了重要的影响。

原文刊于谢继胜、沈卫荣、廖旸主编《汉藏佛教艺术研究——第二届西藏考古与艺术国际学术讨论会论文集》,中国藏学出版社,2006年,第276-298页。

①关于明代太监信奉佛教的详细研究,参见陈玉女《明代二十四衙门宦官与北京佛教》,如闻出版社,2001年,第62-86页。

原文刊于谢继胜、沈卫荣、廖旸主编《汉藏佛教艺术研究——第二届西藏考古与艺术国际学术讨论会论文集》,中国藏学出版社,第276-298页。

西藏拉孜县平措林寺祖拉康大殿壁画的题材与风格及其流派初探

位于西藏拉孜县平措林乡政府驻地南200米雅鲁藏布江右岸台地的平措林寺(ཕུན་ཚོགས་གླིང,一译彭措林寺),是觉囊派和格鲁派的重要寺院之一。寺院依山而建,坐西朝东,围墙环绕。现存建筑主要分布在台地,以祖拉康大殿(གཙུག་ལག་ཁང)为中心分布,面积约37800平方米。① 据藏文记载,寺院由明末著名佛学大师多罗那他(1575-1635)建于1615-1628年间,各个佛殿中供奉有精美的金铜和泥塑佛像,四壁绘满绚丽的壁画,其中壁画比较完整的保存至今,是在藏传佛教艺术的基础上融和汉式、印度和尼泊尔等域外艺术风格于一体的重要范例。学术界对其所属艺术流派迄今界定含糊,但从文献记载、现存壁画遗迹和风格类比等各方面综合来看,其中的祖拉康大殿的壁画应为西藏三大重要的艺术流派钦孜画派的早期重要遗迹,或至少与钦孜画派密切相关。

一、祖拉康大殿的修建

按《多罗那他自传》(རྒྱལ་ཁམས་པ་ཏཱ་ར་ནཱ་ཐས་བདག་ཉིད་ཀྱི་རྣམ་ཐར་ངེས་པར་བརྗོད་པའི་རྟོགས་བརྗོད་ཅེས་བྱ་བ་བཞུགས།།)和《甘丹平措林寺志》(དགའ་ལྡན་ཕུན་ཚོགས་གླིང་གི་གནས

---

①格桑央金:《西藏日喀则地区拉孜县平措林寺杜康大殿勘察修缮设计报告》,见西藏文物保护研究所编著:《西藏文物考古研究》,科学出版社,2014年,第295页。

བཤད་བཞུགས།|),1615 年始建的平措林寺是一座规模宏大,集 17 座佛殿、僧舍和宫殿于一体的大型建筑群(图 1)。主殿祖拉康大殿高耸于台地建筑群的中心,16 座佛殿建筑环卫四周,同时在这组建筑群背部,亦即俯视整个台地的山上及其坡面还修建了宫殿、佛殿和僧舍等众多独立建筑。除中心主殿组拉康大殿外,周围的 16 座佛殿分别是胜乐金刚殿(དཔལ་ཆེན་ལྷ་ཁང)、旺丹拉康(དབང་ལྡན་ལྷ་ཁང)、药师佛殿、帕增佛殿(ལྷ་ཁང་འཕར་འཛིན)、无量宫殿(གཞལ་ཡས་ཁང)、语佛殿(གསུང་ཁང)、弥勒佛殿(དགའ་ལྡན་བྱམས་པའི་ལྷ་ཁང)、呬噜迦殿(ཐེག་མཆོག་ཧེ་རུ་ཀའི་ལྷ་ཁང)、文殊殿(ཀུན་གཟིགས་འཇམ་དབྱངས་ལྷ་ཁང)、西方净土殿(བདེ་བ་ཅན་གྱི་ལྷ་ཁང)、莲花殿(པདྨ་བཀོད་ཀྱི་ལྷ་ཁང)、秘密主殿(ལྕང་ལོ་ཅན་གསང་བདག་གི་ལྷ་ཁང)、香巴拉殿(བདེ་འབྱུང་ཤམ་བྷ་ལའི་ལྷ་ཁང)、护法神殿(མངོན་སྤྱོད་དྲག་པོའི་ལྷ་ཁང)、财神殿(གཏོད་སྦྱིན་ནོར་ལྷའི་ཁང)和藏经殿(ཕྱར་ཁང)。平措林寺一共建有 17 座独立的建筑,约 50 间殿堂(ལྷ་ཁང)。此外,在左面的山上和山顶还建有忿怒明王殿(འཇམ་དཔལ་ཁྲོ་རྒྱལ་ལྷ་ཁང)、邬扎拉护法殿(མགོན་ཁང་ཨུ་ཙ་ལ)、哲蚌殿(དཔལ་ལྡན་འབྲས་སྤུངས)、布达拉寝宫(གཟིམས་ཁང་པོ་ཏ་ལ)、善土殿(ནོར་ཤཏs)和吉祥山殿(དཔལ་གྱི་རི)等众多佛殿。① 遗憾的是,时至今日,除主殿祖拉康大殿及其周围部分建筑得以基本保存外,其他建筑均已荡然不存,只留下断墙残垣和斑驳的壁画痕迹。每座独立的佛殿建筑都由众多殿堂组成,其中祖拉康大殿所建殿堂最多,包括集会大殿及其回廊、净殿(གཙང་ཁང)、护法神殿、荣康(རུང་ཁང)、大门楼殿(སྒོ་ཁང་ཆེན་པོ)、门楼殿(སྒོ་ཁང)、印度殿(རྒྱ་གར་ལྷ་ཁང)、无边庄严殿(བཀོད་པ་མཐའ་ཡས)、色究竟天殿(འོག་མིན་ལྷ་ཁང)和度母殿等殿堂。

现存祖拉康大殿坐西朝东,平面呈方形的坛城布局,东西长 46.25 米,南北宽 39.71 米,每层建筑高约 17.4 米。一层建筑由东面的石阶、门楼(门厅)经入中心的集会大殿。石阶九层,门楼面阔三间、进深两间;集会大

①多罗那他:《甘丹平措林寺志》,藏文本,见《觉囊·多罗那他文集》,卷 34/43,中国藏学出版社,2008 年,第 192 页。但据宗孜·强巴土丹(རྫོང་རྩེ་བྱམས་པ་ཐུབ་བསྟན)著作《甘丹平措林寺史》(དགའ་ལྡན་ཕུན་ཚོགས་གླིང་གི་ཐོག་མཐའ་བར་གསུམ་གྱི་བྱུང་བ་ཡིད་ལ་དྲན་བྱེད་ཀུན་ཁྱབ་སྙན་པའི་རྔ་སྒྲ་ཞེས་བྱ་བ་བཞུགས་སོ།),平措林寺编印,2006 年,第 26 页,平措林寺一共修建了 27 座佛殿、约 65 间殿堂,其中祖拉康大殿周围佛殿 18 座,辟有 50 间殿堂;山坡和山上修建 8 座佛殿,辟有 15 间殿堂。关于这些佛殿的修建年代及其内供奉的雕塑和绘制的壁画,详细参见该著第 22-26 和 30-54 页。

殿平面方形,为36根立柱面积:东西进深和南北面阔相等,均为6柱面积,中心设天井,高跨两层;西面为净殿,高出地面约0.5米,东西进深2柱,南北面阔4柱,共8柱面积,高两层;集会大殿南北各有一配殿,南面为护法神殿,为2柱面积;北面佛殿的面积与南佛殿相同,由储藏室和楼梯间组成,其中前者疑为文献所载之荣康建筑。二层中央为一楼集会大殿天井,绕天井设有一周回廊,宽约2米。同时在四面均建一佛殿:西面为印度佛殿,共5柱面积;南面为护法神殿(或面具殿),为2柱面积;西面为一层净殿顶部,开有三扇窗户;北面为储藏室与楼梯间。三层布局与二层相同,中央天井,回廊环绕天井一周,并在四面辟一殿堂。其中东面和北面殿堂的名字与文献记载一致,分别为色究竟天殿和度母殿。其中,北面佛殿由度母殿和楼梯间组成,面积为35.2平方米;色究竟天殿面积8柱,东西进深2柱,南北面阔4柱。南佛殿现为库房,东佛殿殿名亦不详。四层只有一间佛殿,位于后部,亦即西面,殿名不祥,四周建有一圈挑梁,屋面为露天形式。①

关于祖拉康大殿的修建过程及其各殿壁画和雕塑的创作,《多罗那他传》进行了比较完整的记载。与此同时,旅居德国的藏人宗孜·强巴土丹按照藏文文献对祖拉康大殿和其他佛殿的修建进行了梳理,比较清晰地反映出平措林寺修建的过程及其雕塑和壁画创作的年代:②

1616年,净殿、集会大殿二楼的胜乐金刚殿大备,其他佛殿也都奠基,完成围墙及其城垛。

1617年,圆满完成净殿楼上色究竟天殿中时轮金刚、五方佛、六佛、净居天顶部色究竟天净土等壁画的绘制,祖拉康大殿内之净殿、门楼殿等木构彩绘(ཤིང་རིས)。西面的三间佛殿、东面的三间佛殿,无量宫殿内之四柱、克什米尔样式屋顶的净殿和十六柱面积的回廊,以及其他佛殿底层的屋顶也都大备。北面所有佛殿也完成底层佛殿的屋顶,顶楼佛殿

①桂格桑央金:《西藏日喀则地区拉孜县平措林寺杜康大殿勘察修缮设计报告》,见西藏文物保护研究所编著:《西藏文物考古研究》,科学出版社,2014年,第295页。

②关于周围佛殿的修建,详细参见宗孜·强巴土丹:《甘丹平措林寺史》,平措林寺编印,2006年,第22–26页。

屋顶也过半。

1618 年春,完成南北佛殿主体工程,处理佛殿的地面和墙面,无量宫殿和南面佛殿顶楼也完成,东西北三面佛殿顶楼也竣工,同时在城堡孜(རྩེ)和雪(ཞོལ)修建众多茅屋。土石工程有较大进展,毕钦巴师徒(སྤྲུལ་ཤིམ་པ་དཔོན་སློབ),尤其是当地(གཞི་པ)画工陆续完成祖拉康大殿壁画,净土殿壁画也完成绘制,文殊殿壁画也绘制过半,门楼的四大天王壁画也在这年绘制。二十位尼泊尔人完成过去七佛金铜佛像的浇铸。八月十三日圆满完成经咒的装藏工作。

1619 年门楼殿的十五身护法神壁画、净殿的时轮金刚、胜乐金刚和大威德金刚等神灵的壁画圆满完成,完成文殊殿遗留壁画,空行殿壁画过半,当地(གཞི་སྟོད)画工完成药师佛殿壁画白描的勾勒,温波索南(དཔོན་པོ་བསོད་ནམས)等人绘制金刚手殿壁画,完成财神殿壁画的白描。①

1620 – 21 年,文殊殿、空行殿、甘丹拉康、胜乐金刚殿、殊乘殿、旺丹拉康、帕增拉康、江洛坚拉康和财神殿等外围佛殿开始立塑各殿泥塑并绘制壁画。另绘制誓言三尊缎质唐卡(དམ་ཚིག་གསུམ་བཀོད་ཀྱི་ཟབ་སྐུ),尤其是在平措林寺建立经学院(ཡིག་ཀྲ),并在九月二十三日完成金汁《甘珠尔》一套的缮写。

1621 – 22 年,从桑珠孜迎请平措林寺的主尊佛像朗土玛(ཐུབ་པ་སྒང་ཐུབ་མ),后来该像被尊称为尊胜觉卧像(ཇོ་བོ་ཕྱོགས་ལས་རྣམ་རྒྱལ),迎请、供奉全套蔡巴版《甘珠尔》一套,完成护法神殿多闻天王等塑像的立塑和回廊壁画的绘制,同时完成胜乐金刚殿内外室壁画的绘制。

1622 – 23 年,完成药师佛殿和集会大殿护法神殿主尊雕塑,绘制释迦牟尼佛主尊及其眷属缎质唐卡,完成哲蚌殿(亦即曲康孜[མཆོག་ཁང་རྩེ])的扩建。

1623 – 24 年,精心完成主尊像尊胜觉卧像的背光,绘制五方佛缎质唐卡,完成空行佛殿与旺丹拉康前室、帕增佛殿和药师佛殿等三座佛

①分别参见多罗那他:《多罗那他自传》,藏文本,见《觉囊·多罗那他文集》,卷 2/45,中国藏学出版社,2008 年,第 15、26、34 和 48 页。

殿，以及护法大殿（མགོན་ཁང་ཆེན་མོ）顶部壁画的绘制，同时圆满完成忿怒明王殿的奠基和香巴拉殿雕塑的安立。

1624－25 年，为忿怒明王殿等各殿的前、后室绘制壁画，继续完成哲蚌殿的修建，并在后山动工新建度母殿。

1625－26 年，完成集会大殿二楼度母殿的修建和其内降魔度母（བདུད་འདུལ་སྒྲོལ་མ）等像的立塑，以及后山度母的绘塑工程。与此同时，在 1626 年，为集会大殿净殿楼上的色究竟天殿圆满浇铸主尊像无量寿佛金铜佛像。

1627－28 年，为集会大殿楼上的度母殿安请般若佛母金铜像，以达丹正法林寺属庄园主（གཞིས་པ）为首以及其他各地前来的 180 余名写经生完成 200 余套全套《丹珠尔》的缮写工程。另陆续完成弥勒佛主尊及其眷属和密集文殊等像缎质唐卡的绘制。

1628－29 年，为集会大殿楼上的度母殿安请绿度母金铜像，护法神殿完成大黑天宝帐怙主等像的泥塑（འཆམ་སྐྱ）和安请。

1629－30 年，按照巴卧沃色（དཔའ་བོ་འོད་ཟེར）著作，完成八十四大成就者和十六罗汉巨幅唐卡的绘制；与此同时，多罗那他为超荐其母，完成纳若空行母唐卡和观音菩萨金铜像等神灵的绘塑工作。

1630－31 年，完成时轮金刚坛城巨幅唐卡，开始动工新建多闻天殿。

1631－2 年，结束多闻天殿的土木工程，完成贡噶卓却（ཀུན་དགའ་གྲོལ་མཆོག）大师画传唐卡的绘制。

1632－34 年，为祈愿多罗那他长寿，按强佐贡噶贝桑（ཀུན་དགའ་དཔལ་བཟང）的设计，先后创作无量光佛缎质唐卡和金铜像，浇铸金、银、铜质地的善逝如来八塔等。

综合上述，从 1615 年始，以祖拉康大殿为主的整个平措林寺的建筑及其内的艺术装饰经历十余年才最终完成。据文献，整个工程得到了藏巴汗政权首领以及觉囊相邻地区昂仁县、拉孜县、日喀则县以及拉萨地区部分地方僧俗首领在人力、物力和财力等方面的大力援助，藏巴汗政权的贡献尤为巨大。从1615年藏历三月十五日开始，藏巴汗政权不仅派遣大批石匠、木匠等建筑工人参与寺院的修建，同时多次为寺院的修建提供乌拉差役，仅1615年“第巴雄为寺院的修建提供了连续三个月、每月百余种的乌拉差役”。① 按《多罗那他自传》，截止寺院建成，藏巴汉政权对平措林寺的支持几乎没有中断。由此可知，从某种程度上来看，平措林寺的建成并非多罗那他一己之力，而是在西藏地方政权的支持下，以觉囊为首的后藏地区人民经济、技术和智慧的结晶。

二、祖拉康大殿壁画的题材

祖拉康大殿系平措林寺中心的主殿，由集会大殿及其回廊、净殿、荣康、大门楼殿、门楼殿、印度殿、无边庄严殿、色究竟天殿和度母殿等殿堂。一楼净殿供奉有毗婆尸佛、尸弃佛、毗舍浮佛、拘留孙佛、迦那迦牟尼佛、迦叶佛和释迦牟尼佛等过去七佛，由金、银、铜等为胎浇筑而成，耗铜800多克，金7000余钱。其中，主尊为释迦牟尼佛，背光高23卡（mtho），其余六佛排列左右，背光高12卡。七佛由尼泊尔工匠浇铸而成，阳土马年（1618）七月十四日为七佛开光。壁画绘有时轮金刚五尊、纳布尊者（ནག་པོ་ཞབས）所传瑜伽女四尊、金刚力（རྡོ་རྗེ་ཤུགས）、大威德金刚、密集文殊金刚、金刚瑜伽女、一切智佛（ཀུན་མཁྱེན་ཆེན་པོ）、宝帐怙主、姊妹护法、多闻天王等诸佛菩萨背面绘有六佛（五方佛和金刚持）修行相，同时绘有至尊大师像；与此同时，在集会大殿回廊，按《了义二十经》（ངེས་དོན་གྱི་མདོ་ཉི་ཤུ）、《时轮根本续》（དུས་ཀྱི་འཁོར་ལོ་རྩ་བའི་རྒྱུད）、《文殊根本续》（འཇམ་དཔལ་རྩ་བའི་རྒྱུད）绘有相关题材壁画；另还绘有佛传故事，巴沃大师（སློབ་དཔོན་དཔའ་བོ）所著的《佛本生三十四品》。与此同时，在各经典变相之间，绘十六罗汉、香巴拉国王像。其中，祖拉康大殿一层回廊现存壁画仍较为完整的保存了当时创作壁画时题写的40余则壁画题记。题

①多罗那他：《多罗那他自传》，藏文本，见《觉囊·多罗那他文集》，卷2/45，中国藏学出版社，2008年，第3页。

记清楚标明,这些壁画分别按《圣大云经》(འཕགས་པ་སྤྲིན་ཆེན་པོའི་མདོ)、《金光明经》(འཕགས་པ་གསེར་འོད་དམ་པའི་མདོ)、《解深密经》(མདོ་སྡེ་ཟབ་མོ་དགོངས་པ་ངེས་པར་འགྲེལ་པ)、《时轮根本续》(འཆོམ་ལྡན་འདས་ཀྱི་དུས་ཀྱི་འཁོར་ལོའི་རྩ་བའི་རྒྱུད)、《如来藏心经》(འཕགས་པ་དེ་བཞིན་གཤེགས་པའི་སྙིང་པོའི་མདོ)、《入楞伽经》(འཕགས་པ་ལང་དཀར་གཤེགས་པའི་མདོ)、《利益指鬘经》(འཕགས་པ་སོར་མོའི་ཕྲེང་བ་ལ་ཕན་པའི་མདོ)、《胜鬘狮吼经》(འཕགས་པ་དཔལ་ལྡན་སེང་གེའི་ང་རོའི་མདོ)、《圣入无分别总持经》(འཕགས་པ་རྣམ་པར་མི་རྟོགས་པ་ལ་འཇུག་པའི་གཟུངས)、《寂照神变三摩地经》(འཕགས་པ་རབ་ཏུ་ཞི་བ་རྣམ་པར་ངེས་པའི་ཆོ་འཕྲུལ་ཆེན་པོའི་མདོ)、《大方广入如来智德不思议经》(ཡོན་ཏན་དང་ཡེ་ཤེས་བསམ་གྱིས་མི་ཁྱབ་པའི་མདོ)、《大孔雀明咒王经》(རྨ་བྱ་ཆེན་མོའི་མདོ)、《文殊根本续》(འཇམ་དཔལ་རྩ་བའི་རྒྱུད)、《大般涅槃经》(མདོ་སྡེ་མྱང་འདས་ཆེན་པོའི་མདོ)和《宝云经》(འཕགས་པ་དཀོན་མཆོག་སྤྲིན་གྱི་མདོ)等经典绘制。这些经典亦即《甘丹平措林寺志》所载之《了义二十经》。经考证,在这20部经典中,19部与布顿大师在其著作《布顿佛教史》中记载的末转法轮经典一致,同时13部经典也与笃补巴大师所给出的20部经典吻合。①

大门楼殿供奉各大护法,包括四大天王,后妃、王子、大臣及其眷属,十大护方神八大龙王等像。与此同时,按《红黑阎魔敌续》中金刚轨范师佛智尊者(སངས་རྒྱས་ཡེ་ཤེས་ཞབས)传规,供奉十五大护方神、即著名的十大护法神。

门楼殿按《毗奈耶》所述五道轮回图绘制,中心为三烦恼,边缘为十二因缘,二者之间为轮回中的五道。同时绘释迦牟尼佛及其降魔壁画。另按《文殊菩萨根本续》绘阎魔敌、根本怙主等像。二楼无边庄严殿按《出离经》(མངོན་པར་འབྱུང་བའི་མདོ)、《律本事》(འདུལ་བ་ལུང)、《百业经》(ལས་བརྒྱ་བ)和《百行赞》(རྟོགས་བརྗོད་བརྒྱ་བ),绘释迦牟尼佛本生故事。南佛殿绘塑智慧怙主和欲界自在天女等护法神像。东面印度殿供奉巨大的圣地佛像,四壁绘满壁画。

三楼的色究竟天殿绘不空羂索观音五尊,五方佛及其佛母(རིགས་ལྔ

①关于题记和考证,详细参见闫雪:《西藏甘丹平措林寺大经堂壁画题记识读与研究》,《中国藏学》,2014年第3期,第160-169页。

ཡུམ་ལྷ)和时轮金刚,此即时轮经典所述六佛(རྒྱལ་བ་རིགས་དྲུག)。另绘八大菩萨,文殊菩萨和观音菩萨及其明妃各两身,顶部绘佛传故事十二宏化。该壁同时绘释迦牟尼佛、十一面观音及其胁侍善财童子和马头明王、青颈观音、骑狮观音(ཇོ་བོ་ཧ་རི་ཧ་རི་ལ་གཞོན་པ)、狮子吼观音、具乐观音(ཇོ་བོ་བདེ་ལྡན)、如意轮观音、哈罗哈罗观音(སྤྱན་རས་གཟིགས་ཧ་ལ་ཧ་ལ)、救八难观音、红色制胜观音(དབང་དུ་བྱེད་པའི་སྤྱན་རས་གཟིགས)两身、四臂哈罗哈罗观音、轮王座观音(སྤྱན་རས་གཟིགས་རྒྱལ་པོ་རོལ་པ)、度母五身、笃补巴大师、卓顶轨范师拉益琼丹(འགྲོ་ཕྱིང་གི་སློབ་དཔོན་ལྷའི་འབྱུང་ལྡན)、印度班智达满金刚(གང་བའི་རྡོ་རྗེ)和大师本人的施主像。

度母殿的主尊为绿度母、赎命绿度母、般若佛母等,壁画有救八难度母及其眷属,天井四周绘贤劫千佛、香巴拉王统等。中央金刚座上供奉有无畏护(ཨ་བྷ་ཡ་ཀ་ར་གུཔྟ)和咱弥桑结扎巴(ཙ་མི་སངས་རྒྱས་གྲགས་པ)等四位印度大师塑像。①

三、壁画风格及其所属流派

从文献记载和现存壁画作品来看,平措林寺壁画风格因素多样,将各种风格因素有机融为一体。换言之,这些壁画在早期西藏传统藏传佛教艺术的基础上,大量吸收汉地、尼泊尔、克什米尔,尤其是印度艺术的养料,经过不断的借鉴、吸收和融合而成。对此,《多罗那他自传》和《甘丹平措林寺志》等藏文文献留下了些许笔墨。对于汉地艺术,多罗那他虽然没有明确记载,但在寺院选址时,他特意参照和吸收了汉地的风水文化,他认为平措林寺周围的地形“与汉地勘舆术也十分吻合,东

①详细参见《甘丹平措林寺志》(དགའ་ལྡན་ཕུན་ཚོགས་གླིང་གི་གནས་བཤད་བཞུགས),藏文本,见百慈藏文古籍研究室编辑整理平措林寺木刻版《觉囊·多罗那他文集》(རྒྱལ་ཁམས་པ་ཏཱ་ར་ནཱ་ཐས་བདག་ཉིད་ཀྱི་རྣམ་ཐར་ངེས་པར་བརྗོད་པའི་རྟོགས་བརྗོད་ཅེས་བྱ་བ་བཞུགས)卷 34/43,中国藏学出版社,2008 年,第 168-179 页。

为白虎,南为青龙,西为朱雀,北为玄武”(图版 2-5 和 7-9);①对于尼泊尔艺术,多罗那他至少邀请了 20 名尼泊尔工匠来参与金铜佛像的创作,平措林寺各殿供奉的金铜佛像不少都出自尼泊尔工匠之手,如祖拉康大殿净殿中供奉的高大精美的过去七佛金铜佛像就是由他们创作而成的;克什米尔艺术在平措林寺也留下了身影,按《多罗那他自传》,无量宫殿内四柱面积净殿的屋顶就是根据克什米尔风格建成的;对于印度文化艺术而言,在平措林寺中吸收较多,除大量传统的佛教题材和仪轨外,多罗那他不仅在平措林寺中专门修建了印度殿,而且还至少邀请了两位印度大师到平措林寺交流佛法。② 从这些记载可知,以祖拉康大殿为首的平措林寺壁画的风格可谓百花齐放,精彩纷呈。

西方第一位平措林寺艺术的研究者、亦即意大利著名藏学家图齐不仅充分注意到这一特点,而且还对壁画中的不同风格进行了进一步的鉴定。在其名著《西藏画卷》一书中,图齐对祖拉康大殿、护法神殿、色究竟天殿、西方净土殿、莲花殿、空行殿、度母殿和山顶的布达拉寝宫等殿堂进行了简要的综述。③ 在论及祖拉康大殿二楼沃玛拉康(亦即色究竟天殿)中各种观音菩萨的壁画时认为,“这些造型优美的体态和精确的设计,清楚体现出画家谙熟精美绝伦的印度艺术”;在述及护法神殿中的壁画时,壁画中的云彩和岩石“确实体现出汉式的痕迹”;在谈到空行殿的供养菩萨时评论道,“这些人物的创作极为精妙,明亮的淡褐色逐渐趋于柔和,造型为典型的三折枝,躯体裸露、匀称,丰臀,头发卷起,束于颈后。这些都可以追溯到精美的印度传统。由此可见,这些作

①多罗那他:《甘丹平措林寺志》,藏文本,见百慈藏文古籍研究室编辑整理平措林寺木刻版《觉囊·多罗那他文集》,卷 34/43,中国藏学出版社,2008 年,第 163 页。关于平措林寺周围形胜及其象征意义,同时详细参见多罗那他:《觉囊形胜》(ཇོ་ནང་གི་གནས་བཤད་བཞུགས་སོ),藏文本,见《觉囊·多罗那他文集》,卷 34/45,中国藏学出版社,2008 年,第 136-141 页。

②分别多罗那他:《甘丹平措林寺志》,藏文本,见《觉囊·多罗那他文集》,卷 34/43,中国藏学出版社,2008 年,第 163 和 176 页;多罗那他:《多罗那他自传》,藏文本,见《觉囊·多罗那他文集》,卷 2/45,中国藏学出版社,2008 年,第 34 和 26 页。

③在图齐的《西藏画卷》,色究竟天殿被记载为沃玛拉康(འོག་མ་ལྷ་ཁང);布达拉寝宫被称之为欧噶色囊孜(མངོན་དགའ་གཟིགས་སྣང་རྩེ)。分别参见 Giuseppe Tucci, Tibetan Painted Scrolls, Roma, 1949, vol. 1, pp. 197 and 199.

者的创作灵感完全来自印度样式";在记述西方净土殿、江洛坚殿和莲花殿时,他如此说道:"在供奉无量光佛的西方净土殿中,壁画是按汉式传统风格绘制的西方净土,但在供奉金刚手的江洛坚殿中,壁面上的众多诸佛菩萨神灵则是按照尼泊尔样式绘制而成的。莲花殿壁画表现的是莲花生(经过修缮)、贡噶宁布、六臂宝帐怙主、绿度母、十一面观音和绿度母。天井壁画描绘的是多罗那他的生平。就风格而言,印度和汉式风格在此完美融于一体,堪称这一风格的典范,西藏艺术品味不同的灵感和特点在其中和谐共融";最后,在论及布达拉寝宫殿时说,天井壁画融合了汉地和印度两种风格,其中巨大的四大天王壁画是按照汉地模式创作的,而旁边的击鼓妇女和两位供养菩萨则是按照印度风格绘制的。①

早期藏文文献和后世学者虽然对以祖拉康大殿为首的平措林寺壁画的风格进行了概述,但未明确提及这一风格作品所属的艺术流派。因为根据本民族的艺术传统和审美倾向集大成几乎是西藏所有艺术流派的普遍特点,难以将此特点归结于某一独特的艺术流派。正因如此,部分当代藏族学者在论及平措林寺壁画的风格时说,这些作品主要是在吸收勉塘、钦孜和歧乌等西藏传统绘画技法和风格的基础上创作而成的。② 部分学者虽然认为平措林寺壁画应为钦孜画派的作品,但也未进行详细的阐释。③ 但实际上,在文献记载的基础上,通过对壁画风格的深入分析和类比发现,至少其中祖拉康大殿的壁画应为西藏三大重要艺术流派之一的钦孜画派的早期重要作品。

①详细参见 Giuseppe Tucci, Tibetan Painted Scrolls, Roma, 1949, vol. 1, pp. 197–201. 鉴于该殿现已不存,现将图齐在上个世纪40年代所见情况引述余下,以资参考:山顶为至尊多罗那他修建的宫殿,称之为欧噶色囊孜。其中的天井壮丽、辉煌,宽敞、肃穆,其上按传统风格、亦即汉式样式绘制的巨大的壁画四大天王已经退色、变暗,四大天王令人望而生畏的形象也没有那么突出。在西藏,四大天王的表现都与汉式风格有关。此处的人物形象并没有通常表现的那样强壮,行动看似十分敏捷、轻灵。尽管如此,人们的目光很快就会被其中按印度风格绘制的一位击鼓的妇女和两位供养菩萨所吸引。天井余下的壁面描绘的是四大天王的其他眷属神灵,作品也都出自同一手笔。

②详细参见宗孜·强巴土丹:《甘丹平措林寺史》,藏文本,平措林寺编印,2006年,第53–54页。

③边巴旺堆:《贡嘎岗堆钦孜钦摩与钦孜画派的特征》(གོང་དཀར་སྒང་སྟོད་མཁྱེན་རྩེ་ཆེན་མོ་དགེ་བསྙེན་ནམ་པར་རྒྱལ་བ་དང་མཁྱེན་ལུགས་ཀྱི་ཁྱད་ཆོས་སྐོར་རགས་ཙམ་གླེང་བ),《西藏大学学报》,藏文版,2010年第4期,第115页。

首先,祖拉康大殿的壁画与传统藏族学者对钦孜画派的定义大体一致

历史上,藏族学者对钦孜画派的特点的见解虽然不尽相同,但也勾勒出钦孜画派的一个大致轮廓。五世达赖喇嘛阿旺洛桑嘉措(ངག་དབང་བློ་བཟང་རྒྱ་མཚོ། 1617-1682)认为,钦孜画派擅长画怒相神灵和坛城,勉唐画派擅长画善相神灵。[①] 十三世噶玛巴督堆多杰(བདུད་འདུལ་རྡོ་རྗེ། 1733-1797)则认为,钦孜画派吸收了较多的汉地影响,但显然不如勉唐派那么深广。与老勉唐派画家相比,钦孜画派用色较厚,但缺乏表现力。在密宗神灵绘画上,钦孜画派尤为精到。[②] 工珠·云丹嘉措(ཀོང་སྤྲུལ་ཡོན་ཏན་རྒྱ་མཚོ། 1813-1890)认为,钦孜画派(མཁྱེན་རིས)的创始人钦孜钦莫(མཁྱེན་རྗེ་ཆེན་མོ)与勉唐派(སྨན་རིས)的鼻祖勉拉顿珠(སྨན་བླ་དོན་གྲུབs)共同出于多巴·扎西多杰(རྡོ་པ་བཀྲ་ཤིས་རྒྱལ་པོ)的门下。当时,尼泊尔画风比较盛行,二人都继承了尼泊尔画派传统。[③] 从17-19实际的这些传统代表性的观点中不难看出,钦孜画派曾大量吸收汉地、尼泊尔和印度艺术传统,并且擅长于怒相神灵和坛城题材的创作。传统藏族学者对钦孜画派特点的定义显然与前述平措林寺祖拉康大殿壁画的风格基本一致。

其次,藏文文献明确记载的部分画家与钦孜画派密切相关

据藏文文献,在参与平措林寺建筑修建,雕塑、壁画、唐卡创作和佛经刻写的艺术家中,除部分金铜佛像的作者来自域外的尼泊尔外,其余艺术家都应来自西藏本土,尤其是该寺所在地、亦即拉孜县周围地区。按《多罗那他自传》,至少有50多名画家参与了祖拉康大殿一层集会大殿绘画的创作,并且还专门记载了两位画家的名字:一位是毕钦巴师徒(སྤྱིས་ཕྱིམ་པ་དཔོན་སློབ),一位是温波索南(དཔོན་པོ་བསོད་ནམས)。其中,毕钦巴师徒和庄园画工在1618年陆续创作了祖拉康大殿的壁画;1619年当地豁

①五世达赖喇嘛阿旺嘉措著:《五世达赖喇嘛传》,藏文本,西藏人民出版社,1991年,第176页。

②David Jackson, A History of Tibetan Painting, Wein, 1996, pp. 142;同时参见向红茄、谢继胜、熊文彬汉译本《西藏绘画史》,西藏人民出版社和明天出版社日,1997年。

③工珠·云丹嘉措:《知识总汇》(ཤེས་བྱ་ཀུན་ཁྱབ),民族出版社,藏文本,上册,第576页。

堆(གཞི་སྟོད)画工完成药师佛殿壁画白描的勾勒,温波索南等人绘制了金刚手殿壁画,并完成财神殿壁画的白描。① 由此清楚可知,祖拉康大殿壁画由毕钦巴师徒始绘于1618年。平措林寺的创建者多罗那他在其自传中虽然只提到毕钦巴师徒,并没有给出其所属画派的名字,但从其他藏文文献可知,毕钦巴应是一位来自钦孜画派的画家。② 1674年,五世达赖喇嘛在记载小昭寺修葺时,提到了两位来自毕钦巴家族的画家:同年藏历三月一日,对小昭寺的佛像和壁画进行了彩绘,“大画师(དབུ་ཆེན)为贡嘎曲德桑阿喀寺群则(ཆོས་མཛོད)宣努(གཞོན་ནུ)和哲蚌寺轨范师阿旺赤列(ངག་དབང་འཕྲིན་ལས),中画师(དབུ་འབྲིང)是扎囊毕钦巴·阿旺斯却(གྲ་ནང་སྤུ་ཁྱིམ་པ་ངག་དབང་སྲིད་ཆོས)、雪拉加布(ཞོ་ར་རྒྱལ་པོ)、桑喀才培(གསང་མཁར་ཚེ་འཕེལ),小画师(དབུ་ཆུང)为毕钦巴·诺尔旺(སྤུས་ཁྱིམ་པ་ནོར་དབངs),参加者有德钦曲科瓦·詹巴拉(བདེ་ཆེན་ཆོས་འཁོར་བ་ཛམ་བྷ་ལ)和多·强巴坚赞(རྡོལ་བྱམས་པ་རྒྱལ་མཚན)等四十九人”。③ 显而易见,从家族名字来看,此处的“中画师扎囊毕钦巴·阿旺斯却”和“小画师毕钦巴·诺尔旺”二人也与平措林寺祖拉康大殿的画家毕钦巴一样,出自同一家族,亦即毕钦巴家族。不仅如此,第斯桑结嘉措在记述五世达赖喇嘛灵塔殿的绘塑工程时,不仅再次提到了毕钦巴家族的画家,而且还明确记载他们是钦孜画派的传人。按第斯桑结嘉措的记载,参加五世达赖喇嘛灵塔壁画绘制的“钦孜画派大师为大画师(མཁྱེན་ལུགས་དབུ་ཆེན)桑阿喀才培(གསང་སྔགས་ཚེ་འཕེལ)、中画师(དབུ་འབྲིང)毕钦巴·阿卓(སྤུས་ཁྱིམ་ངག་གྲོལ)、小画师阿旺索丹(ངག་དབང་བསོད

---

①分别参见多罗那他:《多罗那他自传》,藏文本,见《觉囊·多罗那他文集》,卷2/45,中国藏学出版社,2008年,第34、48和147页。图齐在其著作《西藏画卷》(Tibetan Painted Scrolls, Roma, 1949, vol. 1)第200页中提及,多罗那他至提到一位画家的名字,此即spun khyem pa,但第一个藏文字在中国藏学出版社出版的《多罗那他自传》中写作“sbus”,二者的拼写略有不同,应为笔误,由于笔者未能找到木刻本,因此不清楚是图齐还是中国藏学出版社版本的笔误,待考。另值得一提的是,图齐说,多罗那他在其《自传》中只提到一位西藏画家的名字,但实际上至少还有温波索南。

②图齐认为,毕钦巴为家族名,由于他是当时最富有才华和著名的艺术家之一,因此才直接用他的家族名字来直接称呼他。参见Giuseppe Tucci, Tibetan Painted Scrolls, Roma, 1949, vol. 1, pp. 200.

③五世达赖喇嘛阿旺嘉措著:《五世达赖喇嘛传》,藏文本,中国藏学出版社,第2册,2013年,第269页;同时参见陈庆英、马连龙、马林汉译本,中国藏学出版社,下册,1997年,第110页。

བརྟན)、强巴坚赞(བྱམས་པ་རྒྱལ་མཚན)。参加者有索南群则(བསོད་ནམས་ཆོས་མཛད)、萨德绛央(ལྷ་བདེ་འཇམ་དབྱངས)、扎西次仁(བཀྲ་ཤིས་ཚེ་རིང)、曲杰(ཆོས་རྒྱལ)、饶丹(རབ་བརྟན)、达征(རྟ་མགྲིན)、索南曲扎(བསོད་ནམས་ཆོས་གྲགས)、邬坚竹(ཨོ་རྒྱན་འབྲུག)、丹巴诺布(བསྟན་པ་ནོར་བུ)、松林强贡(གསུང་གླིང་བྱམས་མགོན)、阿旺楚臣(ངག་དབང་ཚུལ་ཁྲིམས)、郎热·贡嘎绕培(རྣམ་རབ་ཀུན་དགའ་རབ་འཕེལ)、贡曲·贡嘎多杰(གོང་ཆོས་ཀུན་དགའ་རྡོ་རྗེ)、贡嘎旺秋(ཀུན་དགའ་དབང་ཕྱུག)、蔡尔辛·毕钦巴(ཚེར་ཤིང་སྤུས་ཁྱིམ་པ)、丹增(བསྟན་འཛིན)……"①此处提到的"中画师(དབུ་འབྲིང)毕钦巴·阿卓"同样也出自毕钦巴家族,并且明确记载为钦孜派的画师。值得注意的是,从第斯桑结嘉措的记载来看,"桑阿喀才培"不仅参加了小昭寺壁画的绘制,同时也参加了随后灵塔殿壁画的创作,并且他也是一位钦孜画派的著名画家,其头衔由当初的中画师升至大画师。有鉴于此,参加小昭寺壁画创作的画家"中画师扎囊毕钦巴·阿旺斯却"和"小画师毕钦巴·诺尔旺"二人也应是钦孜画派的传人。虽然对于毕钦巴家族的历史,文献语焉不详,有待进一步研究,但从这两则文献来看,该家族一直传承钦孜画派的传统。由此推测,平措林寺大殿的主要画家毕钦巴也应该传承的是同一传统,因为历史上某一家族对某一画派的传承一般不变,基本上是代代相承。

再次,同样重要的是,平措林寺祖拉康大殿壁画的风格与钦孜画派公认的传世作品非常相似。

据文献记载,钦孜画派的创始人钦孜钦莫及其弟子曾创作了大量的作品。山南扎囊县的扎强巴林寺大塔、拉萨西北地区的羊八井寺和山南贡嘎县的贡嘎寺的壁画和部分雕塑即是其早期的代表作,其中贡嘎寺壁画仍较为完整的保存至今,是钦孜钦莫大师传承至今的唯一遗珍。据藏文《宗巴·贡噶南杰传》,贡嘎寺建于1465年,②现存主殿集会大殿原回廊、内转经道和二楼无量宫殿等保存较为完好的壁画都出自

①第斯·桑结嘉措:《南瞻部洲唯一庄严目录》(མཆོག་སྡོང་འཛམ་གླིང་རྒྱན་གཅིག་གི་དཀར་ཆག),藏文本,西藏人民出版社,1990年,第271页。

②嘉顿·强秋贝(རྒྱ་སྟོན་བྱང་ཆུབ་དཔལ):《宗巴·贡噶南杰传》(རྫོང་པ་ཀུན་དགའ་རྣམ་རྒྱལ་གྱི་རྣམ་ཐར),藏文本,香港天马出版公司,2001年,第110-111页。

钦孜钦莫大师师徒的手笔(图版6)。[①] 壁画大量吸收汉式、印度和尼泊尔风格因素,汉式风格元素尤其显著,俨然是一片青绿山水的格调。这一画风与平措林寺祖拉康大殿壁画的风格十分相近。通过二者最显著的风格之一、亦即汉式风格元素的比较,不难看出二者之间的相似性。

这两座寺院主殿所吸收的汉式风格因素主要体现在题材和风格上。题材的影响相对较弱,风格的影响较为普遍,它主要体现在部分人物造型及其服饰,风景纹样及其构图、技法和装饰纹样等艺术形式的表现上。

平措林寺汉式风格的人物造型主要有善财童子和四大天王等神灵。其中四大天王属于西藏藏传佛教艺术在明代以前吸收的汉式造型,在平措林寺祖拉康大殿和位于山顶的布达拉寝宫均有表现,而汉式风格的善财童子造型则在西藏现存明代以前的藏传佛教艺术遗迹中极为罕见,应属于明代时期西藏的藏传佛教艺术吸收的汉式新造型。

1. 人物造型中的汉式因素

在平措林寺,善财童子的造型主要出现在祖拉康大殿各殿壁画中(图版3–5)。其形象的突出特点是童子造型,面容丰满,肌肤细腻、白净,眉清目秀,充满儿童的天真和机敏,头梳抓髻,裸露上身,跣足。与汉式善财童子的造型相比,除无胸前的肚兜,下身通常穿着裙裤外,二者基本相同。在平措林寺壁画,其出现主要有几种形式:其一与汉传佛教艺术一样,是作为观音菩萨的胁侍人物的形象出现于观音菩萨的左右,如三楼色究竟天殿十一面观音及其胁侍壁画就是如此。善财童子与马头明王侍立在十一面八臂观音菩萨坐像的右侧,裸露上身,下着裙裤,跣足,身体转向十一面观音一侧,面容秀丽,身材修长,双手当胸合十,同时在右手的腋下夹持长条经书,向十一面观音致敬(图版3)。其二是以伎乐天或净居天的身份出现,换言之,以善财童子的形象来表现伎乐天或净居天等神灵的造型,色究竟天殿和集会大殿壁画中伎乐天

---

①关于回廊壁画的断代问题,详细参见熊文彬、哈比布、夏格旺堆:《西藏山南贡嘎寺主殿集会大殿〈如意藤〉壁画初探》,《中国藏学》2012 年第 2 期。

采用的就是这种造型(图版5)。在色究竟天殿壁画中,四位伎乐天位于彩色云端,居前的一位击鼓,身后三位分别吹笛、击钹、吹螺号;在集会大殿壁画中,表现的是三位伎乐天,一位击鼓,两位散花,其造型均具有浓郁的汉式善财童子特征,与藏传佛教传统的伎乐天造型迥然有别;与此同时,在同一佛殿的佛传故事壁画中,净居天也以汉式造型特征的童子出现,释迦牟尼佛在鹿野苑说法图壁画中的三位净居天采用的就是这一形象。在释迦牟尼佛说法图顶部华盖上方的天空中,三为净居天驾云而来,其中一位持花篮,另两位向身下的释迦牟尼佛散花,以示天降花雨。其三,以供养天的形式出现,在色究竟天殿壁画中就有一位手捧巨大花瓶、瓶中鲜花怒放的童子,其形象采用的也是汉式善财童子造型(图版4)。第一种表现方式见于1427-1436年的江孜白居寺吉祥多门塔二楼壁画,而后两种表现方式也并非平措林寺壁画首创,而在贡嘎寺等壁画中也有大量相同的造型和构图。实际上,贡嘎寺壁画对汉式童子表现的样式更加灵活丰富(图版6),至少还出现了另外两种造型:其一是出现在集会大殿回廊萨迦五祖像两侧的缠枝纹背光中,童子攀附于藤蔓之间,体态丰腴,天真烂漫,憨态可掬,极富感染力;另一种造型则出现在集会大殿原回廊《如意藤》第77品本生故事壁画中,四位童子二人一组,沉浸于游戏之中,[①]童子的神态、构图和造型与汉地流行的《百子图》、《贺郎图》之类的题材几乎如出一辙。

不过,从平措林寺和贡嘎寺壁画来看,善财童子的造型虽然源于汉式造型,但并非对汉式原型的照搬。以平措林寺十一面观音菩萨胁侍的善财童子立像为例,与汉式原型相比有如下显著变化:首先,在汉传佛教艺术中,作为胁侍,善财童子通常是与水月观音一起出现,但在此是作为十一面观音的胁侍与马头明王一起出现的;其次,善财童子的造型也有变化,身体修长,下着裙裤,饰物也与汉式造型不同(图版3)。此外,在平措林寺、贡嘎寺等壁画中,善财童子的造型已经影响到净居

①图片参见罗文华:《从西藏贡嘎曲德寺壁画看钦则画派的特点》,《故宫博物院院刊》2015年第2期,第125页图三十三。

天、伎乐天、供养天等神灵形象的塑造。换言之,在平措林寺壁画中,善财童子本身的形象不仅吸收了汉式童子的造型,而且还对其他神灵的造型产生了影响。由此不难看出,平措林寺和贡嘎寺的施主和画家们十分喜爱善财童子的汉式造型,并且按照自己的审美对汉式造型进行了新的发展。

2. 风景中的汉式因素

除部分人物造型及其装饰外,平措林寺壁画的风景纹样及其构图、造型,甚至是技法上也体现出强烈的汉式艺术风格因素。这一特点与1465年修建的贡嘎寺佛本生故事壁画相同,体现出汉地青绿山水画的特征(图版2)。其中,构图以色究竟天殿壁画为例,无论是在以佛传故事为首的叙事性壁画,还是在十一面观音、莲花舞自在等单尊神灵或组像中,都普遍采用亭台楼阁、山石溪流、花草树木和飞禽走兽等风景纹样来构图,将人物与自然完美、谐和地融为一体,具有汉地青绿山水的格调。尤其是佛传故事的表现,利用释迦牟尼佛一生高度浓缩的12个故事情节和场景中的人文和自然元素,在将每一个故事分割的同时,又能有机地串连成一个整体,从而使每个故事既能独立成幅又能前后贯通,产生恢宏的空间感和延绵的时间感。这一特点在1465年修建的贡嘎寺佛本生故事壁画中也有完美的表现。

与此同时,与贡嘎寺壁画一样,平措林寺壁画中风景纹样的造型也同样受到了汉式艺术的影响。这些纹样主要包括部分建筑、山峦、花卉、云彩、溪流以及部分佛像的饰物。在平措林寺壁画中,建筑纹样主要由两类组成,其中之一为传统的藏式平顶样式,另一种则为汉式建筑,主要由单檐或重檐琉璃歇山顶、攒尖顶和门楼建筑等三种样式。在平措林寺壁画中,前者更为普遍,如佛传故事之一的《摩耶感梦》描绘的即是这一建筑样式(图版7)。在一片苍翠树木的掩映之中,三座绿色和黄色琉璃瓦顶的歇山建筑时隐时现,释迦牟尼佛的母亲摩耶夫人正侧卧于妆床之上,所梦见的一头大象正从建筑上空的云团中徐徐而来,两位侍女手扶茶几在摩耶夫人一侧酣然入睡。这铺壁画表现的正是经典中记载的摩耶夫人在宫中梦感一头六牙大白象入胎时的情景。在此,艺术家选择的不是故事发生地古代印度的宫廷建筑,而代之以汉地传统建筑。在壁画中,歇山顶及其建筑单元正脊及其装饰鸱吻、垂脊及其上覆盖的琉璃瓦和沟头、滴水,以及檐下的斗拱和窗棂等都历历在目。与此同时,汉族传统建筑之一的攒尖顶建筑在平措林寺壁画、尤其是佛传故事壁画中也多有表现。该建筑的特点是屋顶呈锥形,没有正脊,有单檐和重檐之分,形制上又有角式攒尖和圆形攒尖的区别,其中前者有同其角数相同的垂脊,有四角、六角和八角等样式(图版9)。在汉地的建筑中,亭、榭、阁和塔等建筑多采用攒尖顶样式。在平措林寺佛传故事壁画中,描绘的多为四角单檐攒尖顶样式。另外,在平措林寺的建筑壁画中,绘制了不少门楼建筑,其形制和风格也吸收了汉式建筑的风格因素:汉式建筑的琉璃歇山顶样式及其部分装饰仍清晰可见(图版2、7、9)。

此外,与贡嘎寺壁画一样,平措林寺壁画风景纹样中重峦叠嶂的山峰、陡峭的悬崖、飞流的瀑布和潺潺的溪流等自然景色的表现也体现出汉式风格的特点(图版8),与汉地文人画和寺观壁画中风景纹样的造型十分相似。与此同时,以阔叶为主的各种树木、花卉和以鹤为主的各种飞禽,也同样在汉地文人画和寺观壁画中发现大量相同的造型。不仅如此,对岩石和树木的皴法,也与汉地艺术中同一题材的表现关系密切。仍以色究竟天殿壁画为例,在佛传故事起始部分左上,绘有大量的山峦、宫殿建筑和人物。其中山峦峰峰相连,沟壑纵横,疏密有致,中间祥云环绕,犹如仙境(图版2)。其中对雄奇的山峰和其间云雾回绕的表现,在传统藏传佛教艺术风景纹样的表现中十分罕见,反倒是汉地文人画和寺观壁画常见的一种意境。又如在十一面观音菩萨的协侍菩萨马头明王右后侧的树木叶片的造型令人强烈的联想起汉地的竹子,其傍弯曲的古树、尤其是树疖的描绘,也不禁令人想起汉地艺术中松树的造型及其皴染的技法;再如观音与文殊菩萨对坐图身后红色的团花和竹叶形树上盛开的花卉,也强烈地让人联想到汉地的牡丹和夹竹桃等植物。总之,以如意云纹为首的这些与汉地艺术相似造型的风景纹样,在平措林寺各殿壁画中都有大量的表现。如果“从技术的角度来看,钦则(孜)画派以敷彩表现质感和景深营造见长,而线条相对较弱”是贡嘎寺集会大殿壁画的特点,①那么这一特点同样也适用于概括平措林寺祖拉康大殿壁画。

综上基本可以得知,无论是从画家毕钦巴师徒创作祖拉康大殿壁画的记载来看,或是从传统对钦孜画派的定义,还是从平措林寺祖拉康壁画与钦孜画派公认的早期遗珍、亦即贡嘎寺集会大殿壁画极其相似的风格特点来看,平措林寺祖拉康大殿壁画应为明末钦孜画派的作品,或至少与钦孜画派密切相关。

与强孜·边巴旺堆合著,原文刊于《藏学学刊》2016 年第 14 辑第 72–89 页。

①罗文华:《从西藏贡嘎曲德寺壁画看钦则画派的特点》,《故宫博物院院刊》2015 年第 2 期,第 129 页。

西藏哲蚌寺措钦大殿二楼十六罗汉壁画初探
——兼论与清宫同一题材唐卡之间的关系

位于拉萨西郊格培邬孜山脚下的哲蚌寺是西藏拉萨格鲁派的三大重要寺院之一,由宗喀巴的弟子绛央曲杰·扎西贝丹(vjam dbyangs chos rje bkra shis dpal ldan,1379–1437)始建于 1416 年,位于该寺顶部的大型建筑措钦大殿(tshoms chen)即是其中修建最早的建筑之一。措钦大殿坐北朝南(图 1),高四层,底层由大经堂、回廊及其后部一字排开的三世佛殿、内邬宗本建造的供奉弥勒佛的“米旺拉康(mi dbang lha khang)”和供奉三世达赖喇嘛等灵塔的灵塔殿“伦邦拉康(glu vbum lha khang)”等三座佛殿组成。由于措钦大殿是哲蚌寺修建最早的佛殿之一,同时又是五世达赖喇嘛以前达赖喇嘛的驻锡地,因此备受重视,建造以来就得到不断的扩建和修葺,现存布局大致定型于五世达赖喇嘛时期(1617–1682)的 17 世纪中叶左右。按《五世达赖喇嘛传·云裳》和《黄琉璃》,措钦大殿在 17 世纪的扩建和修葺最早始于 1637 年,其中 1654 年的规模较大。由于一层米旺拉康佛殿中立塑的弥勒像十分高大,因此在二楼增建了一座观瞻、礼佛弥勒像面部(图 4)的“协热拉康殿(zhal ras lha khang)”。该殿现在被称为“米旺协热拉康殿”(图 3),殿内绘有本文讨论的十六罗汉壁画。

一、题材与布局

十六罗汉是西藏藏传佛教艺术流行最广的题材之一,每座寺院几乎必不可少,哲蚌寺措钦大殿也不例外。实际上,措钦大殿至少绘制有两套十六罗汉壁画,建有一座十六罗汉殿,并创作有一套十六罗汉塑像。

米旺协热拉康殿坐北朝南,平面略呈方形,殿内面阔和进深各四立有4根立柱,为16柱面积(图2)。正壁(北)中央为弥勒佛上半身泥塑,其余各壁绘有十六罗汉等壁画。遗憾的是,东西两壁现在安放有大型的经书柜,无法搬动,其后壁画几乎被全部遮挡。殿内目力所及十六罗汉壁画主要分布在南壁和西南壁,主要由两部分组成:殿门两侧的南壁和殿门上方壁面描绘的是十六罗汉围拱释迦牟尼佛的传统布局。从释迦牟尼佛、四大天王和布袋和尚等画面推测,表现的应是完整的十六罗汉(实际上是十八罗汉,传统上仍被称之为十六罗汉)壁画。不过,此处十六罗汉的构图更加复杂,并非绝大多数传统绘画中的单尊构图,在表现每一位罗汉的同时,四周还表现有各自传记画面。与此同时,该殿西南壁殿门东窗上方还专门构图有迎请、供养、绘塑十六罗汉的大型场景。其中,壁顶左侧表现的是十六罗汉应邀驾云而来的场面(图5)。其下的院子中央堆满了供品,并在四周备好了一圈的宝座,虚席以待,一群信众构图在左下侧,或立、或跪,正在虔诚迎请;右顶壁画表现的是信徒供养十六罗汉的场景:十六罗汉分别构图在独立的琉璃歇山顶或攒尖顶的建筑中央,或说法,或禅定,围墙环绕的院子中央堆满了绫罗绸缎和各种珠宝,信众跪于其前,正在虔诚祈祷。其下围墙环绕的院子中表现的是艺术家正在临摹释迦牟尼佛和十六罗汉尊容的场景:在远景中,释迦牟尼佛和十六罗汉分别构图在琉璃攒尖顶的单体建筑中,建筑按半圆形式分布,释迦牟尼佛位于正中,十六罗汉分立两侧;中景构图的是供品;前景一分为二:左侧构图一位唐卡画师、画框和颜料;右侧构图三位泥塑家、两身泥塑及其泥塑工具、材料。他们正在聚精会神地为释迦牟尼佛和十六罗汉画像、塑像(图6)。在藏传佛教寺院艺术中,如此表现迎请、供养和绘塑十六罗汉的壁画十分罕见,别具一格。

在作为主要偶像分别表现的十六罗汉和四大天王像的下方或一侧,都分别题写有简洁的墨书藏文楷体题记(图8、9)。其中,阿秘特尊者像下题写有"mi phyed pa"、注荼半托迦尊者像下题写"lam phran bstan(图8)"、巴怙拉尊者像左下侧题写"ba kku la"①、跋陀罗尊者像右下题写"bzang po"、阿氏多尊者像下题写"ma pham pa"、因竭陀尊者像下题写"yan lag byung"、迦里迦尊者像下题写"dus ldan"、伐阇罗佛多尊者像右下题写"rdo rje movi bu"、伐那婆斯尊者像下题写"nags na gnas"、半托迦尊者像右下题写"lam bstan pa"②、迦诺迦跋黎堕阇尊者像下题写"bha ra dha dza gser can"、迦里迦尊者像下题写"dus ldan(图9)"、迦里加伐蹉尊者像下题写"gser bevu"、广目天王像下题写"spyan mi bzang"、多闻天王像下题写"rnam thos sras"。

与此同时,在壁画下方一圈墙裙的装饰条带上还分别题写有一圈墨书楷体藏文题记,为释迦牟尼佛、十六罗汉和四大天王的偈赞。除经书柜遮挡者外,其中16组题记尚可全部或部分识读(图11)。每组题记3行,分别如下:

1、……po vi vkhor gyis skor……la vdud//汉文大意为:……稽首……眷属围绕……

2、……sna tshogs gzugs kyi pha……rgyalchen bhi tu pvakshi ni//spyan mi bzang la klu yi[s]③bskor//rin chen sbrul zhags vzin la vdud//汉文大意为:稽首广目天王!众龙环绕,手持珠宝蛇羂索……杂色……

3、……dgra bcom vkhrungs goo sa ri//mched lnga ston par rab byung dgra bcom bzhi pa ba glang……rgyal po bhi hu la……phyag gnyis gle[gs]bam vd-

①按经典,该尊者的藏文名字通常拼写为"ba ku la"。
②经典通常将该尊者的名字拼写为"lam hen bstan"。
③题记中藏文的拼写偶有错误,凡"[ ]"中者内容为订正结果。

zin//vjigs kun bsrung skyob sbed byed stong dang bzhi brgyas bskor la vdud//汉文大意为:稽首苏频陀尊者!……出生罗汉,五兄弟于瞿萨罗山师从世尊出家,成为第四罗汉,牛主……毗获罗王……双手持经箧,一千四百眷属相随,破除一切危难。

4、mnyam yod bram zavi rigs vkhrungs dbang p ocher rno panthn ka//dgra bcom zhig las rab byung bden don legs……lam chen pa[bstan]//rtsa gsum me tog snying povi gnas bzhugs glegs bam chos vchad can//srid las ngas vbyung rab byung thob mdzad dgu brgyas bskor la vdud//汉文大意为:稽首半托迦尊者!生于舍卫城婆罗门家,寻找真谛……师从罗汉出家,居于三十三天华蕊宫,手持经箧、作说法印,出离轮回,九百眷属相随。

5、mnyan yod bram zavi rigs vkhrungs rig byed……la//lo brgya nyer ldan las rab byung vphags pa shing shun can//sgra mi snyan gling sbos rtsegs g……gnyis nevu le vdzin//dbul vphongs mi khom gnas thar mdzad dgu……skor la vdud//汉文大意为:稽首(巴怙拉尊者!)①……生于舍卫城婆罗门吠陀家……百岁后出家,以树皮为衣,居于北俱卢洲之香积山……双手持鼠鼬,慈悲济贫获解脱……(九百)眷属相随。

6、ston pa sangs rgyas mi vjig zhing gi bdag po mchog gi mgon//shakyavi rigs vkhrungs vkhor tshogs mang po theg gsum chos ston pa//gser mdo mtshan dpes spras sag non mnym gzhag phyag rgya can//bskal bzangs sangs rgyas bzhi pa thub pavi dbang po de la vdud//汉文大意为:稽首贤劫第四佛释迦能仁佛!出自释迦族,为永恒殊胜佛国之怙主、导师,为皈依众生演说三乘妙法,金色身色,妙相庄严,手结触地和禅定印。

7、gser[ser]skyavi grong du rgyal povi rigs vkhrungs shakyavi tog gi sras//shva ri bu las rab byung mchog……ra hu la//spri yang ku yi gling bzhugs rin chen srog zhu vdzin//ngan vgror mchog gsum sgra sgrog stong dang……bskor la vdud//汉文大意为:稽首罗怙罗尊者!来自毗迦罗播窣都城释迦王族,为释迦牟尼之子,师从舍利弗出家……居于毕利阳瞿洲,手持珠宝王

①此罗汉名字部分题记漫漶不清,按题记内容比对相关经典,应为巴怙拉尊者的偈赞。

冠,三乘妙法之音响彻恶趣,一千(六百眷属)相随左右。

8、rgyal khab khyim bdag mchog gis [gi] rigs vkhrungs pandi la//bha ra dha dza bsod snyoms len ces ston ba las rab byung//lus vphags gling gi lag nyevi rir bzhugs gleg [s] bam lhung bzed vchang//nyes pa bcu las rnam par thar mdzad stong gi [s] bskor la vdud//汉文大意为:稽首宾度罗跋罗堕尊者!出生于王舍城殊胜家主家,居于东胜身洲手臂山,手持经箧和化缘钵,以十善度众生,千名眷属跟随左右。

9、byang phyogs…… rgyal phran …… byung nva sen ces//…… yangs rir bzhugs……ngan spangs rdzus skyes la……汉文大意为:北方……小国……出家,名为纳散……居于广大山……弃恶,获神通……[1]

10、mnyan yod dreg ldan rigs vkhrungs dong rtses lag sbrel kanytsha na//bha ra dha dza gser can ces grags ston las rab byung//bag ling spyod ging vod zer vbyung bavi gnas bzugs mnym gzhag mdzad//sman lus kyi skyo skyes dngos thob mdzad bdun brgyas bsko la vdud//汉文大意为:稽首迦诺迦跋黎堕阇尊者!生于舍卫城望族,手掌握金币,师从佛祖出家,居于西牛贺洲之光源山,手结禅定印,七百眷属环围左右。

11、ser skyavi grong du shvakyavi rigs vkhrungs kha lo bsgyur ba rab bzang sras//bstan pavi bdag por rab byung srid grol bha tra bzang po ces//chu bo ya mun na yi gling bzhugs chos vchad mnyam gzhag can//vdod srid vching las grol mdzad stong dang nyis brgyas bskor la vdud//汉文大意为:稽首跋陀罗尊者!生于毗迦罗皤窣都城,为释迦王族驭手妙贤之子,师从佛法之主导师出家,居住在雅蒙纳河洲,手结说法印和禅定印,脱离轮回,一千二百眷属相随左右。

12、mnyan yod bram zavi rigs vkhrungs dur khrod gnas byas ka ni ka//ston pas tshur shog [b] snyen rdzogs kun sbyor vchi……bzhugs dus ldan rin chen rna rgyan vdzin//ngan song vgro rnams bder vgod stong dang gcig brgyas skor la vdud//汉文大意为:稽首迦里迦尊者!出生于舍卫城波罗门家庭,曾于

①名字和居址来看,此题记应为那迦希尊者的偈赞。

寒林苦修,后从佛祖受戒,广行修持,居于……手持耳环,使恶趣尽获解脱,一千一百眷属相随。

13、shar phyogs gnyen[mnyan]yod grong du khyim bdag rigs vhkrungs a dzi ra//nyi mavi gnyen las rab byung phyogs las rnam rgyal ma pham pa//rtse mthon drong shel nags bzhugs phyag gnyis mnyam gzhag can//byad byung mi shes mts-han ngan vjoms mdazd vkhor brgyas bskor la vdud//汉文大意为:稽首阿氏多尊者!生于东方舍卫城的家主之家,师从释迦牟尼佛出家,无往而不胜,居于高耸的水晶山,双手结禅定印,一百眷属追随左右。

14、lcang lo can ……//gnod sbyin gyis bskor rnam thos sras//rgyal chen nevu le vdzin la vdud//汉文大意为:稽首多闻天王!柳叶宫……夜叉环围四周,手持鼠鼬。

15、yul vkhor srung gi pho brang du//rgyen dhri ta rashta la//dri za mang po-vi vkhor gyis bskor//rin chen bi bang vdzin la vdud//汉文大意为:稽首持国天王!宫中香音神环围,手持珠宝琵琶。

16、……//g[m] nyan yod lo ma bdun pavi phug bzhug sdig vdzub rnga yab ……汉文大意为:……居于七叶山洞之中,一手结期克印,一手持拂尘……①

17、rgyal khab khyim bdag rigs vkhrungs zur gyis shes sam mi skyes ni//log smravi vjigs pa skyob mdzad rgyal bar rab byung angi ta//ti sevi gangs bzhugs yan lag vbyung zhes sbos por rnga yab vchang//sna tshogs sdug bsngal nad sel stong dang sum brgyas bskor la vdud//汉文大意为:稽首因竭陀尊者!出生于王舍城家主,因外道而生于火,戳破邪说,跟随佛祖出家,居于冈底斯雪山,双手分持香炉和拂尘,消除一切苦难和疾病,一千三百眷属常相随。

毋庸置疑,这些藏文题记不仅明确标明了每一位主要尊者的身份,而其还表明了壁画题材的内容——十六罗汉。对于十六罗汉的经典、渊源和图像特征,学界多有讨论。例如旅居德国的藏族学者察雅活佛

①从居址和手印对照经典,此题记应为伐那婆斯尊者的偈赞。

在其著作《西藏宗教艺术》中已有长篇论述,[①]限于篇幅,兹不赘述。

二、年代与作者

据五世达赖喇嘛阿旺洛桑嘉措(1617-1682)自传《五世达赖喇嘛传·云裳》和第司桑结嘉措(1653-1705)撰著的《黄琉璃》,哲蚌寺措钦大殿最早被称为"都纲(vdu khang)"。1637 年对该殿进行了修葺,并开始在一层大殿回廊绘制《如意藤》本生故事(dpag bsam vkhri shing)。[②] 1654 年,再次对该殿进修扩建和修葺,其中在米旺拉康二楼新增协热拉康(zhal ras lha khang)殿,并创作了十六罗汉等壁画。

对此,《五世达赖喇嘛传·云裳》明确记载到:"此(马年[1654]藏历三月)后,给哲蚌寺重新扩建修缮的都纲上下大规模地涂漆修饰。在这一百零八根柱子的大壁画上绘制的主要佛像有佛陀及弟子、施主、护法神像和主尊《如意藤》,藻井上是菩提道次第传法上师的传承,门楼南面是四大天王、东面是生死轮回图。在银塔殿的旧壁画遗迹上续绘有三十五佛、二十一度母,上面向阳窗绘的是纳塘百法和文殊法会,在新建的供殿协热拉康内绘有十六罗汉和密集、上乐、大威德等三大金刚的壁画,在寝殿的蒙古式屋顶刻有遍知一切索南嘉措的事迹,在石板说法院的法座后绘制的尊者宗喀巴师徒像。"[③]

由此清楚可知,1654 年五世达赖喇嘛对哲蚌寺进行扩建的"都纲"(大殿),就是始建于 1416 年、一层由 108 根柱子面积组成的措钦(tshoms chen)大殿。在稍后的第司桑结嘉措(1653-1705)撰著的《黄琉

---

①察雅·洛丹喜饶(谢继胜译):《西藏宗教艺术》,页 144-276,西藏人民出版社,1989 年。

②五世达赖喇嘛阿旺洛桑嘉措(rgyal dbang lnga pa chen po nga dbang blo bzang rgya mtsho):《五世达赖喇嘛传·云裳》(za hor gyi bande ngag dbang blo bzang rgya mtshovi vdi snang vkhrul pavi rol rtsed rtogs brjod kyi tshul du bkod pa du kvu lavi gos bzang zhes bya ba bzhugs so),见《历代达赖喇嘛传》(rgyal bdang sku phreng rim byon gyi mdzad rnam),卷二,藏文本,页 138-139,中国藏学出版社,2013 年。

③五世达赖喇嘛阿旺洛桑嘉措:《五世达赖喇嘛传·云裳》,见前揭《历代达赖喇嘛传》,卷二,藏文本,369-370 页。

璃》一书中,这一建筑仍被称之为“都纲(vdu khang)”。① 显而易见,措钦大殿之名为后来所取。二者虽含义相同,均指僧众集会的大殿之意,②但前者的影响更为广泛。在清代,随着藏传佛教在以北京为首的内地和蒙古族、满族地区的传播,这些地区修建的藏式风格建筑都被称之为“都纲法式”建筑。其次,现在一层供奉灵塔、被称之为“伦邦拉康”的佛殿在五世达赖喇嘛时期叫“银塔殿(dngul gdung lha khang)”;二楼绘有十六罗汉壁画的佛殿为当时新建的佛殿,殿名协热拉康一直沿袭至今,其中的壁画绘制于1654年。

五世达赖喇嘛时期西藏地方政府的行政官、著名学者第司桑结嘉措在其著作《黄琉璃》中虽然没有直接提及协热拉康及其中绘制的十六罗汉壁画,但对于措钦大殿在1654年所进行的扩建和修葺,也有与《五世达赖喇嘛传·云裳》大致相同的记载,二者可以相互印证。据该著,当时“对哲蚌大寺108柱面积的都纲大殿中各个佛殿大规模涂漆和绘制壁画。为净殿中央佛殿(gtsang khang dbus ma,即今三世佛殿)和弥勒佛殿(byams khang,即今米旺拉康)建筑顶部修建了汉式屋顶和大小金铜宝瓶,为本生殿(vkhrungs rab lha khang)顶部增建了一对金幢,为都纲大殿装饰华盖、旗幡和香囊等物。”③显然,其中记载的在今措钦大殿“各个佛殿大规模涂漆和绘制壁画”,理应包括《五世达赖喇嘛传·云裳》中载及的协热拉康殿十六罗汉壁画。

对于1654年哲蚌寺扩建时期措钦大殿各殿壁画的作者,五世达赖喇嘛在其自传中也有记载。他明确指出,“上述艺术工程,由曼塘派(sman thang pa)卫钦(dbu chen)达隆贝贡(stag lung dpal mgon)、拉萨格丹(lha sa skal ldan)、仲孜洛桑(vbrong rtse blo bzang)、钦孜派(mkhyen brtse ba)翁则(dbu mdzad)贡嘎桑阿喀巴(gong dkar gsang sngags mkhar ba)以及

①第司桑结嘉措:《黄琉璃》(dgav ldan chos vbyung beedvurya ser po),藏文本,页411,中国藏学出版社,1989年。

②如张怡荪主编的《藏汉大辞典》(民族出版社,1982年)页137将“vdu khang”解释为:“大殿。寺庙中札仓所属僧众集会的神殿”;“tshoms chen”一词同著2300页解释为“正厅、大厅”。二者所指相同。

③前揭第司桑结嘉措:《黄琉璃》,藏文本,页411-412。

雪拉贵贵(zho ra dgos dgos)等六十八名画师历时六月完成。工程由达如瓦诺尔布(stag ru ba nor bu)和绒贝林巴(rong dpal glin pa)负责。”①从此清楚可知,1654年绘制的包括协热拉康十六罗汉在内的哲蚌寺措钦大殿壁画,出自曼塘派和钦孜派两大画派68位画家的手笔,并且从1654年藏历三月开始创作,完成于当年的藏历九月。

曼塘派和钦孜派是当时西藏名重一时的两大艺术流派,备受五世达赖喇嘛和西藏地方政府的青睐,具有西藏地方政府官方艺术流派的性质,此时期以拉萨为中心的格鲁派各大寺院重要的改、扩建和维修的绘塑工程,大都由这两个流派的艺术家联合或分别承担。按《五世达赖喇嘛传·云裳》和《黄琉璃》记载,仅在17世纪,他们参加了格鲁派重要寺院曲科杰寺、精其寺、热振寺、甘丹寺、小昭寺、大昭寺和布达拉宫等寺院维修或扩建的艺术工程。其中不少工程由此处载及的曼塘派大师达隆贝贡、仲孜洛桑和钦孜派(mkhyen brtse ba)的翁则(dbu mdzad)贡嘎桑阿喀巴三人领衔创作而成。

其中,达隆贝贡领衔的绘画工程有:1656年,达隆贝贡单独率66名画工参加了甘丹桑阿林寺壁画的创作,绘制了十六罗汉、旧密三修习本尊、北派金刚橛、退敌吉祥天女、十二地母、新密大威德金刚、尊圣佛母、度母、内、密修阎罗王、多闻天王、本尊护法上师传承和四大天王等壁画。1658年,达隆贝贡与曼塘派另一位著名大师曼塘鼐(sman thang nas)一起率领由14位画师、86位画匠和10名弟子组成的庞大艺术家队伍,参与了拉萨巴廓街转经路的维修,用三个半月的时间完成了《华严经》净土、《大般若经》所述缘起图、弥勒佛传、西方净土和神变图等壁画。五世达赖喇嘛对其技艺十分欣赏,称赞他不仅画技精湛,而且善于构图大型净土壁画。1663年,达隆贝贡再次与曼塘鼐一起应五世达赖喇嘛之命,率20名画师和画匠完成了哲蚌寺密宗院(kun dgav ra ba)系列密宗壁画和唐卡的线描和敷色。1670–1671年,达

①前揭五世达赖喇嘛阿旺洛桑嘉措:《五世达赖喇嘛传·云裳》,见《历代达赖喇嘛传》,卷二,藏文本,页370。

隆贝贡受命率领 26 名画师完成了 41 幅一套的《如意藤》本生故事唐卡,五世达赖喇嘛专门在每一幅唐卡的背面题写偈赞。①

仲孜洛桑领衔的绘画工程有:1642 年,他与哲蚌贵诺(vbras spungs dgos nor)一起率领 48 位画家参与了精其寺(rdzing phivi gtsug lag khang)的维修工程,绘制了宗喀巴及其八大弟子、一世达赖喇嘛根敦珠巴本生和传记、三十五佛、十六罗汉、噶当四尊及三部大黑天等护法神壁画。1652 年,曼塘派大师仲孜洛桑再次与哲蚌贵诺联手,率 50 名画家参与了热振寺(rwa sgreng gtsug lag khang)维修工程,创作了释迦牟尼佛、《噶当书》所载本生故事、八十大成就者、十六罗汉、菩提道次传承上师、八大如来佛、救八难度母、噶当四尊、大黑天、多闻天王等壁画。②

钦孜画派大师贡嘎桑阿喀巴,按《五世达赖喇嘛传·云裳》,是一位来自今山南地区贡贡嘎寺的领经师(翁则)。《五世达赖喇嘛传·云裳》有时将其名字记载为桑阿喀巴雄努(gsang sngaks mkhar pa gzhon nu)。他领衔的绘画工程有:1669 年,为纪念刚圆寂的布康堪布苏巴本让巴(spos khang mkhan po zur pa vbum rang pa),他受五世达赖喇嘛之命创作了一套自梅钦僧巴钦波(mun chen sems dpav chen po,1388-1496)以来的曼喀邬扎宗巴(man kavu brag rdzong pa)上师传受的道果法传承唐卡。1670 年,五世达赖喇嘛建立绘画作坊,组织曼塘派和钦孜派的画家创作包括善相、怒相护法神和坛城在内的系列唐卡,桑阿喀巴受命率钦孜派画家完成了其中怒相护法神和坛城唐卡的创作。1673 年,桑阿喀巴(《五世达赖喇嘛传·云裳》再次将其名字记载为"贡噶曲德寺桑阿喀巴曲则雄努[chos mdzad gzhon nu]")和哲蚌轨范师阿旺赤列(vbras spung slob dpon ngag dbang vphrin las)一起率 49 为钦孜画派的大小画师参与了小昭寺维修工程中的壁画绘制工作,创作了宗喀巴大师、药师八佛、八大菩萨、历代上师、固始汗、无量寿佛、尊圣佛母、救八难度母、四大天王和各大护

①参前揭见五世达赖喇嘛阿旺洛桑嘉措:《五世达赖喇嘛传·云裳》,见《历代达赖喇嘛传》,卷二,藏文本,页 435-436、530、577 页;同著,藏文本,卷三,页 156。

②参见前揭五世达赖喇嘛阿旺洛桑嘉措:《五世达赖喇嘛传·云裳》,见《历代达赖喇嘛传》,卷二,藏文本,页 204、299。

法神等大量壁画。①

从上述文献不难看出，哲蚌寺措钦大殿二楼协热拉康殿的十六罗汉壁画不仅出自曼塘派和钦孜派之手，而且由达隆贝贡、仲孜洛桑和桑阿喀巴等两派当时名重一时的大画家领衔绘制。

三、风格与流派

协热拉康绘制的此铺十六罗汉（实应为十八罗汉）壁画虽部分被供柜遮挡，难以尽收眼帘，但其大致的风格仍可从现状管窥而出。首先，构图取法传统，但又有变化。殿门两侧及其上分布的十六罗汉大致环绕释迦牟尼佛像，同时每一罗汉又成为其传记故事壁画表现的中心。这种构图样式的出现，其准确时间虽然难以考证，从现存十六罗汉、佛传故事和本生故事等叙事性画作遗珍可知，大致出现于15世纪左右以后。叙事性故事中特有的场景——山水树木、雪山草地、亭台楼阁、飞禽走兽、花草云纹等纹样担负着各个独立故事画面之间的组织和分割作用（图8-9），系强调单尊主要神灵表现的中心构图法与叙事性构图法的一种有机融合。例如，1418-1427年江孜白居寺吉祥多门塔一层东西南北四个大殿中以兜率宫殿为首的净土宗壁画采用的就是这一种构图样式。1465年山南贡嘎县贡嘎寺一层集会大殿原回廊中表现的《如意藤》佛传和佛本生故事也是其中的代表。② 其中的变化主要体现在东南壁窗户上方表现的迎请、供养、安请和绘塑十六罗汉的壁画中（图5-6）。此四幅作品按故事发展的时空构图在藏式围墙和风景环围的院落之中，其中没有单独表现形制较大的主要神灵，所有人物形制

①参见前揭五世达赖喇嘛阿旺洛桑嘉措：《五世达赖喇嘛传·云裳》，见《历代达赖喇嘛传》，卷三，藏文本，页129、144-145、268-269。

②关于这一样式的构图和江孜白居寺的实例，熊文彬：《中世纪藏传佛教艺术——江孜白居寺壁画研究》，页105-107，中国藏学出版社，1996年；关于贡嘎寺实例，参见熊文彬、哈比布、夏格旺堆：《西藏山南贡嘎寺主殿集会大殿〈如意藤〉壁画初探》，《中国藏学》，页176-187页和封面图版2、4-6，2012年第2期；罗文华、格桑曲培主编：《贡噶曲德寺壁画》，01-137图版，故宫出版社，2015年。

基本一致,采用的是叙述性构图样式。

风景纹样的线条、色彩及其中器物和装饰纹样的表现,也师法传统,体现出极其浓郁的汉式风格特点。由色彩的晕染和线条的勾勒组成的风景纹样充分体现出内地汉式青绿山水的特点。石青和石绿是风景画面中流溢的两种主要色彩,与内敛、清淡的汉式青绿山水的色彩相比,更加浓艳和夸张。黄色和绿色琉璃瓦覆盖的歇山顶建筑、亭榭及其下装饰的斗拱纹样,山峦、树木和建筑中弥漫的以白色和粉色为首的各种彩色如意云纹,直插云霄由条石组成的陡峭崖壁、庭院中矗立的奇石,状如竹子、桃树、牡丹、芍药等造型的花草树木,在风景中也随处可见(图5-9)。诸如以花瓶为首的各种瓷器和蜡烛等内地的一些器物,也跃然于画面之上。

更为重要的是,壁画表现的焦点、亦即以十六罗汉和四大天王为首的人物造型,也源自传统,由内地传入。其中汉式特征最为典型的造型,莫过于由东方的持国天王、南方的增长天王、西方的广目天王和北方的多闻天王组成的四大天王。他们都有一幅国字形的方形面孔,倒八字眉、八字胡须,身着一身锁子铠甲(图10)。按藏族学者的传统说法,十六罗汉像渊源于唐朝的内地,最早在10世纪的后弘期初期,由当时在青海化隆县一带学成归藏的鲁梅(glu mes vbrong chung)大师传入西藏。据说,鲁梅大师每天都画一幅罗汉像,返藏后他将十六罗汉组画带至拉萨附近的叶尔巴(yer ‖ pa)寺供奉,因此被称之为叶尔巴寺罗汉。①这套十六罗汉唐卡成为随后西藏藏传佛教艺术中汉式风格的主要来源之一,曼塘派、钦孜派和噶玛噶智派等西藏后世主要流派的许多重要艺术大师都曾临摹过这套作品。西方部分学者认为,五代的贯休(832-912)和北宋的李公麟(1049-1106)创作的罗汉像与此套十六罗汉的风

①参见五世达赖喇嘛:《十六罗汉供养仪·佛法不尽之宝》(gnas brtan chen po bcu drug gi mchod pa rgyal bstan vdzad med nor bu zhes bya ba bzhugs so),见色昭佛教古籍经典收集整理室编(ser gtsug nang bstan dbe rnying vtshol bsdu phyogs sgrigs khang):《五世达赖喇嘛全集》(rgyal dbang lnga pa ngag dbang blo bzang rgya mtshovi gsung vbum bzhugs so),藏文本,卷15,页538-539,中国藏学出版社,2011年。

格密切相关。[①] 虽然此套画作已经失传，其风格无从知晓，但明代宫廷创作并赏赐给西藏僧俗首领的同类唐卡仍部分传承至今，如甘丹寺现存十六罗汉唐卡和西方博物馆中现存的题有“大明永乐年施”的部分唐卡。[②] 总之，文献和传世作品都表明，西藏创作的十六罗汉题材作品，其风格与内地密切相关。由此可知，哲蚌寺措钦大殿二楼协热拉康十六罗汉壁画体现出浓郁的汉式风格特点，与传统一脉相承，只不过随着时代的发展，其中又融入了新的汉式因素。

与此相对，协热拉康十六罗汉壁画的作者和画派的身份显得更为重要。前引《五世达赖喇嘛传·云裳》虽然对十六罗汉的作者和流派进行了记载，但未明确给出一一对应关系。加之，这两个流派的鼻祖曼拉顿珠和钦孜钦摩大师不仅同出于一个师门，而且均大量吸收汉式因素。其次，此时期前后这两派画家创作的、有明确年代和画派身份的作品大多未能保存至今。这些因素无疑为确定十六罗汉壁画作者和流派的身份提出了严重的挑战，但令人欣慰的是，协热拉康1654年创作的十六罗汉壁画与山南贡嘎寺一楼1465年创作的集会大殿原回廊道果上师环围的萨迦五祖和《如意藤》本生故事为主的明代壁画极为相似。

贡嘎寺集会大殿原回廊《如意藤》本生故事和协热拉康十六罗汉壁画虽然表现的题材不同，但风格非常相似，都体现出浓郁的汉式风格的影响。贡嘎寺的汉式风格因素主要也体现在风景及其构图、人物和器物造型的表现上。大型的释迦牟尼佛像位于壁画构图的中心，周围环绕《如意藤》本生故事，108品故事之间也用每个故事特有的场景来组织和分割画面。场景也由山水树木、雪山草地、亭台楼阁、飞禽走兽和祥云花卉等纹样组成，石青和石绿流溢，整个画面呈现出浓郁的汉式青绿山水画的特点。此外，部分人物、器物的塑造也体现出浓郁的汉式风格特点。其中一些建筑、人物、器物和装饰纹样的造型，也极其相似。

---

①海瑟·噶尔美（熊文彬译）：《早期汉藏艺术》，中国藏学出版社，1994年。
②关于甘丹寺十六罗汉唐卡，参见王毅：《西藏文物见闻记（一）》，页47和42图6，《文物》1960年第1期。

例如:二者佛祖的手与脚的造型几乎完全一样;各种人物的脸形基本以国字形为主;佛祖莲花座的造型、颜色与图案非常相似;头光与背光上的装饰图案、大鹏金翅鸟、龙女等造型也非常接近;大象、神鲸和狮子的造型以及装饰如出一辙;由琉璃歇山顶、攒尖顶及其下的斗拱等装饰纹样构成的建筑,在二者画面中随处可见;汉式善财童子演变而来的汉式儿童造型不仅出现在背光之中,同时也出现在故事场景之中(图5、14);山石树木和建筑中弥漫的如意云纹,尤其是粉色云纹的大量表现,在其他寺院壁画中并不多见;以瓶为主的各种瓷器作为供品和装饰纹样也出现在二者主尊人物身前的供桌之上(图12-13);各种奇石、花卉、溪流、阔叶树木等纹样的造型,也十分接近。总之,二者在构图,人物、器物和装饰纹样的造型,甚至技法之间存在如此之多的相似性表明,二者关系密切。

实际上,二者之间如此密切的关系已由前引《五世达赖喇嘛传·云裳》点出。此即领衔钦孜派画家参与协热拉康十六罗汉壁画绘制的钦孜派画家贡嘎桑阿喀巴大师。虽然囿于文献,对于贡嘎桑阿喀巴的生平、艺术背景,我们知之甚少。从前引《五世达赖喇嘛传·云裳》记载得知,他的名字可能叫雄努,主要活跃于1654-1673年间,1654年受五世达赖喇嘛和西藏地方政府长官第巴之命,率领钦孜派画家创作了哲蚌寺协热拉康十六罗汉壁画、1669年完成道果法传承唐卡组画、1670年完成怒相护法神和坛城唐卡组画、1673年完成小昭寺壁画的绘制。其中最重要的信息是,他是贡嘎寺的领经师(翁则[dbu mdzad],或曲则[chos mdzad])。众所周知,贡嘎寺是钦孜画派艺术重要遗珍之一,由该派鼻祖钦孜钦摩大师主持创作于1465年。毋庸置疑,作为贡嘎寺领经师和17世纪钦孜画派重要大师的桑阿喀巴对15世纪贡嘎寺的作品必然了然于胸、如数家珍,对于钦孜派的技法肯定也驾轻就熟、炉火纯青,为17世纪钦孜派的重要传承人之一。虽然他的上述作品未能传承至今,同时按《五世达赖喇嘛传·云裳》,协热拉康十六罗汉壁画虽然由钦孜派和曼塘派这两个画派的画家创作而成,但通过与他所在寺院贡嘎寺艺术的比较不难看出,十六罗汉壁画应出自他所领衔的钦孜派的画家之手,[1]或至少以钦孜派的画家为主。

四、与清宫唐卡藏品的关系

无独有偶,清代宫廷也保存有一套与哲蚌寺协热拉康殿十六罗汉壁画风格相近的十六罗汉唐卡(图17)。按故宫学者介绍,此套唐卡共22幅,由十八罗汉和尚和四大天王组成,原存于清宫佛日楼的箱内。每幅唐卡都贴有白绫,其上分别题写有相应尊者汉、满、蒙、藏四体名号,同时系由标注供奉方位和顺序的黄条。从供养位置看,其中缺中央一幅唐卡、亦即释迦牟尼佛唐卡,完整的成套唐卡应为23幅。按白绫题记,此套唐卡系"乾隆五十四年(1789)十一月初五日,钦命嘎尔丹锡呼图萨玛迪巴克什认看"。[2] 有趣的是,在故宫出版的同一出版物中,还公布了另一幅与协热拉康十六罗汉主尊像、亦即释迦牟尼佛与二弟子壁画风格极其相近的同一题材的唐卡(图15)。[3] 经过与协热拉康十六罗汉壁画的比较可知,故宫博物院现存22幅十八罗汉唐卡和这幅释迦牟尼佛与二弟子唐卡原初极其可能是一套完整的十八罗汉唐卡组画,虽然二者至今仍被视为两个独立的唐卡系统。理由主要有三点:其一,二者尺寸、质地和装裱相同。按故宫专家的测量,十八罗汉唐卡尺寸为98×60厘米,释迦牟尼佛与二弟子唐卡的尺寸为99×59厘米。其二,二者白绫签的记载完全相同。题记内容均为:"乾隆五十四年(1789)十一月初五日,钦命嘎尔丹锡呼图萨玛迪巴克什认看"。换言之,二者都创

①西藏大学的边巴旺堆教授是最早提出协热拉康十六罗汉壁画是钦孜画派作品的学者。详见边巴旺堆:《贡嘎岗堆钦孜钦摩与钦孜画派的特征》(gong dkar sgang stod mkhyen rtse chen mo dge bsnyen rnam par rgyal ba dang mkhyen lugs kyi khyad chos skor rags tsam gling ba),《西藏大学学报》,藏文版,页115,2010年第4期。

②何芳:《乾隆朝清宫十八罗汉唐卡名相解析》,《故宫博物院院刊》,2003年第2期,页52-54图版;王家鹏主编:《藏传佛教唐卡》,《故宫博物院藏文物珍品全集》卷59,页185-207,图版171-192,商务印书馆,2003年。两位作者同时提到,白绫与罗汉的实际尊像不符,为粘贴失误所致。

③前揭王家鹏主编:《藏传佛教唐卡》,《故宫博物院藏文物珍品全集》卷59,页63,图版55。

作于1789年前的清宫,均由嘎尔丹锡呼图萨玛迪巴克什认看。[①] 其三,二者的风格极其相似。由此判断,二者原初应为同一套唐卡,而释迦牟尼佛与二弟子唐卡则应是此套由23幅唐卡组成的十八罗汉完整唐卡组画中的主尊像。另外,按故宫学者研究,此套唐卡中十八罗汉的顺序是按"章嘉国师的指导并由乾隆帝钦定而成",属于"乾隆时期宫廷十八罗汉唐卡标准图像与风格"。[②]

对比哲蚌寺和清宫的这两套罗汉组画发现,二者既有联系,也有细微的区别。总体上,联系大于区别。故宫博物院的罗文华研究员在论述贡嘎寺壁画时首先注意到故宫这两组唐卡藏品(即释迦牟尼佛唐卡与十八罗汉唐卡)与贡嘎寺和哲蚌寺米旺拉康(准确为协热拉康)壁画之间的相似性,认为哲蚌寺协热拉康十六罗汉壁画和故宫博物院同一题材的唐卡藏品和释迦牟尼佛唐卡,是目前能见到的风格最接近贡嘎寺壁画的晚期绘画,即钦孜画派的后世作品,但他并未对此展开进一步的讨论和比较。[③]

通过哲蚌寺十六罗汉壁画和故宫同一题材的唐卡比较可知:首先,二者表现的题材相同,但侧重点有所不同。清宫唐卡以每一位罗汉为中心,顶部构图与该罗汉相关的诸佛菩萨和上师像,左右或底部同时构图胁侍。但哲蚌寺同一题材壁画描绘的迎请、绘塑罗汉的场景在清宫组画中未加表现;同时环绕哲蚌寺画罗汉周围的人物,表现的是每一位罗汉传记中的故事场景,从而导致人物的数量和构图的差异。在哲蚌寺壁画中,只有迦诺迦跋黎隳阇尊者等少数罗汉的构图与清宫唐卡相似,在主尊像的右上方绘有一身无量寿佛像。

与此同时,人物的造型也存在异同。通过前述哲蚌寺壁画中题写有确切身份、并且未被供柜遮挡的15身罗汉和天王像,与清宫唐卡进

①分别参见前揭王家鹏主编:《藏传佛教唐卡》,《故宫博物院藏文物珍品全集》卷59,页63,图版55和页185-207。二者尺寸有1厘米之差,疑为测量误差。

②前揭何芳:《乾隆朝清宫十八罗汉唐卡名相解析》;王前揭家鹏主编:《藏传佛教唐卡》。王家鹏主编的《藏传佛教唐卡》将其创作地标为"北京"(页185)。但从画风、唐卡的装裱等因素来看,其创作地"北京"仍值得进一步商榷。

③罗文华、格桑曲培主编:《贡噶曲德寺壁画》,页81-82,图版117-118。

行比较后发现,除部分罗汉身体和面部的侧向及法器(如壁画中的跋陀罗无法器,而唐卡中则持梵箧;另壁画中个别罗汉左右手的法器正好与唐卡相反)不同外,其余二者大致相同。尤其是四大天王、布袋和尚和一些罗汉的造型,非常接近(图8、16-17)。以四大天王为例,除持国天王头戴头盔外,其余三大天王都戴宝冠,并且二者人物的形象、铠甲和火焰纹头光的造型都非常相近(图8),唯一不同的是哲蚌寺壁画表现的是坐姿,而清宫唐卡表现的是立姿。此外,其它一些细节的表现也不完全相同。

实际上,二者中构图和造型最为接近的作品莫过于主尊释迦牟尼佛和布袋和尚作品,尤其是前者,二者几乎如出一辙。

在壁画和唐卡中,释迦牟尼佛被构图在须弥座上(图7、15),两位弟子分立一侧,身后为六拏具背光,身前为供桌。二者人物的造形、须弥座的形制、甚至连背光中人物与瑞兽的动态、图案等也非常相似,甚至基本一致。① 只有佛祖袈裟穿着的方式、持物和装饰纹样等细节略为不同:壁画中佛祖的右肩披覆袈裟,而唐卡则袒露右肩;在壁画中,佛祖的持物钵中表现的是三只桃子,而在唐卡中则为八颗宝贝;壁画中须弥座和背光中的狮子为白色,而唐卡中被绘成蓝色;壁画背光表现的只有一条龙,而唐卡则绘有两条绿色的龙。壁画中虽然未描写供桌,但协热拉康殿另一铺释迦牟尼佛壁画前的供桌形制及其上供奉的瓷器、花卉和蜡烛等贡物与唐卡极其相似。

再以布袋和尚为例,二者对布袋和尚及其周围场景的表现基本一致(16-17):在哲蚌寺壁画中,布袋和尚右手持念珠、左手持寿桃,一群活泼可爱的儿童环绕四周,与布袋和尚嬉戏。其中,布袋和尚左侧的两位儿童,一位在拉扯布袋和尚持有寿桃的左臂,另一位在寿桃下正奋力跳取;另外,布袋和尚背部右后方,还藏有一位儿童。与此同时,前景还

①罗文华研究员将此唐卡与贡嘎寺《如意藤》壁画中的释迦牟尼佛像进行了比较,结果认为:“其背光、抓髻童子像均与贡嘎寺《如意藤》壁画中的释迦牟尼佛像(参见图77)极为相近”。参见前揭罗文华、格桑曲培主编:《贡噶曲德寺壁画》,页81。

表现有两组儿童:左侧表现的是一位头顶鹦鹉嬉戏的儿童;右侧描绘的是两位掷骰的儿童(图18)。与此同对,在清宫唐卡中,布袋和尚的持物正好相反,左侧一位儿童正在拉扯念珠,背部右后方的儿童准备攀树。在前景构图两组儿童中,右后描绘的是两位吹号和击鼓的儿童,其前构图的一只鹦鹉站立在其头顶的儿童;左侧也构图有一对儿童,正在玩骰子(图19)。二者之间虽然不乏细节上的差异,但头顶鹦鹉和掷骰儿童的情景及其表现几乎如出一辙。不仅如此,壁画和唐卡作品中儿童的造型也基本相同,为汉式童子造型或其变体。毋庸讳言,二者应有相似、甚至是共同的图像渊源。

更为重要的是,二者在背景中使用具有浓郁汉式风格的青绿山水来构图。至于壁画中的青绿山水特点,前已述及,不复赘述;至于唐卡中的这一特点,故宫博物院的王家鹏先生认为,其"画法取自汉地明清山水",①而何芳女士则认为,采用的是"汉地传统的金碧山水画技法"。② 通过比较发现,二者总体风格基本相同,最显著的差异是唐卡大量铺陈黄金,营造出一种金碧辉煌之感,而壁画则未敷金。

五、小结

综合上述,哲蚌寺措钦大殿二楼协热拉康中的十六罗汉壁画创作于1654年,由西藏当时的官方艺术流派钦孜派和曼塘派创作而成,并且极有可能出自钦孜派画家之手,或主要由钦孜画派完成创作,并且继承了诸多明代贡嘎寺钦孜画派壁画的传统和风格。清宫同一题材的唐卡创作于1789年前,二者相差虽有一个多世纪之久,其中的细节不乏差异,却仍有诸多相似、甚至是相同之处。十六罗汉自10世纪由内地传入西藏,由此至清代,尤其是元、明、清三代,西藏地方和以宫廷为首的内地就这一题材进行了长达数百年的交流和互动:大量同一题材的

①王家鹏主编:《藏传佛教唐卡》,页185,商务印书馆,2003年。
②何芳:《乾隆朝清宫十八罗汉唐卡名相解析》,《故宫博物院院刊》,2003年第2期。

作品由西藏作为贡品传入宫廷;与此同时,大量宫廷创作的作品反过来作为赏赐又传入西藏。[①] 到乾隆时期,双方通过长期、反复的相互吸收,最后融合成较为统一的风格和技法,其中的差异也许在很大程度上只是来自不同文本、审美和时代的印记。这种互动和融合是双方自主选择的结果,也是相互认同的体现。在很大程度上,这也是西藏地方和以宫廷为首的内地藏传佛教艺术发展的一个缩影。从这个意义上而言,现存哲蚌寺和清宫十六罗汉绘画堪称西藏地方与宫廷藏传佛教艺术交流和互动研究的重要实例之一。

(与孜强·边巴旺堆合著,原文刊于《故宫博物院院刊》2017 年第 4 期第 91–104 页。)

①关于清代这一题材的交流和互动,详细参见上揭何芳:《乾隆朝清宫十八罗汉唐卡名相解析》。

西藏著名艺术家十世噶玛巴活佛却英多吉笔下的汉式风格作品

明代西藏地方与中央政府在政治、经济、宗教和文化等一书各个领域的大规模频繁交流为西藏各大艺术流派的形成和艺术家们艺术创作提供了新的养料，并且催生出一批融汉藏艺术于一体的精美杰作和精通汉藏两种艺术的著名艺术家，生活于明末清初的噶玛噶举派黑帽系十世活佛却英多吉就堪称明末清初西藏艺术的翘楚。

一、却英多吉生平述略

却英多吉于1604年出生于今青海省果洛藏族自治州境内一个牧民家庭，乳名叫邬坚加（ao rgyan skyabs），其父名吉古塔（khyi gu thar），其母为阿措（a mtsho）。时逢噶玛噶举派黑帽系九世活佛旺秋多吉（dbang phyug rdo rje，1556–1603）于1603年圆寂，噶玛噶举派正在寻访其转世灵童。经噶玛噶举派红帽系六世活佛却吉旺秋（chos kyi dbang phyug，1584–1635）等人寻访、认定，邬坚加被认定为黑帽系九世活佛的转世灵童，并于1611年坐床，正式继任为黑帽系十世活佛。邬坚加于1615年抵达今西藏拉萨市推龙德庆县的噶玛噶举派主寺楚布寺。同年9月5日，噶玛噶举派三世巴卧活佛祖拉嘉措（gtsug lag rgyal mtsho，1568–1630）为邬坚加剃度、授沙弥戒，并取法名却英多吉。此后，却英多吉开始了僧人的正式生涯，主要师从噶玛噶举派红帽系六世活佛却吉旺秋、三世活佛祖拉嘉措等人学习。先后学习藏文读写、绘画、书法、诗歌和各种显宗和密宗经典。1611 年和 1617-1618 年间,却英多吉两次向明朝进贡。[①] 据藏文文献,却英多吉从 1615 年开始陆续前往后藏的白朗、日喀则、吉隆,山南的乃东、朗卡子和洛扎等地;1624 年返回楚布寺后受比丘戒;1629 年经吉隆前往阿里,朝拜冈底斯山;1636 年前往塔拉岗波寺和咱日山朝圣。

却英多吉生活的青年和中年时代,西藏正经历着一场巨大的历史变革。此时,正值明朝晚期中央权势衰落、蒙藏两族地方势力要结、甘青一带和卫藏地区纷争扰攘的时候。就西藏地方形势来说,正是噶玛噶举和后藏的仁蚌巴、藏巴汗先后相连结为一方;格鲁派和帕木竹巴及其一部分家臣(也是地方领主)为另一方;双方又各自联合与自己有关的蒙古族汗王并引入蒙古军而形成错综复杂的、彼此战争的时期。[②] 西藏由于特殊的政教合一制度,在历史上各个教派的发展都与地方政府有着错综复杂、利益攸关的密切联系,噶玛噶举派也不例外。在明代,从 15 世纪开始,不断发展壮大的格鲁派和噶玛噶举派之间为各自利益和发展开始产生了矛盾。先是噶玛噶举派支持架空西藏地方帕木竹巴政权的仁蚌巴家族,仁蚌巴家族通过战争不断扩大实力,并将其势力从后藏扩展到以拉萨为中心的前藏地区,格鲁派在拉萨的实力受到了极大的削弱。在藏巴汉政权首领顿月多吉(don yod rdo rje)的支持下,噶玛噶举派不仅在拉萨修建自己的寺院,而且禁止哲蚌寺和色拉寺的僧人参加拉萨一年一度的传召大法会。1518 年,仁蚌巴家族被新兴的辛厦巴家族取代后,噶玛噶举派迅速与该家族建立了联盟。与仁蚌巴家族一样,辛厦巴家族在控制后藏后,也通过战争等手段将其势力范围扩展到拉萨,并建立了藏巴汗政权,对格鲁派采取遏制政策。双方为了各自利益,都相继引入蒙古军队相助,互相残杀。1642 年,格鲁派与蒙古汗

①参见《明实录》,如万历三十八年(1611)十二月乙亥条云:"四川乌思藏阐教、大乘、大宝、长河西等处遣番徒蓄竹坚参等及年久未贡杂道长官司遣番徒叱吧坚剉等各备珊瑚、方物来贡。赐宴赉如例。"此处之大宝法王即指却英多吉。

②参见王森:《西藏佛教发展史略》,中国社会科学出版社,1997 年,123-124 页。

王顾实汗组成的联军最终彻底击败了藏巴汗和噶玛噶举等派组成的联盟,并相继控制全西藏,建立了甘丹颇章西藏地方政权。

对于这场旷日持久的战争,虽然大多数文献认为噶玛噶举派一方的主角是红帽系五世和六世活佛,但作为噶玛噶举派最高首领的却英多吉自然难以置身事外。关于他在其中的角色,藏文文献有两种不同的说法。噶玛噶举派的文献都极力为却英多吉开脱,说却英多吉自幼受两个夹摩喇嘛(lcags mo bla ma)的监护,实权掌握在这两个喇嘛手里,而这两个喇嘛也与红帽系六世活佛旺秋多吉也不和。另外一些文献则说:1618 年藏巴汗彭措南杰在打败侵入拉萨的军队之后,却英多吉指定彭措南杰为前后藏的统治者,承认他“王”的地位,并且给了他一方红色的玉印。①

1642 年,固实汗在击败噶玛噶举派的支持者却图汗和康区的白利土司之后,一举击溃了噶玛噶举派的最大联盟藏巴汗。噶玛噶举派原来的优势地位立即化为乌有,格鲁派相反占据了绝对优势。在此情况下,却英多吉不得不通过四世班禅的调停,与五世达赖达成谅解:却英多吉不仅承认五世达赖喇嘛的权威,也承认他对噶玛噶举派的监督(由达赖喇嘛派人常驻楚布寺)。五世达赖喇嘛则承认噶玛噶举派及其大部分属寺,仍由却英多吉主持,不受干扰。但随后不久,康区与噶玛噶举派关系极为密切的噶尔巴(sgar pa)突然举兵反抗固实汗和五世达赖喇嘛,却英多吉因此受到怀疑,并被固实汗和五世达赖喇嘛的蒙藏联军围困。在极端困难的情况下,却英多吉最后不得不从楚布寺出逃。②1645 年携贡都桑布(kun tu bzang po)等少数随从,经络扎县北部逃向西藏东部,然后经云南迪庆藏族自治州的香格里拉县,前往丽江市的噶玛噶举派支持者木氏土司府中避难。一路上,备尝艰辛,途中屡遇强盗洗劫,马匹和衣物被劫掠一空,只好身着破烂的衣衫,一路乞食借宿前行。

①《藏堆杰波传》(gtsang stod rgyal boai rnam thar),油印本,第 9 页。参见恰白·次旦平措、诺昌·吴坚等:《西藏简明通史》,西藏藏文古籍出版社,藏文本,中册,第 552-553 页;王森:《西藏佛教发展史略》,第 125-126 页。

②参见王森:《西藏佛教发展史略》,中国社会科学出版社,1997 年,第 125-126 页。

直到渡过奔子栏(spong dzi ra)渡口,木土司派噶玛多丹(karma stobs l-dan)等官员前来迎接,才顺利到达丽江。1647 年,却英多吉抵达丽江后,一直在丽江和迪庆生活,长达数十年,直到圆寂前的前一年、亦即 1673 年才得以返回西藏的楚布寺。

噶玛噶举派自元代以来就同丽江土司建立了较为密切的联系,并在西藏、四川和云南三省交界地带的康区传法,具有深厚的基础。二世黑帽噶玛巴噶玛拔希(1204–1283)本身就出自与丽江交接的康区,并长期在康区传法。三世活佛让琼多吉(1284–1339)也曾在 1326 年之后到过康区传法、建寺,并到朝拜过卡瓦格博圣山(kha ba dkar po)。四世活佛乳必多吉(1340–1383)和五世活佛得银协巴在进京和返回西藏的途中也曾在康区活动过。入明后,噶玛噶举派黑帽系、红帽系和司徒系三大活佛都与木氏土司关系密切,其中有不少活佛应木土司之邀亲自前往丽江讲经、传法、建寺。八世噶玛巴弥觉多吉(1507–1554)、红帽系六世活佛、五世活佛贡却延拉(1525–1583 年)、五世司徒却吉坚赞(1586–1657)和六世司徒赤勒饶丹(1658–1683)都曾应邀访问丽江,在丽江传法。对于噶玛噶举派在丽江的发展,清代藏文文献《郭扎教法史》给予了极高的评价:"在汉语称之为'丽江府'的三赕(vjang)之地,以前佛法不盛,直到噶玛巴黑帽和红帽法王们来此之后,才肇开正法流传之先。该地因属汉地辖下,因此外敌不能相侵。后来,文殊幻化的司徒丹贝宁杰(si tu bstan pavi snying byed)多次到此,先后修建三赕福国寺(sa tham vog min gling)、江日穆波寺(vjang ri smug po)、贡多达杰寺(kun rdor dar rg-yas gling)、拉西寺(la gsis)和昌浦彭措丹培林寺(khra vbur phun tshogs bstan vphel gling)等众多寺院。密集十日大法会(gsang vdus kyi tshe bcu chen mo)、本寺法会(rang gling chos skor)、噶玛噶举派寺院的息业和猛业法会(kar gling zhi khro)以及贾村宁波(rig vdzin vjav tshon snying po)大师、弥觉多吉(dge mi vgyur rdo rje)和伏藏大师却吉林巴(gter chen chos kyi gling pa)等人的教法在此于是得以弘传。丽江王府之内也每年举行圣观世音菩萨和密集宝瓶(gsang vdus pavi ma ni vbum sgrub)等仪式,这些噶举派和宁玛派的教法时至今日在此也非常兴盛。”[①]据考证,明清两代噶玛噶举派仅在丽江当时下辖的丽江和中甸(今香格里拉县)两地就有十多座寺院,其中在丽江建有文峰寺、指云寺、普济寺、解脱林寺、玉峰寺、林昭林寺、嘉华寺、答来寺、寿国寺、来景寺、普化寺、达摩寺和来远寺等13 座寺院;在中甸建有大宝寺、孜夏寺、嘉夏寺和康司寺等 4 座寺院。[②]显然,噶玛噶举派自元代以来在丽江这一带有着深厚的根基。这也是十世噶玛巴却英多吉来此避难的重要原因之一。

清初,噶玛噶举派势力虽然在西藏遭到重挫,但因该派长期以来在西藏的昌都、四川甘孜以及云南的藏区和丽江等地仍有较大的实力,加之却英多吉世袭了永乐皇帝敕封给得银协巴的大宝法王封号,因此他仍有很大的宗教声望和影响。为此,1653 年顺治皇帝邀请格鲁派的五世达赖喇嘛进京的同时,也召请却英多吉进京陛见。却英多吉虽未成行,但他曾向顺治皇帝上过表文,并在 1659 年派使向清廷进贡。次年,顺治皇帝遣使致书并向他颁赐印信,[③]承认了噶玛噶举派和大宝法王的地位。

据汉、藏文献,在丽江期间,却英多吉的活动主要是云游朝圣、收徒建寺,讲经说法和进行艺术创作。其中,汉文文献较为简略,而藏文文献相对翔实。乾隆《丽江府志略》将却英多吉的名字汉译为“处音都知”,对他在丽江的活动进行了简短的记述:“处音都知,译言法界金刚也。顺治己丑年(1649),自西藏来,住锡解脱林,为四众说法,初未信服。常夜失所在,其徒寻至西园寺,方与铜像宾头卢尊者谈法,彼此互答,始惊异之。后西园灾,惟宾头卢像不毁。吴逆将叛,备礼来迎,固却,西归。”[④]按藏文文献,却英多吉到达丽江后,先后朝拜卡瓦格博圣山和贡嘎圣地;1649 年,他在贡嘎且松(gangs dkar mched gsum,位于今四川

①参见古如扎西(gu ru bkra shis):《郭扎教法史》(gu bkravi chos vbyung),藏文本,中国藏学出版社,1990 年,第 162-163 页。

②参见冯智:《云南藏学研究——滇藏政教关系与清代治藏制度》,云南民族出版社,2007 年,第 121-122 和 129 页。

③参见王森:《西藏佛教发展史略》,中国社会科学出版社,1997 年,第 126-127 页。

④参见乾隆时期修纂的《丽江府志略》,丽江县县志委员会编,1991 年,第 180 页。

稻城县)修建了大悲观音殿(thugs rje chen povi lha khang),随后又修建了四座小殿,并为佛殿创作了大量的绘画和雕塑;1652 年为前来丽江的红帽系七世活佛益西宁波(ye shes snying po)授沙弥戒并取法名;1656 年,在丽江为一千多名僧众授沙弥戒和比丘戒;多次应木土司邀请,前往木府为木土司讲经说法,主持各种法事活动,为木土司之子剃度;1662,在中甸修建了五方佛殿(rgyal thang rigs lha lha khang),建成四柱面积的净殿(gtsang khang),二十柱面积的回廊和转经道以及带有屋顶的门楼等。[①] 因却英多吉世袭大宝法王封号,该寺因此又被称之为大宝寺。另外,丽江市文峰寺的金刚亥母灵洞和石莲寺修行洞也与却英多吉密切相关。[②] 噶玛噶举派五世嘉曹活佛(rgyal tsab)圆寂后,不仅在丽江为千余名僧众布施超度,同时于 1660 年在丽江寻访、认定其转世灵童,1668 年为六世嘉曹活佛授沙弥戒并取法名。按《郭扎教法史》和却英多吉的相关传记,六世嘉曹活佛诺布桑布实际上就是他自己的儿子。[③] 据说,却英多吉因不习惯于土司府的喧杂,前往僻静的寺庙修行,后来又只身前往果洛。

二、艺术背景和创作

却英多吉不仅是一位佛学大师和教派首领,还是一位才华横溢的艺术家。一生多才多艺,在美术、文学和音乐上均有较高造诣,尤其是在美术方面,精于绘画和雕塑,创作了大量的美术作品,不少精品传世至今,被学术界称为西藏最伟大的艺术家之一。他的美术作品在继承

①《却英多吉传》,藏文抄本,未刊本,第 187 页,参见 Karl Debreczeny(杜凯鹤),The Black Hat Eccentric, Artistic Visions of the Tenth]Karmapa(《奇异的黑帽活佛:十世噶玛巴的艺术视野》),Rubin Museum of Art, New York,2012,pp. 86,note. 442.

②Karl Debreczeny 认为文峰寺的藏文名字为《郭扎教法史》中记载的江日穆波寺(vjang ri smug po),参见 The Black Hat Eccentric, Artistic Visions of the Tenth Karmapa, Rubin Museum of Art, New York,2012,pp. 88.

③古如扎西:《郭扎教法史》,藏文本,中国藏学出版社,1990 年,第 964 页原文为:"嘉曹诺布桑布,系噶玛巴却英多吉之子(rgyal tshab nor bu bzang bo ni karma pa chos dbyings rdo rjevi sras su vkhrungs)"。

传统艺术的基础上，推陈出新，别具一格，自成一家。不少作品深受汉地、尤其是江南画派的影响，以至于他所创作的唐卡作品，在历史上被称之为“汉式唐卡（rgya bris thang ka）”。

却英多吉从孩提时代就对艺术创作情有独钟，经常沉迷于雕塑和绘画的创作之中，1612 - 1615 年间，亦即他 8-11 岁时，他创作的许多雕塑和绘画作品就令人赏心悦目。他从小就具有非常高的艺术鉴赏力，1616 年当他前往后藏，看到纳塘寺的度母和欧弥（ngur smrig）度母时，他曾评论说，这两位度母极具加持力，但其技艺并非如此。据藏文文献，拜师求艺和临摹古代艺术品是他艺术成长和教育的两大主要途径。

却英多吉早期的艺术启蒙主要渊源于曼塘画派，主要师从西藏洛扎县的曼塘画派传人次仁（tshe ring）大师学习曼塘派艺术。《知识总汇》在介绍却英多吉的艺术时就曾明确记载说，“噶玛巴却英多吉师从洛扎曲杰（lho brag chus kher）的曼塘画派传人次仁活佛学习绘画，前半生按曼塘画派创作；后半生按丝织唐卡（si thang）和克什米尔传统进行绘画和雕塑创作，至今仍有其创作的许多丝织唐卡和刺绣作品。”①与此同时，他还师从其主要上师之一的红帽系六世活佛和三世巴卧活佛接受过噶玛噶智画派的影响。这两位活佛都是噶玛噶举派重要的活佛，他们二人除向却英多吉传授显宗和密宗的教法外，同时也擅长画画，据载，1625 年，却英多吉在这两位活佛的指导下，在楚布寺临摹十六罗汉唐卡。两位活佛也各画了一套十六罗汉唐卡。② 虽然关于这两位活佛的艺术背景文献缺乏记载，无从了解，但应与噶玛噶举派支持的著名艺术流派噶玛噶智画派密切相关。

实际上，从各种相关传记来看，却英多吉早年的艺术教育和实践更多地受益于他对古代艺术精品的临摹。这些艺术精品主要包括宋代以

---

①工珠·云丹嘉措：《知识总汇》，藏文本，民族出版社，1982 年，上册，第 579-580 页。

②却英多吉：《十世噶玛巴活佛却英多吉全集》（rgyal ba dbang povi skyabs rje karma pa sku vphreng bcu pa chos dbyings rdo rjevi gsumg vbum ‖ legs bshad nor buvi gtsug rgyan bzhugs），藏文本，见《果洛古籍丛书》，卷 18，四川民族出版社，2004 年，第 3-6 页。

来内地的画作、西藏的重要艺术遗珍和古代印度的艺术杰作等。他曾多次临摹、学习、吸收过西藏十五世纪著名画家曼拉顿珠和岐乌岗巴大师的作品、宋代和元代的汉地的十六罗汉丝织唐卡以及克什米尔的金铜佛造像等。有关这些记载都散见于各种藏文著作中,它们主要有藏堪钦·绛央贝丹嘉措(gtsang mkhan chen vjam dbyangs dpal ldan rgya mtsho, 1610-1684)撰著的《却英多吉活佛传》(rgyal mchog chos dbyings rdo rjevi rnam thar mdo sde rgyan gyi lung dang sbyar ba)、噶玛额顿丹杰(karma nges ston bstan rgyas)撰著的《历代噶玛巴活佛略传·如意宝树》(chos rje karma pa sku vphreng rim byon gyi rnam thar mdor bsdus dpag bsah vkhri shing)、司徒班钦却吉迥乃(si tu ban chen chos kyi vbyung gnas, 1700-1774)和白洛次旺贡曲(vbe lo tshe dbang kun khyab)撰著的《噶玛噶仓历代活佛传·水晶宝鬘》(bsgrub brgyud karma kam tshang brgyud pa rin po chevi rnam par thar pa rab vbyams nor bu zla ba chu shel gyi vphreng ba)和《却英多吉传》等藏文传记。按这些记载,却英多吉临摹的部分古代作品如下:

大约在1628年他访问拉萨东北的羊八井寺时,曾仿照岐乌活佛创作的十六罗汉绘制了一套十六罗汉唐卡;1655年在丽江向司徒活佛赠送他仿照岐乌大师画风创作的唐卡。

1629年经日喀则前往冈底斯山朝拜时,在纳塘寺仿制了一幅曼塘画派创始人曼拉顿珠创作的不动明王作品。

1636年,在洛扎县雅鲁藏布江南岸的杰增措巴(bye rdzin tshogs pa)朝拜克什米尔著名佛学大师沙迦室利跋陀罗(shakya shribhadra)在13世纪修建的寺院,并临摹了寺院中供奉的大威德金刚唐卡。在桑耶寺,他临摹了该寺供奉的一套十六罗汉丝织唐卡。

1637年,前往山南咱日神山朝拜。在纳浦(nags phu),他朝拜了三世噶玛巴活佛让琼多吉的修行洞,并从此处得到元代时期创作的十六罗汉丝织唐卡。在朗卡子寺,他朝拜了释迦牟尼佛降服各种妖魔鬼怪,最终得道成佛的降魔像牙雕。据说,该作为印度著名佛学大师龙树所有。却英多吉用众多礼物交换得到了这件牙雕作品,并在后来浇铸了释迦牟尼佛降魔像。①

从上述藏文文献的零星记载得知,却英多吉在充分学习曼塘画派、岐乌画派和噶玛噶智等西藏传统画派艺术的基础上,充分吸收和借鉴汉地和印度等域外佛教艺术,经过长期不断的艺术实践,将这些艺术传统融汇贯通,最终形成了与众不同的艺术风格。

却英多吉一生创作了大量的绘画和雕塑作品,是一位多产的艺术家。绘画主要包括唐卡和壁画;雕塑则涉及金铜造像、牙雕、犀角雕、石雕和泥塑等各个种类。其中前述藏文文献记载了他创作的部分绘画和雕塑作品,现将这些记载按编年梳理如下,以便对他的艺术活动及其作品有一个更加全面的了解:

1613 年,十世噶玛巴根据梦境创作了一世噶玛巴活佛都松钦巴像。他在一块方布上画下了都松钦巴的形象和黑帽、服饰等装束。据说,这是他有生以来创作的第一件绘画作品。随后不久,他又在一张纸上画了一幅噶举派著名高僧米拉日巴的画像。米拉日巴位于画幅的中央,在其上方背景中央的云团上,绘有猎人贡布多吉(dgon po rdo rje)及其猎犬和小鹿,云雾笼罩在背景中白雪覆盖的沙石山上。

1614 年,除学习佛经外,却英多吉将他所有的精力都用于学习绘画技法、临摹和创作。他经常将自己创作的米拉日巴像和观音菩萨像唐卡送给信徒。1616 年,他在日喀则创作了许多空行母画作。与此同时,他对克什米尔创作的金铜佛像十分痴迷。当他看到众多金铜佛造像时,他说从拉堆素尔(la stod sur)地区迎请来的释迦牟尼佛像最有价值。

1622 年,在与三世巴卧活佛前往洛扎朝拜期间,曾在卓卧隆寺创作了一幅红帽系二世活佛喀觉旺波(1350-1405)像。在 1622-25 年的三年时间里,却英多吉醉心于艺术实践,并创作了大量的作品,为他成为

①相关藏文记载,分别参见 David Jackson, A History of Tibetan Painting, Wien, 1996, pp. 247-258, 同时参见向红笳、谢继胜、熊文彬汉译本《西藏绘画史》,西藏人民出版社和明天出版社, 2001 年,第 200-206 页; Ulrich von Schroeder, Buddhist Sculptures in Tibet, vol. 2, Hong Kong, 2001, pp. 796-810; Karl Debreczeny, The Black Hat Eccentric, Artistic Visions of the Tenth Karmapa, Rubin Museum of Art, New York, 2012, pp. 33-61.

名重一时的艺术家打下了坚实的基础。

1624–1628 年,前往拉萨附近的叶尔巴寺(yer pa),仿照岐邬活佛(sprul sku byevu)创作的十六罗汉作品和度母画作。

1629 年,经日喀则前往冈底斯山朝拜。在纳塘寺,却英多吉临摹了琛·南喀扎(mchim nam mkhav grags)绘制的十六罗汉唐卡。在吉隆县,他朝拜了公元七世纪的观世音菩萨旃檀像(vphags pa wa ti),并随后依此创作了观世音菩萨的唐卡。随后,前往吉隆附近的萨卧浦(za vog phug)修行洞修行,并创作了一幅米拉日巴的唐卡。在定日朝佛期间,他把大量的时间和精力都用在了创作上,完成了如来、十六罗汉和观世音菩萨像的绘制。

1630 年,六世红帽系活佛圆寂后,十世噶玛巴让尼泊尔工匠修建了一个银塔,以供奉其法体。灵塔高七层,历时三年建成。却英多吉供奉了大量的供品,并为葬礼专门创作了十六罗汉丝织唐卡和马头明王、文殊菩萨、观世音菩萨和金刚手菩萨等塑像。在此期间,他观想了许多神灵,并按现实中姑娘的形象创作出了度母像,同时还创作了坐在牛身上、手持请莲花的观世音菩萨。

1636 年,在噶举派大师岗波巴修建的达拉岗波(dwags la sgam po)寺,他按照自己的观想,绘制了一幅印度瑜伽行者围绕骑狮岗波巴大师的唐卡。

1637 年,前往山南咱日神山朝拜,在红帽系二世活佛喀觉旺波 1386 年修建的甘丹玛莫(dgav ldan ma mo)修行洞,他绘制了一套一万六千四百位阿罗汉环绕十六罗汉的丝织唐卡,并组建了一个十位雕塑家参与的艺术作坊(las grwa)。对每位前往修行的人,他都送了一尊米拉日巴的雕像,同时对每位念诵过一亿遍六字真言的人,他都送了一幅观世音菩萨唐卡。同年,他朝拜了布楚(bu chu),临摹了一幅大悲观音像。同时也为前来拜访他的孜勒活佛(rtse le sprul sku)也绘制了一幅相同题材的唐卡。在孜拉岗(rtse lha sgang),他绘制了十六罗汉唐卡,并制作丝绸的帷幔和一对柱幡(ka rgyan),其上绘八吉祥物纹样。同时为唐卡制作帷幔,并在其上绘十二供养天女。

1640 年,在拉萨,他朝拜并仿造了著名的觉卧释迦牟尼佛像和不动金刚佛像,并创作了一幅十六罗汉的唐卡。同年,他的长兄南喀圆寂后,他创作了一幅十六罗汉唐卡。据说,此时他穿着一身内地僧人的褐色或灰色袈裟。在巴哲谿卡(ba bred gzhis ka),他用石蜡术浇铸了一尊观音菩萨雕像,同时用白银仿造了一尊牙雕的释迦牟尼佛降魔雕塑。同年不久,他的另外一个兄弟也去世,为此他绘制了一幅五方佛唐卡。

在后藏白朗县的沃敏林(vog min gling)和噶东(dgav gdong)期间,他创作了各种珍宝为材的弥勒佛像雕塑和大悲观音的利玛佛像。为感谢他的弟子贡都桑布,却英多吉向他赠送了自己创作的、由二百两银子制成的大悲观音像和犀牛角为胎的噶玛巴上师像。

1645 年,却英多吉及其弟子贡都桑布前往洛扎北部的曼塘须孜(sman thang bzhugs vtsher),却英多吉向贡都桑布赠送了金刚手、马头明王的药泥塑像(sman sku)和犀牛角的度母像。

1646 年,却英多吉用十六天时间完成十六罗汉丝织唐卡的创作。

1647 年,却英多吉在丽江白沙创作了摩利支天佛母唐卡。丽江白沙木府中供奉有数千幅的丝织唐卡,都经过却英多吉的审定。

1648 年,却英多吉前往中甸,完成十六罗汉唐卡,并赠与贡都桑布。在今四川稻城县修建了大悲观音殿。为这座新建的寺院同时创作了静息观音、莲花生大师、噶玛噶举派黑帽系和红帽系活佛及文殊菩萨等唐卡。

1649 年,却英多吉在云南迪庆州中甸的康萨寺(khang sar)时创作了大量的作品,其中包括一件马头明王的利玛像和大悲观音的银像。

1651 年在中甸贡嘎寺(gangs dkar chos sde),他创作了十六罗汉环绕释迦牟尼佛的唐卡,并将此幅唐卡赠与帕木夏仲(phag mo zhabs drung),同时创作白旃檀木度母像,赠与贡都桑布。此外,他还创作了一幅金刚手和坏相金刚唐卡。

1652 年在羊隆(g·yang lhung)创作犀牛角的度母像和旃檀木的度

母(vphgs mavi sku)雕像和十六罗汉唐卡,并送给贡都桑布。同时还应贡都桑布之请,创作了秘密佛像(rgyal bavi gsang sku)。同年,却英多吉为丽江土司噶玛平措(karma phun tshogs)讲授上师瑜伽、金刚萨埵念诵和修行仪轨并赠送一幅自己创作的金刚萨埵菩萨唐卡。

1654年,却英多吉前往郭拉巴(sgo ra spar),再次创作十二宏化佛传故事唐卡,同时完成五幅一套的十六罗汉唐卡。另应贡都桑布之请,创作了一幅守土神唐卡。

1655年,创作金刚手石雕像和白旃檀木的观音菩萨像。年底,按照岐乌风格创作了一幅骑羊护法唐卡。

1657年藏历新年,创作大悲观音像和却英多吉自己的雕像;应贡都桑布之请,完成两座佛塔,分别由一百钱(zho)黄金制成,分别供奉一颗佛牙舍利;同时完成一座供奉头发的银塔;雕刻旃檀木和犀牛角度母像和一百多钱黄金制成的佛龛(bzhugs khang)。

1658年,嘉曹活佛在楚布寺圆寂,却英多吉为纪念他创作十六罗汉唐卡。另完成包括两件观音菩萨牙雕和一件度母像在内的众多作品。随后,却英多吉前往中甸朝拜普陀山,并创作黑色马头明王唐卡、释迦牟尼佛和观音菩萨雕像。

大约1659年,创作摩利支天佛母像并在其下书写真言,李自成的军队旋即被平定。

1660年,却英多吉向司徒活佛赠送自己创作、七幅一套的十六罗汉唐卡。同年藏历2月11日,六世嘉曹活佛诺布桑布在中甸出生。却英多吉向嘉曹活佛及其母亲也赠送了十六罗汉唐卡。年底,按尼泊尔风格创作嘉译师传承的胜乐金刚五身(bde mchog sga lo lha nga),画面上方绘阿底峡、仲敦巴、班钦释迦室利等师徒,印度上师及大成就者;画面下方绘四臂和六臂大黑天、鸟面和狮面空行母、布禄金刚和持宝母(nor vdzin ma)。

1661年藏历新年,却英多吉向嘉曹活佛的母亲赠送自己创作的十六罗汉画作,剃度木土司幼子噶玛米庞丹巴(karma mi pham bstan pa,即木棎)出家。并向管理宗教事务的却本(chos dpon)噶玛丹迥(karma bstan skyong)赠送自己创作的胜乐金刚双身画并传授胜乐金刚念诵和修行仪轨;向管理财务的官员(dngul db[p]on)噶玛桑珠(karma bsam vgrub)赠送一套十六罗汉画作和上师灌顶;向王子噶玛次旺仁钦宁波(karma tshe dbang rin chen snying po),他赠送了自己创作的十六罗汉和金刚亥母唐卡,并传授金刚亥母仪轨;对王子噶玛旺秋(karma dbang phyug,即木靖),他赠送了自己创作的十六罗汉唐卡;同时对鸡足山的汉僧,他布施了钱财。同年,应嘉曹活佛之请,绘制释迦牟尼佛与十六罗汉唐卡,并建艺术作坊,以修建中甸的五方佛寺。

1662年,在中甸修建五方佛寺,在其弟子贡都桑布的劝请下,按照克什米尔风格创作了略大于真人的五方佛像、三世佛像和静息观音像(spyan ras gzigs sems nyid ngal bso)。与此同时,还创作了金刚萨埵菩萨、白度母像,并仿照龙树大师创作的石雕完成金刚手石雕像、黑色马头明王像和大黑天及其眷属像。此外,还浇铸了一件马头明王的大型金铜造像。

1673年,完成端坐在亥乘上的摩利支天佛母白旃檀木像。并在同年朝拜布达拉宫利玛殿和观音菩萨殿,并完成临摹画作。①

这些记载中的不少作品一直保存至今,主要保存在国内和西方的各大寺院、博物馆和私人藏家手中,部分作品还题写有十世噶玛巴却英多吉创作的确切题记,成为今天研究他艺术风格和才华最重要的第一手资料。据初步统计,国内的收藏单位主要有西藏的布达拉宫、大昭寺、西藏博物馆、敏珠林寺、四川的八邦寺、北京的故宫博物院、云南丽江市博物馆;国外的收藏单位主要有美国的大都会艺术博物馆、克利夫兰艺术博物馆、鲁宾艺术博物馆,俄罗斯的国立艾米尔塔什博物馆,瑞

①分别参见 David Jackson, A History of Tibetan Painting, Wien, 1996,同时参见向红笳、谢继胜、熊文彬汉译本《西藏绘画史》,西藏人民出版社和明天出版社,2001年,第200-206页;Ulrich von Schroeder, Buddhist Sculptures in Tibet, vol. 2, Hong Kong, 2001, pp. 796-810;Karl Debreczeny, The Black Hat Eccentric, Artistic Visions of the Tenth Karmapa, Rubin Museum of Art, New York, 2012, pp. 33-61.

士的西藏博物馆和不丹的国立博物馆以及私人藏家。在这些藏品中，除少数作品外，绝大多数作品都没有题写却英多吉的名字。现将这些单位收藏、发表并题写有明确题记的作品罗列于下：

1. **火天、阎魔、财神丑身或马头明王造像，高40.5厘米，藏于大昭寺**

这是一件断代于7或8世纪的镀金铜造像，表现的是骑坐在山羊身上的一位男性神灵，其身份难以确定，因其造型具有火天、阎魔、财神丑身或马头明王的特征。雕塑基座前面题写有一行藏文楷书题记："rje btsun chos dbyings rdo rjevi phyag bzo byin rlabs can//"，意为"至尊却英多吉造灵物"。①

2. **金刚手、财神丑身或马头明王造像，高14.3厘米，瑞士海蒂和乌尔里希·冯·施罗德收藏**

这是一件断代于7或8世纪的镀金铜造像，表现的是一位蹲坐的男性神灵，其身份难以确定，因其造型具有金刚手、阎魔、财神丑身或马头明王的特征。雕塑基座前面题写有一行藏文楷书题记："rje btsun chos dbyings rdo rjevi phyag bzo//"，意为"至尊却英多吉造"。②

3. **马头明王或阎魔造像，高21.5厘米，藏于大昭寺**

这是一件断代于7或8世纪的镀金铜造像，表现的是一位蹲坐的男性神灵，其身份难以确定，因其造型具阎魔或马头明王的特征。雕塑基座前面题写有两行藏文楷书题记："rje btsun chos dbyings rdo rjevi phyag bzo byin rlabs can//"，意为"至尊却英多吉造灵物"。③

4. **杨柳枝观音，铜镀金，15.5厘米，藏于故宫博物院**

这件作品表现的是汉传佛教的观世音菩萨造型。观世音菩萨头戴五叶冠，右手持杨柳枝，左手持净瓶，站立于莲花座上。莲座上镌刻藏

①See Ulrich von Schroeder, Buddhist Sculptures in Tibet, vol. 2, Hong Kong, 2001, pp. 750–753 and pls. 174A – E.

②See Ulrich von Schroeder, Buddhist Sculptures in Tibet, vol. 2, Hong Kong, 2001, pp. 754–755 and pls. 175A–D.

③See Ulrich von Schroeder, Buddhist Sculptures in Tibet, vol. 2, Hong Kong, 2001, pp. 756–757 and pls. 176 A–D.

文题记:"rje btsun chos dbying rdo rjevi phyag bzo",意为"至尊却英多吉造"。

5. 杨柳枝观音,铜镀金,6.2 厘米,私人收藏

这件作品造型与前件故宫藏品相同,表现的也是汉传佛教的观世音菩萨造型。莲座上镌刻有藏文题记:"rje btsun chos dbying rdorvi phyag bzo",意为"至尊却英多吉造"。

6. 观世音菩萨,铜镀金,18 厘米,美国贝思佳收藏

此件雕塑为克什米尔风格。观世音菩萨束长发,裸露上身,坐于椭圆形的背光宝座上,宝座底部镌刻有一行藏文:"spyan ras gzigs kyi sku rgyal dbang chos dbyings rdo rjevi phyag bzo/",意为"观世音菩萨像,却英多吉活佛造"。①

7. 九世噶玛巴像,银质,高 9 厘米,台北 C. C. lin 藏品

此件雕塑表现的是噶玛噶举派黑帽系九世活佛旺秋多吉(1556-1603)。在作品中,旺秋多吉头戴黑帽,身披大氅,左手持念珠,右手作触地印,结珈趺坐端坐于坐垫之上。坐垫背部镌刻有一行楷书藏文题记:"karma chos dbyings rdo rjevi phyag bzo/karma pa dbang phyug rdor la na mo/",意为"噶玛却英多吉造,顶礼噶玛巴旺秋多吉"。②

8. 玛尔巴大师唐卡,丝绸,50.5×32 厘米,瑞士海蒂和乌尔里希·冯·施罗德收藏

这件唐卡作品表现的是噶举派著名大师玛尔巴译师(1012-1097)及其眷属。画幅中心为玛尔巴大师,左侧为其妻子无我母,右前为弟子米拉日巴(1040-1123),画幅上方为噶举派印度的传承上师底洛巴(988-1069)和那若巴(956-1040)等。画幅中右题写有两行金汁楷书藏文题记:"mar pa lo tswavi sku brnyan vdi rje btsun chos dbyings rdo rje phyag bris thugs sras kun tu bzang po la gnang ba byin brlabs can//",意为"此玛尔巴

①See Karl Debreczeny, The Black Hat Eccentric, Artistic Visions of the Tenth Karmapa, Rubin Museum of Art, New York, 2012, pp. 245, Fig. 8.49.

②See Karl Debreczeny, The Black Hat Eccentric, Artistic Visions of the Tenth Karmapa, Rubin Museum of Art, New York, 2012, pp. 220, Fig. 8.11.

译师灵验之像，由至尊却英多吉大师绘并赠予心传弟子贡都桑布”。①

9. 骑羊护法唐卡，丝绸，48 ×30.5 厘米，创作于 1655 年，私人收藏

此幅唐卡表现的是护法神骑羊护法，意译誓言妙善金刚，音译当巴多杰勒巴（dam can rdo rje legs pa）。护法神位于画面的中心，骑于山羊身上，左手上举铁锤，右手于身后持皮囊，奔驰血海之中。画幅左侧题写有 7 行金汁楷书藏文题记：“rje btsun chos dbyings rdo rjevi phyag bris dam can skyes bu chen po bstan dgra la cad pa gdug pa tshar gcod kyi sku brnayan vdi thugs sras kun tu bzang pos gsol ba btab pa ltar lug lo la mi nyag mgu ra shar khavi yul du gnang bavo//”，意为“应心传弟子贡都桑布之请，羊年（1655）至尊却英多吉于木雅古拉夏卡之地创作并赠予此消灭教敌、除却邪恶之誓言大士之像”。②

10. 释迦牟尼佛与十六罗汉唐卡组画，丝绸，68 ×42 厘米，创作于 1660 年，藏于云南省丽江市博物馆

这是一套七幅的释迦牟尼佛与十六罗汉唐卡，除第一幅为释迦牟尼佛与其两大弟子外，其他六幅均为不同组合的十六罗汉题材。其中，第一幅唐卡释迦牟尼佛下方绘有供养人像，上方正中位金刚持菩萨，左后绘有噶玛噶举派黑帽和红帽系活佛像，同时在三像中间题写有 8 行白色楷书藏文题记：“kun ldan lcag（s）pho byi ba lovi dus kyi dge mtshan la sangs rgyas bcom ldan vdas kyi bstan pa dam pavi chos skyong zhing/lha mi kun gyi bsod nams kyi dpal gyi zhing du de bzhin gshegs pa shvakya thub pas bkav bsgos te/mya ngan las mi vdav（vdas）par vjig rten na mngon sum du bzhugs pa vphags pa gnas brtan/bcu drug/gtso bo thub pa chen povi sku brnyan bdun tshar vdi ni dad

①See Ulrich von Schroeder，Buddhist Sculptures in Tibet，vol. 2，Hong Kong，2001，pp. 807 and Fig. XII–23.

②Karl Debreczeny，The Black Hat Eccentric，Artistic Visions of the Tenth Karmapa，Rubin Museum of Art，New York，2012，pp. 21–22，Fig. 03 and pp. 290 note. 10. 关于题记的释读，有三处笔者的辨识有所不同：其一此处的“tshar gcod”在注释中释读为“thsar gcong”；其二，此处之“gdug pa”在注释中辨识为“grug pa”；其三，此处之“lug lo”在注释中辨识为“lugi lo”。关于羊年对应为 1655 年，参见 David Jackson，A History of Tibetan Painting，Wien，1996，pp. 181；同时参见向红茄、谢继胜、熊文彬汉译本《西藏绘画史》，西藏人民出版社和明天出版社，2001 年，第 202 页。

pavi nor ldan rgyal sras/karma phun tshogs dbang phyugi (phyug gi) bzhed don du/bzo sbyangs vjig rten dbang phyug zhes karma pavi/mtshan gyis byin gyis brlabs pa bcu par bsngags pa chos dbyings rdo rjes ri movi skye mched yongs su/ rdzogs pa phyag bris su gnang ba vids kyang sbyin bdag gi thog drang vgro ba kun la phan bde bla na med par/vbyung bar gyur cig/mangalam//"。① 其意为"阳铁鼠年(1660)吉日,按信徒王子噶玛平措旺秋之意,为弘传世尊释迦牟尼佛之正法,由技艺炉火纯青、享有"世自在"美誉的第十世噶玛巴却英多吉绘制遵从释迦牟尼佛之令、为天人一切众生福德利益不入涅槃而住世的十六罗汉和主尊释迦牟尼佛像七幅,愿此使以施主为首的一切有情众生获得无上福果,吉祥如意。"

在上述题写有却英多吉题记的雕塑和绘画的传世作品中,学术界除对前3件雕塑作品的题记存在争议外,认为其余作品均如题记所记,皆出自却英多吉手笔。冯·施罗德认为,"毫无疑问,在这些最早的作品上体现的有关十世噶玛巴却英多吉(1604-1674)创作的题记,为17世纪所加。"②换言之,前3件雕塑作品并非却英多吉创作,而是6或7世纪吐蕃时期的作品,作品中的题记系17世纪所题。但以阿尔索普为首的学者则持不同的看法,他在研究题记、相关藏文文献记载和对比作品的风格后认为,这些作品如题记所示,出自却英多吉之手。并且进一步认为,它们可能为其年轻时期的作品,或在尼泊尔艺术家的协助下创作而成。③

除此之外,国内外的寺院、各大博物馆和私人收藏家中还保存不少在风格上与上述题写有却英多吉题记的作品的风格相近的雕塑和绘画作品。这些作品虽无明确的作者题记,但从风格对比可知,它们为却英

①Karl Debreczeny, The Black Hat Eccentric, Artistic Visions of the Tenth Karmapa, Rubin Museum of Art, New York, 2012, pp. 21-22, Fig. 31..

②See Ulrich von Schroeder, Buddhist Sculptures in Tibet, vol. 2, Hong Kong, 2001, pp. 756: "There can be absolutely no doubt that the inscription ‖ referring to the Tenth Karmapa Choying dorje (1600 -1674) was added in the seventeenth century at the earliest."

③Ian Alsop, The Sculpture of Choying Dorje, Tenth Karmapa, in Karl Debreczeny, The Black Hat Eccentric, Artistic Visions of the Tenth Karmapa, Rubin Museum of Art, New York, 2012, pp. 215-245.

多吉创作，或与其风格关系密切。据大卫·杰克逊著作《西藏绘画史》和冯·施罗德著作《西藏佛教造像》和杜凯鹤著作《奇异的黑帽活佛：十世噶玛巴的艺术视野》等，这些作品及其收藏地分别如下：

1. 佛传故事，却英多吉创作，牙雕，高 29 厘米，布达拉宫萨松拉康藏

2. 骑牛坐像或观音菩萨坐像，却英多吉创作，红铜镀金，高 21.5 厘米，大昭寺藏

3. 观世音菩萨，却英多吉创作，红铜镀金，分 4 件浇铸，部分镂空，高 31 厘米，大昭寺藏

4. 观世音菩萨坐像，却英多吉创作，红铜镀金，分 4 件浇铸，部分镂空，高 28.8 厘米，布达拉宫喇嘛拉康藏

5. 绿度母坐像，却英多吉创作，红铜镀金，分 3 件浇铸，部分镂空，高 20 厘米，布达拉宫萨松拉康藏

6. 绿度母坐像，却英多吉创作，红铜镀金，分 3 件浇铸，部分镂空，高 20.1 厘米，敏珠林寺利玛拉康藏

7. 骑牛观世音菩萨，却英多吉作坊创作，或后来仿制，黄铜，分 4 件浇铸，部分镂空，高 28.8 厘米，布达拉宫喇嘛拉康藏

8. 度母或辩才天女，却英多吉作坊创作，或后来仿制，黄铜合金，高 15.7 厘米，布达拉宫喇嘛拉康藏

9. 观世音菩萨立像，却英多吉作坊创作，或后来仿制，黄铜，分 4 件浇铸，高 31 厘米，大昭寺藏

10. 度母或辩才天女，却英多吉作坊创作，或后来仿制，黄铜合金，高 16.4 厘米，大昭寺藏

11. 女神或辩才天女坐像，却英多吉作坊创作，或后来仿制，红铜，高 13 厘米，敏珠林寺藏

12. 度母或辩才天女，却英多吉作坊创作，或后来仿制，黄铜合金，高 9.5 厘米，瑞士李特堡博物馆（Museum of Rietberg）藏

13. 度母，却英多吉作坊创作，或后来仿制，黄铜，高 19.8 厘米，美

国鲁宾艺术博物馆藏

14. 观世音菩萨,却英多吉作坊创作,或后来仿制,黄铜,高16.4厘米,大昭寺藏

15. 观世音菩萨,却英多吉作坊创作,或后来仿制,黄铜,高约20厘米,俄罗斯国立艾尔米塔什博物馆(The State Hermitage Museum)藏

16. 佛传故事,却英多吉创作,牙雕,高24厘米,西藏博物馆藏

17. 观世音菩萨坐像,却英多吉创作,牙雕,高17.2厘米,美国大都会艺术博物馆藏

18. 观世音菩萨,却英多吉创作,牙雕,高29.2厘米,美国克利夫兰艺术博物馆藏

19. 菩萨或观世音菩萨,却英多吉创作,木雕,高13厘米,瑞士海蒂和乌尔里希·冯·施罗德收藏(Collection of Heidi and Ulrich von Schroeder)

20. 身着袈裟的菩萨,却英多吉创作,白旃檀木雕,高26厘米,瑞士阿莱·波迪尔基金会所属西藏博物馆藏(Tibet Museum of the Alian Bordier Foundation)

21. 噶玛巴像(疑为十世噶玛巴却英多吉),却英多吉或其作坊创作,抑或后来仿制,铜合金,高15厘米,阿伦·陈藏品(Collection of Alan Chen)

22. 金刚手菩萨,却英多吉创作,彩塑,德国南杰和荣格藏品(Collection of Namgyal and Veronika Ronge)

23. 女神,却英多吉创作,铜合金,高15.5厘米,不丹国家博物馆藏

24. 大成就者那若巴,犀角雕,锡金荣德寺(Rumtek Monastery)藏,传为却英多吉创作

25. 度母或辩才天女,却英多吉作坊创作,或后来仿制,红铜合金,锡金荣德寺藏

26. 米拉日巴,传为却英多吉创作,犀角雕,锡金荣德寺藏

27. 金刚手菩萨,传为却英多吉创作,犀角雕,锡金荣德寺藏

28. 大成就者底洛巴,传为却英多吉创作,犀角雕,锡金荣德寺藏

29. 玛尔巴，传为却英多吉创作，犀角雕，锡金荣德寺藏

30. 释迦牟尼佛与二弟子舍利弗与目犍连，却英多吉创作，唐卡，丝绸，68 ×44 厘米，瑞士阿莱·波迪尔基金会所属西藏博物馆藏

31. 米拉日巴，却英多吉创作，唐卡，丝绸，687.5 ×34.5 厘米，瑞士阿莱·波迪尔基金会所属西藏博物馆藏

32. 跪像，疑为金刚手菩萨，却英多吉创作，唐卡，丝绸，114.6 ×44.5 厘米，美国克利夫兰艺术博物馆瑞士藏

33. 罗汉，却英多吉创作，唐卡，丝绸，49 ×23.8 厘米，美国伊恩和路易斯·4 阿尔索普藏品（Collection of Ian and Lois Alsop）

34. 释迦牟尼佛，却英多吉创作，唐卡，丝绸，37 ×28.5 厘米，俄罗斯国立艾尔米塔什博物馆藏

35. 修行洞中的噶玛巴、嘉曹和贡都桑布，却英多吉创作，唐卡，丝绸，40 ×27 厘米，夏玛巴（Shamarpa' s Collection）藏

36. 释迦牟尼佛与十六罗汉，却英多吉艺术作坊创作，唐卡组画，共17 幅，每幅尺寸为 78 ×52 厘米，云南省丽江市博物馆藏

37. 佛传故事十二宏化，却英多吉艺术作坊创作，唐卡组画，共 9 幅，每幅尺寸为 61 ×42 厘米，四川省八邦寺藏①

这些传世的却英多吉或与其密切相关的雕塑和绘画作品，与藏文文献中有关其艺术风格和创作的记载基本一致，基本反映出却英多吉在雕塑和绘画方面的杰出成就，并对后世的藏传佛教艺术创作产生了广泛的影响。②

①关于这些作品，分别参见 David Jackson, A History of Tibetan Painting, Wien, 1996，同时参见向红笳、谢继胜、熊文彬汉译本《西藏绘画史》，西藏人民出版社和明天出版社，2001 年，图版 127 和 129；Ulrich von Schroeder, Buddhist Sculptures in Tibet, vol. 2, Hong Kong, 2001, pls. 178 –181, 191 –194, figs. XII, 2 –25；Karl Debreczeny, The Black Hat Eccentric, Artistic Visions of the Tenth Karmapa, Rubin Museum of Art, New York, 2012, figs. 01 –08, 4.1 –4.14, 5, 1 –5.11, 8.1 –8.37：一西：《盛放莲花——历代佛像撷珍》，文物出版社，2009 年，第 17 页和 110 页图版。

②关于后世受却英多吉风格影响创作的作品，参见 Ian Alsop, The Sculpture of Choying Dorje, Tenth Karmapa, in Karl Debreczeny, The Black Hat Eccentric, Artistic Visions of the Tenth Karmapa, Rubin Museum of Art, New York, 2012, pp. 242–245, figs. 8.38–43.

三、汉式风格作品及其渊源

在却英多吉传世作品中,有11件带有明确题记的作品具有强烈的汉式风格特征,其中雕塑2件,唐卡9件。雕塑为故宫博物馆藏杨柳枝观音和私人杨柳枝观音造像;唐卡分别为丽江市博物馆藏一套7幅释迦牟尼和十六罗汉、海蒂和乌尔里希·冯·施罗德收藏的玛尔巴大师唐卡和私人收藏的誓言妙善金刚唐卡。据题记,这些作品均为却英多吉创作而成。

(一)雕塑作品

故宫博物院和私人藏家珍藏的雕塑题材相同,表现的均为杨柳枝观音。故宫博物院杨柳枝观音造像系红铜为胎铸造而成,高15.5厘米。观音菩萨头戴五叶冠,眼睛嵌银,右手上举持杨柳枝,左手下垂持净瓶,跣足立于圆形覆瓣莲座上;与故宫博物院藏品相比,私人藏家手中的杨柳枝观音尺寸较小,只有6.2厘米高,质地略有区别,系红铜合金铸造,但其造型则与此相同:右手上举持杨柳枝,左手下垂持净瓶,跣足立于圆形覆瓣莲座上。杨柳枝观音作为观音菩萨众多变相之一,系汉传佛教常见题材。显而易见,却英多吉的这两件杨柳枝观音造像的创作直接渊源于汉传佛教同一题材和造型的影响。

杨柳枝观音这一名称既不见载于佛经,也不见载于造像铭文,而源于观音菩萨手持的法器杨柳枝(佛经又称之为齿木)。其常见造像为立像,右手上举扬柳枝,左手下垂持净瓶,跣足而立。据考证,在汉地杨柳枝观音最早大约产生于五世纪的南朝,然后传至北朝,在隋唐时期发展到鼎盛。隋代的造像特点是躯体较为僵直,胸部较平,裙摆外侈,胸部璎珞主要有“X”和“U”型两种,帔帛分别在腹部和膝部形成“U”型。唐代杨柳枝观音在继承隋代造像的基础上,有所变化。身躯造像日趋三折枝式“S”形状,胸部日趋丰满,璎珞去繁就简,日趋简洁,帔帛在缠绕双臂后沿躯体两侧呈波浪状飘垂而下。①

与隋唐时期汉地的同一题材的造像相比,却英多吉的这两件造像更

①参加胡国强:《杨柳枝观世音金铜菩萨像的分期分布与渊源探讨》,见《中国金铜佛》,宗教文化出版社,1996年。

接近隋代造像:身体趋于挺直,略有弯曲,但幅度不太明显,胸部较平,璎珞在腹部交叉呈“S”型,裙摆略外侈。虽然如此,却英多吉创作的这两件作品绝非隋代杨柳枝观音的翻版,二者之间也存在许多不同。首先,材质不同。隋唐时期同一题材的造像通常以青铜为胎,而却英多吉作品的质地为红铜或红铜合金;其次,却英多吉的作品、尤其是故宫博物院藏品的面部特征与隋代汉地作品差异较大,面部体现出比较浓郁的克什米尔风格,更为重要的是,眼睛嵌银,而这一特点为传统克什米尔雕塑的常见手法。① 从前印藏文文献有关却英多吉的艺术背景和创作的记载可知,却英多吉对克什米尔的金铜佛像十分喜爱,情有独钟,模仿和创作了不少克什米尔风格的作品,并且有一件带有却英多吉创作题记的观世音菩萨造像传世至今。②

通过上述比较不难看出,却英多吉创作的这两件杨柳枝观音金铜造像是仿照汉地隋代同一题材金铜造像创作的作品。作品虽然体现出强烈的汉式风格,但并非对汉地同一题材造像的简单临摹和照搬,其中融入了传统藏式和克什米尔艺术的风格元素,从而形成了一种独特、崭新的风格。

(二)唐卡作品

实际上,却英多吉对汉式风格的借鉴、吸收与融合,与其雕塑作品相比,唐卡作品更为显著。在现存却英多吉创作或与其风格相关的雕塑作品中,除上述汉式作品外,他还创作了大量的藏式和克什米尔风格的雕塑作品。与之形成鲜明对照的是,在却英多吉现存的唐卡绘画中,每一幅作品都体现出浓郁的汉式风格。现以传世的 9 件题有却英多吉

---

①参见金申:《早期西藏系铜像上所反映的汉风痕迹》,见金申:《佛教美术丛考》,科学出版社,2004 年,第 219-224 页。其中有两点值得商榷:其一,该文将故宫博物院藏品断代为 12 - 13 世纪,应不确;其二,藏文题记释读为“金刚手造□□□菩萨像”,将却英多吉意译为金刚手,不确,应为译者不熟悉却英多吉系西藏明末清初著名艺术家之故而致。同时参见胡国强:《藏文题记观世音铜像考——兼论却英多吉题记造像的制作年代》,见谢继胜、罗文华、景安宁主编:《汉藏佛教美术研究——第三届西藏考古与艺术国际学术讨论会论文集》,上海古籍出版社,2009 年,第 389-395 页,其中题记的翻译也有待商榷。作者将题记译为“尊者却英多吉亲造”,但藏文题记中的“phyag bzo”只有“造”之意。

②如贝思佳藏品,参见 Karl Debreczeny, The Black Hat Eccentric, Artistic Visions of the Tenth Karmapa, Rubin Museum of Art, New York, 2012, pp. 245, fig. 8. 49.

创作题记的唐卡作品为主,对其作品中的汉式风格因素进行论述。

瑞士海蒂和乌尔里希·冯·施罗德收藏的玛尔巴大师唐卡,表现的是噶举派著名大师玛尔巴译师及其眷属。画幅中心为玛尔巴大师,坐于蓝色的修行洞前,右手举着食物,左侧为无我母,右前为玛尔巴的弟子米拉日巴,二者均在向玛尔巴大师供奉饮食;画幅上方空中云团上的人物噶举派印度的传承上师底洛巴、那若巴和库苦日巴(Kukkuripa)等三组大成就者及其胁侍,其中只有右侧抱狗、并身披白色披肩的库苦日巴的身份可以确定,其余大成就者仍待考证;画面底部为喂马的场景,喂马者疑为玛尔巴大师的儿子达玛多德(dar ma mdo sde)。[①] 据画幅中右题写的两行金汁楷书藏文题记[②],此幅唐卡由却英多吉创作并赠与其弟子贡都桑布(1610–1684)。在却英多吉的后半生中,贡都桑布一直陪伴身边,是却英多吉最亲近和信任的弟子,他又名藏勘钦·绛央贝丹嘉措,撰有《却英多吉活佛传》。

此幅唐卡以汉式风格为主、汉藏两种风格交融一体。唐卡的构图在保持藏式传统模式的基础上,借鉴和吸收汉式绘画构图模式,利用风景纹样组织和安排人物。与此同时,位于中西蓝色修行洞岩石以及画幅中下左右两侧的岩石造型,也具有浓郁的汉式绘画的特征;无我母身后蜿蜒曲折的溪流也同样受到汉式绘画的明显影响;以绿色和蓝色为主的背景设色,令人强烈联想到汉式青绿山水画的色彩搭配特点;云团的晕染也一反传统,在其中看不到明显的轮廓线条,具有汉式绘画水墨没骨技法的鲜明特点,牛、马、狗、养等动物的表现,也吸收了这一技法。整幅作品将人物与山水和动物有机地融合在一起,呈现出一片田园牧歌式的场景,具有浓郁的汉地青绿山水画的特点。

国外私人收藏的骑羊护法唐卡,是却英多吉的一幅带有明确作者、

①See Ulrich von Schroeder, Buddhist Sculptures in Tibet, vol. 2, Hong Kong, 2001, pp. 808–809 and Fig. XII – 23.

②关于藏文题记,杜凯鹤认为既非却英多吉本人所题,也非其弟子贡都桑布所题,而是系后来所加。原因有二:其一,题记使用了"rje btsun(至尊)"和"thugs sras(心传弟子)"等尊号;其二,题写的位置不符常规。详细讨论,参见 Karl Debreczeny, The Black Hat Eccentric, Artistic Visions of the Tenth Karmapa, Rubin Museum of Art, New York, 2012, pp. 179–180.

创作地点和创作地题记的唐卡作品之一。按画幅左侧题写的藏文题记,此幅唐卡表现的是藏传佛教护法神之一的骑羊护法,由却英多吉应其弟子贡都桑布之请,于羊年创作于木雅古拉夏卡(mi nyag mgu ra shar khavi yul)之地。据考证,创作时间羊年应为1655年,而创作地点古拉夏卡应为西藏、四川和云南三省交界地带、即今四川甘孜藏族自治州稻城县傍河乡。因为据《却英多吉传》,却英多吉在1649至1652年间曾在木雅活动,1655年就在夏尔(sha[r])这个地方。文献曾明确记载,1655年年底却英多吉曾按照岐乌风格创作了一幅骑羊护法的唐卡。①

骑羊护法位于画面的中心,身着蓝袍,骑在一只白山羊身上,左手上举铁锤,右手于身后持皮囊,奔驰血海之中。山羊的右前和左后侧面,均绘有奔驰的动物。背光为熊熊燃烧的火焰纹,其上绘有胁侍。画幅左侧题写有7行金汁楷书藏文题记,意为"应心传弟子贡都桑布之请,羊年至尊却英多吉于木雅古拉夏卡之地创作并赠予此消灭教敌、除却邪恶之誓言大士之像。"此幅作品也是一件藏汉艺术相互融合的画作,汉地绘画的元素主要体现在没骨技法的运用和画幅底部血海和山岩的表现上。动物的外形轮廓和毛发的晕染并未采用藏式传统的轮廓线,而是采用了汉地绘画中的没骨画法;血海中的波涛和山岩的造型也吸收和借鉴了汉地绘画的表现方式,体现出明显的汉式风格的影响。鉴于岐乌画派传世作品极少,迄今尚未发现任何一件题写有明确题记的作品传世,藏文文献对其风格语焉不详,学术界对其知之甚少。因此,却英多吉的此幅作品的另一重要性也就日益凸显,为后人了解和研究岐乌画派的风格提供了重要的参考资料。按前引藏文记载,却英多吉非常喜欢该派的作品,除这幅骑羊护法唐卡外,他还仿制了该派的另一件作品十六罗汉。如果此幅作品诚如文献所载,系却英多吉按岐乌大师同一题材作品风格绘制,那么由此不难看出,岐乌大师及其流派的绘画也受到了汉地绘画风格,甚至是技法的强烈影响。

①For details, see Karl Debreczeny, The Black Hat Eccentric, Artistic Visions of the Tenth Karmapa, Rubin Museum of Art, New York, 2012, pp. 181 and 303 notes 587–588.

实际上,最能体现却英多吉精通汉地艺术的杰作,首推丽江市博物馆珍藏的一套7幅地释迦牟尼与十六罗汉唐卡组画。这套作品曾被误认为是日本绘画,2003年首次由美国学者杜凯鹤(Karl Debreczney)正确地介绍给学术界,随后并对这一套作品以及却英多吉的风格进行了全面、系统和深入的研究,①从而使学术界对却英多吉的艺术风格和成就有了一个更为全面和深入的了解。这是一套题写有明确作品名称、作者、纪年和施主题记的唐卡作品。题记题写在第一幅作品、亦即释迦牟尼佛作品的上方,为藏文,共8行。汉文意为:"阳铁鼠年吉日,按信徒王子噶玛平措旺秋之意,为弘传世尊释迦牟尼佛之正法,由技艺炉火纯青、享有'世自在'美誉的第十世噶玛巴却英多吉绘制遵从释迦牟尼佛之令、为天人一切众生福德利益不入涅槃而住世的十六罗汉和主尊释迦牟尼佛像七幅,愿此使以施主为首的一切有情众生获得无上福果,吉祥如意"。经考证,阳铁鼠年为1660年,王子噶玛平措旺秋为丽江土司木懿(1608-1692,1625-1669年任土司)长子木靖(藏名为噶玛平措旺秋,1627-1671)。② 由此清楚可知,此套唐卡是却英多吉旅居丽江的1660年,应木土司长子、1669年承袭土司之位的木靖之请创作而成。

次年藏历新年,却英多吉将画好的此套唐卡正式送给了木靖王子。

---

①See Karl Debreczeny, The Buddha's Law Among the 'Jang: The Tenth Karma - pa's Development of His 'Chinese Style Thang - ka Painting' in the Kingdom of Lijiang, Orientation, Vol. 34, no. 4 (April), 2003, pp. 46-53。2013年,邓云斐将其译成汉文,发表在《西南边疆民族研究》第12辑,题为《佛陀之法在姜地:十世噶玛巴在丽江地区发展的"汉式风格唐卡画"》(参见第100-108页),译文多有值得商榷之处;Tibetan Interests in Chinese Visual Modes: the Painting Innovations of Chos dbyings rdo- rje, In Roger R. Jackson and Matthew T. Kapstein, eds. Mahamudra and the bKa' - brgyud Tradition. PLATS 2006: Proceedings of the Eleventh Seminar of the International Association for Tibetan Studies, Konigsweinter 2006, pp. 387 - 423; The Black Hat Eccentric, Artisti Visions of the Tenth Karmapa, Rubin Museum of Art, New York, 2012, pp. 97 - 130.

②For details, see Karl Debreczeny, The Black Hat Eccentric, Artistic Visions of the Tenth Karmapa, Rubin Museum of Art, New York, 2012, pp. 97-98. 对于题记的题写,笔者与杜凯鹤先生略有不同的理解。他认为,作品中的题记为却英多吉亲笔题写。虽然没有排除其他可能性,但笔者以为此结论仍待商榷。原因有二:首先,题记中使用了敬语。众所周知,在藏族文化中敬语只能尊称他人,而不能用在自己身上;其次,题记在却英多吉之前冠有"技艺炉火纯青、享有'世自在'美誉"的赞语。在藏族文化中,如此自己称赞自己的现象极少。由此来看,他提出的另一种可能性更大,即题记由却英多吉最亲近的人如他的弟子贡都桑布题写,而非却英多吉本人题写。

藏文《却英多吉传》对此记载到:“1661年藏历新年,却英多吉向嘉曹活佛的母亲赠送自己创作的十六罗汉画作,剃度木土司幼子噶玛米庞丹巴(karma mi pham bstan pa,即木榇)出家……并向管理宗教事务的却本噶玛丹迥赠送自己创作的胜乐金刚双身画并传授胜乐金刚念诵和修行仪轨;向管理财务的官员噶玛桑珠赠送一套十六罗汉画作和上师灌顶;向王子噶玛次旺仁钦宁波赠送了自己创作的十六罗汉和金刚亥母唐卡,并传授金刚亥母仪轨;对王子噶玛旺秋(即木靖),他赠送了自己创作的十六罗汉唐卡……。”①《却英多吉传》所记“王子噶玛旺秋”,即是唐卡题记中所载之“王子噶玛平措旺秋”,亦即木靖。由此可知,丽江市博物馆现存释迦牟尼佛与十六罗汉唐卡应即文献所在却英多吉1661年藏历新年赠送给木靖的那套同一题材的唐卡。

丽江市博物馆现存这7幅一套的唐卡(图版1-8),除第一幅为释迦牟尼佛外,其他6幅均为十六罗汉题材。在第一幅唐卡(图版1)中,释迦牟尼佛结跏趺坐,坐于画幅中央高大的宝座上,其弟子舍利弗和目犍连侍立左右;顶部绘有3位人物:正中为金刚持菩萨,左为噶玛噶举派黑帽系十世活佛、亦即却英多吉本人,右为七世红帽系活佛,同时在3像中间题写有8行白色楷书藏文题记;宝座下方正中为供品,左右两侧为供养人像。左侧3位供养人像极有可能表现的是此套唐卡的供养人木靖夫妇。其中身着明代官服、手持香炉跪拜的男性应为木靖,其身后手捧供物跪拜的女性应为木靖的夫人陶氏怡。②

其他6幅作品则是十六罗汉的不同组合。按照汉、藏文献,十六罗汉分别是因竭托(yan lan vbyung)、阿氏多(ma vpham pa)、伐那婆斯(nags

①《却英多吉传》,藏文,未刊本,参见 Karl Debreczeny, The Black Hat Eccentric, Artistic Visions of the Tenth Karmapa, Rubin Museum of Art, New York, 2012, pp. 102 and 30o note492. 藏文原文为:“lo gsar gnang/rgyal tshab pavi ma yum la gnas bcuvi sku thang phyag bis gnang/sat ham rgyall povi sras chung ba karma mi pham bstan pavi nyi ma khyim nas khyim med par rab byung mdzad/……rgyal sras karma tshe dbang rin chen snying por gnas bcu dang/phag movi sku thang phyag ris dang/phag mo lha khrid sogs gnang/rgyal sras karma phun tshogs dbang phyug la gnas bcuvi sku thang phyag ris gnang/……”

②关于此幅唐卡上方黑帽和红帽活佛像以及下方供养人像的辨认,详细参见 Karl ebreczeny, The Black Hat Eccentric, Artistic Visions of the Tenth Karmapa, Rubin Museum of Art, New York, 2012, pp. 99-100.

na gnas)、迦里迦(dus ldan)、伐阇罗弗多(rdo rje movi bu)、跋陀罗(bzang bo)、迦罗加伐磋(gser gyi bevu)、迦诺迦跋黎堕阇(bhha ra dha dzwa gser can)、巴沽拉(ba ku la)、罗睺罗(sgra gcan vdzin)、注荼半托迦(lam phran bstan)、宾度罗跋罗堕阇(bhha ra dhwa dza bsod smyoms len)、半托迦(lam chen bstan)、那迦希(kluvi sde)、苏频陀(sbed byed)和阿秘特(mi phyed pa)。但实际上,余下的6幅唐卡一共表现了18位罗汉,因为每幅表现的是3位罗汉,而非十六罗汉,在其中显然加入了达摩多罗和布袋和尚。按经典记载和流行的图像,除这两位罗汉的身份可以确定外,[①]其余十六罗汉的身份很难确定,应位却英多吉在参照传统罗汉的基础上进行的创新。正因如此,美国学者杜凯鹤按照画面表现的主题,将余下6幅唐卡分别定名为《三饮食罗汉与假山上的孔雀》(Three Arhats eating, with peacocks on scholar's rock,图版3)、《二罗汉与观画的达摩多罗》(Two Arhats and Dharmatala viewing a painting,图版4)、《二罗汉、布袋和尚和洗萝卜的妇女》(Two Arhats and Heshang with a woman washing daikon,图版5)、《翡翠庭院中的三罗汉》(Three Aarhats with jade gate,图版6)、《竹篱中饮食的三罗汉与猴子》(Three Arhats eating, with monkey and bamboo fence,图版7)和《水景中热茶的三罗汉》(Three Arhats heating tea in waterscape,图版8)。[②]

无论是从题材,还是从风格来看,却英多吉创作的此套唐卡都受到了强烈的汉地艺术的影响。首先,众所周知,藏传佛教流行的十六罗汉题材本身就渊源于汉传佛教。据藏文文献,在藏传佛教后弘期初的十至十一世纪,卫藏传法十人在今青海师从拉钦贡巴饶赛大师完成学习返回西藏时,鲁梅大师就将十六罗汉唐卡请到拉萨附近的查叶尔巴寺,并供奉在罗汉殿,这套唐卡也被称之为叶儿巴尊者(yer ba rwa ba ma)。

①关于达摩波罗和布袋和尚与十六罗汉的关系,参见谢继胜:《伏虎罗汉、行脚僧、宝胜如来与达摩波罗——11至13世纪中国多民族美术关系史个案分析》,《故宫博物院院刊》,2009年,第1期,第30-40页。

②Karl Debreczeny, The Black Hat Eccentric, Artistic Visions of the Tenth Karmapa, Rubin Museum of Art, New York, 2012, pp. 105-115.

汉地的十六罗汉于是在西藏得以迅速流传,后世西藏各大艺术流派的著名艺术家都曾前来临摹这套唐卡,从中吸取灵感和技法。却英多吉自然也不例外,按前述他的传记,他不仅在1624-1628年间就曾临摹过岐乌大师的摹本,而且一生对十六罗汉情有独钟,相继创作了大量的十六罗汉唐卡。从前引文献记载可知,十六罗汉可以说是他一生创作最多的题材。据初步统计,在现存的64幅却英多吉风格的画作中,50幅作品表现的是罗汉题记。[①] 由此不难看出,却英多吉对十六罗汉题材的创作热情非同一般,超出想象。

从风格来看,丽江市博物馆现存的这套十六罗汉唐卡呈现出一片汉风。整套作品除部分作品的构图(首幅释迦牟尼佛唐卡)和人物以及服饰等装饰纹样仍然保存藏式或丽江当地的传统外,整体构图、色彩、技法和绝大多数纹样造型都体现出浓郁的汉地艺术的特征。

在构图上,除第一幅释迦牟尼佛唐卡基本保持藏式传统模式外,其他6幅作品的构图都具有汉地艺术构图的明显特征。释迦牟尼佛唐卡的构图采用的是藏式唐卡中常见的中心构图法,释迦牟尼佛位于画幅的中心,两侧为其弟子;画幅顶部为金刚持菩萨和黑帽系与红帽系活佛小像;画幅底部左右侧则为供养人小像。整个构图强调中心人物的表现,注重上下、左右构图的对称和协调。其他6幅罗汉的构图则与此大相径庭,传统中强调对称原则的中心构图模式不再是主要人物构图的金科玉律,主要运用背景中的风景来组织和处理画面中人物的关系。罗汉等人物布置在画幅中下方的庭院、草地、树木、栏杆、竹篱、水景等中景和近景之中,上方三分之一或更多的空间则构图大片的远景。人物以罗汉为主,3位一组,或立、或坐,或卧,姿仪百态,四周同时构图一些侍者、嬉戏的儿童和动物,构图紧凑、自然协调;与此相对,远景通常由天空、远山、假山、河湖之洲、小桥、水草等景色组成,由近景和中景自然向外延伸,稀疏的大雁、孔雀和人物自然点缀其间,场面空旷深邃,宁

①Karl Debreczeny, The Black Hat Eccentric, Artistic Visions of the Tenth Karmapa, Rubin Museum of Art, New York, 2012, pp. 193.

静致远。构图疏密有致,动静结合,刻意用背景中深远、空旷、宏大的远景来突出中景和近景中人物的表现,同时又利用近景和中景中的紧凑、热闹来反衬远景的深邃、空灵和清幽。这种构图在传统的藏传佛教十六罗汉唐卡中极其罕见,堪为独创。

从人物、服饰和场景造型看,汉地艺术元素在此套十六罗汉唐卡中也明显处于支配地位。除第一幅唐卡中释迦牟尼佛袒露右肩的造型及其六拏具背光、顶部的金刚持菩萨和黑帽、红帽系活佛的造型,宝座前方摩尼宝珠等供品、以及其他6幅罗汉唐卡中侍者的鞋、帽等部分服饰的造型为藏式传统造型外,其余人物、器物和风景造型,基本与汉地艺术造型一致。罗汉的形象,为汉传佛教中流行的造型,服饰也多为汉传佛教流行的百衲袈裟,大多是褒衣薄带,而非藏传佛教僧人的僧装。《三饮食罗汉与假山上的孔雀》(图版3)中的假山、两侧刺破青天的山峰和丘陵,《二罗汉与观画的达摩多罗》(图版4)中的仙鹤卷轴画、手中所执团扇,《二罗汉、布袋和尚与洗萝卜的妇女》(图版5)中的树木和山石,《翡翠庭院中的三位罗汉》(图版6)中的栏杆和椅子,《竹篱中饮食的三罗汉与猴子》(图版7)中的竹篱、桌子,以及《水景中热茶的三位罗汉》(图版8)中的茶炉、圆凳、圆桌和空中飞翔的雁群等等器物、动物和风景纹样,都是汉地艺术中常见的造型。

此套唐卡的色彩晕染和线条勾勒同样也受到了汉地绘画艺术的浓烈影响。其中,水墨画和没骨画技法的运用是其中一大特色,并且驾轻就熟,炉火纯青。众所周知,水墨画是中国内地传统的绘画形式之一,以墨和水经过调配在宣纸上创作的一种绘画,因广为流传,被称之为中国传统绘画国画的代表。早期的水墨画以黑白二色为主,后来出现彩墨画,色彩绚丽,其特点是近处写实,远处抽象,讲究骨法用笔,气韵生动,追求意境的表现。从宋代出现没骨画花鸟画以来,所绘花鸟虫鱼等题材,不用墨线勾勒,直接用色彩表现,到明代,又发展出现以浙派为首的没骨青绿山水画,盛极一时。在却英多吉创作的十六罗汉唐卡中,水墨画和没骨画的技法不仅得到了大量的运用,而且与同一时期内地、尤其是以浙江为首的江南画派的作品保持着十分密切的联系。经过初步的对比和研究，却英多吉笔下的花鸟题材的表现所使用的没骨法，与明代常州毗陵画派的作品非常接近，该派以擅长用没骨画法创作花鸟画而著名；大面积的水墨背景及其鹭、鹤等野禽和花卉的色彩和造型，与明代著名宫廷花鸟画家吕纪（活跃于1475－1503）的作品极其相似；其中的水景题材以及野禽的画法，与明代宫廷画家、水墨写意花鸟画的创始人林良（约1427－1494）的作品也非常相似；仙鹤的画法令人联想到明初宫廷画家边文进（1354－1428）的花鸟作品；罗画观画场景的表现则可以在宁波旧藏（现藏于日本京都）的《五百罗汉》绘画中找到相似的构图。此外，在作品中，却英多吉还是用了传统国画中的颤笔技法。颤笔，又称之为战笔或金错刀，指通过笔行的快、慢、顿、挫而产生的一种抖动颤曲的墨线效果。据《宣和画谱》，为南唐后主李煜（936－978）首创，本为书法技法，后运用于绘画。在绘画中，主要用于衣服、树木和流水的表现，线条力求流畅自然，曲折有致。却英多吉在《二罗汉、布袋和尚与洗萝卜的妇女》唐卡（图版5）中，在表现布袋和尚身后的一丛阔叶树木时就采用了颤笔技法。①

综上所述，丽江市博物馆珍藏的释迦牟尼佛与十六罗汉唐卡作品清楚表明，却英多吉十分熟悉并且精通汉地艺术。通过文献可知，他对汉地艺术的学习、借鉴和吸收，以1647年抵达丽江为界，大致经历了前后两个重要时期。

却英多吉在抵达丽江前对汉地艺术的吸收，主要来自三个方面。首先是来自明朝宫廷的藏传佛教艺术品。正如前述，从明初开始在西藏和内地的大规模频繁双向交流中，历代皇帝向前来朝贡和觐见的西藏僧俗首领赏赐了大批明代宫廷创作的雕塑、唐卡和法器等工艺品，这些艺术品都被供奉在西藏的各大寺院之中。仅以噶玛噶举派黑帽系五世活佛得银协巴1407年前往南京朝觐永乐皇帝为例，永乐皇帝在此前后就向得银协巴赏赐了大量的绘画、雕塑和工艺品，其中就包括一件明

①Karl Debreczeny, The Black Hat Eccentric, Artistic Visions of the Tenth Karmapa, Rubin Museum of Art, New York, 2012, pp. 115－129.

廷创作的得银协巴本人的雕塑和记录得银协巴在南京灵谷寺举行法事的长卷《明大宝法王建普度大斋长卷》。从《明大宝法王建普度大斋长卷》可知,这些宫廷创作的藏传佛教艺术品一直供奉在噶玛噶举派的主寺楚布寺中,作为该派宗教首领、大宝法王传人的却英多吉自然可以接触到这些作品。其次在西藏的各大画派中,噶玛噶举派支持的噶玛噶智画派以吸收和融合汉地艺术风格而著名。其画派创始人南喀扎西就曾长期的临摹、借鉴、吸收明代宫廷的藏传佛教艺术品,并创作了大量的壁画、唐卡作品。更为重要的是,却英多吉的老师、红帽系六世活佛也不仅十分喜爱艺术,而且按噶玛噶智画派的风格进行创作。① 一次,红帽系六世活佛曾对却英多吉说,作为一名训练有素、技艺精湛的画家,你应该像我们在楚布寺所做的那样,创作十六罗汉丝织唐卡那样的作品,学习其技艺和色彩,你将受益无穷。却英多吉于是拿出 5 个月的时间,集中创作,完成了十六罗汉唐卡并将其送给红帽系六世活佛。② 因此,作为自幼就对艺术创作十分喜爱的却英多吉,对噶玛噶智画派的作品应该十分熟悉。再次,西藏珍藏了不少唐以来、明以前与汉地交流而遗存的艺术珍品,其中文献记载最多、对西藏艺术家影响最多的作品,堪称拉萨叶尔巴寺珍藏、由鲁梅大师 11 世纪左右请进西藏的十六罗汉唐卡。却英多吉本人也曾临摹过这套作品的摹本。在西藏珍藏的这些汉地作品和噶玛噶智画派作品的影响下,却英多吉不仅临摹西藏遗存的这些当代和古代艺术珍品,而且对汉地的文化也十分喜爱,曾以身着汉传佛教僧人的袈裟为时尚。

如果说早期对汉地艺术的学习、借鉴和吸收为却英多吉"汉式唐卡"风格的形成只是铺垫了一个良好的基础,那么,1647 年抵达丽江后的系列艺术活动和经历则是却英多吉这一画风形成的关键。此时期,却英多吉不仅对汉地艺术进行了更为广泛、深入地了解,而且还直接接

①据噶托司徒·却吉嘉措撰著的《卫藏圣迹志》(藏文本,西藏藏文古籍出版社,1999 年),在噶玛寺就有红帽系六世活佛按汉地艺术背景创作的印度大成就者萨拉哈的精美壁画。

②Karl Debreczeny, The Black Hat Eccentric, Artistic Visions of the Tenth Karmapa, Rubin Museum of Art, New York, 2012, pp. 43 -44.

触到汉族艺术家。

有明一代，丽江的木土司家族不仅信仰、扶持藏传佛教，而且还十分信奉汉传佛教、儒教和道教等。其家族成员都有深厚的汉族文化功底和良好的艺术修养，在土司衙门专门修建藏书楼，用于供奉和珍藏儒、释、道经典和各种古代文化典籍，同时与诸如董其昌、钱谦益、徐霞客、陈继儒等名重一时的江南文人、雅士都有交往，并收藏了大批书画作品。却英多吉抵达丽江后，与木氏土司家族过往甚密，多次进入木府，为其讲经说法，举行各种法事，自然有机会接触和观摩到这些汉地艺术精品。如据藏文文献，1648 年、即却英多吉抵达丽江的次年，他就曾前往丽江的龙宫参观，接受馈赠的各种库藏珍宝，并观摩了十六罗汉殿、壁画和大批丝织唐卡画。① 不仅如此，木土司在其治下修建了以华严宗为首的众多汉传佛教寺院和道观，其中佛教寺院有洪武时期在束河镇修建的大觉宫、木初于 1418 年在白沙修建的琉璃殿、木增于 1617 年在鸡足山修建的悉昙寺等；道观有洪武时期修建的真武祠、位于大研镇的城隍庙、木公 1533 年重修的雪山北岳庙等等。不仅如此，木土司还迎请内地的汉族艺术家参与其中的雕塑和壁画的创作。② 其中来自宁波的画家马肖仙不仅十分活跃，技艺精湛，其作品被誉为神品，而且据说他还被请到西域作画。光绪《丽江府志》特为他立传，记述其事："马肖仙江南人，工图画山水，瑧神品，花卉人物，靡不精妙，识者称为马仙画。西域闻其名，延去数载，后复归丽，死之日，人见其指头有字云"。③

虽然马肖仙此人无考，也无确切的作品存世，但学术界都认为此人参与了丽江木土司修建的寺观壁画的创作，并认为《丽江府志略》中所

---

①《却英多吉传》，藏文，未刊本，原文为："klu gi pho brang phebs/pho brang gi nang mdzod nas rin po chevi rigs du ma sogs phul/gnas bcuvi lha khang dang/logs ris dang/si thang du ma vdug pa gzigs/"。参见 Karl Debreczeny, The Black Hat Eccentric, Artistic Visions of the Tenth Karmapa, Rubin Museum of Art, New York, 2012, pp. 117, 303 and note514.

②关于木土司家族在丽江修建的儒、释、道寺观，详细参见乾隆《丽江府志略》和光绪《丽江府志》。

③乾隆《丽江府志略》，丽江县县志委员会编，1991 年，第 181 页。

载“西域”即指西藏。换言之,马肖仙曾被请往西藏作画,有的学者甚至说,此载是指却英多吉曾请他到西藏作画,虽然相关汉藏文献中均无载。[①] 但从丽江现存壁画和文献记载来看,有一点可以肯定,即明末清初的丽江有不少活跃的内地画家,在此长期生活的却英多吉可能与其中部分画家有过交往,对内地的艺术有了更为全面、深入、系统的了解。

却英多吉在丽江期间虽然广泛接触汉地艺术并深受其影响,但从其署名的释迦牟尼佛与十六罗汉唐卡作品来看,其作品并非对汉地艺术的照搬,而是吸收后的有机融合。换言之,他笔下的释迦牟尼佛与十六罗汉唐卡作品既非纯碎的藏式艺术、亦非纯粹的汉式艺术,而是按照自己的经历、生活和审美以及对艺术的理解,将二者完美地融于一体,从而形成了一种具有独特个性的艺术风格。与传统的十六罗汉题材绘画相比,却英多吉在此套唐卡作品的创作中展示出诸多独创性。首先,他笔下的十六罗汉的形象、手中的持物和姿势既不同于西藏流行的同一题材,也不同于内地流行的同一题材。正如前述,按传统的经典记载和流行造型很难一一识别、定名,显然为他个人的独创。其次,在这套作品中,他描写了诸如猴子、老虎、牛、兔、孔雀、鹭、鹤、雁、鸡等大量的动物纹样,而这些纹样绝大多数在传统十六罗汉题材中都没有表现,同样也是他的独创;再次,作品中大量表现饮食的场景,也是传统十六罗汉题材中从来未有的,正如杜凯鹤所言,这或许与他从西藏逃难到丽江途中多次被抢、一直忍饥挨饿、沿途乞讨的经历有关;最后,也最为重要的是,作品中描写了许多陪衬主要人物罗汉的生活小场景,这也是他的又一大独创。这些场景包括洗萝卜的妇女、两位玩耍化缘钵的顽童、抱鹅的童子、在树下吃食的兔子和庭院中觅食的鸡雀等等。每一个场景的刻画都栩栩如生、入木三分,展示出作者对生活的敏锐观察力和高超的艺术表现力,从而使画面充满活力和浪漫的生活情趣,极富艺术感染力。

①如和仕勇主编:《丽江白沙壁画图释》(云南出版集团公司、云南人民出版社,2011 年,第 2 页)就持此说。

却英多吉创作的这套融入自己情感和生活的唐卡作品，虽然属于宗教题材，但已大大超越了宗教艺术的范畴，闪耀着人文艺术的光芒。作为一位宗教首领和宗教题材的艺术家，却英多吉确实令人敬仰。他笔下的十六罗汉作品，给人一种恬淡、祥和、人与自然完美融合，充满闲情逸致和生活情趣、甚至是禅趣的强烈感受。画面一派田园牧歌，其乐融融，堪与人间仙境桃花源媲美，这也许就是他对为普度众生而不入涅槃的罗汉的最好诠释。

却英多吉是西藏艺术史上精通藏、汉两种艺术，又将两种艺术完美融为一体，并且具有鲜明艺术个性、富有人文主义特点的伟大艺术家之一。他在继承西藏传统艺术的基础上，大量吸收汉地文化和艺术而创立的“汉式唐卡”风格，对清代的藏传佛教艺术、尤其是噶玛噶智画派的创作潮流产生了直接而又重要的影响，为明末清初藏、汉文化的交流和融合做出了重要的贡献。

原文刊于《中国藏学》2016 年第 1 期第 44-61 页。

继承与创新:18 世纪藏族著名艺术家司徒班钦的艺术成就

司徒班钦(1700–1774)是十八世纪藏族著名的学者,一生博学多闻、著作等身,他在佛学、文学、医学和历算等藏族传统学问“大小五明”上的贡献早已闻名遐迩,被时人尊称为学富五车的“班钦”、亦即大学者,但世人对其在艺术上的成就相形之下则所知不多。实际上,他的艺术成就毫不逊色。他在传统噶玛噶智画派的基础上,通过长期的艺术实践和对西藏、云南、尼泊尔等地传统艺术的实地考察,对该派推陈出新,形成了自己与众不同的风格,并对清代以来的四川、西藏、青海、云南和甘肃藏区和内地的藏传佛教艺术创作都产生了重要的影响,被后世学者称之为新噶玛噶智画派。① 拙文在此对根据司徒班钦本人的传记并结合其传世作品,在前人研究的基础上,对其艺术背景、作品的题材和风格及其特点、渊源进行一次系统的梳理,以充分展示他在这一领域的成就。

一、司徒班钦的艺术背景和创作

司徒班钦的全名为司徒班钦·却吉迥乃(སི་ཏུ་པཎ་ཆེན་ཆོས་ཀྱི་འབྱུང་གནས),

①例如参见根秋登子(དཀོན་མཆོག་བསྟན་འཛིན):《藏族传统美术概论》(བཟོ་གནས་སྐར་ཆེའི་ཆུ་ཐིགས),藏文本,北京:中国藏学出版社,1994 年,113 页。

又名丹贝宁杰祖拉却吉囊瓦(བསྟན་པའི་ཉིན་བྱེད་གཙུག་ལག་ཆོས་ཀྱི་སྣང་བ),1700 年出生于今四川省甘孜藏族自治州德格县定仁岗(དིང་རིག་སྒང)。8 岁时,由八世夏玛巴(红帽系活佛)却吉顿珠(ཆོས་ཀྱི་དོན་གྲུབ,1695-1732)认定为八世司徒活佛,在楚布寺坐床。司徒活佛为噶玛噶举派著名的活佛系统之一,始于明初,其活佛系统的名称司徒(སི་ཏུ)源于明朝皇帝的封赐,全称“大司徒(ཏའི་སི་ཏུ)”。一世司徒却吉坚赞(ཆོས་ཀྱི་རྒྱལ་མཚན,1377-1448)为五世噶玛巴得银协巴的弟子,1407 年随五世噶玛巴前往南京朝觐明成祖时,因其道行卓异被封为“灌顶圆通妙济国师”。[①] 1448 年却吉坚赞圆寂后,由六世噶玛巴通瓦顿丹认定其转世,由此开启了司徒活佛转世的序幕。[②] 司徒班钦为司徒活佛第八世活佛,并且从他开始,司徒活佛成为司徒班钦于 1729 年建成的八邦寺(དཔལ་སྤུངས)的著名活佛。

按《司徒班钦自传》等藏文文献,司徒班钦早年主要师从八世夏玛巴贝丹却吉顿珠(དཔལ་ལྡན་ཆོས་ཀྱི་དོན་གྲུབ,1695-1732)、十二世噶玛巴强秋多吉(བྱང་ཆུབ་རྡོ་རྗེ,1703-1732)等大师学习佛学、梵文,数次前往西藏、尼泊尔、云南丽江和青海等地游学、朝圣,参与主持德格版《大藏经》的编纂,很快成长为一名学识渊博、名重一时的大师。他一生涉猎广泛,并颇有建树,尤其在文学、语言学、艺术、藏医、历算等领域的成就备受后世推崇。其著作《司徒文法》等众多著作耳熟能详,其影响一直延续至今。同时桃李天下,十三世噶玛巴督堆多吉(བདུད་འདུལ་རྡོ་རྗེ,1733-1797)和十世夏玛巴却珠嘉措(ཆོས་གྲུབ་རྒྱ་མཚོ,1742-1792)等著名活佛都是他的弟子。更为重要的是,1729 年,在德格土司的支持下,他在家乡四川省德格县创建八邦寺。该寺迅速发展成为噶玛噶举派重要的中心之一,噶玛噶举派的宗教中心也从西藏昌都噶玛寺(ཀརྨ་དགོན)东移,为噶玛噶举派在清代的发展做出了重要的贡献。

---

①《明成祖实录》永乐十一年(1413)二月已未条。他的名字在此载为“绰思吉监藏”,亦即ཆོས་ཀྱི་རྒྱལ་མཚན的明代音译。

②关于司徒活佛系统的来源及其世系,分别参见通拉泽翁、杨健吾:《八邦寺暨历代司徒活佛》,《西藏民族学院学报》,1989 年 2 期,36-43 页和房建昌:《噶玛噶举派的司徒活佛世系与八邦寺》,《西藏民族学院学报》,1992 年 2 期,31-35 页。

据《司徒班钦自传》,与十世噶玛巴一样,司徒班钦自幼也对艺术情有独钟,并展示出非凡的艺术天赋和鉴赏力。早年的艺术教育和训练主要得益于广泛的朝圣游历、对勉塘派、钦孜派和汉式风格等经典作品的熏陶和临摹,与八世夏玛巴、十二世噶玛巴和杜玛格西·丹增平措等人的传授。早年他曾先后在西藏昌都的噶玛寺、拉萨的楚布寺、当雄县的羊八井寺和山南贡嘎县的贡嘎寺欣赏过噶玛噶智画派、勉塘派和钦孜派创始人曼拉顿珠和钦孜钦摩等大师们创作的雕塑和绘画名作。不仅对噶玛寺中供奉和珍藏的无数噶玛噶智画派的雕塑和绘画作品流连忘返,而且还曾专门在羊八井寺喇嘛拉康佛殿(བླ་མ་ལྷ་ཁང)长住,忘情地观摩曼拉顿珠创作的大成就者壁画。1715 年,司徒班钦开始正式师从艺术家贡布(ཀོང་པོ)学习造像量度,在羊八井寺鉴赏和临摹古代的金铜造像精品。与此同时,开始在十二世噶玛巴的指导下创作噶玛噶举派的上师、八世夏玛巴贝丹却吉顿珠和大黑天(མགོན་པོ་བེར་ནག་ཅན)唐卡,由此逐步走向了艺术创作的道路,并经过长期的艺术积累和不断的融合,最终自成一派。

司徒班钦一生创作了大量的雕塑和绘画作品,大多由他本人记载于《司徒班钦自传》中,为后世了解司徒班钦作品的题材和风格提供了真实的依据。故此引述于下:

水虎年(1722)新年,创作白色文殊菩萨唐卡,并且在其中创作了噶举金曼(བཀའ་བརྒྱུད་གསེར་ཕྲེང,亦即噶举派上师传承人物)小像。他不仅亲自起稿,还亲自上色和晕染。

火马年(1726)藏历 8 月,为八大成就者唐卡起稿,其色彩和勾线按噶智风格创作,作为回报德格建寺的礼品,获得嘉勉;9 月,开始绘制本生故事白描,1745 年,司徒班钦将这套唐卡送给了十三世噶玛巴;12 月,前往八邦,查看建寺地形,并在集会大殿位置立石。火羊年(1727)3 月 7 日,任命聂钦曲迥洛珠(གཉེར་ཆེན་ཆོས་སྐྱོང་བློ་གྲོས)为工程官(ལས་དཔོན),八邦寺奠基。土猴年(1728)7 月 3 日,基本完成八邦寺建筑,德格土司父子前往,赏赐了大批礼物。

土鸡年(1729)3 月,司徒班钦为八邦寺佛殿的木构件浮雕勾线,为天井壁画起稿,并组织 23 位来自噶玛的画家参与创作。5 月 1 日,司徒班钦开始为集会大殿壁画起稿,同时为印度装束的十六罗汉、金刚手和藏式装束的大黑天等所有唐卡勾线、设色。

铁狗年(1730)新年,应陈塘桑结(དྲན་ཐང་སངས་རྒྱས)的邀请,创作了几幅唐卡;同时为噶玛喇嘛创作印度大师六圣(རྒྱན་དྲུག)唐卡。

水鼠年(1731),完成德格土司所刊大藏经《甘珠尔》经典的校对,并按土司之意,编辑出八函目录。让噶雪画家成烈饶培(འཕྲིན་ལས་རབ་འཕེལ)在纸上临摹曼塘派著名艺术家潘德活佛(སྤྲུལ་སྐུ་པན་བདེ)的八大菩萨唐卡,并建立噶雪画家赋彩的工作室。

水牛年(1733)藏历 11 月 2 日,听到十二世噶玛巴和八世红帽系活佛圆寂消息后,为其圆寂举行胜乐五尊仪式,撰写其迅速转世的祈愿文,“建立创作《如意藤》(དཔག་བསམ་འཁྲི་ཤིང)本生故事唐卡工作室,如同汉式丝织唐卡一样,其色彩和勾线等按汉式风格创作,建筑和装束等则按印度、尼泊尔等地风格创作,由自己新构思并亲自创作 30 余幅唐卡的白描。”与此同时,完成了工程浩大的德格版《大藏经》雕版刻制的督导工作。

木虎年(1734)3 月初,在八邦寺“继续绘制《如意藤》本生故事唐卡余下白描,并开始为已完成的白描设色,噶雪活佛们依次勾线、赋彩、描金,我开始绘塑集会大殿等佛殿中的佛像,多康地区绘塑艺术由此得到彰显。为普明、无量寿、酬祚神灵、金刚亥母、胜乐金刚和佛海观音等诸佛菩萨版画的刊印建立起稿和雕刻的工作室,饶陪(རབ་འཕེལ)等人正在创作《甘珠尔》金鬘的药师诸佛和诸依怙之像。”火蛇年(1737),4 月 13 日,为《如意藤》本生故事唐卡举行开光仪式。

铁马年(1750),资助杰堆佛像艺术家(རྗེ་སྟོད་ལྷ་བཟོ་བ)次旺扎巴(ཚེ་དབང་གྲགས་པ)绘制了二十七幅密宗唐卡。这套唐卡包括白胜乐金刚、时轮、胜乐经所述时轮(དུས་འཁོར་རྩོམ་ཆེན)、上部注疏所述胜乐(བདེ་མཆོག་སྟོད་འགྲེལ)、鲁伊巴传规胜乐(བདེ་མཆོག་ལཱུ་ཨི་ལུགས)、黑足传规胜乐(ནག་པོ་ལུགས)、金刚空行、胜乐胜生经所述(བདེ་མཆོག་སྡོམ་འབྱུང)、甚深功德(སྦྱངས་པའི་ཡོན་ཏན)、六转轮(འཁོར་ལོས་བསྒྱུར་དྲུག)、邦协(བོང་ཞལ)、胜乐文殊金刚(བདེ་མཆོག་འཇམ་རྡོར)、亥母(ཕག་མོ)、胜乐空行海(བ་མཆོག་མཁའ་འགྲོ་རྒྱ་མཚོ)、亥面佛母(ཕག་གདོང

ཆེན་མོ)、密集不动金刚(གསང་འདུས་མི་བསྐྱོད་རྡོ་རྗེ)、文殊金刚、黑阎魔敌(དགྲ་ནག)、红阎魔敌(གཤེད་དམར)、大威德金刚(འཇིགས་མཛད)、佛海观音(རྒྱལ་བ་རྒྱ་མཚོ)、金刚四座瑜伽空行(གདན་བཞི་རྣལ་འབྱོར་ནམ་མཁའ)、白色智慧自在佛母(ཡུམ་དཀར་ཡེ་ཤེས་དབང་ཕྱུག)、佛护乐、大幻金刚、幻网胜乐(སྒྱུ་མ་བདེ་མཆོག)、瑜伽度母(སྒྲོལ་མ་རྣལ་འབྱོར་མ),红帽活佛与白文殊和密证马头明王(རྟ་མགྲིན་གསང་སྒྲུབ)三身一铺及无量寿佛等整套唐卡。所有唐卡均由司徒班钦按照《时轮经》和《戒生经》构图,量度与经典之载一丝不差。构图发布后,依次开始起稿。

1753 年,向他人赠送了全套二十三幅的《如意藤》故事唐卡。

1761 年,为仲巴(དྲང་པ)创作了一幅十六罗汉题材的唐卡。同时,应西拉(zhi lha)之请,创作了一幅莲花生上师(གུ་རུ་རིན་པོ་ཆེ)唐卡。

水马年(1762),向德格土司敬献了一幅白度母一日唐卡。

1763 年,按十三世噶玛巴杜堆多杰的意愿创作了一幅唐卡,并与十三世噶玛巴一起共同创作了两幅唐卡。十三世噶玛巴在八邦寺向司徒赠送了十世噶玛巴却英多杰创作的释迦牟尼佛十二宏化唐卡(མཛད་བཅུ)。另应止贡寺住持之请,绘制了一幅唐卡,并在唐卡背面笔录了经文。

1764- 1773 年间,每年都创作白度母和连花生唐卡,其中两幅唐卡是在噶玛扎西的协助下完成的。

1767 年,为当巴噶玛索南杰(དམ་པ་ཀརྨ་བསོད་ནམས་རྒྱལ)创作怒相莲花生(གུ་རུ་དྲག་པོ)黑色唐卡(ཐལ་ཐང)。

1770 年,捐赠了一幅三怙主(རིགས་གསུམ་མགོན་པོ)唐卡和十一幅本生故事唐卡组画。同年年底,司徒构图了数幅唐卡,同时还为三件马头明王(རྟ་མགྲིན་མགོན་པོ)唐卡举行了开光仪式,并摁手印。

1771 年,司徒班钦将自己珍藏的数幅珍贵的唐卡借给了他人。这些作品包括曼塘巴、强巴(བྱང་པ)、歧乌活佛等大师创作的作品。

1772 年,将二十一幅《如意藤》唐卡组画借给了德格的执法官。①

从上述《司徒班钦自传》可知,司徒班钦在充分继承噶玛噶智画派传统养料的基础上,融合曼塘派、钦孜派、歧乌派等其他画派,同时吸收以丝织唐卡为主的汉地、印度和尼泊尔艺术风格,最后形成新噶玛噶智风格。无量寿佛、白度母、莲花生、六胜二庄严、八大菩萨、噶举金鬘、十二宏化、十六罗汉、《如意藤》本生、八大成就者、八十四大成就者和密宗中的诸佛菩萨是司徒班钦常见的表现题材。

二、司徒班钦的传世作品

司徒班钦一生创作了大量的艺术作品,不少作品传世至今,主要保存在他创建的八邦寺、美国的鲁宾艺术博物馆(Rubin Museum of Art)为首的国内外各大博物馆和私人手中,其中一些作品还题写有明确的题记。西方学者大卫·P·杰克逊对这些传世作品进行了梳理。他认为,其中 12 套唐卡组画确属司徒班钦的作品,或源自八邦寺。另有 6 套唐卡组画可能也出自司徒班钦的手笔。其中,属于司徒班钦创作或来自八邦寺的 12 套唐卡组画分别是:

1、八大成就者

他们分别是古代印度佛教中八位道行卓异的修行者因陀罗普提(Indrabhuti)、库库日巴(Kukkuripa)、莲花金刚(Padmavajra)、龙树(Arya Nagarjuna)、董必黑如迦(Dombi Heruka)、鲁伊巴(Luhipa)、铃尊者(Ghantapa,图 2)和萨拉哈(Saraha,图 6)。他们经常出现在胜乐金刚坛城边缘的寒林。此套唐卡通常由 8 或 9 幅组成。

2、本生百品

包括马鸣撰著的《三十四品本生故事》和三世噶玛巴撰著的《百品

①关于司徒班钦作品的记载,分别参见司徒班钦·却吉迥乃:《司徒班钦自传》(ཏའི་སི་ཏུར་འབོད་པ་ཀརྨ་ཀམ་བསྟན་པའི་ཉིན་བྱེད་ཀྱི་རང་ཚུལ་དྲངས་པོར་བརྗོད་པ་དྲི་བྲལ་ཤེལ་གྱི་མེ་ལོང་ཞེས་བྱ་བ་བཞུགས་སོ།),见嘎玛降泽(ཀརྨ་རྒྱལ་མཚན)编:《司徒班钦文集》(སི་ཏུ་པཎ་ཆེན་ཆོས་ཀྱི་འབྱུང་གནས་ཀྱི་བཀའ་འབུམ་བཞུགས་སོ།),ཨ 函,四川出版集团、四川民族出版社,2014 年,40、140、142、145、147、152、155、157、177、305 等页。

本生故事》。

3、六胜二庄严

他们分别表现的是古代印度佛教中的八位著名高僧龙树(Arya Nagarjuna)、圣天(Aryadeva)、无著(Asanga)、世亲(Vasubandhu)、法称(Dharmakirti)、陈那(Dignaga)、功德光(Gunaprabha)和释迦光(Shakyaprabha)。按《司徒班钦自传》,司徒班钦在1730年开始创作此套组画,组画由5幅作品组成。司徒班钦在其自传记中此套作品称之为"在汉式卷轴画上的新创作"。

4、八大菩萨

八大菩萨分别是文殊(Manjushiri,图10)、观音(Avalokiteshvara,图9)、金刚手(Vajrapani)、弥勒(Maitreya)、除障盖(Sarvanivaranaviskambhi)、虚空藏(Akashagarbha)、地藏(Ksitigarbha)和普贤(Samantabhadra)。组画通常由8或9幅作品组成(图7),具有强烈的汉式风格特征。

5、《如意藤》本生故事

《如意藤》是印度克什米尔诗人善自在王(Ksemendra)在11世纪中叶编著的一部佛本生故事集,共108品。13世纪萨迦派大师雄敦·多吉坚赞(ཤོང་སྟོན་རྡོ་རྗེ་རྒྱལ་མཚན)译入藏文后,成为西藏壁画和唐卡艺术中常见的题材之一。司徒班钦1733年开始创作这一题材,全套作品由21幅唐卡组成(图4)。

6、27尊密宗怒相神

此套唐卡创作于1750年,其中分别表现的27尊神灵都是噶玛噶举派修习的重要密宗神灵,每位主尊周围都绘有数身神灵小像。其中第一幅唐卡表现的是一面二臂白胜乐金刚双身像,六位神灵环绕四周(图5)。

7、莲花生八大化身

按《司徒班钦自传》,司徒班钦曾资助过两套这一题材的唐卡。其中一套是由杰堆艺术家创作于1769年,另一套作品由坚赞(རྒྱལ་མཚན)创作于1770年。

8、香巴拉王统

此套作品由 31 幅唐卡组成,主尊为香巴拉王统(རིགས་ལྡན),胁侍包括时轮教法传承的上师像(图 7)。

9、噶玛噶举和八邦寺历代司徒活佛承

八邦寺藏有 23 幅司徒活佛组画,原作共 25 幅。该套作品因九、十世噶玛巴和历代司徒活佛所题写的偈颂都以“格勒都玛(དགེ་ལེགས་དུས་མ)”开始,故又以此命名。加上弥勒,此套唐卡总共描绘有 26 位藏族和印度上师。

10、噶玛噶举上师传承噶举金鬘

此套唐卡表现的是噶玛噶举派修习的大手印或纳若六法的历代上师传承。由于时代的不同,组画的总数也不同。现存组画至少由 40 幅唐卡组成,而在司徒班钦时期,该套组画由 33 幅唐卡组成,它们表现的传承上师分别是:

金刚持(Vajradhara)、底洛巴(Tilopa)、纳若巴(Naropa)、玛尔巴译师(མར་པ་ལོ་ཙཱ་བ,1012-1096)、米拉日巴(མི་ལ་རས་པ,1040-1123)、岗波巴(སྒམ་པོ་པ,1079-1153)、一世噶玛巴都松钦巴(དུས་གསུམ་མཁྱེན་པ,1110-1193)、卓贡热钦(འགྲོ་མགོན་རས་ཆེན,又名卓贡桑结热钦贝扎[འགྲོ་མགོན་སངས་རྒྱས་རས་ཆེན་དཔལ་གྲགས],1148-1218)、杰色邦扎巴(རྒྱལ་སྲས་སྤོམ་བྲག་པ,或邦扎巴索南多杰[སྤོམ་བྲག་པ་བསོད་ནམས་རིན་ཆེན],1170-1249)、二世噶玛巴噶玛拔希(ཀརྨ་པཀྴི,1204-183)、邬坚巴仁钦贝(ཨོ་རྒྱན་པ་རིན་ཆེན་དཔལ,1229/30-1309)、三世噶玛巴让琼多杰(རང་འབྱུང་རྡོ་རྗེ,1284-1339)、嘉瓦雍敦钦波(རྒྱལ་བ་གཡུང་སྟོན་ཆེན་པོ,或雍敦多杰贝[གཡུང་སྟོན་རྡོ་རྗེ་དཔལ],1284-1365)、四世噶玛巴乳必多杰(རོལ་པའི་རྡོ་རྗེ,1340-1383)、二世夏玛巴喀觉旺波(མཁའ་སྤྱོད་དབང་པོ,1350-1405)、五世噶玛巴得银协巴(དེ་བཞིན་གཤེགས་པ,1384-1415)、杰色热特纳巴(རྒྱལ་སྲས་རཏྣ་པ,或国师仁钦贝[ཀོ་ཤྲི་རིན་ཆེན་དཔལ])、六世噶玛巴通瓦顿丹(མཐོང་བ་དོན་ལྡན,1416-1453)、绛贝桑波(འཇམ་དཔལ་བཟང་པོ 或班嘎瓦绛贝桑波[འབན་སྒར་བ་འཇམ་དཔལ་བཟང་པོ])、一世贾曹活佛班觉顿珠(དཔལ་འབྱོར་དོན་གྲུབ 或国师班觉顿珠[ཀོ་ཤྲིདཔལ་འབྱོར་དོན་གྲུབ],1427-1489)、七世噶玛巴却扎嘉措(ཆོས་གྲགས་རྒྱ་མཚོ,1454-1506)、扎西班觉(བཀྲ་ཤིས་དཔལ་འབྱོར,又名桑结念巴[སངས་རྒྱས་མཉན་པ],1457-1525)、八世噶玛巴米觉多杰(མི་བསྐྱོད་རྡོ་རྗེ,1507

-1554)、五世夏玛巴贡却衍拉(དཀོན་མཆོག་ཡན་ལག,1525-1583)、九世噶玛巴旺秋多杰(དབང་ཕྱུག་རྡོ་རྗེ,1556-1601/3)、六世夏玛巴却吉旺秋(ཆོས་ཀྱི་དབང་ཕྱུག,1584-1635,图1)、十世噶玛巴却英多杰(ཆོས་དབྱིངས་རྡོ་རྗེ,又名索迥吉丹旺秋[བཅོ་སྐྱོངས་འཇིག་རྟེན་དབང་ཕྱུག],1604-1674)、七世夏玛巴益西宁波(ཡེ་ཤེས་སྙིང་པོ,1639-1694)、十一世噶玛巴益西多杰(ཡེ་ཤེས་རྡོ་རྗེ,1676-1702)、八世夏玛巴却吉顿珠(或贝钦却吉顿珠[དཔལ་ཆེན་ཆོས་ཀྱི་དོན་གྲུབ])、十二世噶玛巴强秋多杰、八世司徒活佛却吉迥乃、十三世噶玛巴督堆多杰。①

11、**八十四大成就者**

除前述八大成就者组画外,司徒班钦还创作有八十四大成就者组画。这一题材在藏传佛教密宗题材中比较流行。

12、**十六罗汉**

十六罗汉世藏传佛教艺术中非常流行的题材之一,司徒班钦也曾创作和资助过数套十六罗汉组画(图3)。

其他可能与司徒班钦或八邦寺有关的6套唐卡组画分别是:佛传(སྟོན་པ་མཛད་པ)唐卡、米拉日巴画传、噶当派上师组画、二十一度母及其化身组画、药师七佛唐卡和护法神黑色唐卡等。②

三、风格与创新

司徒班钦的这些传世作品在继承传统老噶玛噶智派、曼塘派、钦孜派等西藏各大艺术流派的基础上在构图、色彩和技法上体现出一些新的特点,并且这些特点大多与汉地艺术密切相关。

①司徒班钦之后噶玛噶举派上师传承唐卡的人物略有增加,他们分别是:十世夏玛巴却珠嘉措(ཆོས་གྲུབ་རྒྱ་མཚོ或米庞却珠嘉措[མི་ཕམ་ཆོས་གྲུབ་རྒྱ་མཚོ],1742-1792)、九世司徒白玛宁杰(པད་མ་ཉིན་བྱེད或白玛宁杰旺波[པད་མ་ཉིན་བྱེད་དབང་པོ],1774-1583)、十四世噶玛巴特却多杰(ཐེག་མཆོག་རྡོ་རྗེ,1797-1845)、绛贡洛珠他耶(འཇམ་མགོན་བློ་གྲོས་མཐའ་ཡས,或工珠云丹嘉措[ཀོང་སྤྲུལ་ཡོན་ཏན་རྒྱ་མཚོ],1813-1899)、十五世噶玛巴喀觉多杰(མཁའ་ཁྱབ་རྡོ་རྗེ,1845-1924)、十世司徒白玛旺曲杰波(པད་མ་དབང་ཕྱུག་རྒྱལ་པོ,1886-1952)、二世工珠活佛班丹钦孜沃色(དཔལ་ལྡན་མཁྱེན་བརྩེའི་འོད་ཟེར,1899生)和十六世噶玛巴日贝多杰(རིག་པའི་རྡོ་རྗེ,1924-1981)。

②For details, see David P. Jackson, Patron and Painter: Situ Panchen and the Revival of the Encampment Style, Rubin Museum of Art, 2009, pp. 115-135, 137-221 and figs. 6.1-9.33.

首先,在司徒班钦的作品构图上体现出三大大显著的特点:第一,与传统画作相比,作品的背景营造出现明显的透视空间感。背景中的风景纹样不仅完全承担了构图的主要功能,而且疏密有致,形成了前景、中景和远景的明确划分(如图 1 -3)。这种透视的空间感应来自国画的透视空间处理,噶玛噶智画派十七世纪的伟大艺术家却英多吉对此的运用早已十分娴熟,得心应手,①司徒班钦显然吸收了这一构图元素。第二,画幅中以诸佛、菩萨和上师为主要人物的主尊像的构图,打破了传统中心构图的模式。传统上,藏传佛教诸佛菩萨等神灵的表现大多采用的是印度佛教艺术的模式:诸佛菩萨和上师通常构图在画幅的中心位置,并且造型最大,其他相关胁侍则对称地构图在主尊像的周围。通常,在画幅的上方表现诸佛、菩萨和上师,主尊两侧表现胁侍,前方则构图护法神和供养人像。构图讲究对称、协调。但在此,主尊像虽然也构图在中心,但非传统的正中位置,通常都向左右位移,并且主尊像、尤其是上师像多以侧面像的形式来表现,与传统流行的正面像截然不同。主尊像周围的胁侍像的构图不再刻意突出左右或上下的对称,而是强调与主尊像和整个画面的谐和(图 1、2、7)。因此,人物的构图体现出更加灵活、自由的特点。② 第三,大量诸佛菩萨等胁侍人物构图在空中,从而打破了想象中的现实空间,将现实和天国交织在一起,营造出一种神秘、诡异、超然的时空感(图 5)。由于这些胁侍人物的构图给人以飘浮之感,因此部分学者甚至将此直接归结为飘浮构图模式。③

其次,在设色上,青绿成为背景中流行的主要色彩,与汉地青绿山水画的设色十分相近(图 2、6、7)。并且,除诸佛菩萨等神灵的色彩外,

①关于十世噶玛巴作品中对透视空间营造的范作,当属云南丽江博物馆珍藏的他创作于 1660 年的七幅一套的唐卡组画《释迦牟尼佛与十六罗汉唐卡》。关于这套组画作品的图片和研究,分别参见 Karl Debreczeny, The Black Hat Eccentric, Artistic Visions of the Tenth Karmapa, Rubin Museum of Art, New York, 2012, pp. 21-22, 242-245;熊文彬:《西藏著名艺术家十世噶玛巴活佛却英多吉笔下的汉式风格作品》,《中国藏学》2016 年第 1 期,44-61 页。

②David P. Jackson, Patron and Painter: Situ Panchen and the Revival of the Encampment Style, Rubin Museum of Art, 2009, pp. 87-88.

③例如美国喜马拉雅艺术网站的杰夫·瓦特(Jeff Watt)先生 2017 年在中国的多场西藏唐卡的讲座中就曾如此来划分唐卡的构图模式。

以上师像、佛传故事和本生故事为主的绘画中,设色与传统相比,明显趋于清淡。人物与背景的色彩更加自然和谐和。尤其是背景色彩的淡雅,有力烘托出主要人物对佛教教义的追求:寂静和空灵之感的营造。

再次,纹样正如司徒班钦本人所述,大量吸收汉地和印度服饰等艺术母题,但除《如意藤》本生故事组画等部分唐卡中印度、尼泊尔服饰比较显著(图4)外,大多作品中汉地艺术元素十分显著。尤其是在风景纹样的表现上,这一特点尤为突出。在这些作品中通常都可见到汉地作品中常见的奇石、溪流、飞禽、松、竹、云彩等建筑、植物和动物纹样(图1、3、6和7-11)。不仅如此,在这些纹样的表现中,其皴擦点染的技法也与汉地艺术极其相似,如松、竹等植物树疖和奇石纹理表现的皴法就与汉地青绿山水画和文人画同一纹样的表现如出一辙(图1、3)。

对于司徒班钦所开创的新噶玛噶智画派的特点,他本人在其领衔创作的《如意藤》本生故事唐卡组画中进行了最为精彩和准确的诠释。这套作品由33幅组画组成,题写有明确的题记,一直保存在四川甘孜藏族自治州德格县的八邦寺,是认识和了解司徒班钦作品和风格最为可信的作品之一。按《司徒班钦自传》,《如意藤》本生故事唐卡的创作始于1733年,由司徒班钦本人构思并参与创作。1737年,司徒班钦从西藏朝圣返回后,为这套作品举行了开光仪式(图4)。他在组画的跋记中写道:“其色彩和风格,师从汉地大师;景致、装束和建筑等,犹如圣地现眼前;新老曼塘、钦孜画派,以及歧郛岗巴与噶智派,在此齐聚一堂,争气斗妍。”①由此清晰可知,此套《如意藤》唐卡组画中的设色和风格按汉地艺术创作而成,其中表现的景致、人物的装束和建筑等纹样,采用的是印度、尼泊尔模式。整套唐卡融新、老曼塘画派,钦孜画派、歧郛岗巴画派和噶玛噶智画派于一体。由于传统曼塘派、钦孜派、噶玛噶智派都长期吸收汉地艺术,因此此套唐卡的汉地艺术风格十分显著。

司徒班钦作品中的汉地风格元素不仅来自于传统,更多来自于他

①藏文原文为:“ཚོན་དང་རི་མོ་ཉམས་འགྱུར། རྒྱ་ནག་མཁས་པའི་རྗེས་འབྲངས་ནས། ཡུལ་དང་ཆ་ལུགས་ཁང་བཟང་སོགས། འཕགས་ཡུལ་མངོན་སུམ་མཐོང་བཞིན་བྱས། སྨན་ཐང་གསར་རྙིང་མཁྱེན་ལུགས་པ། བྱིའུ་སྒང་པ་སྒར་བྲིས་པའི། རྣམ་དཔྱོད་དེ་ཀུན་འདིར་ལྡན་ཡང་། ཉམས་འགྱུར་འགྲན་གྱིས་ཁྱད་པར་བྱས།།”。

生活的 18 世纪的清代。清代是汉藏文化交流和融合的又一重要的历史时期,尤其是在司徒班钦的家乡德格县所在的汉藏交界地区。按《司徒班钦自传》,司徒班钦一生游历广泛,曾在 1729、1739 年和 1759 年三次前往汉藏文化交接地区的云南丽江、大理和邻近的汉族地区朝圣、传法、建寺,广泛接触汉族人士,对汉地文化也有深入的了解。① 美国学者杜凯鹤(Karl Debreczeny)依据汉藏文记载和田野调查,对司徒班钦在云南的活动进行了比较深入系统的研究。②

云南的丽江、大理和迪庆等地是元以来噶玛噶举派传法和活动的主要地区之一。噶玛噶举以大宝法王却英多吉为首的各大活佛都纷纷在此传法,乾隆年间的汉文文献根据 1407 年永乐皇帝敕封的“大宝法王”为例,将在此活动的噶玛噶举派各大活佛分别称之为大宝、二宝、三宝、四宝和五宝活佛,③其中四宝活佛就是司徒活佛。他们在明末清初的丽江和中甸(今香格拉县)建有十多座寺院,其中在丽江建有文峰寺、指云寺、普济寺、福国寺(解脱林寺)、玉峰寺、林昭林寺、嘉华寺、答来寺、寿国寺、来景寺、普化寺、达摩寺和来远寺等十三座寺院;在中甸建有大宝寺、孜夏寺、嘉夏寺和康司寺等四座寺院。④ 在这些寺院中,指云寺(རིག་དོན་ཕུན་ཚོགས་གླིང)、玉峰寺(བཀྲ་ཤིས་ཆོས་འཕེལ་གླིང)和普济寺(ཕུན་ཚོགས་གླིང)等寺院由司徒班钦或其弟子创建或重建。清代的丽江和大理等地同时具有深厚的汉文化土壤,历代木土司在扶持和信仰藏传佛教的同时,也大力提倡和支持汉传佛教、儒教、道教,在其辖下也修建有不少汉传佛教寺院和道观,不少壁画不仅出自以马肖仙为首的江南画家的手笔,⑤

①关于司徒班钦在云南的活动,详细参见司徒班钦·却吉迥乃:《司徒班钦自传》,见嘎玛降泽编:《司徒班钦文集》,a 函,四川出版集团、四川民族出版社,2014 年,148-390 页。

②Karl Debreczeny, Bodhisattvas South of the Clouds: Situ Panchen's Acitivities and Artisitc Inspiration in Yunnan, in David P. Jackson, Patron and Painter: Situ Panchen and the Revival of the Encampment Style, Rubin Museum of Art, 2009, pp. 223-254. 同时参见汉译本《菩萨在云南:司徒班钦在云南的活动及其艺术影响力》,《故宫博物馆院院刊》,2011 年第 2 期,101-139 页。

③《丽江府志略》,丽江县志编委会,1991 年重印本,128 页;《滇省迤西迤南夷人图说》,乾隆五十三年(1788)写本《大宝、二宝、三宝》条。

④参见冯智:《云南藏学研究——滇藏政教关系与清代治藏制度》,云南民族出版社,2007 年,第 121-122 和 129 页。

⑤乾隆《丽江府志略》,丽江县县志委员会编,1991 年,第 181 页。

而且在土司衙门建有藏书楼,收藏有大量的汉文经典和绘画作品,其中不乏吕继(1475-1503)之类明代著名画家的作品。① 与此同时,诸如徐霞客一样的大批江南的文人墨客都曾到访丽江。② 因此,历代丽江土司都有良好的汉文化素养,如明末清初的土司木懿棋琴书画无所不精。正是这一特殊的背景,不仅为十世噶玛巴提供了绝好的创作灵感和土壤,也为司徒班钦吸收汉族文化提供了良好的条件。

据《司徒班钦自传》,司徒班钦在1729-1759年的30年间,在丽江广泛接触和吸收汉族文化。他先后在丽江、大理考察寺院、鸡足山等佛教圣地;收集丽江-理塘藏文大藏经《甘珠尔》的资料,以资德格版藏文大藏经的编纂和刻印的参考;拜访木土司和丽江知府(丽江在雍正时期改土归流,设置流官),接触汉文藏书和绘画;学习汉文,用汉语编写度母成就法;同时学习汉族的医学和历算,并为其日后在藏医和历算成就的取得奠定了基础。③ 毋庸置疑,司徒班钦对汉文化广泛的学习和吸收为他创立的新噶玛噶智画派注入了新鲜血液。丽江玉峰寺现存八大菩萨木板画就被认为是他在丽江期间创作的作品(图8-11)。④

现存玉峰寺的八大菩萨被构图在十里香殿四壁的六块木板上,分别表现的是文殊(图10)、观音(图9)、金刚手、弥勒除障盖、虚空藏、地藏和普贤等八位菩萨,除观音与金刚手、弥勒与地藏四大菩萨分别被对称地构图在一张木板外,其余四大菩萨都是单独分别表现,整套作品堪称汉藏艺术水乳交融的典范。美国纽约的鲁宾艺术博物馆同时也保存

①部分木府的书画藏品现收藏在丽江东巴文化博物噶,吕继作品的编号为1115号,见《丽江书画选》,21页。

②关于徐霞客对丽江地区和木氏土司的访问,参见徐霞客:《徐霞客游记》,华夏出版社,2006年,781-796页。

③详细参见司徒班钦·却吉迥乃:《司徒班钦自传》,见嘎玛降泽编:《司徒班钦文集》,a函,四川出版集团、四川民族出版社,2014年,148-390页。

④杜凯鹤根据现存的司徒班钦作品,对着八幅木板画进行了详细的比较。参见 Karl Debreczeny, Bodhisattvas South of the Clouds: Situ Panchen's Activities and Artisitc Inspiration in Yunnan, in David P. Jackson, Patron and Painter: Situ Panchen and the Revival of the Encampment Style, Rubin Museum of Art, 2009, pp. 223-254.

有几幅同一题材的唐卡[①],鲁宾艺术博物馆同时还保存有数幅大成就者和一幅大黑天唐卡。这些作品都被认为是司徒班钦的作品或与司徒班钦相关的画作。尤其是大黑天唐卡题写的"此五尊神灵由却吉迥乃绘制(མགོན་ལྔའི་ཞལ་ཐང་ཆོས་འབྱུང[= ཆོས་ཀྱི་འབྱུང་གནས] ཕྱག་བྲིས་འགྲུབ་མེད་ལག།)"的题记表明,司徒班钦临摹、学习和吸收过十世噶玛巴的"汉式唐卡"的风格,包括对汉地绘画艺术中水墨和没骨技法的吸收。[②] 从现存部分司徒班钦创作或与其相关的作品可知,司徒班钦在诸佛菩萨等神灵的造型上虽然坚持了印度佛教的图像学特点,但在构图、设色、技法等风格和纹样等方面却大量吸收了汉地绘画的养料。十世噶玛巴所开创的这一艺术传统已经深入司徒班钦的血液。

司徒班钦在 18 世纪形成的艺术风格史称新噶玛噶智画派风格,在融合传统曼塘画派、钦孜画派、歧乌画派和老噶玛噶智画派的基础上,对汉式风格、母题和技法的广泛吸收构成了这一艺术流派的主要特征。这一流派对以四川甘孜、西藏昌都和青海玉树为中心的广大藏区艺术的发展产生了非常重要的影响,司徒班钦的不少作品都成为后世艺术家们学习的范本,并传承至今。

原文刊于《中国藏学》2018 年第 2 期第 64-73 页。

①Karl Debreczeny, Bodhisattvas South of the Clouds: Situ Panchen's Activities and Artisitc Inspiration in Yunnan, in David P. Jackson, Patron and Painter: Situ Panchen and the Revival of the Encampment Style, Rubin Museum of Art, 2009, pp. 223-254, figs. 10.1-10.15.

②Karl Debreczeny, Bodhisattvas South of the Clouds: Situ Panchen's Activities and Artisitc Inspiration in Yunnan, in David P. Jackson, Patron and Painter: Situ Panchen and the Revival of the Encampment Style, Rubin Museum of Art, 2009, pp. 247-248, figs. 10.32-10.33.

图像与文本：西藏艺术展示的多民族文化交流插图

从版画看西夏佛教艺术对元代内地藏传佛教艺术的影响

图1 西夏《圣观自在大悲心总持功能依经录》扉画

图2 西夏《佛说般若波罗蜜多心经》扉画

图3 西夏《观弥勒菩萨上生兜率天经》版画局部

图4 元代《普宁藏》大藏经发一《教主释迦牟尼佛说经处》版画局部

图5 元代《碛砂藏》大藏经天一版画

图6 西夏《如来鹫峰山演大般如》版画局部

图7 元代《河西字大藏经》版画局部

图8 元代《碛砂藏》大藏经地一版画

图9 元代《碛砂藏》大藏经玄一版画

图10 元代《碛砂藏》大藏经黄一版画

图11 元代《碛砂藏》大藏经宇一版画

图12 元代《碛砂藏》大藏经宙一版画

图13 元代《碛砂藏》大藏经洪一版画

图14 元代《碛砂藏》大藏经荒一版画

图1 1284年刻印的《正理宝藏》

元代皇室成员施刊的藏文佛经及其插图

图2 1299年刻印的《三律仪论说》

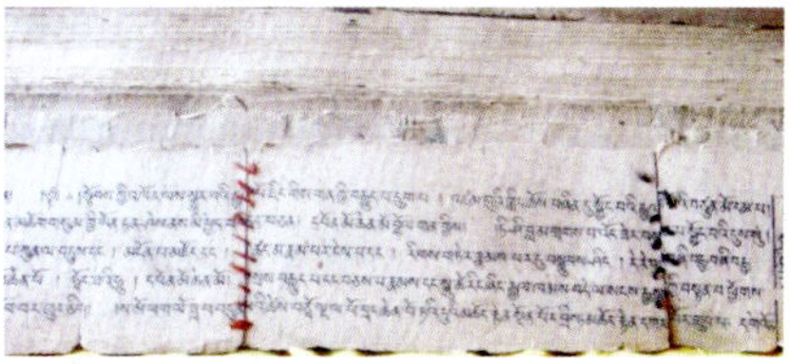

图3 1299年刻印的《经庄严论》等经典愿文

图4 1299年刻印的《三律仪论》首页插图局部之一

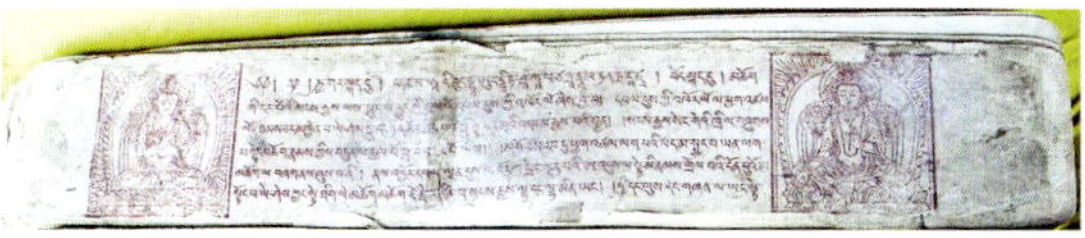

图5 1351年刻印的《时轮摄略经》首页朱印插

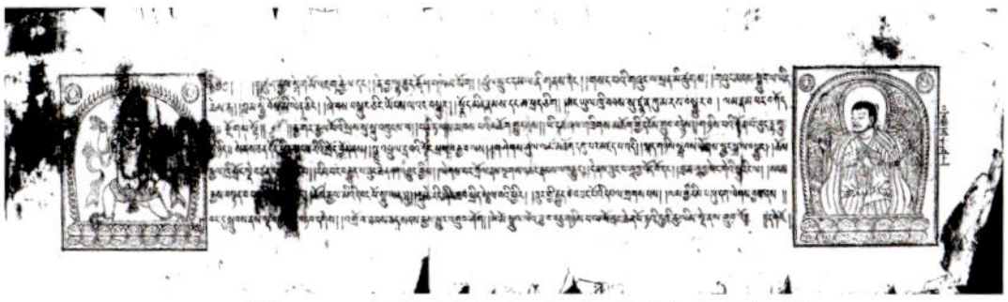

图6 1317年刻印的《本续密要释》末页插图

图7 1302-1306年刻印的《碛砂藏》 插图

图8 1302-1306年刻印的《碛砂藏》插图

西藏夏鲁寺艺术中的汉族艺术因素与元代汉藏艺术交流

图版1 西藏夏鲁寺的“神变门楼”

图版2 夏鲁寺建筑中的斗拱

图版3 夏鲁寺建筑中的屋脊装饰

图版4 夏鲁寺建筑中的琉璃瓦当

图版5 夏鲁寺护法神殿中的龙凤纹样壁画

图版6 夏鲁寺般若波罗蜜多佛母殿中的《须摩提女请佛故事》壁画局部

图版7 夏鲁寺般若波罗蜜多佛母殿中的弥勒菩萨壁画局部

图版8 夏鲁寺般若波罗蜜多佛母殿中的文殊菩萨局部

图版9　夏鲁寺集会大殿礼佛壁画局部

图版10 夏鲁寺集会大殿建筑纹样壁画局部

图版11 夏鲁寺丹珠尔殿中的风景纹样壁画局部

图版12 现存北京居庸关过街塔塔基及券门浮雕

图版13 居庸关过街塔塔基券壁中的持国天王及其胁侍浮雕

图版14 居庸关过街塔塔基券壁中的增长天王及其胁侍浮雕

图版15　美国大都会艺术博物馆藏元代须弥山缂丝唐卡局部

《诸佛菩萨妙相名号经咒》插图

图1 大宝法王

图2 文殊菩萨

图3 中央毗卢遮那如来

图4 紫磨金色母

图5 释迦牟尼佛

图6 释迦牟尼佛说法图局部

图7 西方净土变

图8 水月观音

图9《观弥勒菩萨上生兜率天经》（1）乾祐二十年（1189 ）

图10《普宁藏》插图，13世纪

图11《碛砂藏》插图，14世纪

图12《说法图》，唐代，唐代，西安出土

图13《注清凉心要》插图，西夏

图14《六祖大师法宝坛经》插图，《南藏》，明洪武年间

图版1 大慈法王，缂丝，创作于1434-1443年间，罗布林卡藏

西藏罗布林卡藏明代大慈法王
像缂丝唐卡再探走插图

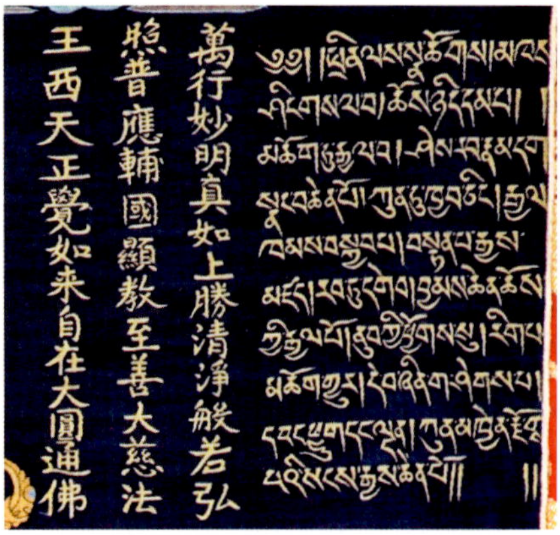

图版2 大慈法王封号及其藏文译文局部

图版3 大慈法王印局部，印文：至善大慈法王之印

图版4 大慈法王唐卡画底藏文题记局部

图版5 大慈法王像，唐卡，刺绣，创作于1435年左右，西藏博物馆藏

西藏山南贡嘎寺主殿集会大殿《如意藤》壁画插图

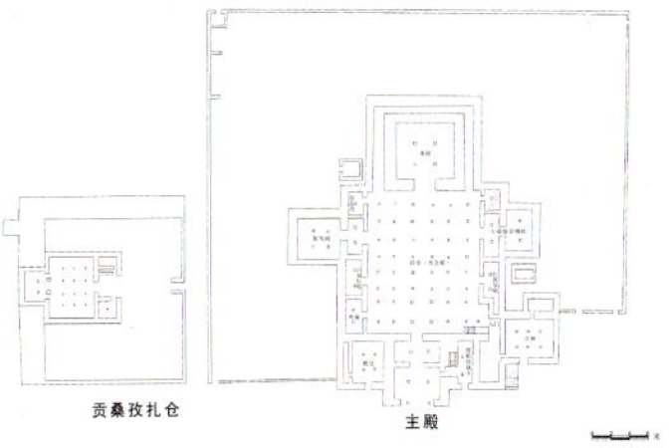

插图1 贡嘎寺平面图

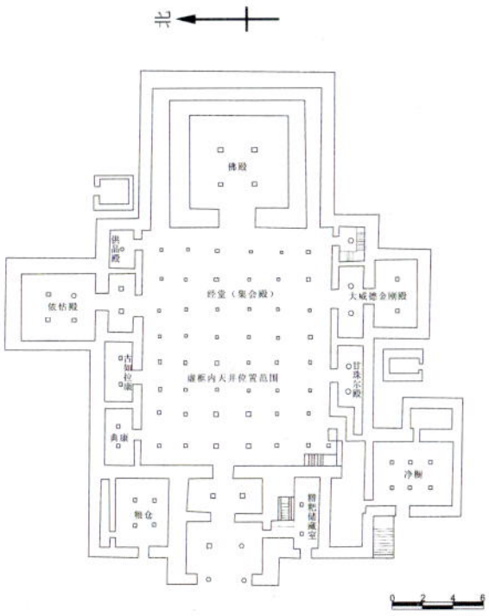

插图2 贡嘎寺主殿一楼集会大殿平面图

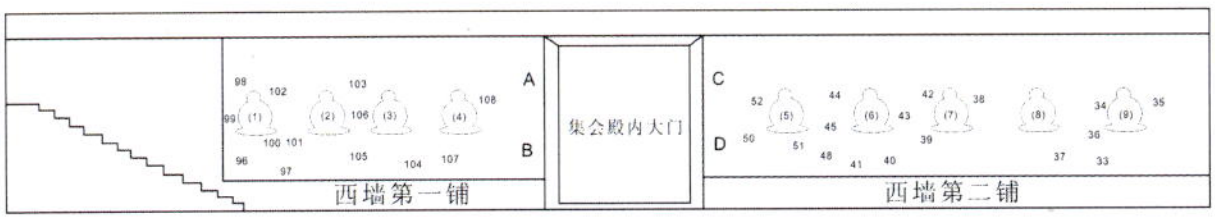

插图3 集会大殿回廊西壁壁画分布示意图

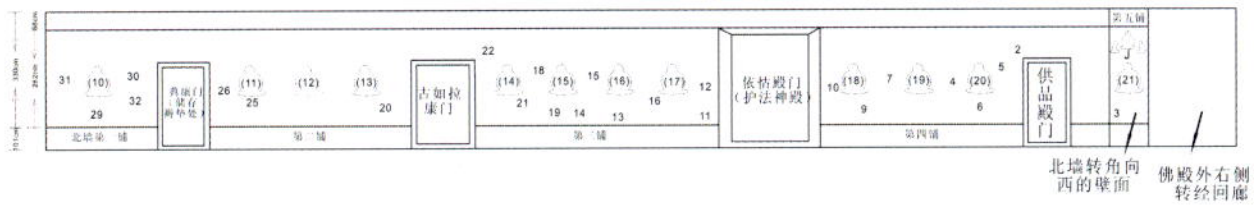

插图4 集会大殿回廊北壁壁画分布示意图

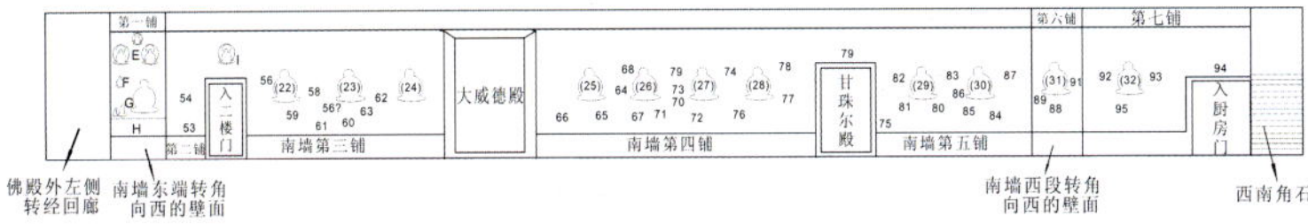

插图5 集会大殿回廊南壁壁画分布示意图

图版1 西壁坐佛及34-35品故事局部

图版2 集会大殿回廊南壁95品《母虎》故事及毫理题记

图版3 集会大殿回廊东北壁佛、宗喀巴和第三品故事

图版4 典康西壁第95品《母虎》故事局部

图版5 典康西壁第96品《大象》故事局部

图版6 大威德金刚殿前室南壁第70品故事题记局部

图版7 甘珠尔殿南壁佛背光中的汉式童子和如意云纹

明代汉文佛经中的藏式风格木刻版画初探插图

图1 《七佛所说神咒经》插图，洪武二十四年（1391）刊

图2 《念佛法门往生西方公据》插图，永乐十四年（1416）僧录司刊本

图3 《妙法莲花经观世音菩萨普门品》（三）插图，洪武年间

图4 《佛说摩力支天菩萨》插图，永乐元年（1403）郑和施刊本

图5《御制金刚般若波罗蜜经集注》（一）插图，永乐二十一年（1423）内府刊本

图6《大随求陀罗尼神咒经》插图，宣德元年（1426）刊本

图7《诸佛释尊如来菩萨尊者神僧名经 》插图，永乐十五年（1417）内府刊本

图8　《诸佛菩萨妙相名号经咒》插图，宣德六年（1431）修积善住施刊

图9　《诸佛菩萨妙相名号经咒》插图，宣德六年（1431）修积善住施刊

图10　《八十规矩随疏科释卷》插图，万历（1573-1619）施主张永德白氏男张成郎

图11《佛说长寿减罪护诸童子陀罗尼经》插图，嘉靖二年(1523)兴国太后施刊本

图12《大般涅槃经》插图，万历二十一年（1593）内府刊本

图13《观世音菩萨普门品》插图，正德七年（1512）信女朱氏施刊本

西藏拉孜县平措林寺祖拉康殿壁画的题材与风格及其流派初探插图

图版1 彭措林寺外景

图版2 佛传故事局部之一，色究竟天殿壁画

图版3 善财童子与马头明王，十一面观音壁画局部，色究竟天殿壁画

图版4 供养天，色究竟天殿壁画

图版6 净居天，贡嘎寺甘珠尔殿《如意藤》故事壁画局部之一

图版5 仗月天，色究竟天殿壁画

图版7 摩耶感梦，佛传故事壁画之一，色究竟天殿壁画

图版8 汉式因素的山水，集会大殿壁画局部

图版9 四角攒尖顶建筑，色究竟天殿壁画

西藏哲蚌寺措钦大殿二楼十六罗汉壁画初探插图

图版4 协热拉康佛殿供奉的弥勒佛像

图版5 迎请十六罗汉壁画

图版6 绘塑释迦牟尼佛与十六罗汉壁画

图版7 释迦牟尼佛与二弟子

图版8 注荼半托迦尊者

图版9 迦里迦尊者

图版10 增长天王壁画局部

图版11 墙裙墨书藏文题记局部

图版12 瓷器和花卉等贡品，十六罗汉壁画局部

图版13 瓷器和花卉等贡品，贡嘎寺集会大殿壁画局部，1465年

图版14 汉式童子造型的净居天，贡嘎寺甘珠尔殿，1465年

图版15 释迦牟尼佛 清宫藏（据王家鹏主编：《藏传佛教唐卡》图版55，商务印书馆，200年），1789年

图版13 瓷器和花卉等贡品，贡嘎寺集会大殿壁画局部，1465年

图版17 布袋和尚，清宫佛日楼十八罗汉唐卡（据王家鹏主编：《藏传佛教唐卡》图版188，商务印书馆，200年），1789年

图版18 嬉戏鹦鹉和掷骰的汉式童子，协热拉康布袋和尚壁画局部

图版19 嬉戏小鸟和掷骰的汉式童子，清宫佛日楼布袋和尚唐卡局部

西藏著名艺术家十世噶玛巴活佛却英多吉笔下的汉式风格作品插图

（图版1见下页）

图版2 藏文题记，释迦牟尼佛与十六罗汉唐卡组画之一局部

图版1 释迦牟尼佛与二弟子，《十六罗汉》唐卡组画之一，却英多吉绘， 1660年，云南省丽江市博物馆

图版3　三饮食罗汉，《十六罗汉》唐卡组画之一，却英多吉绘，1660年，云南省丽江市博物馆

图版4 罗汉观画，《十六罗汉》唐卡组画之一，却英多吉绘1660年，云南省丽江市博物馆藏

图版5 布袋和尚与二罗汉，《十六罗汉》唐卡组画之一，却英多吉绘，1660年，云南省丽江市博物馆藏

图版6 三罗汉用斋，《十六罗汉》唐卡组画之一，却英多吉绘，1660年，云南省丽江市博物馆藏

图版7 罗汉热茶，《十六罗汉》唐卡组画之一，却英多吉绘，1660年，云南省丽江市博物馆藏

图版8 庭院中的三罗汉，《十六罗汉》唐卡组画之一，却英多吉绘，1660年，云南省丽江市博物馆藏

图版1 红帽系六世活佛，噶举金鬘组画之一，鲁宾艺术博物馆藏，据杰克逊著作，图9.26b

图版2 铃尊者，八大成就者组画之一，鲁宾艺术博物馆藏，据杰克逊著作，图1.10

图版3　　迦诺迦伐蹉尊者，十六罗汉组画之一，鲁宾艺术博物馆藏，据杰克逊著作，图

图版4 《如意藤》本生故事唐卡组画之一，鲁宾艺术博物馆藏，据杰克逊著作，图1.15

图版5　二十七幅密宗唐卡组画之一，鲁宾艺术博物馆藏，据杰克逊著作，图1.18

图版6 大成就者萨拉哈，八大成就者组画之一，，鲁宾艺术博物馆藏，据杰克逊著作，图7.5

图版7 香巴拉国王组画之一，鲁宾艺术博物馆藏，据杰克逊著作，图6.14

图版8 四大菩萨，丽江玉峰寺八大菩萨木板画局部之一

图版11 二供养童子，丽江玉峰寺八大菩萨木板画局部之一

图版9 观音菩萨，丽江玉峰寺八大菩萨木板画局部之一

图版10 文殊菩萨，丽江玉峰寺八大菩萨木板画局部之一